공부의 기초

파자왕 한자
(破字王)

거산 지음

파자왕 한자_개정판
초판 2023년 8월 8일
3쇄 2024년 12월 20일
지은이 | 거산
펴낸이 | 박찬우
편집인 | 우 현
디자인 | 김진영

펴낸곳 | 파랑새미디어
등록번호 | 제313-2006-000085호
전화 | 02-333-8311
팩시밀리 | 02-333-8326
이메일 | adam3838@naver.com

(C)조규열 Print in Seoul

값 18,000원
ISBN 979-11-5721-183-8 13700

저자의 말

고등교육을 받고도 한자(漢字)가 섞인 책 한 권, 신문 한 장 제대로 읽고 이해(理解) 못하는 사람을 많이 보았지요? 학교 수업 시간에 졸리는 원인이 되기도 합니다.

저자 역시 같은 경험을 했던 한 사람입니다. 한자(漢字)가 어렵다는 이유로 등한시하였습니다.

학창시절 운동(태권도)을 하고 돌아오는 길에 여자 친구로부터 김립 방랑기 시집 한 권을 받았습니다. 그 책으로 인하여 제 인생이 달라집니다.

인량복일(人良卜一) 월월산산(月月山山) 아심토백(亞心土白) 정구죽천(丁口竹天)이란 구절과 해석을 읽고 한자(漢字) 한 자, 한 자에 숨어있는 파자(破字) 형식의 숨은 뜻에 매혹(魅惑)되어 운동을 접고 한자(漢字)에 취미를 가지고 파자(破字)와 자해(字解)를 스스로 하여 보고, 찾아도 보고 하였습니다.

세월이 흘러 학교를 졸업하고 직장(공직) 생활에서 선임자(先任者)들이 맡기는 기안 작성에서부터 공문까지 한문(漢文)으로 써서 올리라 하니 어려움이 이만저만이 아니었지요.

할 수 없이 스승님〈曺奎業: 백형(伯兄). 유림(儒林)에서 인정하는 언사(彦士)며 명필문장가. 스승님 은혜 감사합니다.〉에게 짬짬이 배우고 독학을 하였습니다.

한자(漢字)는 매듭을 풀면 줄줄이 따라 나오고 쉽게 알게 되며, 재미있고, 잘 기억됩니다.

즉, 파자(破字) 자해(字解)를 하면서 감각, 시각, 유머(Humor)와 연상법(聯想法)으로 풀어내어 한자 공부를 극대화시킨 것입니다.

참고로 이런 자해 풀이는 자신만의 것으로 하면 더욱 더 기억에 쏙쏙 들어오겠죠?

한자(漢字)는 부수(部首)가 합하여 한 글자가 되는 것이 대부분입니다.

모양(形), 소리(音), 뜻(意)이 하나로 결합된 표의(表意: 말의 뜻을 글자로 나타냄) 문자입니다. 한자(漢字)를 알면 뜻을 빨리 알고 이해(理解)가 잘 되지요?

요즘 어느 시대인데 한자공부를 하나? 잘못 생각입니다.

우리는 5천년의 역사를 가진 민족(倍達族, 朝鮮族)입니다. 그러나 한글을 사용한 지는 겨우 6백년입니다. 지금 우리 글의 약 70%가 한자어라고 하지 않습니까?

우리가 쓰고 있는 단어를 열거하여 보세요. 우리 글자로 표현했을 뿐이지 뜻은 거의 한자입니다. 우리말과 글의 뜻을 바로 알리면 한자를 알아야 합니다.

한자를 알면 이해가 빠르다 하였으니 이해를 예로 들어봅시다.

- 이 해: 올해. 금년. 순우리말.
- 이해(利害) : 이익과 손해.
- 이해(理解) : 사리를 분별하여 앎.

학생들이 이 책을 많이 볼 것이니 학교에 관한 단어들을 예(例)로 들어봅시다.
- 수업(授_줄 수 業): 학문 기술을 가르침(주는 것).
- 수업(受_받을 수 業): 학문 기술을 받음(배움).
- 수업(修_닦을 수 業): 학문 기술을 닦음(익힘).

- 교:정(校庭_뜰 정): 학교 운동장.
- 교:정(校正): 틀린 글자를 고침(원고 따위).
- 교정(矯_바로잡을 교 正): 곧게 바로잡음.

- 교:사(敎_가르칠 교 師): 학술 기예를 가르치는 사람.
- 교:사(校舍_집 사): 학교 건물.
- 교:사(敎唆_부추길 사): 남을 선동하여 못된 일을 하게 함.
- 교사(絞_목맬 교 死): 목 졸라 죽임.

이렇듯 음은 같지만 뜻은 전혀 다릅니다. 이것이 우리말과 글의 현실입니다.
한자(漢字)를 배워야 하는 이유가 또 있습니다. 우리 역사에서 외침(外侵: 외국의 침입)을 보세요. 미국과 영국, 아프리카입니까? 이웃나라(일본, 중국_몽고, 원나라)의 침입이 100년입니다. 지금은 그 나라, 즉 한자(漢字)권 문화를 가진 사람(우리 인구의 30배)들이 방문, 관광, 교역(交易) 관계로 자유롭게 오고 있습니다. 그 나라 말과 글 문화를 알아야지요? 알려면 먼저 한자(漢字)를 배워야 합니다.
지피지기(知彼知己: 남과 나를 자세히 앎) 백전백승이라! 만약 모르면? 아는 것이 힘! 배워야 합니다.

저자의 자해 방식

★慈(어미 자)의 깊은 뜻을 아시나요?
자식 잘 되기를 바라며 마음(心: 마음 심)이 검게(玄: 검을 현) 타도록 자식을 사랑하는 어머니입니다. 어미 자, 사랑할 자.
★愛(사랑 애): 손으로 덮어주고 안아주고 감싸주니 마음에서 서서히 생기는 사랑. 사랑 애.
*慈愛(자애) : ①어머니가 자식을 사랑하는 깊은 마음. ②아랫사람에게 베푸는 도타운 사랑.

이런 방식으로 부수를 풀이하고 그 자의 뜻을 표현하였습니다.
부수를 따라 쓰기만 하면 글자가 되고 뜻을 알게 되며 좀처럼 잊혀지지 않습니다.
한자 공부에 조금이라도 도움이 되었으면 하는 마음에서…

여의도 서재에서

이 책을 보는 방법

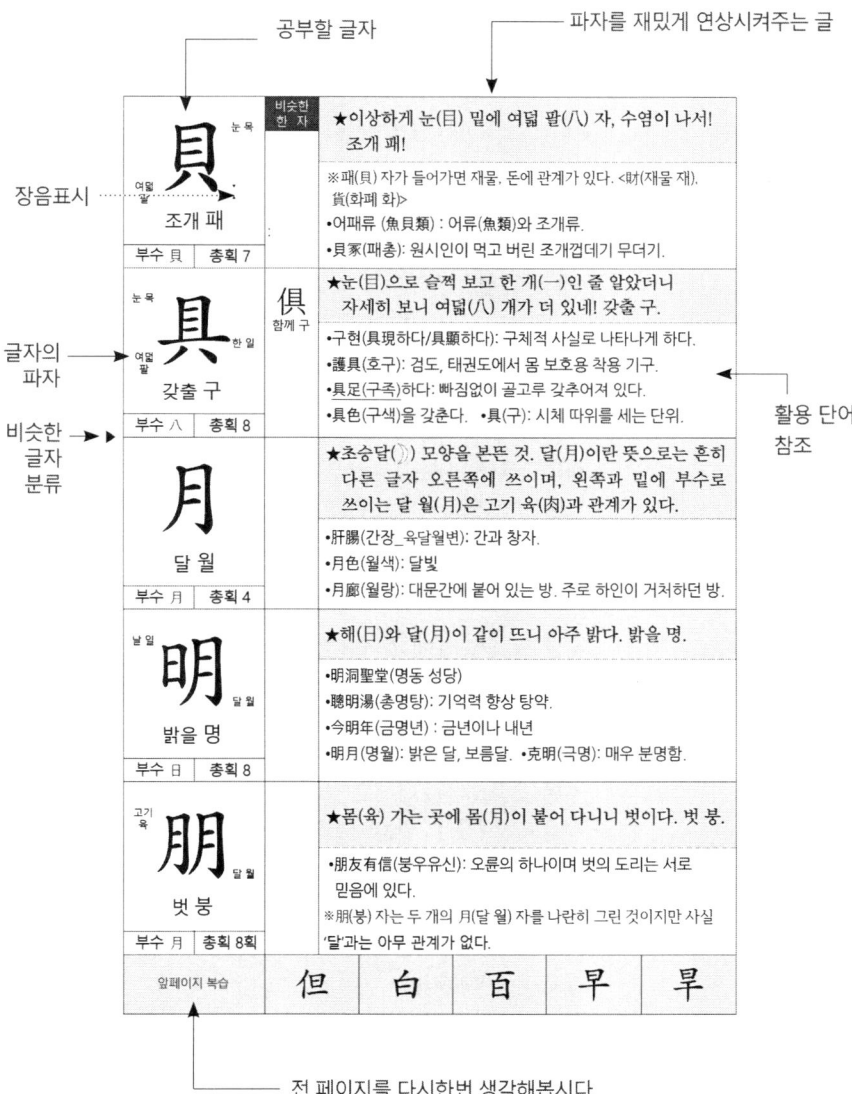

한자	비슷한 한자	설명
日 날 일, 날 해 부수 日　총획 4		★해의 모양을 본뜬 것(口: 해의 흑점) • 朔日(삭일) : 매달 음력 초하룻날. • 日程(일정): 그 날에 할 일. • 日間(일간); 가까운 며칠 안(=조만간). 아침부터 저녁까지. • 日刊(일간) : 월~금, 매일 발행하는 신문. 또는 그런 발행물.
曰 가로 왈 부수 日　총획 4		★입(口)은 혀(一)로 말한다는 뜻. • 曰(왈) : '~가라사대'의 뜻을 나타내는 말. 가로되, 가라사대. • 曰可曰否(왈가왈부): 어떤 일에 옳거니 옳지 않거니 말함. • 曰: 가로 왈 ※튼가로曰→ 크 = ⺕(돼지머리, 손을 의미: 한자 부수일 때)
旦 아침 단 부수 日　총획 5	且 뻗칠 긍	★해(日)가 지평선(一) 위에 떠 있으니 아침이다. 　아침 단. • 新年元旦(신년원단) = 元旦: 새해 설날 아침 • 일단 一旦(일단): 우선 먼저, 잠깐 • 一旦停止(일단정지) : 횡단보도 앞에서는 일단정지.
早 날 일 열 십 일찍 조 부수 日　총획 6		★날 일(日) 밑에 열 십(十) 자 한자가 일찍 조란다. • 早急(조:급): 느즈러지지(느긋, 느슨) 않고 급함. • 躁急(조급): 참을성 없이 급함=성마르다. • 早婚(조혼): 어린 나이로 일찍 혼인함. • 早見表(조견표) : 한눈에 알아보기 쉽도록 만든 표.
旱 날 일 방패 간 가물 한 부수 日　총획 7		★해(日)를 방패(干)로 막고 싶을 정도로 가물다. 　가물 한 • 旱氣(한 : 기): 가뭄 • 寒氣(한기): 추위 • 旱魃(한발): 가뭄을 맡고 있다는 귀신. 심한 가뭄.
앞페이지 복습					

한자	비슷한 한자	설명
사람 인 但 아침 단 다만 단 부수 人 총획 7	旦 아침 단	★아침(旦)에 해(日)가 뜨니 나라는 사람(人)이 드러난다. 다만 단. • 但書(단서): 본문 앞에 단서를 붙여 어떤 조건이나 예외의 뜻을 나타내는 글. • 但只(단지): 다만
점 주 白 날 일 흰 백 부수 白 총획 5	自 스스로 자	★해(日)빛이 위로(/) 비추고 있으니 희다. 흰 백. • 紅東白西(홍동백서): 제사상의 붉은 과실은 동쪽, 흰 과실은 서쪽에 놓는 일 • 白眼(백안): 흰자위. 업신여기거나 냉대하여 흘겨보는 눈(=백안시하다). • 白色恐怖(백색공포): 권력자나 지배 계급의 탄압. • 白晝(백주): 대낮 / • 白書(백서): 정부 발표 공개 보고서.
한 일 百 날 일 흰 백 부수 白 총획 6		★흰 백(白) 자 위에 일(一)을 붙이니 일백 백. • 百尺竿頭(백척간두): 백 자나 되는 높은 장대 위에 올라섰다는 뜻. 몹시 어렵고 위태로운 지경의 일이나 인생. • 百害無益(백해무익): 해롭기만 하고 하나도 이로운 바가 없음. (개그맨 이경규가 방송 중에 개그로 가끔 하는 말)
目 눈 목 부수 目 총획 5		★날 일(日) 자에 일(一) 자를 붙이니 눈 목 자네! • 目下(목하): 바로 지금 • 名目賃金(명목 임금): 화폐 액수로 나타낸 근로자 임금 ≠實質賃金(실질 임금): 임금의 실질 구매력 가치를 나타내는 금액
눈 목 且 한 일 또 차 부수 一 총획 5		★눈 목(目) 자 밑이 긴 것(一)이 또 차. • 苟且(구차)하다: 군색스럽고 가난하다. • 且問且答(차문차답): 물으면서 한편으로 대답하다. • 自問且答(자문차답): 자기 혼자 묻고 답함. • 且置(차치)하다: 내버려 두고 문제 삼지 아니하다. • 重且大(중차대)하다: 중요하고 크다.

앞페이지 복습	日	曰	므	早	旱

한자	비슷한 한자	설명
貝 (눈 목 / 여덟 팔) 조개 패 부수 貝 / 총획 7		★이상하게 눈(目) 밑에 여덟 팔(八) 자, 수염이 나서! 조개 패! ※패(貝) 자가 들어가면 재물, 돈에 관계가 있다. <財(재물 재), 貨(화폐 화)> •어패류(魚貝類) : 어류(魚類)와 조개류. •貝冢(패총): 원시인이 먹고 버린 조개껍데기 무더기.
具 (눈 목 / 여덟 팔) 갖출 구 부수 八 / 총획 8	俱 함께 구	★눈(目)으로 슬쩍 보고 한 개(一)인 줄 알았더니 자세히 보니 여덟(八) 개가 더 있네! 갖출 구. •구현(具現하다/具顯하다): 구체적 사실로 나타나게 하다. •護具(호구): 검도, 태권도에서 몸 보호용 착용 기구. •具足(구족)하다: 빠짐없이 골고루 갖추어져 있다. •具色(구색)을 갖춘다. •具(구): 시체 따위를 세는 단위.
月 달 월 부수 月 / 총획 4		★초승달(☽) 모양을 본뜬 것. 달(月)이란 뜻으로는 흔히 다른 글자 오른쪽에 쓰이며, 왼쪽과 밑에 부수로 쓰이는 달 월(月)은 고기 육(肉)과 관계가 있다. •肝腸(간장_육달월변): 간과 창자. •月色(월색): 달빛 •月廊(월랑): 대문간에 붙어 있는 방. 주로 하인이 거처하던 방.
明 (날 일 / 달 월) 밝을 명 부수 日 / 총획 8		★해(日)와 달(月)이 같이 뜨니 아주 밝다. 밝을 명. •明洞聖堂(명동 성당) •聰明湯(총명탕): 기억력 향상 탕약. •今明年(금명년) : 금년이나 내년 •明月(명월): 밝은 달, 보름달. •克明(극명): 매우 분명함.
朋 (고기 육 / 달 월) 벗 붕 부수 月 / 총획 8획		★몸(육) 가는 곳에 몸(月)이 붙어 다니니 벗이다. 벗 붕. •朋友有信(붕우유신): 오륜의 하나이며 벗의 도리는 서로 믿음에 있다. ※朋(붕) 자는 두 개의 月(달 월) 자를 나란히 그린 것이지만 사실 '달'과는 아무 관계가 없다.
앞페이지 복습	但	白	百	早	旱

	비슷한 한자	
뫼 산 **崩** 벗 붕 무너질 붕 부수 山 / 총획 11		★산(山)이 세월(月)이 흐르고 세월(月)이 흘러 무너져 내리다. 무너질 붕 자. • 崩壞(붕괴)=崩潰(붕궤): 무너지고 깨어짐 / 멘붕: 멘탈 붕괴 • 崩御(붕어): 임금이 죽음. (= 승하)
火 불 화 부수 火 / 총획 4		★불(火)길이 피어오르는 모습을 본뜸. • 火急(화급): 매우 급함. • 火災(화재): 불이 나는 재앙. ※부수 火 = 灬 / ※部首(부수): 한자 자전에서 글자를 찾는 길잡이 역할. 해당 글자의 우두머리.
불 화 **炎** 불 화 불꽃, 더울 염 부수 火 / 총획 8		★불(火)이 두 개가 있으니 덥다 더워. 더울 염. • 炎天(염천): 몹시 더운 여름. • 甲狀腺炎(갑상선염), 각종 炎症(염증) 병명에 붙는 염.
더울 염 **淡** 삼 수 맑을 담 부수 氵/ 총획 11		★물(氵)이 불꽃(炎)처럼 맑고 맑다. 맑을 담. • 淡白(담백): 맛이나 빛이 산뜻 • 淡泊(담박): 욕심 없고 마음이 깨끗함. • 淡水魚(담수어) : 민물에서 사는 물고기.
내 천 **災** 불 화 재앙 재 부수 火 / 총획 7		★홍수(巛)가 나고 불(火)이 나니 큰 재앙이다. 재앙 재. • 災難(재난): 뜻밖에 일어난 불행한 일.(사회 재난 등) • 災害(재해): 지진, 태풍, 홍수, 가뭄, 해일, 화재, 전염병 등의 피해. • 삼재 (三災): 화재, 수재, 풍재 ※巛: 내 천. 홍수 의미도 있음.
앞페이지 복습	貝	具	月	明	朋

한자	비슷한 한자	설명
水 물 수 부수 水 / 총획 4		★물이 흘러가는 모양을 본뜬 글자. •水平分力(수평 분력)=水平磁氣力(수평자기력): 자석 침(자침 磁針)을 이용해 지구의 자기력의 방향을 측정. •水防林(수방림): 수해방비림 ※부수: 氵(삼수변)= 水(물수변)
氷 얼음 빙 부수 水 / 총획 5	冫 이체자 ; 음과 뜻은 같으나 모양이 다른 한자	★물 수(水: 물 수) 자에 한 점(丶: 점 주) 찍으니 얼음 빙. •氷河期(빙하기) •東氷庫(동빙고), 西氷庫(서빙고): 한강에서 채취한 얼음을 지금의 동빙고나 서빙고에 저장 관리했던 관청. (서울 용산구 동빙고동, 서빙고동에 소재) ※冫(얼음 빙) 이체자: 異體字: 음과 뜻은 같으나 모양이 다른 한자.
求 한 일 / 점 주 / 물 수 구할 구 부수 水 / 총획 7	永 길 영	★求 자는 衣(옷 의: 털가죽 옷=갖옷) 자에서 변형된 글자. 모피를 탐하고 구하다. 구할 구 •苛斂誅求(가렴주구): 조선시대, 세금 착취, 재물 수탈 관리들을 두고 가렴주구라 일컬었음. •人間探求(인간 탐구): 인간의 본성을 캐고 삶의 진실을 밝히려는 문학 정신.
球 구슬 옥 / 구할 구 구슬 구 부수 玉 / 총획 11		★옥(玉=王)을 갈아 구슬 공처럼 둥글게 한다. 구슬 구. •地球村(지구촌) •地球(지구): 인류가 살고 있는 천체. •打球(타구): 공을 치는 일. 野球(야구) •肺炎球菌(폐렴 구균): 폐렴의 병원균.
木 나무 목 부수 木 / 총획 4	才 재주 재	★땅(一) 위에는 싹(丨)이 나고 밑에는 뿌리(人)가 나는 모양. •木材(목재): 나무의 재료. / •木根(목근): 나무 뿌리. •木偶獅子(목우사자): 나무로 만든 사자. 신라 지증왕 때 이사부(異斯夫)가 우산국(于山國)을 정복하기 위해 만든 것.
앞페이지 복습		崩　火　炎　淡　災

		비슷한 한자	
나무 목 **本** 한 일 근본 본 부수 木 총획 5			★나무(木) 뿌리에 뿌리(一)가 또 하나 생기어서 근본이 든든하다. 근본 본. • 本人(본인): 자기. • 本論(본론): 언론, 저서의 주장이 되는 부분. • 本質(본질): 본래의 성질.
나무 목 **林** 나무 목 수풀 림 부수 木 총획 8			★나무(木) 옆에 또 나무(木)가 있으니 수풀 림이다. 수풀 림. • 林野(임야): 나무가 무성한 들. • 林業(임업): 산림을 경영하는 사업.
나무 목 **森** 수풀 림 삼엄할, 빽빽할 삼 부수 木 총획 12			★나무(木)가 여러 개 빽빽하게 있으니 빽빽할 삼. • 森林(삼림): 수목이 울창한 곳. • 森嚴(삼엄): 분위기가 무서우리만큼 엄숙하다.
金 쇠 금 부수 金 총획 8			★뜻만 기억. • 金科玉條(금과옥조): 금이나 옥처럼 귀중히 여겨 꼭 지켜야 할 법칙이나 규정. • 金融(금융): 돈의 융통하는 곳. ※金: 한국 성씨 김 / 금, 원소기호 Au, gold 　금: 금나라. 여진족이 건국한 중국의 왕조
아비 부 **釜** 쇠 금 가마 부 부수 金 총획 10			★아버지(父)는 금(金)을 가지고 계신다. 가마 부. • 부산(釜山): 부산광역시. ※무쇠(金) 솥 위에 불(火)을 머리에 이고 있는 모양자로 풀이하기도. 6.25사변 직후 부산 국제시장에 큰 불이 연이어 난 데서 이런 풀이가 유래하기도 했음.
앞페이지 복습	水	氷	求	球	木

한자	비슷한 한자	설명
針 바늘 침 쇠 금 / 열 십 부수 金 / 총획 10		★쇠(金)를 열(十) 번이나 갈아서 만든 바늘. 바늘 침. •羅針盤(나침반_盤): 물리 항공, 항해 따위에 쓰는 지리적인 방향 지시 계기. 나침판도 표준어. •針母(침모): 남의 바느질을 하여 주고 삯을 받는 부인. •針小棒大(침소봉대): 작은 일을 크게 불리어 떠벌림.
全 온전 전 들 입 / 임금 왕 부수 入 / 총획 6		★왕(王) 들어가는(入) 곳이니 온전하다. 온전 전. •全知全能(전지전능): 무엇이든 잘 알고, 모든 일을 다 행할 수 있는 능력. •全無識(전무식): 아주 무식함. 또는 그런 사람. •萬全策(만전책): 실패 위험이 없는 아주 안전하고 완전한 계책.
土 흙 토 열 십 / 땅 부수 土 / 총획 3		★땅(一)에 싹이 자라(十) 오른 모습. •生還故土(생환고토)하다: 살아서 고향 땅으로 돌아오다. •鄕土文學(향토문학): 지방의 독특한 자연, 풍물, 풍속, 사상 따위를 표현한 문학 •土星(토성): 태양에서 여섯째로 가까운 행성.
士 선비 사 한 일 / 열 십 부수 士 / 총획 4	仕 벼슬 사 土 흙 토	★명석한 사람은 하나(一)를 가르치면 열(十)을 안다고 하여 선비. 선비 사. ※士: 변호사(辯護士), 바둑기사(棋士/碁士), 박사(博士) ※事: 판사(判事), 검사(檢事), 이사/감사(理事/監事) ※使: 관찰사(觀察使), 대사(大使), 공사(公使), 어사(御使) ※師: 의사(醫師), 교사(敎師), 사육사(飼育師), 요리사(料理師)
圭 홀 규, 서옥 규 흙 토 / 흙 토 부수 土 / 총획 6	奎 별 규 土 흙 토	★임금 앞에 홀(圭=笏)을 들고 있으니 높은 사람인규? 홀 규. 서옥 규. •규각(圭角): 모나 귀퉁이가 서로 맞지 않음. ※서옥(瑞玉: 상서로운 구슬) / 홀(笏: 신하가 임금을 만날 때에 가슴 앞쪽으로 손에 쥐던 물건. *흙 토(土)와 상관 없는 글자. 모서리, 모나다, 저울눈 의미.

앞페이지 복습	本	林	森	金	釜

한자	비슷한 한자	설명
奎 양토규 별 규, 걸을 귀 부수 大 / 총획 9		★홀을 든 높은 관리(大)가 큰 대(土) 자로 걸어간다. 별 규, 걸을 귀. • 奎文(규문): 글과 문물 • 奎翰(규한): 임금이 쓴 글이나 글씨. ※奎章閣(규장각)
丁 고무래 정 부수 一 / 총획 2		★고무래(농사 도구) 모양. 고무래 정, 장정 정. *고무래 정 : 장정, 일꾼, 못, 노동, 힘 뜻 내포. • 丁寧(정녕): 틀림없이 • 丁日(정일): 일진이 정으로 된 날.
万 만 만 부수 一 / 총획 3		★萬, 일만 만의 약자 万. • 万若(만약): 만일
方 모 방, 방향 방 부수 方 / 총획 4		★일만 만(万) 자에 점(丶) 하나만 찍으면 모 방 자. • 方言(방언): 사투리 • 方向(방향): 향하는 쪽.
좌부 변 防 모 방 막을 방 부수 阝 / 총획 7	坊 막을 방 放 놓을 방	★언덕(阝)이라 방향(方)이 막혀 있어? 막을 방. ※阜=𨸏=阝(언덕 부). 글자의 왼쪽 변으로 오면 阝로 변함. • 防禦(방어): 침입을 막아냄. • 防備(방비): 막음. 적을 막기 위한 설비. ※좌부변, 우부방 설명 176p 참조.
앞페이지 복습	針	全	土	士	圭

한자	비슷한 한자	설명
尹 다스릴 윤 부수 尸 총획 4	伊 저 이	★윤(尹)의 갑골문은 又(또 우, 오른 손) ㅣ(뚫을 곤)으로 돼 있다. 오른손에 자를 들고 있으니 다스릴 윤. •尹(윤): 성씨 윤. 벼슬 윤. ※伊太利=이태리(이탈리아)
君 임금 군 부수 口 총획 7	다스릴 윤 입 구	★입(口)으로 말로써 다스리(尹)니, 과연 임금이다. 임금 군. •梁上君子(양상군자): 도둑을 미화하여 부르는 말. •君子三樂(군자삼락):첫째, 부모가 살아 계시고 형제가 무고(無故)한 것, 둘째는 하늘과 사람에게 부끄러워할 것이 없는 것, 셋째는 천하의 영재를 얻어서 교육하는 것.
郡 고을 군 부수 阝 총획 10	임금 군 고을 읍	★임금(君)이 사는 고을(阝)이니 고을 군. ※邑(阝)고을읍. 阝가 오른쪽에 붙으면 우부방. (176p 참조) 阝가 좌측에 붙으면 좌부변(阜, 阝: 언덕 부)가 된다. •郡守(군수): 한 군의 행정책임자. •郡邑(군읍): 군과 읍.
群 무리 군 부수 羊 총획 13	임금 군 양 양	★임금(君)은 양(羊)들처럼 많은 백성(무리)을 다스린다. 무리 군. •群衆(군중): 무리지어 있는 많은 사람. •群鷄(군계)一鶴(일학): 많은 사람들 중에 뛰어난 한 사람을 이르는 말.
世 인간 세 부수 一 총획 5	열 십 스물 입	★이십(廿)에서 열(十)을 합하니 30이라. 한 세대를 30년으로 잡는다는 뜻에서 인간 세. •曲學阿世(곡학아세): 정도가 아닌 학문으로 세속 인기에 영합. •불세출(不世出): 좀처럼 세상에 나타나지 아니할 만큼 뛰어남. •四次元(사차원) 세계: 점, 선, 면, 입체 공간에 시간(지각에 촉각)을 더한 차원= 4D. /엉뚱한 사람을 일컬을 때도 사용.
앞페이지 복습	奎	丁	万	方	防

한자	비슷한 한자	설명
貰 (세낼 세) 인간 세 / 조개 패 부수 貝 / 총획 12		★인간(世)에게 돈(貝)을 받고 세를 준다. 세낼 세. • 사글세(사글貰): 집이나 방을 다달이 빌려 쓰는 일. 또는 그 돈. • 傳貰(전세): 전세금(전셋돈), 전**세**방에 사용. • 專貰(전세): 전세버스. "네가 전세 냈냐!"라고 따질 때 사용. 이때 지불하는 돈은 전셋값.(대절버스는 일본식 용어)
葉 (잎 엽) 풀 초 / 인간 세 / 나무 목 부수 ++ / 총획 12		★풀(++)과 세상(世)의 모든 나무(木)에 잎이 있다. 잎 엽. • 葉書(엽서): 우편엽서의 준말. • 葉錢(엽전): 옛날 돈. • 闊葉樹(활엽수) ≠ 針葉樹(침엽수)
蝶 (나비 접) 벌레 충 / 인간 세 / 나무 목 부수 虫 / 총획 15		★벌레(虫) 중에는 세상(世)에 꽃나무(木)를 찾는 벌레, 나비가 있다. 나비 접. • 胡蝶(호접): 나비. • 蝶泳(접영): 수영법.
丙 (남녘 병) 부수 ㅡ / 총획 5		★병(丙) : 셋째 천간. • 병인박해(丙寅迫害) : 조선 고종 3년(1866)에 일어난, 우리나라 최대 규모의 가톨릭 박해 사건. • 병과(丙科): 조선 시대에 과거 합격자를 성적에 따라 나누던 세 등급 가운데 셋째 등급.
病 (병들 병) 병질 엄 / 남녘 병 부수 疒 / 총획 10		★병든 사람이 남쪽(丙)으로 앉으면 열을 받아 병이 더 든다. 병들 병. ※동양학에서 병(丙)은 불(火)에 해당. 화(火)는 만물을 소행하는 힘. 이것이 병(疒) 들었으니, 병들 병. ※부수 疒: 병질안 (病疾안)=병질밑(病疾밑)=병질엄 (病疾广) ※집 안(广)에서 몸이 차가우니(冫) 병들었다. 冫(얼음 빙)+广(집 엄) :

앞페이지 복습	尹	君	郡	群	世

한자	비슷한 한자	풀이
邱 언덕 구 부수 阝 / 총획 8	丘 언덕 구	도끼(斤: 도끼 근) 하나(一)를 들고 용감하게 고을(阝=邑: 고을 읍)을 언덕에서 지킨다. 언덕 구. • 丘陵(구릉): 언덕. • 大邱(대구): 대구광역시.
兵 언덕 구 여덟 팔 병사 병 부수 八 / 총획 7		★언덕(丘)에서 사방 팔(八)방으로 진을 치고 있는 군사. 군사 병. • 兵法(병법): 전쟁에 군사를 쓰는 방법. • 병기(兵器): 전쟁 때 쓰는 무기.
岳 언덕 구 뫼 산 뫼 악 부수 山 / 총획 8		★산(山) 위에 또 언덕(丘)이 있으니 큰 산이다. 뫼 악. • 岳山(악산): 높고 험한 산. • 山岳(산악): 크고 작은 모든 산.
丞 마칠 료 물 수 한 일 도울 승 부수 一 / 총획 6		★학문을 마치고(了) 물(水) 흐르듯 순리에 따라 한 사람(一, 임금)을 돕는다. 도울 승. • 政丞(정승): 조선 때의 정부 수장인 영의정, 좌의정, 우의정을 말함. = 삼정승(三政丞): 조선시대 행정부 최고기관인 의정부에서 국가 주요 정책을 결정하는 일을 맡아보던 세 벼슬.
承 아들 자 물 수 두 이 이을 승 부수 水 / 총획 8		★아들(子)두명(二)이 물(水) 흐르듯이 순서 있게 가업을 이어간다. 이을 승. • 承諾(승낙): 청하는 바를 들어줌. • 承繼(승계): 대를 이음. • 都承旨(도승지): 왕이 내리는 교서(敎書) 등 모든 문서를 다루는 승정원의 우두머리. 도승지는 왕의 비서장 격으로서 그 임무가 매우 중대하였다.
앞페이지 복습	貰	葉	蝶	丙	病

한자	비슷한 한자	설명
초두머리 초 풀 초 / 도울 승 정승 승 / 불 화 **蒸** 찔 증 부수 ++ / 총획 13	도울 승 정승 승 **丞**	★불(灬 = 火)의 도움(丞)을 받아 풀(++)을 찐다. 찔 증. • 九蒸九曝(구증구포): 한약재를 만들 때에, 찌고 말리기를 아홉 번씩 하는 일. 홍삼, 숙지황을 만들 때. • 燻蒸(훈증): 더운 연기를 쐬거나 그것에 찜. ※ 초두머리 초 ++ = 艸, 艹, ++, ++
뚫을 곤 / 입 구 **中** 가운데 중 부수 丨 / 총획 4	익힐 관, 꿰미 천, 꼬챙이 곶 **串**	★사물의 가운데를 뚫은 중심의 뜻. • 中間(중간): 한가운데. • 中堅(중견): 단체나 사회의 중심이 되는 인물. ※串: 예) 호미곶, 장산곶(땅 이름) / 꼬치(串) 구이: 우리나라에서는 산적(散炙), 散(흩을 산), 炙(구울 적) / 양꼬치; 羊串
사람 인 **仲** 가운데 중 버금 중 부수 亻 / 총획 6		★사람(亻)이 중심(中)에 서서 일을 도모한다는 의미가 있다. 버금 중. • 仲介人(중개인): 당사자 사이에 서서 일을 주선하는 일. • 仲秋佳節(중추가절): 추석
가운데 중 **忠** 마음 심 충성 충 부수 心 / 총획 8	화할 충 **沖**	★흔들리지 않는 중(中)심의 마음(心)을 가지고 있으니 충성이다. 충성 충. • 忠誠(충성): 참된 마음. • 忠臣(충신): 충성스러운 신하. ※沖: 화하다(和--: 따뜻하고 부드럽다)
꼬챙이 곶 **患** 마음 심 근심 환 부수 心 / 총획 11		★꼬챙이(串)로 마음(心)을 찌르니 근심이다. 근심 환. • 有備無患(유비무환): 준비가 되어 있으면 걱정할 것이 없음. • 宿患(숙환): 오래 묵은 병. • 後患(후환): 어떤 일로 말미암아 뒷날 생기는 걱정과 근심.
앞페이지 복습	丘	兵	岳	丞	承

한자	비슷한 한자	설명
舟 (멀 경, 한 일, 점 주) 배 주 부수 舟 / 총획 6	丹 붉을 단	★뜻만 기억. • 오월동주(吳越同舟): 적대 관계에 있는 사람끼리 이해 때문에 뭉치는 경우를 비유한 말.(고사성어) • 一葉片舟(일엽편주): 조그마한 조각배. • 노아의 방주(Noa의 方舟):
船 (배 주, 여덟 팔, 입 구) 배 선 부수 舟 / 총획 11		★배(舟) 여덟(八) 척으로 입(口, 입 구)을 먹고 사는 배. 배 선. • 船舶(선박): 크고 작은 배. • 木船(목선): 나무로 만든 배.
般 (배 주, 창 수) 옮길, 일반 반 부수 舟 / 총획 10		★배(舟)를 창(殳, 창 수) 옆으로 옮긴다. 옮길 반. • 諸般(제반): 어떤 것과 관련된 모든 것. / • 一般(일반): 특정인이 아닌 보통 사람들. / 般若(반야): 만물의 실상을 꿰뚫는 깨달음의 지혜. / 般若心經(반야심경): 불교 대표적 경전. '색즉시공 공즉시색'을 포함해서 260자로 되어 있다.
盤 (옮길 반, 그릇 명) 쟁반 반 부수 皿 / 총획 15		★옮길 때(般) 그릇(皿)에 담아 옮기는 쟁반. 쟁반 반 • 基盤(기반): 기초, 터전. / • 小盤(소반): 작은 밥상. • 錚盤(쟁반): 가장자리 테두리(운두)가 낮고 동글납작하거나 네모난, 넓고 큰 그릇. ※錚: 쇳소리 쟁. (錚錚하다: 여러 사람 가운데서 매우 뛰어나다.)
搬 (손 수, 일반 반) 운반 반 부수 扌 / 총획 13		★손(扌)으로 옮기(般)고 운반해라. 운반 반. • 搬入(반입): 운반하여 들임. • 搬出(반출): 운반하여 나감. • 運搬(운반): 옮겨 나름.

▶ | 앞페이지 복습 | 蒸 | 中 | 仲 | 忠 | 患 |

벼 화 秀 빼어날 수 부수 禾 · 총획 7	비슷한 한자 禾 벼 화 乃 이에 내	★벼(禾)는 이내(乃) 자라나는 것이라 다른 것보다 빼어나다. 빼어날 수. •秀才(수재): 학문, 재능이 뛰어난 사람. •秀麗(수려): 빼어나고 아름다움. / •秀作(수작): 우수한 작품. ※乃: 이내, 곧 / 이에(=그러하여서 곧) 내
뛸 착 透 사무칠, 통할 투 부수 辶 · 총획 11	빼어날 수	★빼어난 것(秀)이 뛰어(辶) 간다는 듯에서 통할 투. •透明(투명): 환히 트여 속까지 보임. •透徹(투철): 사리가 밝고 뛰어남. •浸透(침투): (액체가) 속으로 스며 젖어듦. 어떤 곳에 몰래 숨어 들어감.
말씀 언 誘 꾈 유 부수 言 · 총획 14	빼어날 수	★말(言)을 빼어나게(秀) 잘해서 마음을 꾀어 간다. 꾈 유. •誘拐(유괴): 유인. 남을 꾀어냄. / •誘致(유치): 꾀어서 데려 옮. •誘導彈(유도탄): 무선, 레이다, 적외선 따위의 유도에 따라 목표물에 닿아서 폭발하도록 만든 포탄이나 폭탄.
삐침 별 久 오랠 구 사람 인 부수 丿 · 총획 3	冬 겨울 동 夂 칠 복 及 미칠 급	★사람(人)이 지팡이(丿)를 짚고 서있으니 오래 된 사람이다. 오랠 구. •久遠(구원): 몹시 오래 됨. / •耐久(내구): 오랫동안 견딤. •天長地久(천장지구): 하늘과 땅이 오래도록 변하지 않는다. 장수, 사랑, 우정에 사용. ※비슷한 한자: 夂: 뒤쳐져 올 치 / 夊: 천천히 걸을 쇠
之 갈 지, ~의 부수 丿 · 총획 4		★가다의 의미가 있으며 실질적인 뜻이 없는 어조사(~~의)로 많이 쓰인다. •易地思之(역지사지): 생각을 서로 바꾸어 생각한다는 뜻. •感之德之(감지덕지): 분에 넘치도록 대단히 고맙게 여김. •愛之重之(애지중지): 매우 사랑하고 소중히 여김.
앞페이지 복습	丹	船	般	盤	乃

		비슷한 한자	
삐침 별 **乏** 갈 지 모자랄, 다할 핍 부수 丿 / 총획 5			★삐딱(丿)하게 살아가니(之) 인생이 다 됐다. 다할 핍. • 窮乏(궁핍): 곤궁하고 가난함. • 缺乏(결핍): 있어야 할 것이 없음.
乎 어조사 호 부수 丿 / 총획 5		呼 부를 호 呼出 (호출) 呼名 (호명)	★실질적인 뜻이 없으며, 의문, 감탄, 명령 뜻하는 어조사(~느냐?, ~한가?, ~랴, ~도다)로 쓰임. ※不亦說乎아(불역열호아: 또한 기쁘지 아니한가?) 　不亦樂乎아(불역낙호아: 즐겁지 아니한가?) 　不亦君子乎아(불역군자호아: 군자가 아니겠는가?) <공자 논어>
乍 잠깐 사 부수 丿 / 총획 5			★다른 부수에 붙어야 뜻을 나타냄. 뜻만 기억. ※乍(잠깐 사)→乍往乍來(사왕사래). 잠시 왔다가 잠시 가 버림. 변화의 빠름을 말함. <비슷한 한자> ※作(지을 작)↙　※昨(어제 작)↓　※詐(속일 사)↗ ※炸(터질 작)→炸裂(작렬)=포탄이나 박수 소리가 터짐) ※祚(복 조)→運祚(운조)가 다했다=운이 다했다는 뜻.
사람 인 **作** 잠깐 사 지을 작 부수 亻 / 총획 7			★사람(亻)은 잠깐(乍) 동안이라도 무엇을 만든다. 지을 작. • 作品(작품): 시, 소설, 조각 따위의 모든 제작된 물건. • 作心三日(작심삼일): 결심이 견고하지 못함.
날 일 **昨** 잠깐 사 어제 작 부수 日 / 총획 9			★날(日)이 잠깐(乍) 사이에 지나간 어제. 어제 작. • 昨今(작금): 어제와 이제. • 昨日(작일): 어제.
앞페이지 복습	秀	透	誘	久	之

한자	비슷한 한자	설명
말씀 언 **詐** 잠깐 사 속일 사 부수 言 / 총획 12		★말(言)을 잠깐(乍) 사이에 속이니 사기다. 속일 사. • 詐欺(사기): 남을 속여 해침. • 詐取(사취): 거짓으로 속여 남의 것을 빼앗음. • 詐稱(사칭)
벼 화 **乘** 북녘 북 탈 승 부수 丿 / 총획 10		★벼(禾) 또는 나무(木)에 올라타는 모습을 본 뜬 자. • 乘客(승객): 차, 배 따위의 탈것에 타는 사람. • 乘勝長驅(승승장구): 승리나 성공의 여세를 몰아 계속 나아감. • 小乘佛敎(소승 불교): 주로 동남아 쪽 불교. 소승은 작게 탄다, 작은 수레 의미. 우리나라는 대승불교.
탈 승 **剩** 칼 도 남을 잉 부수 刀 / 총획 12		★승객(乘) 중에 칼(刂)을 가진 사람 남으세요. 남을 잉. • 過剩(과잉): 사물이 예정보다 지나치게 많음. • 剩餘(잉여): 쓰고 난 나머지. 예)잉여 가치, 잉여금 ※부수: 刂(선칼도방) = 刀 = ⺈(칼 도). ※선 칼?: 이 칼(刂) 도의 모양을 보면 서있는 모양이죠?
乙 새 을 부수 乙 / 총획 1		★새의 모습을 본뜬 것. 십간(十干)의 두 번째. ※乙夜(을야): 밤 열 시. • 甲論乙駁(갑론을박): 갑(甲)이 논하면 을(乙)이 반박한다. • 乙未事變(을미사변): 고종 32년(1895)에 일본의 자객들이 경복궁을 습격하여 명성 황후를 죽인 사건. ※부수: 乙 = ㄱ = ㄴ(새 을)
사람 인 **乞** 새 을 구걸할 걸 부수 乙 / 총획 3		★사람(𠂉)이 구부려(乙) 구걸하는 모습. 구걸할 걸. • 乞人(걸인): 얻어먹는 사람. • 乞食(걸식): 빌어먹음. • 哀乞伏乞(애걸복걸)

앞페이지 복습	乏	乎	乍	作	昨

한자	비슷한 한자	설명
乳 젖 유 (손톱 조/아들 자/새 을) 부수 乙,乙 총획 8		★손(爫)으로 아들(子)을 만지며 새(乚←乙) 털 같은 가벼운 마음으로 젖을 먹인다. 젖 유. • 乳母(유모): 어머니 대신 젖을 먹여 길러주는 여자. • 哺乳(포유): 제 몸의 젖을 새끼에게 먹여 기름. 포유동물 ※부수일 때 새 을(乚 = 乙 = ㄱ) / ※乚(숨을 은) = 乙(새 을)
亂 어지러울 난 부수 乚,乙 총획 13	乱 약자	★무엇인가 어지러운 글자 모양. • 亂動(난동): 사리에 맞지 않게 함부로 행동함. • 紊亂(문란): 시끄럽고 어수선함. / • 난리(亂離). • 快刀亂麻(쾌도난마): 어지럽게 뒤섞인 일을 명쾌하게 처리함을 비유적으로 이르는 말.
辭 말씀 사 (어지러울 난/매울 신) 부수 辛 총획 19	辞 약자	★어지러운(乱) 세상에 매운(辛) 맛이 나도록 좋은 말씀을 하신다. 말씀 사. • 辭說(사설): 늘어놓은 말이나 이야기. • 辭退(사퇴): 사양하여 물러남. • 美辭麗句(미사여구): 아름다운 말로 꾸민 듣기 좋은 글귀. • 斗酒不辭(두주불사): 말술도 사양하지 아니한다
浮 뜰 부 (물 수/손톱 조/아들 자) 부수 氵 총획 10		★물(氵)에 떨어져도 손(爫)으로 아들(子)을 뜨게 하는 부모 마음. • 浮上(부상): 물 위로 떠오르는 것. • 浮浪(부랑): 하는 일 없이 이리저리 떠돌아다님. • 浮沈(부침): 시세나 세력 등이 성했다 쇠했다 함.
予 미리 예, 나 여, 줄 여, 남을 여 부수 亅 총획 4	矛 창 모 汝 너 여 奈 어찌 나 어찌 내	★창(矛)을 사용하지 않고 버린(丿 삐침별) 사람이 나여. *부수: 亅(갈고리궐) ※予: 나 여(=余), 줄 여(=與) / *남을 여(余)=餘 ※予(미리 예)=豫: 豫約(예약) ☞유의어: 余(나 여) / 我(나 아) / 儂(나 농) / 卬(나 앙) / 俺(나 엄) / 吾(나 오) / 朕(나 짐) ☞반의어: 汝(너 여)

앞페이지 복습	詐	乘	剩	乙	乞

한자	비슷한 한자	설명
預 머리 혈 / 나 여 : 맡길 예 부수 頁 총획 13		★나(予) 머리(頁)에 무엇이든지 맡긴다. 맡길 예. • 預金(예금): 일정한 계약에 의해 금융기관에 돈을 맡김. • 預入金(예입금): 맡겨둔 돈.
野 마을 리 / 나 여 : 들 야 부수 里 총획 11		★마을(里) 앞에 내(予)가 좋아하는 들이 있다. 들 야. • 野外(야외): 들판. 교외. • 野望(야망): 큰 포부.
序 엄 호 / 나 여 : 차례 서 부수 총획 7		★집(바위집엄, 지게문호, 엄호)에서 나(予)부터 차례를 지킨다. 차례 서. • 序列(서열): 순서를 좇아 늘어섬. • 秩序(질서): 올바른 차례.
于 어조사 우 부수 二 총획 3	丁 앙감질 촉 자축거릴 촉 干 방패 간	★뜻만 기억하세요. 어조사(~에서, ~부터, ~까지, ~에게) ※丁: 앙감질하다(발은 들고 한 발로만 뛰는 짓). ※干: (예: 부상을 당한 선수는 자축거리며 경기장을 나왔다. 　자축거리다(다리에 힘이 없어 가볍게 다리를 절며 걷다.)
互 서로 호 부수 二 총획 4	瓦 기와 와 亙 뻗칠 긍 亙 뻗칠 긍	★두 사람이 손을 잡고 악수하는 모습. 서로 호. • 互稱(호칭): 불러 일컬음. 그 이름. • 相互(상호): 서로.
앞페이지 복습	乳	亂	辭	浮	予

		비슷한 한자	
둘 이 **云** 사사 사 이를 운, 어조사 운 부수 二 | 총획 4			★두(二) 사람이 사사롭게(厶:나 사, 사사 사) 말을 이어간다. • 云云(운운): 말이 많음. 여러 가지 말. • 云謂(운위): 일러 말함. ※사사: 사사롭다
흙 토 **去** 사사 사 갈 거 부수 厶 | 총획 5			★흙(土)이 있는 곳으로 나(厶: 사사 사, 나 사) 나는 갈 거야. 갈 거. • 去來(거래): 돈이나 물건을 서로 꾸거나 주고 받음. • 去取(거취): 버림과 취함.
井 우물 정 부수 二 | 총획 4			★나무로 쪼게 올려서 우물을 만든 모양. • 井中蛙(정중와): 우물 안 개구리. 즉, 견문이 좁은 못난 사람.
쟁기 뢰 **耕** 우물 정 밭 갈 경 부수 耒 | 총획 10			★쟁기(耒)로 우물(井) 옆에 있는 밭을 간다. 밭갈 경. • 耕作(경작): 논밭을 갈아 농사를 지음. • 耕作地(경작지): 경작하는 땅. ※부수 耒: 가래, 쟁기 뢰
貳 둘 이 조개 패 둘 이 부수 貝 | 총획 5		弍 법 식	★弍 : 두 이 속자 = 貳 = 貳 • 弍拾 : 이십 ※拾 : 열 십, 주을 습
앞페이지 복습	預	野	序	于	互

	비슷한 한 자	
亞 버금 아 부수 二 / 총획 8		★뜻만 기억 • 亞聖(아성): 성인 다음 가는 현인. • 亞洲(아주): 아세아주
啞 벙어리 아 부수 口 / 총획 11	입 구 버금 아	★입(口)이 정상 아닌 버금(亞)가 벙어리. 벙어리 아. •聾啞(농아): 벙어리
惡 악할 악 부수 心 / 총획 12	버금 아 마음 심	★버금(亞)가는 사람이 악한 마음(心)이 생겨서 약해졌다. 악할 악. •惡臭(악취): 나쁜 냄새. •惡談(악담): 남이 못 되도록 하는 저주의 말.
望 바랄, 바라볼 망 부수 月 / 총획 11	망할 망 달 월 북방 임	★죽은(亡) 남편을 생각하고 달(月)을 보며 북쪽만 바라본다. 바라볼 망. •望夫石(망부석): 남편을 기다리다 죽었다는 돌. (박제상의 처) •望鄕(망향): 고향을 그리워함.
荒 거칠 황 부수 ++ / 총획 9	풀 초 망할 망 내 천	★풀(++)밭이 망해서(亡 망할 망, 없어지고) 거친 하천(川)이 되었다. 거칠 황. •荒唐(황당): 언행이 거칠고 거짓되고 주책이 없음. •荒蕪地(황무지): 거칠어진 땅. •救荒作物(구황 작물): 가뭄이나 장마에 영향을 받지 않고 가꿀 수 있는 작물. 감자, 메밀 따위가 있다.
앞페이지 복습	云	去	井	耕	貳

한자	비슷한 한자	설명
亡 망할 망, 죽을 망 부수 亠 / 총획 3		★머리가 없어져서 죽었다. 망했다는 뜻을 담고 있다. ※亠: 돼지해 밑, 머리부분 두, 탕건. 우두머리의 뜻이 있다. • 亡命(망명): 자기 나라에 못 있을 사정이 있어 외국으로 피신함. • 滅亡(멸망): 망하여 버림.
忘 죽을 망 / 마음 심 잊을 망 부수 心 / 총획 7		★죽을(亡) 때가 되면 마음(心)도 잊는다. 잊을 망. • 忘却(망각): 잊어버림. • 未忘(미망): 잊지 못함. (참고 : 未亡人)
妄 망할 망 / 계집 녀 망령들, 허망할 망 부수 女 / 총획 6		★망(亡)한 여자(女)가 망령이 들었다. 망령들 망. • 妄想(망상): 근거 없는 일을 굳게 믿음. (망념) • 妄說(망설): 망언.
忙 마음 심 / 망할 망 바쁠 망 부수 忄 / 총획 6		★마음(忄)이 (상 할) 망(亡)할 정도로 바쁘다. 바쁠 망. • 忙中閑(망중한): 바쁜 중에도 한가한 짬이 있음. • 慌忙(황망): 당황하여 어찌할 바를 모름.
茫 풀 초 / 물 수 / 망할 망 아득할 망 부수 ++ / 총획 9		★풀(++)과 물(水)마저 망(亡)했으니 아득하다. 아득할 망. • 茫茫大海(망망대해): 한없이 크고 넓은 바다. • 茫然(망연): 아득함, 망함. (예)망연자실
앞페이지 복습	亞	啞	惡	望	荒

	비슷한 한자	
머리부분 두 **亢** 상궤 목 항, 높을 항 부수 亠 총획 4		★상(几)이 높다 해도 머리(亠) 밑에 있다. 목 항. • 亢進(항진): 위세를 부리며 나아감. • 甲狀샘亢進症(갑상샘 항진증): 혈액 속에 갑상샘 호르몬이 과도하게 생기는 병. ※부수 亠: 돼지해머리 두, 머리부분 두.
손 수 **抗** 높을 항 대항할 항 부수 扌 총획 7	坑 묻을 갱	★손(扌)으로 높은 곳(亢)에서 적을 대항한다. 대항할 항. • 抗拒(항거): 대항함. 버팀. / • 抗生劑(항생제) • 抗告(항고): 법원의 결정 명령에 대하여 불복, 상급법원에 상소하는 일. • 抗日運動(항일 운동)
배 주 **航** 높을 항 건널, 배 항 부수 舟 총획 10		★배(舟)에 높게(亢) 돛을 달고 바다를 건너가는 배. 배 항. • 航海(항해): 배를 타고 바다를 건넘. • 航路(항로): 배가 다니는 길.
亥 돼지 해 부수 亠 총획 6	豕 돼지 시 변	★뜻만 알아 둘 것. • 亥時(해시): 12지의 열째 시간. 하오 9시부터 11시까지. • 豕은 돼지 시 변
돼지 해 **劾** 힘 력 캐물을 핵 부수 力 총획 8		★돼지(亥)에게 힘(力)이 센지 캐물어본다. 캐물을 핵. • 彈劾(탄핵): 대통령·국무 위원·법관 등을 국회에서 그 책임을 추궁하여 해임하거나 처벌하는 일.
앞페이지 복습	亡	忘	妄	忙	茫

한자	비슷한 한자	설명
돼지 해 **刻** 칼 도 새길 각 부수 刂 / 총획 8		★돼지(亥)를 칼(刀)로 새기듯 잡는다. 새길 각. • 刻印(각인): 도장을 새김. • 刻苦(각고): 몹시 애씀. ※돼지해머리 두(亠): 亥(돼지 해, 뼈 해) 자의 머리 부분에 있다고 해서 돼지해머리 두(亠).
나무 목 **核** 돼지 해 핵, 씨 핵 부수 木 / 총획 10		★나무(木)에 돼지(亥)를 묶어 놓았네? 씨 핵. • 核心(핵심): 사물의 중심 되는 요긴한 부분. 알속. • 核 爆彈(핵 폭탄)
말씀 언 **該** 돼지 해 갖출 해, 마땅 해 부수 言 / 총획 13		★말(言)에 뼈(亥)대가 갖춰 있어 마땅히 해박해졌다. 갖출 해, 마땅 해. • 該博(해박): 널리 학문에 통함. • 該當(해당): 바로 들어맞음. ※該: 갖출 해, 마땅 해, 그 해
입 구 **咳** 돼지 해 기침 해 부수 口 / 총획 9		★뜻만 기억. • 咳嗽(해수): 기침. • 嗽: 기침할 수. 해소×, 해수 ○.
머리 두 **交** 아비 부 사귈 교, 벗 교 부수 亠 / 총획 6		★아버지(父)는 모자(亠)를 쓰고 친구를 만난다. 벗 교. • 交友(교우): 벗, 친구와 사귐. / • 交際(교제): 서로 사귐. ※金石之交(금석지교): 쇠와 돌처럼 변함없는 굳은 사귐을 말함.

앞페이지 복습	亢	抗	航	亥	劾

	비슷한 한자	
郊 사귈 교 들 교 부수 총획 9	效 본받을 효	★사귀기(交) 위해서 고을(阝)을 벗어나니 들이다. 들 교. • 郊外(교외): 삼림(森林) 벌판. • 近郊(근교): 도시에 가까운 주변. ※邑(阝): 고을 읍. 우측에 있어 우부방이라 함. 176p 참조.
效 사귈 교 본받을 효 부수 攵 총획 10	칠 복	★사귀고(交) 다스릴려면(攵) 남이 본받을 점이 있어야 한다. 본받을 효. • 百藥無效(백약무효): 온갖 약을 써도 효험이 없음을 이르는 말. • 發效(발효): 효력을 내기 시작함. ※ 攴(攵)칠 복. 친다, 회초리, 다스린다는 뜻이 있음.
校 나무 목 학교 교 부수 木 총획 10	벗 교	★나무(木)로 교실을 짓고 벗을 사귀는(交) 곳. 학교 교. • 學校(학교): 교육을 시키는 기관. • 校正(교:정): 틀린 글자를 대조하여 고침. • 校庭(교:정): 학교 운동장 • 矯正(교정): 바로잡음.
絞 실 사 목맬 교 부수 총획 12	벗 교	★실(糸)로써 사귀듯(交) 실로 서로 목을 맨다. 목맬 교. •絞死(교사): 목을 매어(졸라) 죽음.
較 차 차 비교할, 견줄 교 부수 車 총획 13	살필 교	★차(車)를 살 때는 살피고(交) 견주어 봐야 한다. 견줄 교. •比較哲學(비교철학): 동양과 서양의 철학을 비교・연구하여, 그 차이가 생긴 까닭을 검토하고 인류 공통의 과제를 찾으려는 철학.
앞페이지 복습	刻	核	該	咳	交

	비슷한 한자	
亦 또 역 부수 亠 / 총획 6		★다리(八)를 벌리고 팔(八)을 벌리고 갓(亠)을 쓴 모양. • 亦是(역시): 또한 마찬가지.
赤 붉을 적 부수 赤 / 총획 7	丹 붉을 단	★흙(土)에서 불(火→灬)이 타오르는 모습. • 赤字(적자): 수지 결산에서 지출이 수입보다 많은 일. • 嫡子(적자): 정실이 아닌 아내에게서 난 아들.
발 족 跡 또 역 발자국 적 부수 足 / 총획 13	蹟 발자국 적 迹 발자국 적	★발(足)을 밟고 간 뒤에 또(亦) 밟고 간다. 발자국 적. • 足跡(족적): 발자국. • 追跡(추적): 뒤를 밟아 쫓음.
붉을 적 赦 칠 복 용서할, 놓아줄 사 부수 赤 / 총획 11		★붉게(赤) 치고(攵) 용서한다. 용서할 사. • 赦免(사면): 지은 죄를 용서하며 벌을 면제하는 일. 사면권은 대통령 권한.
높을 고 亨 마칠 료 형통할 형 부수 亠 / 총획 7		★높은(古←高) 학문을 마치니 만사형통이다. 형통 형. • 萬事亨通(만사형통): 모든 일이 뜻한 바대로 잘 이루어짐.
앞페이지 복습	郊	效	校	絞	較

한자	비슷한 한자	설명
높을 고 / 아들 자 **享** 누릴 향 부수 亠　총획 8		★높은(亠—高) 과정을 배운 아들(子)은 인생을 누릴 만하다. 누릴 향. • 享有(향유): 누려서 가짐. • 享樂(향락): 즐거움을 누림.
누릴 향 **敦** 칠 복 도타울 돈 부수 攵　총획 12		★행복을 누리려면(享) 치고(攵) 잘 다스려 정이 도타워야 한다. 도타울 돈. • 敦篤(돈독): 인정이 돈후함. 인정이 두터움. • 敦故(돈고): 옛친구에 대하여 두터운 정. 　　　　　　　　　　※부수: 攵(攴): 칠 복, 등글월문.
누릴 향 **郭** 고을 읍 둘레 곽, 성곽 곽 부수 阝　총획 11		★행복을 누리려면(享) 고을(阝)에 성을 쌓아야 한다. 성곽 곽. • 城郭(성곽): 성의 둘레. 내성과 외성을 통털어 이르는 말.
누릴 향 **孰** 둥글 환 누구 숙 부수 子　총획 10		★행복을 누리려면(享) 모나지 말고 알처럼 둥글게(丸) 살아라! 누구 숙. • 孰能禦之(숙능어지): 누가 감히 막을 수 있겠느냐는 뜻. 막기 어렵다는 말.
누구 숙 **熟** 불 화 익을 숙 부수 灬, 火　총획 15		★누구나(孰 = 누구 숙) 불(火, 灬)에는 익는다. 익을 숙. • 熟考(숙고): 곰곰이 생각함. • 熟達(숙달): 익숙하여 통달함. ※灬(연화발 화) = 火(불 화) (연화)발? = 燕(제비 연)에 火(불 화): 제비 꼬리처럼 갈라진 불꽃.
앞페이지 복습	亦	赤	跡	赦	亨

		비슷한 한자	
물 수 **淳** 누릴 향 순박할 순 부수 氵 | 총획 11			★물(氵)처럼 흘러가는 대로 누려(享) 살아가니 순박하다. 순박할 순. • 淳朴(순박): 성질이 순하고 꾸밈이 없음. • 淳良(순량): 성질이 순진하고 선량함.
점 주 **丸** 아홉 구 둥글 환 부수 丶 | 총획 3			★아홉(九) 개의 점(丶: 점 주) 중에 한 개가 둥근 구슬 같다. 둥글 환. • 丸藥(환약): 둥근 모양으로 만든 약. • 彈丸(탄환): 총탄, 탄알.
京 서울 경 부수 亠 | 총획 8			★높은(亠) 집과 작은(小) 집이 많이 모여 있는 곳은 서울이다. 서울 경. • 京鄕(경향): 서울과 시골. ※참고: 亠: 갑골문에서 지붕, 종루, 크다, 높다 뜻 있음
손 수 **掠** 서울 경 노략질할 략 부수 扌 | 총획 8			★손(扌)으로 서울(京)에서 노략질을 한다. 노략질 략. • 掠奪(약탈): 폭력을 써서 무리하게 빼앗음. 겁탈. • 擄掠(노략): 떼를 지어 재물을 빼앗음.
말씀 언 **諒** 서울 경 살필 량 부수 言 | 총획 15			★말(言)을 잘하는 서울(京) 사람을 잘 살펴라. 살필 량. • 諒解(양해): 사정을 잘 알아서 너그러운 마음을 씀. • 諒察(양찰): 헤아려 살핌.
앞페이지 복습	享	敦	郭	孰	熟

해 일 **景** 서울 경 빛 경 / 부수 日 / 총획 12	비슷한 한자	★해(日)가 서울(京) 하늘에 빛을 비춘다. 빛 경.
		• 景氣(경기): 물건의 매매나 거래가 잘 이우러지는 형편. • 景光(경광): 경치.

얼음 빙 **凉** 서울 경 서늘할 량 / 부수 冫 / 총획 10	涼 서늘할 량	★얼음(冫)이 언 서울(京)은 서늘하다. 서늘할 량.
		• 納凉(납량) 영화. • 荒凉(황량): 황폐하여 처량함. ※凉 = 涼(서늘할 량) ※부수 冫 = 冫(얼음 빙, 이수변(二水邊)

빛 경 **影** 터럭 삼 그림자 영 / 부수 彡 / 총획 15		★빛(景)이 털(彡)을 비추어 그림자가 생긴다. 그림자 영.
		• 影響(영향): 어떤 사물의 효과나 작용이 다른 것에 미치는 일.

높을 고 **亭** 민갓 고무래 정 정자 정 / 부수 亠 / 총획 9		★높은(古←高) 곳에서 민갓(亠)머리 장정(丁) 둘이 쉬어가는 정자. 정자 정.
		• 亭子(정자): 산수가 좋은 곳에 놀기 위해 지은 집. ※亠 : 덮을 멱, 민갓머리(윗부분이 밋밋한 갓 모양).

사람 인 **停** 정자 정 머무를 정 / 부수 亻 / 총획 11		★사람(亻)이 정자(亭)에서 잠깐 머무른다. 머무를 정.
		• 停年(정년): 연령 제한에 따라 공직에서 물러날 나이. • 停止(정지): 하던 일을 중도에 그침.

앞페이지 복습	淳	丸	京	掠	諒

훈음	한자	비슷한 한자	설명
높을 고 한 일 해 일 **높을 단** 부수 亠 / 총획 13	亶		★높은 곳(亠←高)에 있는 해(日)는 단 하나(一). 높을 단. • 뜻만 알아둘 것.
나무 목 높을 단 **박달 단** 부수 木 / 총획 17	檀		★나무 이름. 뜻만 알아둘 것. • 檀紀(단기): 단군 기원의 준말. • 檀弓(단궁): 박달나무로 만든 활.
흙 토 높을 단 **제단 단** 부수 土 / 총획 16	壇		★흙(土)으로 높이(亶) 쌓은 단은 제단이다. 제단 단. • 壇上(단상): 교단, 강단 따위의 위. • 祭壇(제단): 제사를 지내는 단.
이을 계 도끼 근 **끊을 단** 부수 斤 / 총획 18	斷	断 끊을 단 약자	★이어놓은 것(𢇍: 이을 계)을 도끼(斤)로 끊는다. 끊을 단. • 斷絕(단절): 어떤 관계나 교류를 끊음. • 斷腸(단장): 창자가 끊어질 듯이 슬픔.
사람 인 부수 人 / 총획 2	人	入 들 입 八 여덟 팔	★사람이 서있는 모양. ※人(사람 인)이 변으로 가면 亻(사람인변 인)으로 바뀐다. • 人格(인격): 사람의 인품. 사람의 품성. • 人的(인적): 사람과의 관계되는 것. • 人迹(인적): 사람이 다닌 발자취.
앞페이지 복습	景	凉	影	亭	停

한자	비슷한 한자	설명
仁 사람 인 / 둘 이 어질 인 부수 亻 총획 4		★사람(亻=人)이 둘(二)이면 어진 마음을 가져야 한다. 어질 인. • 仁德(인덕): 어진 덕. 인덕(人德)은 사람이 갖춘 덕. • 仁慈(인자): 마음이 어질고 자애롭다.
信 사람 인 / 말씀 언 믿을 신 부수 亻 총획 9		★사람(人)의 말(言)은 믿음이 있어야 한다. 믿을 신. • 信用(신용): 사람을 믿고 씀. • 信義(신의): 믿음과 의리.
休 사람 인 / 나무 목 쉴 휴 부수 亻 총획 6	体 몸 체 약자	★사람(亻)들이 나무(木) 밑에서(그늘에) 쉰다. 쉴 휴. • 休日(휴일): 쉬는 날. • 休息(휴식): 일의 도중에 잠깐 쉼.
今 이제 금 부수 人 총획 4		★사람(人)이 한(一) 명씩 모여 드는(ㄱ) 지금이다. 이제 금. • 今時初聞(금시초문): 처음으로 들음. / • 至今(지금): 이제 • 東西古今(동서고금): 동양과 서양 그리고 옛날과 지금. • 今日(금일): 금요일? 아니죠! / 오늘
令 사람 인 / 하나 일 / 병부 절 명령 령 하여금 령 부수 人 총획 5	伶=怜 영리할 령(영)	★령(令) 자가 붙는 자는 거의 음이 령이 된다. • 令監(영감): 종2품 이상 벼슬아치를 높여서 부르는 말. • 命令(명령): 웃사람이 시키는 분부. ※冷: 찰 랭(냉), 물소리 령(영) : 冫(이수변) ※泠: 깨우칠 령(영)/물 이름 령(영) : 氵(삼수변)
앞페이지 복습	亶	壇	檀	斷	人

한자	비슷한 한자	설명
吟 (읊을 음) 이제 금 부수 口 총획 7		★입(口)으로 지금(今) 시를 읊었다. 읊을 음. • 呻吟(신음): 괴로워서 끙끙거리는 소리를 냄. • 吟味(음미): 시나 노래를 읊어 그 맛을 봄.
含 (머금을 함) 이제 금 입 구 부수 口 총획 7		★지금(今) 입(口)에 음식을 머금고 있다. 머금을 함. • 含笑(함소): 웃음을 머금음. • 含意(함의): 말이나 글 속에 어떠한 뜻이 들어 있음. • 含垢(함구)하다: 욕된 일을 참고 견디다.
念 (생각 념) 이제 금 마음 심 부수 心 총획 8		★이제부터(今) 앞날을 마음속(心)으로 염려하고 생각한다. 생각 념. • 空念佛(공염불): 실천이나 내용이 따르지 않는 주장이나 말을 비유적으로 이르는 말. • 無念無想(무념무상): 무아의 경지에 이르러 일체의 상념을 떠남.
衾 (이불 금) 이제 금 옷 의 부수 衣 총획 10		★지금(今) 옷(衣)을 벗고 이불을 덮고 잔다. 이불 금. • 衾枕(금침): 이불과 베게.
貪 (탐낼 탐) 이제 금 조개 패 부수 貝 총획 11		★지금(今), 재물(貝)에 탐내지 말라. 탈낼 탐. (貝: 조개 패) 자: 재물과 돈과 관계가 있다.) • 貪官汚吏(탐관오리): 재물을 탐하고 행실이 깨끗하지 못한 관리. (吏: 벼슬아치 리(이)/관리 리(이)) • 小貪大失(소탐대실): 작은 것을 탐하다가 오히려 큰 것을 잃음.
앞페이지 복습	仁	信	休	今	令

한자	비슷한 한자	설명
琴 (구슬 옥, 구슬 옥, 이제 금) 거문고 금 부수 玉 / 총획 12	瑟 거문고 슬	★구슬(玉)과 구슬이 부딪치는 소리는 지금(今) 거문고 소리다. 거문고 금. • 琴瑟(금슬): 금슬→금실: 거문고와 비파. 부부간 애정. • 琴湖江(금호강): 경상북도 동남부에서 서쪽으로 흐르는 강.
壬 북방 임, 클 임 부수 土 / 총획 4		★방위의 뜻으로 북방을 말하며 크다는 뜻도 있다. 북방 임, 클 임. • 壬辰倭亂(임진왜란): 조선 선조 25년(1592)에 일본이 침입한 전쟁.
任 (사람 인, 북방 임) 맡길 임 부수 亻 / 총획 6	仕 벼슬 사	★사람(亻)에게 큰 임무(壬)를 맡긴다. 맡길 임. • 任命(임명): 관직 따위에 임명함과 면직함. • 任務(임무): 맡은 사무, 직무.
賃 (맡길 임, 조개 패) 품삯 임 부수 貝 / 총획 13		★맡긴(任) 일을 끝내고 받는 돈(貝, 조개 패)이 품삯이다. 품삯 임. • 賃金(임금): 근로자 노동의 대가로 받는 보수. • 賃貸(임대): 삯을 받고 빌려줌.
妊 (계집 녀, 클 임) 임신 임 부수 女 / 총획 7	姙 = 妊 임신 임	★여자(女)의 배가 부르면(壬, 클 임) 임신한 것이다. 임신 임. • 妊娠(임신): 아이를 뱀. • 妊婦(임부): 아이를 밴 여자.(孕婦: 잉부)

앞페이지 복습	吟	舍	念	飡	貪

	비슷한 한자	
寸 마디 촌 부수 寸 / 총획 3		★한 마디, 짧은 거리, 작다는 뜻도 있음. • 寸數(촌수): 친족 간의 관계를 나타내는 수. • 寸刻(촌각): 매우 짧은 시간.
付 (마디 촌) 사람 인 줄 부, 부탁 부 부수 亻 / 총획 5	附 붙을 부	★사람(亻)에게 작은 것(寸)을 주며 부탁한다. 부탁 부. • 付託(부탁): 의뢰함. 청함. • 付送(부송): 물건을 부쳐 보냄.
村 (마디 촌) 나무 목 마을 촌 부수 木 / 총획 7		★나무(木) 아래서 촌(寸)수를 따지는 정다운 시골 마을. 마을 촌. • 村落(촌락): 시골의 부락. • 村長(촌장): 마을을 대표하는 사람.
件 (사람 인) 사건 건 부수 亻 / 총획 6	牛 소 우	★사람(亻)이 소(牛)를 머리로 받았으니 우스운 사건이다. 사건 건. • 件數(건수): 사물과 사건의 가짓수. • 條件(조건): 약속 따위의 개조 규약의 조항.
代 (주살 익) 사람 인 대신할 대 부수 亻 / 총획 5		★사람(亻)이 할 일을 주살( )이 대신한다. 대신할 대. • 代議政治(대의정치): 대의원을 정무에 참여하게 하는, 대의 제도에 따른 정치. / 代議員(대의원): 정당이나 단체의 대표로 뽑혀, 회의에 참석하여 토의나 의결 따위를 행하는 사람. • 代辯(대변): 남을 대신하여 의견을 말함.
앞페이지 복습	琴	壬	任	賃	妊

부수/총획	한자	비슷한 한자	설명
대신 대 **垈** 흙 토 집터, 터 대 부수 土 / 총획 8			★흙(土) 대신(代)에 집터다. 집터 대, 터 대. • 垈地(대지): 집터. 예)垈120평. ※弋: 주살 익. ※戈: 창 과(괘).
사람 인 **伐** 창 과 칠 벌 부수 亻 / 총획 6			★사람(亻)이 창(戈)으로 적을 친다.(찌른다) 칠 벌. 찌를 벌, 벨 벌. • 伐木(벌목): 나무를 벰. • 伐草(벌초): 무덤의 잡초를 베는 일.
以 ~써, 때문에 이 부수 人 / 총획 5			※以夷制夷(이이제이): 오랑캐로써 다른 오랑캐를 제어한다. • 유사어:(以夷攻夷이이공이/以夷伐夷이이벌이/以毒制毒이독제독) • 以下(이하): 어느 한도의 아래. • 以心傳心(이심전심): 마음과 마음이 서로 통함. • 以實直告(이실직고): 사실(事實) 그대로 고함.
사람 인 **似** 써 이 같을 사 부수 亻 / 총획 7			★사람(亻)은 거이(以) 같다. 같을 사. • 似而非(사이비): 비슷한 것 같으면서 속은 다름. • 恰似(흡사): 거의 같음.
사람 인 **仙** 메 산 신선 선 부수 亻 / 총획 5		山 뫼 산 메 산	★사람(亻)이 산(山)에 있으니 신선이다. 신선 선. • 仙女(선녀): 선경에 사는 여자. • 仙人(선인): 신선. (메 산: 예스러운 말)
앞페이지 복습	寸	付	村	件	代

한자	비슷한 한자	설명
사람 인 **伏** 개 견 엎드릴 복 부수 亻 총획 6	犬 개 견	★사람(亻) 옆에 개(犬)가 엎드려 복종한다. 　엎드릴 복. •降伏(항복): 힘에 눌러 적에게 굴복함. •伏乞(복걸): 엎드려 빔.
사람 인 **仟** 일천 천 천사람, 일천 천 부수 亻 총획 5	千 일천 천 阡 일천 천 두렁 천	★사람(亻)이 일천(千) 명이다. 　천사람 천. •한자로 수를 쓸 때 고침을 막기 위해 많이 사용한다. 阡
천 천 **舌** 입 구 혀 설 부수 舌 총획 6	告 알릴 고	★입(口) 안에서 내민 혀의 모양을 본뜬 자. 천(千)가지 　입(口)에서 말하는 혀. 혀 설. •舌禍(설화): 말 때문에 일어나는 재화. •舌戰(설전): 말다툼.
물 수 **活** 혀 설 살 활, 생활 활 부수 氵 총획 9	浩 넓을 호 클 호	★혀(舌)가 물(氵) 맛을 아니 생활할만하다. 　살 활. •活躍(활약): 기운차게 움직임. •活動(활동): 활발하게 움직임.
말씀 언 **話** 혀 설 이야기 화 부수 言 총획 13	許 허락할 허	★말(言)과 혀(舌)로써 이야기한다. 　이야기 화. •話術(화술): 말의 재주. •話題(화제): 이야깃거리. 이야기 제목.
앞페이지 복습	坌	伐	以	似	仙

한자	비슷한 한자	설명
시계 두 이 午 열 십 낮 오 부수 十 총획 4		★시계가 열(十)두(二) 시를 알려주고 있어 낮 정오를 말한다. 낮 오. • 午時(오시): 십이시의 일곱째. 상오 11~하오 1시 사이. • 午睡(오수): 낮잠.
牛 별 소 우 소우 부수 牛 총획 4	件 물건 건	★낮 오(午) 자에 뿔난 자가 소 우(牛) 자다. 소 우. • 牛耳讀經(우이독경): 소귀에 경 읽기. • 馬耳東風(마이동풍): 남의 말을 귀담아 듣지 않음. • 矯角殺牛(교각살우): 소의 뿔을 바로잡으려다가 소를 죽인다. 잘못된 점을 고치려다가 오히려 일을 그르침을 이르는 말.
소 우 告 입 구 고할 고, 알릴 고 부수 口 총획 7		★소(←牛)에게 입으로 말(口)을 하니 못 알아서 매를 쳐서 알린다. 알릴 고. • 告發(고발): 피해자가 아닌 제삼자가 범죄 사실을 수사기관에 신고함. • 告別(고별): 작별을 고함.
소 우 生 한 일 날 생 부수 生 총획 5		★소(牛)가 외나무다리(一) 건너가는 자가 무슨 자? 날 생. • 人生(인생): 사람의 일생. • 生活(생활): 살아나감.
말씀 언 許 낮 오 허락 허 부수 言 총획 11		★말(言)은 일찍 하였는데 낮(午)에야 허락 났다. 허락할 허. • 許諾(허락): 청하고 바라는 바를 들어줌. • 許多(허다): 수두룩함. 매우 많음. • 特許發明(특허 발명) : 특허권이 있는 발명. • 運轉免許(운전면허)

앞페이지 복습	伏	仟	舌	活	話

	비슷한 한자	
年 낮 오 해 년 부수 干　총획 6		★뜻만 알아둡시다. •年輩(연배): 서로 나이가 비슷한 사람. 또래. •年末(연말): 세말.
性 마음 심 / 날 생 성품 성 부수 忄　총획 8		★좋은 마음(忄)을 가지고 태어난(生) 것이 사람의 본 성품이다. 성품 성. 性善說(성선설)↔性惡說(성악설). •性品(성품): 성질과 품격의 됨됨이. •性格(성격): 각 사람의 특유의 성질.
星 해 일 / 날 생 별 성 부수 日　총획 9		★태양(日)의 빛을 받아 또 빛을 발생(生)하는 것이 별이다. 별 성. •성좌(성좌): 항성의 배치를 편의적 형상으로 보아 천구를 갈라놓은 구역.
浩 물 수 / 고할 고 넓을 호 부수 氵　총획 10	告 알릴 고 活 살 활	★물(氵)이 고하여 알리기(告)를 넓게 흐르라 하였다. 넓을 호. •浩蕩(호탕): 넓고 큰 모양. 마음이 자유스러운 모습. •浩然之氣(호연지기): 공명정대하여 어떤 사람을 대하여도 부끄러움이 없는 도덕적 용기.
酷 술 유 / 고할 고 혹독할, 독할 혹 부수 酉　총획 14		★술(酉←酒)은 광고에 알리기(告)를 독하다 하였다. 독할 혹. •酷毒(혹독): 정도가 퍽 심함. 성질, 행위 따위가 매우 나쁨. 　예) 酷評(혹평), 酷寒(혹한) 등등.
앞페이지 복습	午　牛　告　生　許	

	비슷한 한 자	
뛸 착 / 알릴 고 **造** 만들 조, 지을 조 부수 辶 | 총획 10		★뛰어(辶)가서 알리고(告) 무엇을 만들까? 　만들 조, 지을 조. •造作(조작): 지어서 만듦. •造化(조화): 종이나 헝겊 따위로 사람이 만든 꽃. 　※辶(쉬엄쉬엄 갈 착): 쉬엄쉬엄 가다, 달리다, 뛰어넘다, 뜻.
소 우 / 칠 복 **牧** 기를 목 부수 牛 | 총획 8		★소(牛 소 우)는 먹이를 주고 다스리고 치면(攵)서 　기르는 법. 기를 목. •牧童(목동): 소에게 풀을 뜯게 하는 아이. 牧場(목장). •牧民(목민): 백성을 다스림.
丈 어른 장 부수 一 | 총획 3		★뜻만 알아둡시다. •丈夫(장부): 장성한 남자. •丈人(장인): 아내의 아버지.
나무 목 **杖** 지팡이 장 어른 장 부수 木 | 총획 7		★어른(丈)의 손에는 나무(木) 지팡이가 있다. 　지팡이 장. •棍杖(곤장): 옛날 죄인에게 치던 몽둥이. •杖刑(장형): 곤장으로 볼기를 때리던 형벌.
얼음 빙 / 명령 령 **冷** 얼음, 찰 랭 부수 冫 | 총획 7		★얼음(冫)처럼 명령(令)은 차다. 　찰 랭. •冷水(냉수): 얼음물, 찬물. 冷凍(냉동), 冷却(냉각). •冷淡(냉담): 태도나 마음이 쌀쌀함.
앞페이지 복습	年	性	星	浩	酷

한자	비슷한 한자	풀이
領 명령 령 다스릴 령 부수 頁 / 총획 14		★우두머리(頁)가 명령(令)하여 다스린다. 다스릴 령. •領收(受): 영수. 받아들임. •領域(영역): 어떤 범위. ※頁(머리 혈): 머리, 우두머리의 뜻이 있다.
嶺 메 산 다스릴 령 고개, 재 령 부수 山 / 총획 17	岭 고개 령(영) 岾 산 작고 높을 겸	★산(山)을 다스리려면(領) 고개를 잘 알아야 한다. 고개 령. •峻嶺(준령): 높고 험한 고개. •分水嶺(분수령): 경계를 이룬 산마루. ※儿岾(아령): 서울 5호선 애오개역 한자명. 작은 고개 뜻. 서울 마포구 아현동(阿峴洞) 일대.
鈴 쇠 금 명령 령 방울 령 부수 金 / 총획 13		★쇠(金)로 명령(令)하고 방울을 흔든다. 방울 령. •搖鈴(요령): 솔발. 불가에서 예식 때 흔드는 제구.
齡 이 치 명령 령 나이 령 부수 齒 / 총획 20		★이(齒)를 보고 나이를 명령하듯이 나이를 안다. 나이 령. •年齡(연령): 나이. •妙齡(묘령): 젊은 여자의 나이.
命 합할 합 병부 절 명령, 목숨 명 부수 口 / 총획 8		★집합(合)하여 병부(卩)에서 명령한다. 명령 령. •命令(명령): 윗사람이 아랫사람에게 내리는 분부. •命中(명중): 총, 활 따위가 목표물에 바로 맞음.

앞페이지 복습	造	牧	丈	杖	冷

한자	비슷한 한 자	설명
사람 인 他 어조사 야 다를 타 부수 人 / 총획 5	也 이끼 야 어조사 야	★사람(人)은 야(也) 얼굴이 서로 다르다. 다를 타. •他山之石(타산지석): 다른 산의 돌이라도 나에게 옥돌을 갈고 닦는데 유익한 것처럼. 무엇이라도 자기의 품성과 지덕을 수양하는 데에 도움이 됨을 비유하는 말.
흙 토 地 어조사 야 땅 지 부수 土 / 총획 6		★흙(土)이 무엇(也)이냐? 땅이다. 땅 지. •地大(지대): 만물을 이루고 있는 요소인 물, 불, 바람. 땅 가운데서 땅을 이르는 말.
삼수변 池 어조사 야 못 지 부수 水(氵) / 총획 6		★물(氵)은 어찌(也) 할 것이냐? 지당으로 보내라. 못 지. •池塘(지당): 못. 넓고 오목하게 팬 땅에 물이 괴어 있는 곳. •太陽電池(태양전지) •乾電池(건전지)
방향 방 施 사람 인 / 이끼 야 베풀 시 부수 方 / 총획 9		★사방(方)에서 사람(人)들이 야(也)! 사랑을 베푼다. 베풀 시. •施行(시행): 실제로 행함. •施賞(시상): 상품 또는 상금을 줌.
발가락 / 여러개 止 발바닥 그칠 지 부수 止 / 총획 4	址 터 지 正 바를 정 上 윗 상	★발의 모형으로, 발로 서고 가고 멈춘다는 의미가 있다. 그칠 지. •禁止(금지): 금하여 못하게 함. •止血(지혈): 피가 그침.

| 앞페이지 복습 | 領 | 嶺 | 鈴 | 齡 | 命 |

한자	비슷한 한자	설명
사람 인 / 企 그칠 지 기획할, 바랄 기 부수 人 / 총획 6		★사람(人)이 가던 길을 멈추고(止) 앞날을 바라보며 기획한다. 바랄 기. • 企業(기업): 사업을 기획하여 일으킴. • 企劃(기획): 일을 계획(꾸밈)함.
그칠 지 / 步 젊을 소 걸음 보 부수 止 / 총획 7		★그쳐(止) 있다가 조금씩(少) 조금씩 걸어간다. 걸음 보. • 步幅(보폭): 걸음의 발자국과 발자국 사이의 거리. • 步行(보행): 걸어감.
그칠 지 / 肯 고기 육 긍정할, 즐길 긍 부수 月 / 총획 8		★그치고(止) 서서 고기(月←肉)를 즐겨 먹는다. 즐길 긍. • 肯定(긍정): 그렇다고 인정함. • 首肯(수긍): 옳다고 인정함.
물 수 / 涉 걸음 보 건널 섭 부수 水 / 총획 10		★물(氵)에서 몇 걸음(步) 걸어서 건너간다. 건널 섭. • 交涉(교섭): 일을 이루기 위하여 서로 의논함. • 干涉(간섭): 남의 일에 나서서 참견함.
언덕 부 / 陟 걸음 보 오를 척 부수 阝 / 총획 10		★언덕(阝)을 걸어서(步) 쏜살같이 오른다. 오를 척. • 陟降(척강): 오름과 내림. • 進陟(진척): 일이 진행되어 감. • 三陟郡(삼척군) • 登陟(등척): 높은 곳에 오름. ※ 阝(좌부변 부) = 阜(언덕 부) = 自(언덕 부)
앞페이지 복습	他	地	池	施	止

한자	비슷한 한자	설명
보일 시 / 그칠 지 **祉** 복 지 부수 示 / 총획 9	祉 회사 사	★귀신(示, 귀신)도 정지(止)하여 바라보는 행복. 복 지. • 福祉(복지): 행복. 행복을 누림. ※ 示()보일시 : 귀신, 제단의 뜻이 있음.
한 일 / 주살 익 / 그칠 지 **武** 굳셀 무 부수 止 / 총획 8		★하나(一)의 화살()로 적을 정지시킨 무관. 굳셀 무. • 武器(무기): 전쟁에 쓰이는 기구. • 武官(무관): 무과 출신의 벼슬아치.
손 수 / 창 과(창 괘) **我** 나 아 부수 戈 / 총획 7		★손(手)과 창(戈)으로 몸을 보호하는 나. 나 아. • 我執(아집): 자기 중심의 생각에만 고집. • 我田引水(아전인수): 제게 이로울대로만 함. • 諸法無我(제법무아): 세상의 모든 존재는 인연으로 생겨났으며 변하지 않는 실체는 존재하지 않는다는 생각.(불교)
양 양 / 나 아 **義** 옳을 의 부수 羊 / 총획 13		★순한 양(羊) 같이 나(我)도 순하게 사는 것이 옳다. 옳을 의. • 義務(의무): 하여야 할 본분. • 義理(의리): 사람으로서 지켜야 할 바른 길. ※부수 羊(양 양) : 羊, 𦍌, 芈
사람 인 / 옳을 의 **儀** 거동 의 부수 亻 / 총획 15		★사람(人)의 옳은(義) 행동이 곧 거동이다. 거동 의. • 賻儀(부의)금: 상가에 부조로 내는 돈이나 물품. • 儀式(의식): 경사, 흉사에 예식을 갖추는 법식.
앞페이지 복습	企	步	肯	涉	陟

한자	비슷한 한자	설명
밥 식 / 나 아 **餓** 굶을 아 부수 食 / 총획 16		★밥(食)이 나(我)에게 없어 굶었다. 굶을 아. • 餓死(아사): 굶을 죽음. • 饑餓(기아): 굶주림.
말씀 언 **議** 옳을 의 의논할 의 부수 言 / 총획 20		★말(言)을 하여 옳은(義) 것을 찾기 위해 의논한다. 의논할 의. • 議決(의결): 의논하여 결정함. • 議事(의사): 어떤 일을 의논함. • 議案(의안): 회의에서 서로 토론할 안건.
사람 인 / 높을 앙 **仰** 우러러볼, 믿을 앙 부수 亻 / 총획 6	卬 나 앙 높을 앙	★사람(亻)들이 높은 지위에 있으면 우러러본다. 우러러볼 앙. • 仰望(앙망): 우러러봄. • 推仰(추앙): 높이 받들어서 우러러봄.
抑 나 앙 누를 억 부수 亻 / 총획 7		★손(扌)으로 나(卬)의 욕심을 억누른다. 누를 억 • 抑留(억류): 억지로 머무르게 함. • 抑制(억제): 억눌러서 일어나지 못하게 함.
뛸 착 **迎** 높을 앙 맞이할 영 부수 辶 / 총획 8		★뛰어가서(辶. 갈 착, 뛸 착, 책받침 변이라 함) 높은(卬) 분을 맞이한다. 맞이할 영. • 迎接(영접): 손님을 맞아서 대접함. • 歡迎(환영): 기쁜 마음으로 맞음.
앞페이지 복습	祉	武	我	義	儀

	비슷한 한 자	
사람 인 **伯** 흰 백 맏 백 부수 亻 총획 7		★머리가 흰(白) 사람(人)이 맏형이다. 맏 백. • 伯父(백부): 큰아버지. • 畵伯(화백): 화가를 높여 부르는 말.
손 수 **拍** 흰 백 손뼉 칠, 칠 박 부수 扌 총획 8	博 칠 박	★손(扌)이 희도록(白) 손뼉을 친다. 손뼉 칠 박. • 拍手(박수): 두 손뼉을 마주침. • 拍掌大笑(박장대소): 손뼉을 치며 크게 웃음. ※손 수(手)가 변으로 가면 扌로 바뀌고 손수변 또는 재방변이라 함.
나무 목 **柏** 일백 백 잣나무 백 부수 木 총획 9		★나무(木)에 흰(白) 잎이 있는 것은 잣나무다. 잣나무 백. • 柏木(백목): 잣나무. • 柏子(백자): 잣나무.
물 수 **泊** 흰 백 묵을 박 부수 氵 총획 8		★물(氵)가에서 밝을(白) 때까지 묵는다. 묵을 박. • 碇泊(정박): 배가 닻을 내리고 머무름. • 迫近(박근): 바싹 다가와 가까움. ※물 수(水)가 변으로 가면 氵로 바뀌고, 삼수변이라 함.
뛸 착 **迫** 흰 백 닥칠 박 부수 辶 총획 9		★뛰어(辶. 뛸 착, 갈 착, 책받침변)가다 백발노인이 닥쳐왔다. 닥칠 박. • 迫力(박력): 일을 밀고 나가는 힘. • 迫頭(박두): 절박하게 닥쳐옴. =박진(迫進).
앞페이지 복습	餓	議	仰	抑	迎

한자	비슷한 한자	설명
집 면 宿 사람 인　일백 백 묵을, 잘 숙 부수 宀　총획 11		★집(宀. 집 면, 갓머리밑이라 함)에 사람(亻)에 백(白)명이 잘 수 있다. 잘 숙. • 宿泊(숙박): 여관이나 어떤 곳에 머물러 묵음. • 宿命(숙명): 타고난 운명. 숙(宿) 자가 들어간 단어-숙제, 숙환, 숙식, 노숙.
실 사 縮 잘 숙 줄 축, 오그라들 축 부수 糹　총획 17		★실(糹)이 잠을 자니(宿) 줄어든다. 줄 축. • 縮小(축소): 줄여 작게 함. • 濃縮(농축): 액체를 진하게 바짝 조임.
사람 인 位 설 립 자리 위, 지위 위 부수 亻　총획 7	倍 갑절 배	★사람(亻)이 서(立) 있는 위치와 자리가 같다. 자리 위. • 位置(위치): 자리. 물건이 있는 곳. • 地位(지위): 있는 곳. 신분.
손 수 拉 설 립 꺾을, 끌고 갈 랍 부수 扌　총획 8		★손(扌)으로 서(立) 있는 사람 끌고 같다. 끌고 갈 랍. • 拉致(납치): 강제로 끌고 감. • 拉北(납북): 북에서 납치해감. ※手(扌)가 변으로 가면 (손 수)로 바꾼다.
사람 王 하늘 땅 임금 왕 부수 玉　총획 4	玉 구슬 옥 主 주인 주	★삼(三): 天, 地, 人을 뜻하며 이어주는(丨:뚫을 곤, 송곳 곤) 그것은 왕이다. 임금 왕. • 王冠(왕관): 임금이 쓰는 관. • 王權(왕권): 왕의 권리.
앞페이지 복습		伯　拍　柏　泊　迫

	비슷한 한자	
임금 왕 **玉** 점 주 구슬 옥 부수 王 | 총획 5		★임금(王)님 얼굴에 구슬 같은 점(ヽ. 점 주)을 찍었다. 구슬 옥. ※변에 쓰는 王은 모두 玉 자다. 구슬옥(玉)이 변으로 가면 王으로 바뀐다.
날 일 **旺** 임금 왕 왕성할 왕 부수 日 | 총획 8		★햇빛(日)이 왕(王)처럼 비추니 만물이 왕성하다. 왕성할 왕. • 旺盛(왕성): 잘 되어 한창 성함. • 旺氣(왕기): 왕성한 기운.
나무 목 **枉** 임금 왕 굽을 왕 부수 木 | 총획 8	柱 기둥 주	★나무(木)가 왕(王)이 되니 오랜 세월이라 구부러졌다. 굽을 왕. • 枉臨(왕림): 남이 찾아옴을 높이어 하는 말.
개 견 **狂** 임금 왕 미칠 광 부수 犭 | 총획 7		★임금(王)이 개(犬. 개견이 변으로 가면 犭으로 변한다) 같은 짓을 하면 미친 것이다. 미칠 광. • 狂犬(광견): 미친 개. • 光風(광풍): 미친 듯이 휘몰아치는 사나운 바람.
점 주 **主** 임금 왕 주인 주 부수 ヽ | 총획 5		★왕(王) 자 위에 점(ヽ)이니 왕의 위인 주인이다. 주인 주. • 主人(주인): 한 집안의 어른인 사람. 물건의 임자. • 主要(주요): 가장 소중하고 긴요함. • 重要(중요): 매우 귀중하고 긴요함.

앞페이지 복습	宿	縮	位	拉	王

한자	비슷한 한자	뜻풀이
住 사람인 / 주인주 머무를 주, 살 주 부수 亻 / 총획 7	往 갈 왕 佳 아름다울 가	★그 사람(亻, 人)이 주인(主)이며 지금 살고 있다. 살 주. • 住所(주소): 사는 곳. • 住宅(주택): 사람이 사는 집. 주민, 주거 등등
注 물수 / 주인주 물댈 주 부수 氵 / 총획 8		★물(氵, 水)을 주인(主)에게 대준다. 물댈 주. • 注目(주목): 자세히 살피며 바라봄. • 注文(주문): 물건을 청구함.
柱 나무목 / 주인주 기둥 주 부수 木 / 총획 9	枉 굽을 왕 桂 계수나문 계	★나무(木)가 주인(主) 노릇을 하는 기둥. 기둥 주. • 柱石(주석): 기둥과 주춧돌.
往 두인 / 주인주 갈 왕 부수 彳 / 총획 8	住 살 주	★두 사람(彳)이 주인(主)에게 간다. 갈 왕. • 往來(왕래): 가고 옴. • 往復(왕복): 갔다가 돌아옴. ※彳: 조금 걸을 척. 변으로 가변 彳(두인변)이 됨.
駐 말마 / 주인주 머무를 주 부수 馬 / 총획 15		★말(馬)을 주인(主)에게 맡기고 머문다. 머무를 주. •駐車(주차): 차를 세워둠. •駐在(주재): 일정한 곳에 나와 머물러 있음. •駐韓美軍放送(주한미군방송: AFKN)
앞페이지 복습	玉	旺	柱	狂	主

한자	비슷한 한자	설명
문 문 **閏** 임금 왕 윤달 윤 부수 門 총획 12		★문(門) 안에 임금(王)님이 서 있는 글자. 윤달 윤. • 閏年(윤년): 윤달이나 윤일이 든 해.
물 수 **潤** 불어날 윤 윤택할 윤 부수 氵 총획 15		★물(氵)이 남을(閏) 정도로 재물도 모이니 윤택하다. 윤택할 윤. • 潤澤(윤택): 아름답게 번쩍이는 빛. 넉넉함. • 利潤(이윤): 장사 따위를 하여 남은 돈.
수건 건 **布** 베 포 부수 巾 총획 4		★이마에 동여맨 수건(巾, 수건 건)은 삼실, 무명실, 명주실로 만든 거다. 베 포. • 布告(포고): 정부에서 국민에게 그 명령을 전하는 일. • 公布(공포): 일반에게 널리 알림.
다섯 오 **希** 베 포 바랄 희 부수 巾 총획 7		★베옷(布)이 다섯(乂: 다섯 오) 벌, 더 생기길 희망한다. 바랄 희. • 希望(희망): 기대하여 바람. • 希求(희구): 원하고 바람. 욕구.
마음 심 **怖** 베 포 두려워할 포 부수 忄 총획 8		★마음(忄) 속으론 비단옷 입기를 좋아하지만 베옷(布) 입기는 두려워한다. 두려워할 포. ※심(心) 자가 변(글자의 왼쪽)으로 가면 忄(심)으로 바뀌며 심방변이라 함. • 恐怖(공포): 무서움과 두려움. • 怖伏(포복): 두려워서 땅에 엎드림.

| 앞페이지 복습 | 住 | 注 | 柱 | 往 | 駐 |

한자	비슷한 한자	설명
벼 화 / 바랄 희 稀 드물 희 부수 禾 / 총획 9		★돈을 바라지 벼(禾)를 바라는(希) 사람은 드물다. 드물 희. • 稀薄(희박): 어떤 일이 이루어질 가능성이 적다. • 稀貴(희귀): 드물어서 매우 귀하다.
氏 성씨 씨 부수 氏 / 총획 4	底 밑 저	★뜻만 기억 • 氏族(씨족): 같은 조상(시조)을 갖은 결합된 혈족. 金氏, 李氏 등등
사람 인 / 밑 저 低 낮을 저 부수 亻 / 총획 7		★사람(亻)의 신분이 밑(氏: 낮다, 천하다, 근본 저.)이니 낮다. 낮을 저 • 低價(저가): 낮은 값. 싼값 • 低利(저리): 낮은 금리
손 수 / 밑 저 抵 막을 저 부수 扌 / 총획 8		★손(扌)의 밑(氐)바닥으로 막는다. 막을 저 • 抵抗(저항): 대항 • 抵當(저당): 부동산 동산을 담보로 잡히고 돈을 빎.
밑 저 / 엄 호 底 밑, 바닥 저 부수 广 / 총획 8		★돌집(广) 밑(氐)이니 밑바닥이다. 밑바닥 저. ※엄호: 바위집, 큰 집의 뜻이 있다. • 底意(저의): 속마음 • 徹底(철저): 속속들이 꿰뚫어 빈틈이 없음.
앞페이지 복습		閏　潤　布　希　怖

		비슷한 한자	
성씨 **昏** 날 일 저물 혼 부수 日 / 총획 8			★김 씨, 이 씨(氏)들이 날(日)이 저물어 집에 갔다. 저물 혼.
			• 昏絶(혼절): 정신이 까무러침. 졸도. • 昏睡(혼수): 정신없이 잠이 듦.
계집 녀 **婚** 저물 혼 혼인할 혼 부수 女 / 총획 11			★여자(女)가 저물어(昏)가는 시기는 혼인 후다. 혼인할 혼.
			• 結婚(결혼): 시집가고 장가가는 일. 혼인 관계를 맺음. • 婚處(혼처): 결혼하기에 알맞은 상대방.
실 사 **紙** 성 씨 종이 지 부수 糸 / 총획 10			★실(糸) 같은 뿌리(氏. 성 씨, 뿌리 씨)로 만든 것이 종이다. 종이 지.
			• 紙面(지면): 종이의 표면. • 紙筆(지필): 종이와 붓.
입 구 **申** 열 십 펼, 거듭 신 부수 田 / 총획 5		田 밭 전 甲 갑옷 갑	★입(口)을 열(十) 번을 움직여 내 주장을 편다. 펼 신.
			• 申告(신고): 국민이 법률상 의무로써 행정 관청에 사실의 진술을 하는 일. • 申申當付(신신당부): 간곡히 부탁.
사람 인 **伸** 펼 신 늘일, 펼 신 부수 亻 / 총획 7			★사람(亻)이 몸을 쭉~ 펴면(申) 신체가 늘어난다. 늘일 신.
			• 伸縮(신축): 늘고 줆. • 伸張(신장): 늘려서 폄.
앞페이지 복습	稀	氏	低	抵	底

	비슷한 한 자	
흙 토 **坤** 펼 신 땅 곤 부수 土 / 총획 8		★흙(土)을 쭉 펴(申)놓은 것이 땅이니라. 땅 곤. • 坤方(곤방): 이십사방위의 하나. 서남방 • 坤卦(곤괘): 8괘의 하나. 땅을 상징함.
볼 시 **神** 펼 신 정신, 귀신 신 부수 示 / 총획 10		★내가 펼친(申) 것을 본(示) 자는 귀신뿐이다. 귀신 신. • 神位(신위): 죽은 사람의 영혼이 의지한 자리. • 神經(신경): 생물의 지각, 운동, 분비, 영양을 지배하는 기관.
실 사 **紳** 펼 신 신사 신 부수 糸 / 총획 11		★실(糸)을 펴(申) 만든 멋진 옷을 입은 신사. 신사 신. • 紳士遊覽團(신사유람단): 조선 고종 18년(1881)에 새로운 문물제도의 시찰을 위하여 일본에 파견한 시찰단.
두 이 **半** 사람 인 절반 반 부수 半 / 총획 5		★사람(人)이 둘(二)로 나뉘어(│)졌으니 절반이다. 절반 반. • 半減(반감): 절반을 덞. • 殆半(태반): 거의 절반.
사람 인 **伴** 절반 반 짝 반 부수 亻 / 총획 7		★사람(人)이 절반(半)씩 합쳐졌으니 짝이다. 짝 반. • 伴侶(반려): 짝이 되는 친구. 동반자. • 隨伴(수반): 뒤쫓아 따름.
앞페이지 복습	昏	婚	紙	申	伸

	비슷한 한자	
절반 반 **判** 칼 도 판단 판 부수 刂 / 총획 7		★절반(半)을 또 칼(刂←刀)로 잘라서 쪼개듯 판단하니, 판단 판. • 判決(판결): 시비곡직을 결정하는 일. • 判斷(판단): 생각하여 정하는 일.
절반 반 **叛** 반대 반 배반할 반 부수 又 / 총획 9		★반(半)씩 갖기로 약속하고 반대(反)하였으니 배반이다. 배반 반. • 叛逆(반역): 배반하고 모욕함. = 反逆. • 背叛(배반): 신의를 저버리고 돌아섬.
말씀 언 **訂** 고무래 정 고칠 정 부수 言 / 총획 9		★말(言)을 잘못하여 고무래(丁)로 쳐서 바로 잡는다. 고칠 정. • 訂正(정정): 잘못을 고쳐 바로 잡음. • 訂定(정정): 잘 되고 잘못됨을 의논하여 결정함.
손 수 **打** 고무래 정 칠 타 부수 扌 / 총획 5		★손(扌)으로 고무래(丁: 고무래 정)를 친다. 칠 타. • 打倒(타도): 쳐서 부수어버림. • 亂打(난타): 마구 침. • 打者(타자), 打字(타자) 등등.
입 구 **可** 고무래 정 옳을 가 부수 口 / 총획 7		★고무래(丁)로 입(口)을 치니 옳다고 한다. 옳을 가. • 可決(가결): 의안을 좋다고 인정함. • 可觀(가관): 볼 만함.
앞페이지 복습	坤	神	紳	半	伴

	비슷한 한자	
사람 인 **何** 옳을 가 어찌 하 부수 亻 총획 7		★사람(亻)은 옳은(可) 일을 하여야 하니 어찌할까? 어찌 하.
		• 何如間(하여간): 어쨌든. • 何等(하등): 어무런, 조금도.
물 수 **河** 옳을 가 물 하 부수 氵 총획 8		★물(氵)이 옳게(可) 흘러 강으로 간다. 물 하.
		• 河川(하천): 강과 내. • 河海(하해): 큰 강과 바다.
언덕 부 **阿** 옳을 가 언덕, 아첨 아 부수 阝 총획 8		★이것이 평지인가 언덕(阝)인가 옳다(可)고 아첨을 떤다. 아첨 아. ※언덕 부(阜): 글자 왼쪽으로 가면 阝로 변하여 뜻은 같고 좌부변 혹은 좌방부라 함.
		• 阿附(아부): 남의 비위를 맞추고 알랑거림. • 阿兄(아형): 형의 뜻으로 글에서 쓰는 말. 아형(雅兄)은 상대자를 존칭하는 칭호.
풀 초 **苛** 옳을 가 가혹할 가 부수 ++ 총획 8		★풀밭(++)에 들어가는 것은 옳지(可) 않다며 가혹하게 혼이 났다. 가혹할 혹.
		• 苛酷(가혹): 매우 혹독함. • 苛斂(가렴): 혹독하게 징수함. ※++(초두머리 초, 풀 초) = 艸, 艹, ++, ++
가혹할 가 **荷** 사람 인 짐 하 부수 ++ 총획 10		★사람(亻)에게 가혹하게(苛) 짐을 지운다. 짐 하.
		• 荷役(하역): 짐을 싣고 내리는 일. • 荷重(하중): 짐의 무게.
앞페이지 복습	判	叛	訂	打	可

		비슷한 한 자	
왼 좌	左 장인 공 왼 좌 부수 工 / 총획 7		★장인(工)이 하는 일을 도와(ナ)주는 왼손. 왼 좌. • 左傾(좌경): 왼쪽으로 기울어짐. • 極左(극좌): 극단의 좌익 사상. ※ナ = 左(왼 좌):: 왼쪽, 진보적이다, 돕다는 뜻이 있음.
사람 인	佐 왼 좌 도울 좌 부수 亻 / 총획 7		★사람(亻)이 왼쪽(左)에서 도와준다. 도울 좌. • 輔佐官(보좌관): 상사의 일을 돕는 직책.
도울 유 일 자	在 흙 토 있을 재 부수 土 / 총획 6		★나를 도와주는(ナ) 한(1) 평의 땅이 있다. 있을 재. • 駐在(주재): 직무상 파견된 곳에 머물러 있음. • 遍在(편재): 널리 퍼져 있음.
도울 유 일 자	存 아들 자 있을 존 부수 子 / 총획 6		★나를 도와(ナ)주는 한(1) 명의 아들(子)이 있다. 있을 존. • 存立(존립): 생존하여 자립함. • 存在(존재): 현존하여 있는 것. ※ナ(왼 좌):: 왼쪽, 진보적이다, 돕다는 뜻이 있음.
구결자 면	石 입 구 돌 석 부수 石 / 총획 5		★입(口)에 구두점(丁: 구결자 면. 우리나라에서 만든 한자)을 찍었으니 돌 같다. 돌 석. • 石材(석재): 여러 가지 물건을 만드는데 쓰는 돌. • 石工(석공): 석수. ※구결자(口訣字): 한문 문장에서 구두점을 찍을 곳에 붙이던 약호. 이두에는 있었으나 한글 문장에서는 없어졌음
앞페이지 복습	何	河	阿	苛	荷

	비슷한 한자	
손 수 **拓** 돌 석 넓힐 척, 던질 척 부수 扌 / 총획 8		★손(扌←水)으로 돌(石)을 치워 땅을 넓힌다. 넓힐 척. • 開拓地(개척지): 개간한 땅. 개간할 땅. • 干拓(간척): 바다, 호수를 막고 물을 빼내서 육지로 만듦. ※ 扌(재방변 수) = 手(손 수)
돌 석 **碩** 머리 혈 클 석 부수 石 / 총획 14		★돌(石)같이 머리(頁)만 크다. 클 석. • 碩士(석사): 벼슬이 없는 선비의 높임말. 대학원에서 석사 학위 과정을 마친 이에게 수여되는 칭호.
입 구 **右** 도울 우 오른쪽 우, 도울 우 부수 口 / 총획 5	佑 도울 우	★입(口)으로 도움(ナ: 도울 우)을 오른쪽으로 (밥을) 주자. 오른 우. • 右往左往(우왕좌왕): 이리 갔다 저리 갔다 함. 갈팡질팡. • 右側(우측): 오른쪽.
활 궁 **弗** 갈고리 궐 / 뚫을 곤 아닐 불, 말 불 부수 弓 / 총획 3	弓 활 궁 弔 슬퍼할 조	★활(弓: 활 궁) 줄은 한 개지 두(刂) 개를 하지 말라. 말 불, 아닐 불. • 弗貨(불화): 달러를 단위로 하는 화폐.
사람 인 **佛** 아니 불 부처 불 부수 亻 / 총획 7		★부처님께서 부처(佛) 아닌(弗) 사람(亻)이 없다고 하셨다. 부처 불. • 佛法(불법): 부처(싯다르타)가 설한 법(삼라만상의 진리).
앞페이지 복습	左	佐	在	存	石

	비슷한 한자	
손수 拂 아니 불 떨칠 부 부수 扌 ／ 총획 8		★손(扌)으로 아니라고(弗) 떨쳐버린다. 떨칠 불. • 佛下(불하): 국가나 공공단체에서 민간에 팔아넘기는 일. • 換拂(환불): 환산하여 지불함.
아니 불 費 조개 패 쓸 비 부수 貝 ／ 총획 10		★내 돈이 아니면(弗) 돈(貝)을 함부로 쓰나! 쓸 비. • 消費(소비): 써서 없앰. • 浪費(낭비): 헛되이 함부로 씀.
共 함께 공 부수 八 ／ 총획 6		★스물(廿)여덟(八) 명이 함께 일을 한다. 함께 공. ※廾(받들 공): 부수일 때는 스물입발 / 廿 = 卄(스물 입. + 열 십이 두 개라 스물의 뜻이 있다.) • 共同(공동): 여러 사람이 일을 함께 함. • 共感(공감): 남의 의견에 관하여 자기도 그렇다고 느낌.
함께 공 供 사람 인 받들 공 부수 亻 ／ 총획 8		★사람(亻)이 함께(共) 살기 위해 이바지하며 받든다. 받들 공. • 供給(공급): 요구에 의하여 재물을 댐. • 供託(공탁): 물건의 보관을 의탁함.
함께 공 拱 손 수 잡을 공, 팔짱 낄 공 부수 扌 ／ 총획 9		★손(扌)을 함께(共) 마주잡고 힘을 합치자. 마주잡을 공, 팔짱 낄 공, 수수방관할 공. • 拱手(공수): 두 손을 마주 잡아 공경하는 뜻을 나타내는 예.
앞페이지 복습	拓	碩	右	弗	佛

	비슷한 한자	
물 수 洪 함께 공 홍수 홍 부수 氵 총획 9		★물(氵)이 함께(共) 흘러 큰 홍수가 났다. 홍수 홍. • 洪水(홍수): 장마로 범람하는 큰 물.
입 구 哄 함께 공 떠들 홍 부수 口 총획 9		★입(口)으로 함께(共) 떠든다. 떠들 홍. • 哄笑(홍소): 크게 입을 벌려 떠들썩하게 웃음. • 박장대소: 손뼉을 치며 크게 웃음.
함께 공 恭 마음 심 공손할 공 부수 心 총획 10		★함께(共) 살며 마음(忄, 心, 㣺: 마음 심)으로 공경한다. 공손할 공. • 恭敬(공경): 삼가서 예를 차려 높임. • 恭待(공대): 공손히 대접함. 　　　　　　　※忄, 心(마음 심), 㣺 (심방변 심)
밭 전 異 함께 공 다를 이 부수 田 총획 11		★밭(田)에서 함께(共) 일을 하나 얼굴은 다르다. 다를 이. • 異見(이견): 서로 다른 의견. • 異姓(이성): 다른 성씨. • 異性(이성): 다른 성질. 남자와 여자.
깃 우 翼 다를 이 날개 익 부수 羽 총획 17		★깃(羽)보다 다른(異) 것이 날개다. 날개 익. • 右翼(우익): 보수적, 민족주의적 색채를 띤 정당이나 단체. • 左翼(좌익): 급진적이거나 사회주의적, 공산주의적 경향.
앞페이지 복습	拂	費	共	供	拱

		비슷한 한자	
나무 목 사람 인 사람 인 **來** 올 래 부수 人 / 총획 8		耒 쟁기 뢰 来 올 래 약자	★나무(木) 위에 두 사람(人)이 있네? 이리로 올래? 올 래 • 來歷(내력): 지나온 자취. • 未來(미래): 앞으로 올 때. ※쟁기=가래(흙 파내는 기구)
올 래 **麥** 뒤져올 치 보리 맥 부수 麥 / 총획 11			★심고 나서 오는(來) 것이 뒤쳐져(夂) 천천히 오는 것이 보리다. 보리 맥. • 麥酒(맥주): 보리로 만든 술. • 麥飯(맥반): 보리밥. ※夂: 뒤쳐올 치, 천천히 걸을 치.
夕 저녁 석 부수 夕 / 총획 3			★뜻만 기억. • 夕陽(석양): 저녁 해. • 夕照(석조): 해질 무렵에 빛나는 햇빛.
저녁 석 **多** 저녁 석 많을 다 부수 夕 / 총획 6			★밤(夕)마다 저녁(夕)마다 생각이 많이 난다. 많을 다. • 頗多(파다): 널리 퍼져 있음. • 多少(다소): 많음과 적음.
사람 인 **侈** 많을 다 사치 치 부수 亻 / 총획 8			★사람(亻)이 지나치게 많이(多) 가지면 사치다. 사치 치. • 侈心(치심): 사치하는 마음. • 奢侈(사치): 필요 이상으로 치장함. 향락적인 소비를 함.
앞페이지 복습	洪	哄	恭	異	翼

한자	비슷한 한자	뜻풀이
移 벼 화 많을 다 옮길 이 부수 禾 총획 11	利 이로울 이	★벼(禾: 벼 화) 이삭을 창고에 많이(多) 옮겼다. 옮길 이. • 移徙(이사): 집을 옮김. • 移動(이동): 옮겨 움직임. 자리를 바꿈.
名 이름 명 부수 口 총획 6		★뜻만 기억. • 姓名(성명): 성과 이름. • 名譽(명예): 자랑, 이름 높은 평판.
各 천천히 걸을 쇠 입 구 각각 각 부수 口 총획 6		★서서히 걸으며(夂) 입(口)으로 말을 하나 생각은 각각 다르다. 각각 각. • 各界(각계): 사회의 각 방면. • 各國(각국): 여러 나라.
史 가운데 중 사람 인 역사 사 부수 口 총획 5		★중심(中)에서 치우치지 않은 사람(人)이 옳은 역사를 쓴다. 역사 사. • 歷史(역사): 인간 사회의 변천 및 발전 과정을 기록한 학문. • 史話(사화): 역사에 대한 이야기. • 史劇(사:극): 역사극 준말. ※史. 역사 사(장음입니다).
吏 한 일 역사 사 벼슬아치 리 부수 口 총획 6		★한(一) 마음으로 역사(史)를 기록하는 자가 벼슬아치다. 벼슬아치 리. • 官吏(관리): 관직에 있는 사람. • 吏道(이도): 관리의 도리. ＊부수 : 口(입 구)

앞페이지 복습	來	麥	夕	多	移

	비슷한 한자	
使 사람 인 관리 리 하여금, 부릴 사 부수 亻 / 총획 8		★관리(吏)를 부리는 사람(人), 부릴 사. • 使臣(사신): 왕의 명을 받아 외국에 가는 신하. • 使用(사용): 물건을 씀.
夜 돼지해머리 두 더위잡을 반 밤 야 부수 夕 / 총획 8	液 즙 액	★머리(亠)를 식히려면(仒: 더위잡을 반) 밤(夜)이 되어야 한다. 밤 야. • 夜景(야경): 밤 경치. • 徹夜(철야): 밤을 세움. ※亠: 돼지해머리 두(돼지머리와 상관없음)
寺 흙 토 마디 촌 절 사 부수 寸 / 총획 6		★흙(土)을 헤아리고(寸: 마디 촌, 헤아릴 촌) 정성을 다하여 지었다는 절. 절 사. • 寺刹(사찰): 절. • 寺院(사원): 절, 암자 등의 종교 기관.
侍 사람 인 절 사 모실 시 부수 亻 / 총획 8		★사람(亻)들은 절(寺)에다 부처를 모신다. 모실 시. • 侍坐(시좌): 웃어른을 모시고 앉음. • 侍下(시하): 부모가 생존하여 모시고 있는 사람. 층층시하: 부모, 조부모 등의 어른 모시고 사는 처지.
待 두 인 절 사 기다릴 대 부수 彳 / 총획 9		★두 사람(彳: 두인변, 조금 걸을 척)이 절에서 불공 차례를 기다린다. 기다릴 대. • 待遇(대우): 예의를 갖추어 대접함. • 招待(초대): 남을 청하여 대접함. • 待機(대기): 기회 오기를 기다림.
앞페이지 복습	移	名	各	史	吏

	비슷한 한 자	
날 일 **時** 절 사 때 시 부수 日 / 총획 10		★옛날에 절에서 날(日)이 밝으면 종을 쳐서 시간을 알렸다는 유래에서 나온 말. • 時效(시효): 같은 상태가 어느정도 계속됨으로 인하여 권리를 얻거나 잃는 제도. 민사, 형사 두가지가 있음. • 時局(시국): 당면한 정세.
손 수 **持** 절 사 지닐 지 부수 扌 / 총획 9		★손(扌=手)으로 절(寺)을 지어 가지고 싶다. 지닐 지. • 持參(지참): 물건을 가지고 참석함. • 持續(지속): 오래 계속됨.
말씀 언 **詩** 절 사 시 시 부수 言 / 총획 13		★말(言)을 절(寺)에서 하면 시처럼 들린다. 시 시. • 詩集(시집): 여러 편의 시를 모아 엮은 책. • 詩想(시상): 시를 짓게 하는 사상 감정 따위.
소 우 **特** 절 사 특별할 특 부수 牛 / 총획 10		★소(牛)가 절(寺) 옆에 있는 것은 특별한 일이다. 특별 특. • 特別(특별): 보통보다 아주 다름. • 特技(특기): 남이 가지지 못한 특별한 기술, 기능.
대 죽 **等** 절 사 차례 등 부수 竹 / 총획 12		★대밭(竹) 밑에서 절(寺)이 차례로 있다. 차례 등. • 等級(등급): 계급. • 等分(등분): 똑같이 나눔.
앞페이지 복습	使 夜 寺 侍 待	

한자	비슷한 한자	뜻풀이
衣 옷 의 부수 衣 / 총획 6		★뜻만 알아둡시다. • 衣冠(의관): 의복과 갓. • 衣類(의류): 옷의 종류.
사람 인 依 옷 의 의지할 의 부수 亻 / 총획 8		★사람(亻)은 옷(衣)에 의지한다. 의지할 의. • 依支(의지): 남에게 의지함. 몸을 기댐. • 依然(의연): 전과 다름없다.
사람 인 佳 양토 규 아름다울 가 부수 亻 / 총획 8	住 살 주	★사람(亻)이 영토(圭: 양토 규, 영토 규)를 많이 일구었으니 아름다운 일이다. 아름다울 가. • 佳約(가약): 부부가 될 언약. • 佳客(가객): 반가운 손님.
나무 목 桂 서옥 규 계수나무 계 부수 木 / 총획 10		★나무(木)가 서옥(圭: 양토 규, 영토 규, 서옥 규)같이 생겨서 계수나무다. 계수나무 계. • 桂樹(계수): 계수나무. ※瑞玉(서옥): 상서로운 구슬.
흙 토 街 갈 행 거리 가 부수 行 / 총획 12		★흙(土)과 흙(土)으로 갈(行) 수 있게 만든 길은 거리다. 거리 가. • 街頭(가두): 길거리. • 街路(가로): 넓은 길.
앞페이지 복습	時	持	詩	特	等

		비슷한 한 자	
문 문 **閨** 보석 규 안방 규 부수 門 / 총획 14		閏 윤달 윤	★대문(門) 안에 보석(圭: 서옥 규)이 있는 곳은 안방이다. 안방 규. • 閨房(규방): 안방. • 閨秀(규수): 남의 집 처녀를 높여 이르는 말.
굴바위 엄 **厓** 보석 규 언덕 애 부수 厂 / 총획 8		圭 영토 규 양토 규	★언덕(厂) 밑에 보석(圭)을 감춰두었다. 언덕 애. ※厂: 민호엄. 굴바위 엄, 언덕, 굴, 굴집의 뜻이 있다. • 厓眼(애안): 눈앞에 방해가 됨.
물 수 **涯** 언덕 애 물가 애 부수 氵 / 총획 11			★물(水)이 언덕(厓)에 부딪치는 소리가 물가에서 난다. 물가 애. • 生涯(생애): 살아있는 한 평생.
영토 규 **卦** 점 복 점괘 괘 부수 卜 / 총획 8			★영토(圭)를 넓히고 점(卜)을 친다. 점괘 괘. • 卦兆(괘조): 점칠 때 나타나는 길흉의 내용. • 占卦(점괘): 점칠 때 나타나는 괘.
영토 규 **封** 마디 촌 봉할 봉 부수 寸 / 총획 9			★영토(圭)를 마디(寸)마다 나누어 봉한다. 봉할 봉. • 封印(봉인): 봉한 자리에 도장을 찍음. • 封建(봉건): 봉토를 나누어주고 제후를 세우던 일.

앞페이지 복습	衣	依	佳	桂	街

한자	비슷한 한자	설명
掛 : 걸 괘 손 수 점 괘 부수 扌 총획 11	挂 간자체	★손(扌)으로 점괘(卦)를 걸어놓았다. 걸 괘. • 掛圖(괘도): 벽에 걸어놓고 보는 학습용 그림이나 지도. • 掛佛(괘불): 그려서 걸게 된 불상.
騷 : 시끄러울 소 말 마 벼룩 조 부수 馬 총획 20		★말(馬)이 벼룩(蚤)에 물리었으니 시끄럽소. 시끄러울 소. • 騷動(소동) : 야단법석 사건이나 큰 변. • 騷亂(소란) : 시끄럽고 어수선함.
遷 : 옮길 천 갈 착 서녘 서 큰 대 병부 절 부수 辶 총획 15		★서대문(西)에 큰(大) 벼슬아치가(卩=㔾) 집을 옮겨 갔다(辶). ※卩=㔾(병부절: 군사 관리의 나무 패. • 遷都(천도): 도읍을 옮김. • 遷客(천객): 천인. 귀양살이 하는 사람. • 左遷(좌천): 나쁜 지위로 떨어짐. ※辶 = 辵 = 辶(쉬엄쉬엄 갈 착)
典 : 법 전, 책 전 부수 八 총획 8		★책(冊: 책 책)을 받들어(廾: 받들 공) 법전을 만들다. 법 전. ※모양자: 典(법 전): 八(여덟 팔) + 曲(굽을 곡) • 典型(전형): 같은 부류의 특징을 잘 나타내고 있는 본보기. • 典當(전당): 재산을 담보하고 돈을 융통하는 일.
侖 : 모일 륜 사람 인 한 일 책 책 부수 人 총획 8	冊 책 책 朋 붕 붕	★사람(人) 한 명(一)씩 책(冊) 앞에 모인다. 모일 륜. • 홀로는 쓰이지 않고 다른 부수와 합쳐 쓰인다.
앞페이지 복습	閨	厓	涯	卦	封

한자	비슷한 한자	설명
사람 인 / 倫 / 모일 륜 / 인륜 륜 / 부수 亻 / 총획 10		★사람(人)이 모이면(侖) 인륜의 도의를 지켜야 한다. 인륜 륜. • 倫理(윤리): 인륜의 도의. • 不倫(불륜): 인륜의 도의에 어긋남.
물 수 / 淪 / 모일 륜 / 빠질 륜 / 부수 氵 / 총획 11		★물가(氵)에 모여(侖) 장난치면 물에 빠진다. 빠질 륜. • 淪落(윤락): 타락하여 몸을 버림.
말씀 언 / 論 / 모일 륜 / 의논할 론 / 부수 言 / 총획 15		★말(言)을 전하고 모여서(侖) 의논한다. 의논할 론. • 論說(논설): 일이나 물건의 옳고 그름을 말하여 자기의 의견을 펴는 일. • 論述(논술): 의견을 진술함.
차 차 / 輪 / 모일 륜 / 바퀴 륜 / 부수 車 / 총획 15		★차(車)들이 모인(侖) 곳에 바퀴가 많다. 바퀴 륜. • 輪廓(윤곽): 대강의 테두리나 겉모양. • 輪番(윤번): 돌아가는 차례.
系 / 한 일 / 실 사 / 이을 계, 혈통 계 / 부수 糸 / 총획 7	糸 실 사	★하나(一)의 실(糸)처럼 이어져 내려오는 혈통. 혈통 계. • 系統(계통): 일족의 혈통. • 系譜(계보): 집안의 혈통, 계통을 적은 책.
앞페이지 복습		掛　騷　遷　典　侖

	비슷한 한 자	
사람 인 / 이을 계 **係** 이을 계 부수 亻 / 총획 9		★사람(亻)은 혈통을 이어(系: 이을 계) 간다. 　이을 계. • 係員(계원): 한 계에서 사무를 갈라 맡아보는 한 계에서 일을 하는 사람. • 關係(관계): 둘 이상이 서로 걸림.
아들 자 **孫** 혈통 계 손자 손 부수 子 / 총획 10		★아들(子)의 혈통(系) 즉 손자다. 　손자 손. • 孫子(손자): 자녀의 아들. • 孫女(손녀): 자녀 딸.
혈통 계 **縣** 매달 현, 고을 현 부수 糸 / 총획 16		★뜻만 기억. 맬 현, 고을 현으로 쓰임. • 縣監(현감): 현의 우두머리. • 懸隔(현격): 멀리 떨어져 있음. • 奈良縣(나라현)
고을 현 / 마음 심 **懸** 매달 현 부수 心 / 총획 20		★고을(縣)에서 마음(心) 나쁜 사람은 매단다. 　매달 현. • 懸案(현안): 이전부터 의논하여 아직 결정 못 지은 의안. • 懸賞金(현상금): 어떤 목적을 위하여 상으로 거는 돈.
믿을 윤 **夋** 걸을 쇠 갈 준 부수 夂 / 총획 7		★믿고(允) 서서히(夂: 서서히 걸을 쇠) 걸어간다. 　갈 준. •뜻만 기억. 다른 부수와 합쳐서 쓰인다. ※夋(=갈 준, 천천히 걷는 모양 준) / ※夂(천천히 걸을 쇠) *뜻이 비슷한 부수: 辶(쉬엄쉬엄 갈 착) *모양이 비슷한 부수: 夊(칠 복) / ※夂(뒤쳐져 올 치)
앞페이지 복습	倫	淪	論	輪	系

	비슷한 한자	
사람 인 俊 **갈 준** 준걸 준 부수 亻 | 총획 9		★남보다 빨리 가는(夋) 사람(亻)이니 준걸하다. 준걸 준. • 俊秀(준수): 재주, 슬기, 풍채가 뭇사람에 비해 뛰어남. • 俊傑(준걸): 지덕, 재주가 뛰어난 사람.
설 립 竣 **갈 준** 끝날 준 부수 立 | 총획 12		★서(立)있는 건물을 가서(夋) 보니 공사가 끝났다. 끝날 준. • 竣工(준공): 공사를 끝냄. 유사어: 낙성, 기공.
뫼 산 峻 **갈 준** 높을 준 부수 山 | 총획 10		★산(山)이 갈(夋)수록 높다. 높을 준. • 峻嚴(준엄): 매우 엄격함. • 峻峰(준봉): 험하고 가파른 산봉우리.
입 구 唆 **갈 준** 부추길 사 부수 口 | 총획 10		★입(口)으로 말하고 가서(夋) 부추긴다. (선동) 부추길 사. • 示唆(시사): 미리 암시하여 알려줌. • 敎唆(교사): 남을 선동하여 못된 일을 하게 함.
술 유 酸 **갈 준** 실, 슬프다 산 부수 酉 | 총획 14		★술(酉)이 갔으니(夋) 신맛이다. 실(시다) 산. • 酉 : 닭 유, 술 유 • 酒 : 술 주. • 酸性(산성): 신맛이 있고 푸른 리트머스 시험지를 붉은 빛으로 변하게 하는 성질.
앞페이지 복습	係	孫	縣	懸	夋

한자	비슷한 한자	설명
말 마 / 갈 준 **駿** 준마 준 부수 馬 총획 17		★말(馬) 가는(夋: 갈 준, 천천히 걷는 모양) 모양이 준마다. 준마 준. • 駿馬(준마): 잘 달리는 말. • 駿才(준재): 뛰어난 재주.
한 일 / 말씀 왈 **更** 사람 인 고칠 경, 다시 갱 부수 曰 총획 7	史 역사 사 吏 벼슬아치 리	★한 번(一) 말한(曰) 것을 사람(人)들이 다시 고친다. 다시 갱. • 更生(갱생): 다시 살아남. 소생. • 更迭(경질): 어떤 직위에 있는 사람을 갈아내고 다른 사람으로 바꿈.
사람 인 **便** 다시 갱 편할 편, 똥오줌 변 부수 亻 총획 9	使 하여금 사	★사람(亻)은 습관을 다시 고치면(更) 편해진다. 편할 편. • 便宜店(편의점): 24시간 문을 여는 잡화점. • 便所(변소): 화장실, 뒷간. 칫간 = 厠間(측간)
나무 목 **梗** 다시 갱 곧을 경, 막힐 경 부수 木 총획 11		★나무(木)는 다시(更) 심어도 곧다. 곧을 경. • 梗塞(경색): 사물의 흐름이 막히거나 굳어져 순조롭지 못한 상태.
돌 석 **硬** 다시 갱 단단할 경 부수 石 총획 12		★돌(石)은 다시(更) 만져 보아도 단단하다. • 强硬(강경): 성품이 강직함. 타협, 굽힘이 없음. • 硬化(경화): 물건이 굳게 됨.
앞페이지 복습	俊	竣	峻	唆	酸

	비슷한 한 자	
足 발 족 부수 足 / 총획 7		★발 모양을 본뜬 글자. (足: 발 족. 서있는 발. 疋: 발 소. 움직이는 발. 走: 달아날 주). 달아나는 발. • 駿足(준족): 걸음이 빠르고 잘 달림. 그런 사람. • 足하다: 넉넉하다.
사람 인 **促** 발 족 재촉할 촉 부수 亻 / 총획 9		★사람(亻)은 발(足)을 재촉하듯 달아난다. 재촉할 촉. • 促進(촉진): 재촉하여 빨리 나아가게 함. • 督促(독촉): 몹시 재촉함.
손 수 **捉** 발 족 잡을 착 부수 扌 / 총획 10		★손(扌)으로 발(足)을 잡는다. 잡을 착. • 捕捉(포착): 꼭 붙잡음. • 捉送(착송): 붙잡아 보냄.
갓머리 **定** 아래 하 사람인 정할 정 부수 宀 / 총획 8		★집(宀: 갓머리, 집 면)을 지어 아래(下) 사람(人)들에게 나누어 (정해) 준다. 정할 정. • 定員(정원): 정한 인원. • 定論(정론): 이치에 정당한 언론.
설 립 **音** 입 구 침 뱉을 부 부수 口 / 총획 8	**㖣** 침 뱉을 투 침 뱉을 부	★서서(立) 입(口)에서 침이 나왔다. 침뱉을 부. 침 뱉을 투. • 흩어지다(흩어질 입), 거절, 반대한다는 뜻도 있음. (옥편에 안 나옴.)
앞페이지 복습	駿	更	便	梗	硬

한자	비슷한 한자	설명
사람 인 / 침 뱉을 부 · 거절할 부 **倍** 갑절 배 부수 亻 / 총획 10	位 자리 위	★반대해서(咅: 거절, 반대, 침 뱉을) 힘을 배가시키는 사람(亻)이 있다. 갑절 배. • 倍達民族(배달민족): 우리 민족(民族)을 달리 부르는 말. 우리나라 상고(上古) 시대의 이름. (배달 오토바이 아니죠.) • 倍加(배가): 갑절로 늘거나 늘임.
흙 토 / 침 부 **培** 북을 돋울 배 부수 土 / 총획 11	掊 그러모을 부	★흙(土)의 북을 돋우는 북돋울 배. • 培養(배양): 식물을 북돋아 기름. • 栽培(재배): 식물을 심어 가꿈.
침 부 **剖** 쪼갤 부 부수 刀=刂 / 총획 10	部 나눌 부	★칼(刂)로 가르는 쪼갤 부. • 病理解剖(병리해부): 병으로 죽은 시체를 해부하여 발병에서 죽음에 이르기까지의 병의 양상을 밝히는 일. ※刂(선도방칼 부수)=刀, ⺅
조개 패 **賠** 배상 배 부수 貝 / 총획 15	침 부	★돈(貝)으로 배상한다. 배상 배. ※貝: 조개 패. 옛날에 조개껍질이 화폐 대용이어서, 이 부수가 붙으면 돈, 재물과 관계가 있다. • 賠償(배상): 남에게 끼친 손해에 대하여 물어줌.
침 부 **部** 떼, 부락, 나눌 부 부수 阝 / 총획 11	剖 쪼갤 부	★이 고을(邑: 고을 읍→변으로 가면 阝로 변하여 '우부방'라 함), 저 고을 나누었다. 나눌 부. ※咅(침 부)는 발음 역할만. • 部署(부서): 여럿으로 나뉘어져 있는 사무의 부분. • 幹部(간부): 기관이나 조직체에서 책임을 맡고 지도하는 사람.
앞페이지 복습	足 促 捉 定	

한자	비슷한 한자	설명
至 (한 일 / 사사 사 / 흙 토) 이를 지 부수 至 / 총획 6		★하나(一)의 사사로운(厶: 나 사, 사사로울 사) 일로 위신이 땅(土)에 이른다(떨어진다). 이를 지. • 至極(지극): 극진한 데까지 이름. • 至今(지금): 예로부터 현재까지. • 只今(지금): 이제, 이때.
到 (이를 지 / 칼 도) 이를 도 부수 刀=刂 / 총획 8		★칼(刂)을 갖고 목적지에 이르렀다(至). 이를 도. • 到着(도착): 목적지에 다다름. • 周到(주도): 빈틈없이 두루 미침. 주도면밀(周到綿密). • 主導(주도): 주가 되어 이끎.
倒 (사람 인 / 이를 도) 넘어질 도 부수 亻 / 총획 10		★사람(亻)이 목적지에 이르기(到) 위하여 뛰어가다 넘어졌다. 넘어질 도. • 倒産(도산): ①가산을 탕진함. ②아이를 거꾸로 낳음. • 顚倒(전도): 거꾸로 됨.
致 (이를 지 / 칠 복) 이를 치 부수 至 / 총획 10		★목적지에 이르기(至) 위해 치고(攵) 올라간다. 이를 치. • 拉致(납치): 억지로 데리고 감. • 致富(치부): 재물을 모아 부자가 됨. • 致命(치명), 致死(치사) 등등.
室 (집 면 / 이를 지) 집 실, 방 실 부수 宀 / 총획 9	窒 질식할 질	★집(宀)에 이르기(至) 위해 열심히 달려 방에 왔다. 방 실. • 室內(실내): 방 안이나 집의 안. • 居室(거실): 거처하는 방. • 寢室(침실), 正室(정실) 등등.
앞페이지 복습		倍　培　剖　賠　部

	비슷한 한 자	
계집 녀 **姪** 이를 지 조카 질 부수 女 / 총획 9		★여자(女) 혈족으로 이루어진(至: 이를 지 혹은 이룰 지) 조카. 조카 질.
		• 叔姪(숙질): 아저씨와 조카. • 姪女(질녀): 형제자매가 낳은 딸. • 姪婦(질부): 조카의 아내. • 姪壻(질서): 조카사위.
구멍 혈 **窒** 이를 지 질식할 질, 막힐 질 부수 穴 / 총획 11		★구멍(穴) 속에 이르니(至) 숨이 막혀 질식한다. 질식 질.
		• 窒息(질식): 공기가 통하지 않아 숨이 막힘. • 窒素(질소): 공기를 구성하는 기체.
몸 시 **屋** 이를 지 집 옥 부수 尸 / 총획 9		★몸(尸)이 불편하여 이른(至: 이를 지) 곳이 집이다. 집 옥. ※尸: 주검 시, 시체, 몸, 지붕의 뜻이 있음.
		• 屋上(옥상): 지붕 위. • 家屋(가옥): 사람이 사는 집.
손 수 **握** 집 옥 잡을 악 부수 扌 / 총획 12	捉 잡을 착	★손(扌)으로 집(屋) 안에 보물을 지키기 위해 잡고 있다. 잡을 악.
		• 握手(악수): 인사의 표시로 손을 잡음. • 掌握(장악): 손 안에 잡아 쥠.
길할 길 **臺** 덮을 멱 이를 지 누각 대 부수 至 / 총획 14		★좋은 것(吉: 길할 길)을 덮어(감추어 :덮을 멱) 가며 이른(至: 이를 지) 곳이 누각이더라. 누각 대.
		• 燈臺(등대): 항로 표지의 한 가지. • 臺詞(대사): 각본에 따라 배우가 무대에서 하는 말.
앞페이지 복습	至	到	倒	致	室

	비슷한 한자	
昔 (해 일) 스물 입 옛 석 부수 日 / 총획 8		★스무(廿: 스물 입→卄) 해(日)가 지난 옛날. 옛 석. • 昔年(석년): 옛날, 석일. • 今昔(금석): 이제와 옛.
借 (옛 석) 사람 인 차용 차 부수 亻 / 총획 10		★사람(人)은 예(昔)부터 서로 빌려주고 빌려 썼다. 차용 차. • 借用(차용): 물건이나 돈을 빌리거나 꾸어 씀. • 借款(차관): 국간 간에 계약으로 대차 관계를 맺는 일.
惜 (옛 석) 마음 심 아낄 석 부수 忄 / 총획 11		★마음(忄→心)으로라도 옛(昔)것을 아끼자. 아낄 석. • 惜別(석별): 서로 헤어지기를 애틋하게 여김. • 惜敗(석패): 아깝게 짐.
措 (옛 석) 손 수 둘 조, 놓을 조 부수 扌 / 총획 11		★손(扌)으로 옛(昔)것을 보관하여 둔다. 둘 조. • 措置(조치): 일을 잘 살펴서 처리함(조처).
錯 (옛 석) 쇠 금 어긋날, 섞일 착 부수 金 / 총획 16		★쇠(金)가 오래(昔) 되면 불순물도 섞여 있다. 섞일 착. • 錯覺(착각): 잘못 깨달음. / • 錯誤(착오): 잘못, 실수. • 時代錯誤(시대착오): 새로운 시대에 뒤떨어진 생각이나 생활 방식으로 대처하는 일. • 錯化合物(착화합물): 여러 개의 원자로 결합한 화합물.
앞페이지 복습		姪　室　屋　握　臺

한자	비슷한 한 자	설명
사람 인 / 손 우 / 덮을 멱 / 또 우 **侵** 침노할 침 부수 亻 / 총획 9		★사람(亻)이 손(⇒)으로 얼굴을 덮고(冖) 또(又) 침범한다. 침노할 침.
		• 侵犯(침범): 남의 권리, 영토 따위를 범함. • 侵略(침략): 남의 나라를 침범하여 땅을 빼앗음.
물 수 / 손 우 / 덮을 멱 / 또 우 **浸** 젖을 침 부수 氵 / 총획 10	**沈** 잠길 침, 성씨 심	★물(氵)이 손(⇒)을 덮고(冖) 또(又) 덮어 점점 젖어든다. 젖을 침.
		• 浸透(침투): 젖어 들어감. 몰래 숨어들어감. • 浸水(침수): 물이 젖어 들어옴. • 沈水(심수): 물에 잠김.
집 면 / 젖을 침 / 장수 장 **寢** 잘 침 부수 宀 / 총획 14		★집(宀: 갓머리, 집 면)에 장수(爿: 부수일 때 장수 장변)가 침범(侵)하여 잠을 잔다. 잘 침.
		• 同寢(동침): 잠자리를 같이 함. • 寢室(침실): 사람이 자는 방.
사람 인 / 만들 공 / 화살 시 **侯** 제후 후 부수 亻 / 총획 9		★사람(人)인 장인(ㄱ←工: 장인 공)이 화살을 만들고 과녁을 잘 맞추는 사람이 제후다. 제후 후.
		• 王侯(왕후): 제왕과 제후. • 王后(왕후): 왕비.
사람 인 / 일 / 제후 후 **候** 기후 후 부수 亻 / 총획 10		★제후(侯)도 화살 1개(丨)를 쏠 때 바람의 방향을 본다. 기후 후.
		• 氣候(기후): 대기의 변동. • 徵候(징후): 겉으로 나타나는 낌새. • 氣體候(기체후): 어른에게 편지를 쓸 때 기력과 체력을 높여 하는 말.

앞페이지 복습	昔	借	惜	措	錯

한자	비슷한 한자	설명
입 구 喉 제후 후 목구멍 후 부수 口 · 총획 12		★제후(侯)도 입(口) 안에 목구멍이 있다. 목구멍 후. • 喉頭(후두): 기관과 성골 사이에 공기가 통하고 소리를 내는 기관. • 喉舌(후설): 목구멍과 혀.
산맥 谷 산맥 입 구 골 곡 부수 谷 · 총획 7		★입구(口)부터 양쪽으로 산맥( )이 뻗어 있는 계곡. 골 곡. • 溪谷(계곡): 양쪽 산 사이에 물이 흐르는 골짜기. • 深谷(심곡): 깊은 산골짜기.
사람 인 俗 골 곡 풍속 속 부수 亻 · 총획 9		★사람(亻)이 사는 계곡(谷)에는 전통적으로 좋은 풍습이 있다. 풍속 속. • 俗談(속담): 세속적으로 전해오는 알기 쉬운 옛날이야기. • 俗人(속인): 범인. 불교에 귀의하지 않은 사람.
갓 容 골 곡 얼굴 용 부수 宀 · 총획 10		★계곡(谷)을 갓(宀)으로 덮어서 얼굴(모양)이 보기 좋다. 얼굴 용. • 容恕(용서): 죄를 면하여 줌. 놓아줌. • 容納(용납): 남의 말을 너그러운 마음으로 들어줌.
물 수 浴 계곡 곡 목욕할 욕 부수 氵 · 총획 10		★물(氵)이 흐르는 계곡(谷)에서 깨끗한 물로 목욕하자. 목욕할 욕. • 沐浴(목욕): 몸을 깨끗이 씻는 일. • 浴室(욕실): 목욕하는 방.
앞페이지 복습		侵　浸　寢　侯　候

한자	비슷한 한자	설명
계곡 곡 欲 하품 흠 하고자 할 욕 부수 欠 총획 11		★계곡(谷)에서 하품(欠)하면 다음은 무엇을 원하는가? 하고자 할 욕. • 欲求(욕구): 하고자 함. 욕심을 구함. • 慾望(욕망): 무엇을 하거나 가지고자 하는 마음.
할 욕 慾 마음 심 욕심 욕 부수 心 총획 15		★많이 갖고자(欲) 하는 마음(心)은 욕심이다. 욕심 욕. • 私慾(사욕): 개인의 이익을 차리는 욕심. • 邪慾(사욕): 그릇된 욕망.
옷 의 裕 계곡 곡 넉넉할 유 부수 衤 총획 12		★옷(衤=衣)이 골짜기(谷)에 쫙 깔려있으니 넉넉하다. 넉넉할 유. ※衣: 옷 의가 변으로 가면 衤로 변한다. • 裕福(유복): 살림이 넉넉함. • 餘裕(여유): ①덤비지 않고 사리를 너그럽게 판단하는 마음. ②물건 따위가 넉넉하여 남음이 있다.
점 복 貞 조개 패 곧을 정 부수 貝 총획 9		★점(卜)치기 위해 돈(貝)을 주니 곧게 봐주세요. 곧을 정. • 貞烈(정렬): 여자의 정조가 곧고 매움. • 情熱(정열): 힘 있게 일어나는 감정.
사람 인 偵 곧을 정 엿볼 정, 정탐 정 부수 亻 총획 11		★사람(亻)이 곧게(貞) 일을 하는지 엿보고 정탐한다. 정탐 정. • 偵探(정탐): 탐정. 몰래 사실을 조사함. • 偵察(정찰): 살펴서 알아냄.

앞페이지 복습	喉	谷	俗	容	浴

한자	비슷한 한자	풀이
貯 조개 패 / 집 면 / 고무래 정 쌓을 저 부수 貝 총획 12		★돈(貝)을 집(宀)에서 고무래(丁)로 쳐서 단단히 쌓아둔다. 쌓을 저. • 貯蓄(저축): 절약하여 모아둠. • 貯金(저금): 돈을 모아둠.
放 사방 방 / 칠 복 쫓을 방, 놓을 방 부수 攵 총획 8	方 모 방 방 사방 방	★사방(方)에서 때리고 쳐서(攵: 칠 복) 놓아버렸다. 놓을 방. • 放心(방심): 정신을 집중하지 않음. • 放送(방송): 내어보냄.
倣 사람 인 / 쫓을 방 모방할 방 부수 亻 총획 10		★사람(亻)이 다른 사람의 것을 쫓아(放) 하는 것은 모방이다. 모방할 방. • 模倣(모방): 따라 함.
坊 흙 토 / 사방 방 마을 방, 막을 방 부수 土 총획 7		★흙(土)으로 사방(方)을 막았다. 막을 방. • 坊還(방환): 귀양살이하던 사람을 집으로 돌려보냄. • 坊坊曲曲(방방곡곡): 한군데도 빠짐없는 여러 곳.
妨 계집 녀 / 방향 방 방해할 방 부수 女 총획 7		★여자(女)가 방향(方)을 막아 방해가 된다. 방해할 방. • 妨還(방환): 해를 끼침. • 無妨(무방): 거리낌이 없음.
앞페이지 복습	欲	慾	裕	貞	偵

	비슷한 한자	
고기 육 / 사방 방 **肪** 살찔 방 부수 月 / 총획 8		★몸(月=肉=⺼: 고기 육. 몸)이 사방(方)으로 살이 쪘다. • 脂肪(지방): 동물 및 식물로부터 채취할 수 있는 불휘발성의 탄수화물. 굳기름.
실 사 / 사방 방 **紡** 방직 방 부수 糸 / 총획 10		★실(糸)을 사방(方)으로 엮어서 짠다는 방직. 방직 방. • 紡織(방직): 실을 뽑는 것과 피륙을 짜는 일. • 紡績(방적): 실을 뽑는 일.
말씀 언 / 사방 방 **訪** 물을 방, 찾을 방 부수 言 / 총획 11		★말(言)을 해서 방향(方)을 물어 찾는다. 찾을 방. • 訪問(방문): 찾아봄. • 探訪(탐방): 탐문하여 찾아봄.
지게문 호 / 사방 방 **房** 방 방 부수 戶 / 총획 8		★문짝(戶: 門의 반쪽을 본뜬 글자)이 방향(方)에 따라 있는 것이 방이다. 방 방. ※戶(户): 문 호, 지게문 호., 집, 출입구. • 房貰(방세): 방을 빌린 세. • 吏房(이방): 조선시대 문관의 인사.
풀 초 / 사방 방 **芳** 꽃다울 방 부수 ++ / 총획 7		★풀(丷 = ++ = 艸)이 사방에서 풍기는 냄새가 아름답다. 꽃다울 방. • 芳年(방년): 여자의 꽃다운 젊은 나이. 방년 18세. • 芳草(방초): 꽃 같은 풀.
앞페이지 복습	貯 放 倣 坊 妨	

	비슷한 한자	
사람 인 **傲** 흙 토 / 놓을 방 오만할 오 부수 亻 / 총획 13		★사람(亻)을 흙(土)바닥에 놓아두고(放) 놀려대니 오만하다. 오만할 오. • 傲氣(오기): 오만스러운 기운. • 誤記(오기): 잘못 적음.
고생 신 **幸** 한 일 행복·다행 행 부수 干 / 총획 8	辛 매울 신 고생 신	★고생(辛)과 행복은 초지(종이) 한(一) 장 차이다. 행복 행. • 幸福(행복): 좋은 운수. 만족감을 느끼는 정신 상태. • 幸運(행운): 행복한 운수.
사람 인 **倖** 행복 행 요행 행 부수 亻 / 총획 10		★일도 하지 않는 사람(亻)이 행복(幸)만 기다리면 요행이다. 요행 행. • 僥倖(요행): 뜻밖에 얻는 행복.
행복 행 **執** 구슬 환 잡을 집 부수 土 / 총획 11		★행복(幸)은 구슬(丸)과 같이 굴러가니 잘 잡아라. 잡을 집. • 執着(집착): 마음이 한 곳에 쏠려 있어 잊히지 않음. • 執權(집권): 정권을 잡음. 권력을 가짐.
다행 행 **報** 죽음 시 / 또 우 알릴 보 부수 土 / 총획 12		★다행히(幸) 죽음(尸: 주검 시, 지붕, 몸)을 또(又) 면했다고 알린다. 알릴 보. • 報告(보고): 감독하는 지위에 있는 사람에게 일의 내용이나 결과를 알림. • 朗報(낭보): 기쁜 소식.
앞페이지 복습	肪	紡	訪	房	芳

한자	비슷한 한자	설명
革 가죽 혁 부수 革 / 총획 9		★뜻만 기억. • 文化革命(문화혁명): 1966년부터 10년간 일어난 중국 혁명. • 人造皮革(인조피혁): 인공적으로 만든 가죽. ※革(고치다)는 뜻도 있음 ≒(동의어) 改, 更
擇 가릴 택 부수 扌 / 총획 16	睪 엿볼 역	★손(扌)으로 만져보고 엿보다(睪) 보다 좋을 것을 가릴 것이다. 가릴 택. • 選擇(선택): 골라서 뽑음. • 擇一(택일): 어떤 일을 선택할 때 좋은 날을 가려 고름.
澤 못 택 부수 氵 / 총획 16	澤 고드름 탁	★물(氵=水) 흐름을 살피고 엿보아(睪) 둑을 막은 것이 못이다. 못 택. • 德澤(덕택): 덕이 남에게 미치는 은혜. • 潤澤(윤택): ①윤기 있는 광택. ②넉넉함, 풍부함. (冫: 얼음 빙 / 氵=水; 물 수)
譯 통역 역 부수 言 / 총획 20		★말(言)하는 것 듣고 엿보다(睪) 통역한다. 통역 역. • 通譯(통역): 말이 달라서 통하지 못한 사람 사이에서 서로 옮겨 뜻을 전하여 줌. ※ 言 = 讠(말씀언)
釋 용서 석, 풀 석 부수 釆 / 총획 20		★무엇이든 분별(釆: 분별할 변)하여 살펴보고 엿보아(睪) 용서하고 풀어주어라. 풀 석, 용서 석. • 解釋(해석): 문장, 사물 따위로 표현된 내용을 알기 쉽게 설명함. • 釋放(석방): 법에 의하여 구속하였던 것을 풀고 자유롭게 함.
앞페이지 복습		傲　幸　倖　執　報

한자	비슷한 한자	설명
驛 말 마 엿볼 택 역말 역 부수 馬 총획 23		★말(馬) 상태를 살펴보고 엿보아(睪) 힘이 없으면 쉬는 곳이 역이다. 역마 역. • 驛馬(역마): 역에 항상 대기시켜 둔 말. • 驛前(역전): 역 앞.
比 견줄 비 부수 比 총획 4		★두 사람이 나란히 서 있는 모양을 본뜬 자로써 서로 견주어 본다는 뜻. • 比較哲學(비교철학): 동서양 철학을 비교·연구하여, 인류 공통의 과제를 찾으려는 철학. • 比等(비등)하다: 비교하여 볼 때 서로 비슷하다.
批 손 수 견줄 비 비평할 비 부수 扌 총획 7		★손(扌=手)으로 견주어(比 견줄 비) 보고 옳고 그름을 비평한다. 비평할 비. • 批難(비난): 결점이나 과실을 들어 힐책함. • 非難(비난): 남의 잘못이나 결점을 나무람.
皆 견줄 비 흰 백 모두 개 부수 白 총획 9		★견주어(比) 보니 흰(白) 것만 모두 함께 있다. 모두 개. • 皆勤(개근): 하루도 빠짐없이 출근함.
偕 사람 인 모두 개 함께할 해 부수 亻 총획 11		★사람(亻)은 모두(皆)가 함께 살아간다. 함께 해. • 偕老(해로): 부부가 일생을 함께 늙음. • 偕樂(해락): 여러 사람과 같이 즐거워하는 일.
앞페이지 복습	革	擇	澤	譯	釋

한자	비슷한 한자	풀이
階 언덕 부 / 모두 개 계단 계 부수 阝 / 총획 12		★언덕(阝=阜)을 모두(皆) 잘 오르게 계단을 만들었다. 계단 계. • 階段(계단): 층층대. • 段階(단계): 일의 차례를 따라 나아가는 과정.
混 물 수 / 날 일 / 견줄 비 섞일 혼 부수 氵 / 총획 12		★물(氵)과 햇(日)빛이 견주듯(比) 섞여 있다. 섞일 혼. • 混同(혼동): 섞여서 하나로 합함. • 混沌(혼돈): 사물의 구별이 판연하지 않은 상태.
楷 나무 목 / 모두 개 본보기 해 부수 木 / 총획 13		★나무(木)는 모두(皆)가 곧다 하여 본보기가 된다. 본보기 해. • 楷書(해서): 서체의 이름. 글자 획을 똑바로 꼿꼿하게 세워서 쓰는 일.
禺 원숭이 우 부수 內 / 총획 9	禹 성씨 우 펼 우	★뜻만 기억. • 다른 부수가 붙어도 음은 거의 '우' 발음이 난다. ※ 愚: 어리석을 옹, 원숭이 우(어리석을 우)
偶 사람 인 / 원숭이 우 짝 우, 우연 우 부수 亻 / 총획 11		★사람(亻)과 원숭이(禺)는 모습이 비슷하니 짝이다. 짝 우. / 사람(亻)과 원숭이(禺)가 우연히 만났다. 우연 우. • 偶然(우연): 뜻밖에. • 配偶者(배우자): 남편 쪽에서는 아내, 아내 쪽에서는 남편을 이르는 말.
앞페이지 복습	驛	比	批	皆	偕

한자	비슷한 한자	풀이
원숭이 우 愚 마음 심 어리석을 우 부수 心 총획 13		★원숭이(禺)는 마음(心)이 어리석다. 어리석을 우. • 愚鈍(우둔): 어리석고 둔함. • 愚弄(우롱): 남을 어리석게 만드는 놀림.
갈 착 遇 원숭이 우 만날 우 부수 辶 총획 13		★가다가(辵=辶=辶: 쉬엄쉬엄 갈 착, 뛸 착, 책받침변이라 함) 원숭이(禺)를 만났다. 만날 우. • 不遇(불우): 포부나 뜻은 있어도 때를 만나지 못함. • 待遇(대우): 예의를 갖추어 대함.
집 면 寓 원숭이 우 붙어살 우 부수 宀 총획 12		★집(宀)에 원숭이(禺)가 같이 붙어살다. 붙어살 우. • 寓話(우화): 교육적이나 풍자적인 내용을 가진 짤막한 서사적 문학의 한 형태.
형통 형 烹 불 화 삶을 팽 부수 灬 총획 11		★우두머리가 형통(亨)하니 불(灬=火)을 때어 삶아 먹는다. 삶을 팽. • 兔死狗烹(토사구팽): 필요할 때는 쓰고 필요 없을 때는 야박하게 버리는 일 • 烹─(팽일)하다: 죄인을 정화의 형벌에 처하다.
사람 인 假 빌릴 가 거짓 가 부수 亻 총획 11	假 거짓 빌리다 빌려주다 멀다 이르다	★사람(亻=人)의 마음을 빌려(叚) 거짓말만 한다. 거짓 가. ※ 如幻假有(여환가유): 모든 존재는 실체가 없고 인연의 화합으로 이루어진 거짓 존재임.(불교) ※ 戰死易假道難(전사이가도난): 싸워서 죽기는 쉬워도, 길을 빌려주기는 어렵다 : 임진왜란 당시 일본군이 길을 비켜라고 하자, 송상현 동래부사(오늘날 부산광역시장)가 한 말.
앞페이지 복습	階	混	楷	禺	偶

	비슷한 한자	
날일 **暇** 빌릴가 휴가 가, 틈 가 부수 日 / 총획 13		★하루(日)를 빌려(叚) 휴가를 간다. 휴가 가. • 休暇(휴가): 근무 따위를 일정 기간 쉬는 일. • 閑暇(한가): 별로 할 일이 없이 시간적인 여유를 가짐.
구슬옥 **瑕** 빌릴가 티 하 부수 玉 / 총획 13		★구슬(玉)을 빌려(叚) 가서 티를 내었네. 티 하. • 瑕疵(하자): 흠, 결점.
갈착 **遐** 빌릴가 멀 하 부수 / 총획 13		★빌린(叚) 것으로 멀리도 갔네(辶=辵=辶: 갈 착). 멀 하. • 昇遐(승하): 임금이 세상을 떠남.
倉 창고 창 부수 人 / 총획 10		★상형문자로써 창고 모양. 다른 부수가 붙어도 음은 거의 '창'. • 倉庫(창고): 곳간, 곳집.
물수 **滄** 창고창 바다 창 부수 氵 / 총획 13		★물(氵←水)의 창고는 바다다. 바다 창. • 滄茫(창망): 넓고 넓어서 아득함. • 滄波(창파): 바다의 푸른 물결.
앞페이지 복습	愚	遇	寓	烹	假

창고 창 **創** 칼 도 만들 창 부수 刂 총획 12	비슷한 한자	★창고(倉)를 칼(刂←刀)로 다듬어서 만들었다. 만들 창.
		• 創建(창건): 사업 또는 집을 처음으로 이룩함. • 創刊(창간): 정기간행물 첫 번째 것을 간행함.

풀 초 **蒼** 창고 창 푸를 창 부수 ⺾ 총획 13		★풀(艹 = 艹 = 艸)을 저장하는 창고는 푸른빛이 난다. 푸를 창.
		• 蒼空(창공): 창천, 푸른 하늘. • 蒼白(창백): 푸른기가 있고 해쓱함.

돌 석 **研** 아우를 병 갈 연, 연구 연 부수 石 총획 11		★돌(石)을 아울러(幷: 아우를 병) 모아 놓고 연구한다. 연구 연.
		• 韋帶(위대): 가죽으로 만든 띠. • 偉大(위대): 대단히 거룩하고 훌륭함.

사람 인 **偉** 가죽 위 클, 훌륭, 위대 위 부수 亻 총획 11	韋 가죽 위	★사람(亻=人)이 가죽(韋)옷을 입고 있으니 크고 위대해 보인다. 클 위, 위대할 위.
		• 偉人(위인): 뛰어나고 훌륭한 사람. • 偉業(위업): 거룩한 사업이나 업적.

뛸 착 **違** 가죽 위 어길 위 부수 辶 총획 13		★가죽(韋) 옷을 입은 사람이 달아나네(辶: 쉬엄 쉬엄 갈 착), 법을 어겼나? 어길 위, 위반 위.
		• 違反(위반): 법률, 규칙, 약속 등을 어김. ※부수명 (책받침) 辶: 쉬엄쉬엄 가다, 달리다 = 辵 = 辶 ※부수명 (민책받침) 廴: 길게 걸을 인 / *민- (민소매처럼 없다는 뜻의 접두사)

| 앞페이지 복습 | 暇 | 瑕 | 退 | 倉 | 滄 |

한자	비슷한 한자	설명
둘레 구 **圍** 가죽 위 둘레 위 부수 囗 총획 12		★가죽(韋)옷을 입은 사람 주위를 둘러(囗)싸고 있네? 둘레 위. ※囗: 큰 입 구. 에운 담 위, 경계선, 둘레, 담의 뜻이 있다. • 包圍(포위): 주위를 에워쌈. • 周圍(주위): 둘레.
갈 행 **衛** 가죽 위 호위할 위 부수 行 총획 15		★가죽(韋)옷을 입은 사람이 갈(行) 때는 호위하는 사람이 있다. 호위할 위. • 衛國(위국): 나라를 지킴. • 衛生(위생): 건강과 질병의 예방에 힘쓰는 일.
덮을 멱 **旁** 설 립 사방 방 두루 방 부수 方 총획 10		★서서(立) 보니 덮여(冖: 덮을 멱) 있는 사방이라도 두루 넓다. 두루 방. • 旁題(방제): 신주 아래 왼쪽에 쓴 제사를 받드는 사람의 이름. • 旁通(방통): 두루 (넓게) 잘 앎.
사람 인 **傍** 두루 방 곁 방 부수 亻 총획 12		★사람(亻)들이 두루두루(旁) 곁에 있다. 곁 방. • 傍系(방계): 직계에서 딸려 나온 계통. • 傍觀(방관): 옆에서 봄. 그 일에 관여하지 않고 보고만 있음.
말씀 언 **謗** 두루 방 비방, 헐뜯을 방 부수 言 총획 17		★말(言)을 두루(旁) (여러 사람이) 헐뜯어 비방한다. 비방 방. • 誹謗(비방): 비웃어 말함. 남을 헐어서 욕함.
앞페이지 복습	創	蒼	韋	偉	違

	비슷한 한자	
則 조개 패 / 칼 도 곧 즉, 법칙 칙 부수 刂 / 총획 9	卽 곧 즉	★돈(貝)을 칼(刂←刀)로 자른다? 어떻게? 법칙에 따라! 법칙 칙. • 規則(규칙): 정해진 질서 • 然則(연즉): 그런즉, 그러한즉. • 法則(법칙): 사람의 사상, 행위, 이상, 목적을 실현하기 위하여 지켜야 하는 것.
側 사람 인 / 법칙 곁 측 부수 亻 / 총획 11		★사람(亻)을 법칙(則)에 따라 뽑아 자기 곁에 둔다. 곁 측. • 側近(측근): 곁에 가까이. • 側面(측면): 옆면.
測 물 수 / 법칙 측량할 측 부수 氵 / 총획 12		★물(氵)은 법칙(則)에 따라 수량을 측량한다. 측량할 측. • 測量(측량): 깊이, 높낮이, 방향 등을 재어서 계산함. • 測定(측정): 측량하여 정함.
惻 마음 심 / 법칙 슬퍼할 측 부수 忄 / 총획 12		★마음(忄 = 㣺 = 心: 심방변) 속으로 법칙(則)을 어긴 사람이라도 슬퍼한다. 슬퍼할 측. • 惻隱(측은): 가엾고 애처로움. • 惻然(측연): 가엾게 여기는 모양.
質 도끼 근 / 조개 패 바탕 질 부수 貝 / 총획 15		★도끼(斤) 두 개를 비싼 돈(貝)을 주고 샀는데 바탕과 질이 좋다. 바탕 질. • 氣質(기질): 마음이 질박하고 순진함. • 質問(질문): 모르거나 의심나는 것을 물어 밝힘.
앞페이지 복습		圍 衛 旁 傍 謗

대 죽 筆 붓 률	비슷한 한자 聿 붓 률	★대나무(⺮ = 竹)로 붓(聿)을 만들어 글씨를 쓴다. 붓 필.
붓 필 부수 ⺮ 총획 12		• 筆跡(필적): 손수 쓴 글씨의 형적. • 필력, 수필 등등.

두인변 律 붓 율		★두 사람(彳: 두인변, 걸을 척) 이상이면 해야 하는 것은 붓(聿)으로 기록하는 법이다. 법률.
법 률 부수 彳 총획 9		• 法律(법률): 국회 의결을 거쳐 대통령이 서명하고 공포함으로써 성립하는 국법. • 律法(율법): 법도, 법률. • 律動(율동): 규칙적인 운동.

활을 당길 인 建 붓 률		★붓(聿)으로 글을 쓸 때는 내려 당겨(廴: 당길 인, 길게 걸을 인. 민책받침변이라 함) 세워야 한다. 세울 건.
세울 건 부수 廴 총획 9		• 建國(건국): 나라를 세움. • 建物(건물): 땅 위에 세운 집. ※비슷한 부수: 辶(쉬엄쉬엄 갈 착. 달리다, 뛰어넘다) = 辵, 辶

사람 인 健 세울 건		★사람(亻)이 건물(建) 서있듯이 바르게 서있으니 건강한 것이다. 건강할 건.
건강할 건 부수 亻 총획 11		• 健康(건강): 몸이 튼튼하고 병이 없음. • 건망, 건아, 건각 등등.

지게문 호 扁 책 책		★문(戶)이 책(冊)처럼 아주 작다. 작을 편.
작을 편 부수 戶 총획 9		• 扁舟(편주): 작은 배. 조각배. 片舟(편주).

| 앞페이지 복습 | 則 | 側 | 測 | 惻 | 質 |

한자	비슷한 한자	설명
사람 인 **偏** 작을 편 치우칠 편 부수 亻 총획 11		★사람(亻)은 이익을 위해서 작은(扁) 것에도 잘 치우치더라. 치우칠 편. •偏見(편견): 공정하지 못하고 한쪽으로 치우치는 견해. •偏在(편재): 어느 곳에만 한하여 있음.
대 죽 **篇** 작을 편 책 편 부수 ⺮ 총획 15		★대나무(竹)를 작게(扁) 자르고 쪼개서 책을 만들었다. 책 편. •長篇(장편): 긴 글로 한 편을 이룬 글. •編首(편수): 책 편의 첫머리.
실 사 **編** 작을 편 엮을 편, 짤 편 부수 糸 총획 15		★실(糸)로 작은(扁) 물건들을 묶고 엮는다. 엮을 편. •編成(편성): 엮어서 만듦. •編改(개편)하다: 개~ 편하다? 아니죠! / 책이나 과정 따위를 고쳐 다시 엮음. 조직 따위를 고쳐 편성함.(예: 조직 개편, 방송 프로그램을 개편하다.
갈 착 **遍** 작을 편 두루 편 부수 辶 총획 13		★가면서(辶: 갈 착, 뛸 착)도 작은(扁) 책은 두루 펴서 볼 수 있다. 두루 편. •普遍(보편): 모든 것에 미침. •遍在(편재): 두루 퍼져 있음.
어그러질 천 **桀** 나무 목 용감, 사나울 걸 부수 木 총획 10	舛 어그러질 천	★어그러진(舛) 나무(木)는 사나울 것 같다. 사나울 걸. •桀망스럽다 : 사나워 보인다.
앞페이지 복습		筆 律 建 健 扁

한자	비슷한 한자	설명
사람 인 / 이그러질 천 / 나무 목 **傑** 뛰어날, 호걸 걸 부수 亻 총획 12		★사람(亻)이 어그러진(舛: 어그러질 천) 세상에도 나무(木) 지휘봉 하나로 다스리면 호걸이다. 호걸 걸. •豪傑(호걸): 자질구레한 일에 구애받지 않고 도량이 넓고 기개가 있는 사람. •傑作(걸작): 훌륭한 작품.
사람 인 / 풀 초 / 바위 엄 / 쓸 용 **備** 준비 비, 갖출 비 부수 亻 총획 12		★사람(亻)은 풀(艹: 풀 초)을 굴바위(厂: 굴바위집 엄) 안에 두었다가 사용(用)처를 준비한다. 준비 비, 갖출 비. •備考(비고): 참고로 갖춤. •準備(준비): 미리 필요한 것을 마련하여 둠.
주인 주 / 조개 패 **責** 꾸짖을, 책임 책 부수 貝 총획 11		★주인(主)이 돈(貝)을 주지 않는다고 꾸짖는다. 꾸짖을 책. •責務(책무): 책임과 의무. •問責(문책): 책임을 물음.
사람 인 / 책임 책 **債** 빚 채 부수 亻 총획 13		★사람(亻)이 책임지고(責) 갚아야 하는 것은 빚이다. 빚 채. •債務(채무): 특정한 사람에게 어떤 급부를 행하여야 할 의무. •負債(부채): 남에게 빚을 짐.
벼 화 / 책임 책 **積** 쌓을 적 부수 禾 총획 16		★벼(禾)를 책임(責)지고 쌓아야 한다. 쌓을 적. •積金(적금): 돈을 모아둠. •積極(적극): 일의 긍정적, 능동적.

앞페이지 복습	偏	篇	編	遍	桀

	비슷한 한자	
실 사 績 책임 책 짤 적 부수 糸 / 총획 17		★실(糸)로 옷감을 책임(責)지고 짠다. 짤 적. • 紡績(방적): 섬유를 가공하여 실을 만듦. • 功績(공적): 공. 애쓴 보람.
갈 착 邊 스스로 자 구멍 혈 방향 방 가, 측면 변 부수 辶 / 총획 11	辺 약자	★스스로(自) 구멍(穴)에서 어떤 방향(方)으로 가야 길가 변일까? 가 변. • 邊境(변경): 나라의 경계되는 곳. 변방 • 江邊(강변): 강가
사람 인 僅 진흙 근 겨우 근 부수 亻 / 총획 13	堇 진흙 근	★사람(亻)이 진흙(堇) 길을 겨우 지나간다. 겨우 근. • 僅僅(근근): 겨우겨우. 어렵사리. • 僅少(근소): 아주 적음. • 堇: 진흙 근. 이 부수가 붙으면 발음은 대부분 근이다.
진흙 근 勤 힘 력 부지런할 근 부수 力 / 총획 13		★진흙(堇) 같은 곳에서 힘(力) 들여 일을 하니 부지런하다. 부지런할 근. • 勤勉(근면): 아주 부지런함. • 出勤(출근): 일터로 근무하러 감.
말씀 언 謹 진흙 근 삼갈 근 부수 言 / 총획 18		★말(言)은 진흙(堇) 구덩이를 지나갈 때처럼 조심하고 삼가 하여라. 삼갈 근. • 謹愼(근신): 언행을 삼가며 조심함. • 謹身(근신): 몸가짐을 조심함. • 謹賀(근하): 삼가 축하함.
앞페이지 복습	傑	備	責	債	積

	비슷한 한자	
饉 밥식 진흙근 주릴 근, 흉년들 근 부수 食 / 총획 20		★식량(食)을 진흙(堇) 속에서 거두었으니 줄여야 한다. 주릴 근.
		• 饑饉(기근): 흉년이 들어 양식이 없어 굶주림.
嘆 입구 진흙근 탄식할 탄 부수 口 / 총획 14	**歎** 탄식할 탄	★입(口)으로 진흙(堇)에 빠진 것을 탄식한다. 탄식할 탄.
		• 嘆息(탄식): 원통한 일이 있거나 스스로를 뉘우칠 때 내는 한숨. • 悲嘆(비탄): 슬퍼 탄식함.
歎 진흙근 하품흠 감탄할 탄 부수 欠 / 총획 15		★진흙(堇)통에 빠진 것을 하품(欠)하며 탄식하고 감탄한다. 감탄할 탄.
		• 歎服(탄복): 마음속으로 감탄. • 感歎(감탄): 깊이 마음속에 감동하여 칭찬함. • 歎聲(탄성): 탄식하는 소리.
難 진흙근 새추 어려울 난 부수 隹 / 총획 18		★진흙(堇)탕에 새(隹: 새 추)가 빠져 날기가 어렵다. 어려울 난.
		• 難堪(난감): 견디기 어려움. • 難處(난처): 처리하기가 어렵다. 처지가 딱하다.
艱 진흙근 그칠간 한계, 어려울 간 부수 艮 / 총획 17		★진흙(堇) 속에 빠져 머물러(艮) 있으니 나오기가 어렵다. 어려울 간.
		• 艱難(간난): 가난의 원말. 고생스럽고 어려움. • 艱辛(간신): 힘들고 어려움. • 奸臣(간신): 간사한 신하.
앞페이지 복습	績	邊	僅	勤	謹

	비슷한 한자	
물 수 漢 진흙 근 한나라 한 부수 氵 총획 14		★물(氵)과 진흙(堇)이 많은 땅 양자강 유역에 있는 나라. 한나라 한. • 漢文(한문): 중국 한나라 때의 문장, 시. • 漢字(한자): 중국의 글자.
열 십 專 말씀 왈 나 사 마디 촌 오로지 전, 뭉칠 단 부수 寸 총획 11	尃 펼 부 퍼질 포	★열(十) 번 말(曰)을 하고 사사(厶: 나 사, 사사로울 사)로운 것 한마디(寸)라도 오로지 신경을 써야 한다. 오로지 전. • 專念(전념): 오로지 그 일에만 마음을 씀. • 專攻(전공): 전문적으로 하는 연구.
사람 인 傳 오로지 전 전할 전 부수 亻 총획 13		★사람(亻)에게만 오로지(專) 뜻을 전한다. 전할 전. • 傳世(전세): 일정한 돈을 주인에게 맡기고 일정 기간 집이나 물건을 빌려 쓰는 일. • 傳達(전달): 차례차례로 전하여 알림.
차 차 轉 오로지 전 구를 전 부수 車 총획 18		★차(車)는 오로지(專) 굴러가는 것이다. 구를 전. • 轉貸(전대): 꾸어온 것을 다시 다른 사람에게 꾸어줌. • 轉嫁(전가): 자기의 허물을 남에게 덮어씌움. • 轉禍爲福(전화위복): 화가 바뀌어 오히려 복(福)이 된다.
에워쌀 위 團 오로지 전 둥글 단 부수 口 총획 14		★둘러싸고(囗) 있는 것은 오로지(專: 오로지 전) 둥근 것뿐이다. 둥글 단. • 團結(단결): 단합. 모든 사람이 한 덩어리가 됨. • 團體(단체): 공동의 목적을 위하여 결합한 집단. ※囗: 나라 국, 에워쌀 위. 둘러싸다. 포위하다.
앞페이지 복습	饉	嘆	歎	難	艱

	비슷한 한자	
아침 단 **易** 말 물 햇빛 양, 햇살 양 부수 日 / 총획 9	**易** 바꿀 역 쉬울 이	★아침(旦)이면 만물(勿)을 비추는 햇빛. 햇빛 양. • 다른 부수가 있어야 뜻이 나타남. 뜻만 기억.
언덕 부 **陽** 햇빛 양 볕 양 부수 阝 / 총획 11		★언덕(阝)을 넘어 햇빛(昜)을 비추니 볕이 난다. 볕 양. • 陽地(양지): 볕이 바로 드는 곳. • 陽性(양성): 양에 해당하는 성질.
나무 목 **楊** 햇빛 양 버들 양 부수 木 / 총획 13		★나무(木)에 햇빛(昜)을 비추면 늘어지는 버드나무야. 버들 양. • 垂楊(수양): 버드나무. • 楊貴妃(양귀비): 당 현종의 귀비.
흙 토 **場** 햇빛 양 마당 장 부수 土 / 총획 12		★땅(土)에 햇빛(昜)이 잘 드는 곳은 마당이다. 마당 장. • 場所(장소): 처소. 곳. 자리. • 場面(장면): 광경.
손 수 **揚** 햇빛 양 떨칠 양 부수 扌 / 총획 12		★손(扌←手)에 햇살(昜)이 비추니 떨칠 운이다. 떨칠 양. • 宣揚(선양): 명성, 권위 따위를 널리 떨치게 함. • 讚揚(찬양): 아름다움을 기리고 착한 것을 드러냄.
앞페이지 복습	漢	專	傳	轉	團

		비슷한 한 자	
(고기 육) 몸 / 햇빛 양 **腸** 창자 장 부수 月 / 총획 13			★몸(月←肉) 안에도 햇빛(昜)처럼 퍼져 있는 창자가 있다. 창자 장. • 창자(腸): 장. 위와 창자. • 腸炎(장염): 창자에 생기는 염증.
물 수 / 햇빛 양 **湯** 끓일 탕 부수 氵/ 총획 12			★물(氵)에 햇빛(昜)을 쪼이면 끓는다. 끓일 탕. • 湯藥(탕약): 끓여서 먹는 양. • 湯水(탕수): 끓은 물.
펼 신 / 햇빛 양 **暢** 화창할 창 부수 申 / 총획 14			★햇빛(昜)이 넓게 퍼지니(申) 화창하다. 화창할 창. • 暢達(창달): 의견, 주장, 견해 따위를 막힘없이 표현하고 전달함. • 和暢(화창): 온화하고 맑음.
풀 초 / 끓일 탕 **蕩** 방탕할 탕, 클 탕 부수 ++ / 총획 15			★풀(++)도 끓이면(湯) 방탕해진다. 방탕할 탕. • 蕩盡(탕진): 재물을 다 써서 없애 버림. • 蕩平(탕평): 어느 쪽에도 치우치지 않음.
사람 인 / 사람 인 / 햇빛 양 **傷** 상할 상 부수 亻/ 총획 13			★큰 사람(亻)도 작은 사람(一)도 햇빛(昜)을 쬐면 피부가 상한다. 상할 상. • 傷害(상해): 남의 몸에 상처를 입혀 해를 입힘. • 傷心(상심): 마음이 아픔. 걱정을 함.
앞페이지 복습	昜	陽	楊	場	揚

한자	비슷한 한자	설명
날 일 易 말 물 쉬울 이, 바꿀 역 부수 日 / 총획 8	易 햇빛 양	★해(日)가 생겼다 없어(勿)졌다 하듯이 운명도 바뀐다. 바꿀 역. • 易地思之(역지사지): 처지를 바꾸어 생각함. • 容易(용이): 아주 쉬움.
조개 패 賜 바꿀 역 줄 사 부수 貝 / 총획 15		★돈(貝)의 주인이 바뀌어(易) 돌려준다. 줄 사. • 下賜(하사): 임금이 신하에게 선물을 줌.
쇠 금 錫 바꿀 역 주석 석 부수 金 / 총획 16		★금(金)이 변하여 바뀐(易) 것이 주석이다. 주석 석. • 錫杖(석장): 중 또는 도사들이 짚는 지팡이.
비수 비 頃 머리 혈 잠깐 경 부수 頁 / 총획 11		★칼(匕)을 머리(頁)에 갖다 대니 잠깐 놀란다. 잠깐 경. • 頃刻(경각): 눈 깜박할 동안. 삽시간.
사람 인 傾 잠깐 경 기울어질 경 부수 亻 / 총획 13		★사람(亻→人)은 잠깐(頃) 사이에 기울어(늙어)진다. 기울어질 경. • 傾斜(경사): 비스듬히 기울이짐. • 傾向(경향): 행동 따위가 어떤 방향으로 기울어짐.
앞페이지 복습		腸 湯 暢 蕩 傷

한자	비슷한 한자	설명
僉 (다 첨) 사람 인 / 한 일 / 입 구 / 사람 인 부수 人 · 총획 13		★큰 사람(人)도 작은 사람(人)도 입들(口口)이 하나(一)같이 다 모였다. 다 첨. • 僉位(첨위): 여러분. • 僉意(첨의): 여러 사람의 의견.
劍 (칼 검) 다 첨 / 칼 도 부수 刂 · 총획 15		★다(僉) 함께 칼(刂)을 들고 검술을 익히자. 칼 검. • 劍客(검객): 검술을 잘 하는 사람. • 劍術(검술): 칼을 쓰는 술법.
險 (험할 험) 언덕 부 / 다 첨 부수 阝 · 총획 15		★언덕(阜=𠂤=阝: 언덕 부, 좌방 부)은 다(僉) 험하다. 험할 험. • 險難(험난): 몹시 험함. • 險談(험담): 남을 헐뜯어서 하는 말.
檢 (검사할 검) 나무 목 / 다 첨 부수 木 · 총획 17		★나무(木)가 잘 자라는지 다(僉) 모아 검사한다. 검사할 검. • 檢事(검사): 검찰권을 행사하는 국가기관. • 檢査(검사): 실상을 조사하여 실제 상황을 두루 보고 살핌.
儉 (검소할 검) 사람 인 / 다 첨 부수 亻 · 총획 15		★사람(亻)은 다(僉) 검소해야 한다. 검소할 검. • 儉素(검소): 사치하지 않고 간소함. • 儉約(검약): 절약.
앞페이지 복습	傷 易 賜 錫 傾	

한자	비슷한 한자	풀이
말 마 / 다 첨 **驗** : 시험 험 부수 馬 / 총획 25		★말(馬)은 다(僉) 타보고 시험하여 보고 산다. 시험 험. • 試驗(시험): 문제를 내고 그 해답을 구하거나 실제로 시켜보아 그 성적을 판단하는 일. • 效驗(효험): 일의 좋은 보람 또는 어떤 작용의 결과.
뼈 알 / 다 첨 **殮** : 염할 렴 부수 歹 / 총획 17		★뼈(歹: 살 바른 뼈 알)를 다(僉) 모아 염을 한다. 염할 렴. • 殮襲(염습): 죽은 이를 씻고 수의를 입히고 염포로 묶는 일.
예쁠 요 **喬** 높을 교 부수 口 / 총획 12	高 높을 고 夭 예쁠 요	★예쁠 요(夭) 자와 높을 고(高)의 합한 자로 예쁘고 높다는 뜻. • 喬木(교목): 줄기가 굳고 굵으며 높이 자라는 나무. 향나무, 소나무 등.
사람 인 **僑** 높을 교 우거할 교 부수 亻 / 총획 14		★못사는 사람(亻)은 높은(喬) 언덕 같은 곳에서 우거하여 산다. 우거할 교. • 僑胞(교포): 외국에 나가 사는 동포. • 華僑(화교): 중국 사람으로 외국에 가서 사는 사람. • 寓居(우거): 남의 집에 임시로 삶. 외국·타향에 임시로 삶.
계집 녀 **嬌** 높을 교 아리따울 교 부수 女 / 총획 15		★여자(女)가 높은(喬) 곳에 있으니 키가 커 보이고 아리땁다. 아리따울 교. • 嬌態(교태): 예쁘게 아양 부리는 자태. • 愛嬌(애교): 남에게 귀엽게 보이는 태도.
앞페이지 복습	僉	劍	險	檢	儉

한자	비슷한 한자	뜻풀이
나무 목 / 橋 / 높을 교 / 다리 교 / 부수 木 / 총획 16		★나무(木)로 높게(喬) 다리를 놓았다. 다리 교. • 陸橋(육교): 횡단하기 위하여 만든 다리. • 橋頭堡(교두보): 상륙 작전 때 원 기지가 되는 연안.
화살 시 / 矯 / 높을 교 / 바로잡을 교 / 부수 矢 / 총획 17	矢 화살 시	★화살을 높은(喬) 곳을 쏘려고 바로 잡는다. 바로잡을 교. • 矯正(교정): 곧게 바로 잡음. • 矯導(교 : 도): 교도관 계급의 하나. • 矯正(교 : 정): 틀린글자를 고침.
말 마 / 驕 / 높을 교 / 교만 교, 씩씩할 교 / 부수 馬 / 총획 21	驗 시험 험	★말(馬)의 안장은 높다(喬). 그래서 말 탄 사람은 교만하다. 교만할 교. • 驕慢(교만): 겸손하지 않고 방자함. • 驕恣(교자): 교만하고 방자함. • 嬌恣(교자): 아양 부리는 자태.
사람 인 / 僚 / 밝을 료 / 동료 료, 관리 료 / 부수 亻 / 총획 14	寮 밝을 료 횃불 료 寮 벼슬아치 료	★사람(亻)이 밝으면(寮) 동료가 모여든다. 동료 료, 관리 료. • 官僚(관료): 정부 관리의 총칭. • 同僚(동료): 같은 일자리에 있는 사람.
갈 착 / 遼 / 밝을 료 / 멀 료 / 부수 辶 / 총획 16		★길은 밝(寮)으나 갈(辶) 길은 멀어요. 멀 요. • 遼遠(요원): 멀고도 멂.

앞페이지 복습	驗	發	喬	僑	嬌

한자	비슷한 한자	설명
床 (나무 목) 상 상, 평상 상, 부수 广 / 총획 7	牀 평상 상 본자	★집(广: 바위집 엄. 엄 호)안에 나무(木)로 만든 평상. 평상 상, 상 상. • 起床(기상): 잠자리에서 일어남. • 平床(평상): 나무로 만든 침대의 일종, 주로 마당에 둠.
角 뿔 각 부수 角 / 총획 7		★뜻만 기억. • 角度(각도): 각의 크기. • 角逐(각축): 서로 이기려고 다툼.
象 코끼리 상 부수 豕 / 총획 12		★코끼리의 모습. 뜻만 기억. (부수는 豕: 돼지 시) • 現象(현상): 눈 앞에 나타나 보이는 사물의 형상(形狀). • 氣象情報(기상정보): 기상 상태에 관한 지식이나 보도. 일기 예보, 기상 통보, 주의보, 경보 따위를 통틀어 이른다.
像 (사람 인) 코끼리 상 모양 상 부수 亻 / 총획 14		★사람(亻)은 코끼리(象) 이빨을 좋아해서 모양을 본뜬다. 모양 상. • 肖像(초상): 어떠한 사람의 용모를 본떠서 똑같게 그린 화상. • 畫像會議(화상회의): 화면의 화상을 보면서 하는 회의. • 獨立像(독립상): 장식용으로 따로 조각된 작품.
豫 코끼리 상 나 여 미리 예 부수 豕 / 총획 16	予 나 여 = 余 나 여	★나(予)도 코끼리(象)도 (밥을 먹고 건강을) 미리 예방한다. 미리 예. • 豫感(예감): 사전에 그 일을 암시적으로 느낌. • 豫備(예비): 앞서 미리 준비함. • 豫防(예방): 탈이 나기전에 미리 방비함.
앞페이지 복습	橋	矯	驕	僚	遼

한자	비슷한 한자	설명
意 소리 음 / 마음 심 뜻 의 부수 心 / 총획 13	噫 탄식할 희 音 소리 음	★소리(音) 내어 마음(心)에 있는 뜻을 말한다. 뜻 의. • 意見(의견): 마음속에 느낀바 생각. • 隔意(격의): 터놓지 않는 속마음.
億 사람 인 뜻 의 억 억 부수 亻 / 총획 15		★사람(亻)의 뜻(意)은 모두 달라 다 모으면 억 가지다. 억 억. • 億萬(억만): 썩 많은 수효. • 億兆蒼生(억조창생): 수많은 세상사람.
憶 마음 심 뜻 의 생각할 억 부수 忄 / 총획 16		★마음(忄←心)으로 자기의 뜻(意)을 생각한다. 생각할 억. • 記憶(기억): 경험한 것을 의식 속에 지니거나 도로 생각해냄. • 追憶(추억): 지나간 일을 돌이켜 생각함.
臆 고기 육 뜻 의 가슴 억 부수 月 / 총획 17		★몸(月: 고기 육. 몸) 속에서 깊은 뜻(意)을 품고 있는 가슴이 있다. 가슴 억. • 臆測(억측): 이유나 근거가 없이 하는 추측. • 臆說(억설): 이유와 근거가 없는 억지 말. • 逆說(역설)은 진리에 모순이 되는 의견.
噫 입 구 뜻 의 한숨 쉴, 탄식할 희 부수 口 / 총획 16	譆 = 탄식할 희 誒 = 탄식할 희	★입(口)으로 말하듯이 뜻(意)대로 되지 않으니 탄식한다. 탄식할 희. • 噫라: '아아 슬프다'는 뜻.
앞페이지 복습	床	角	象	像	豫

훈음	비슷한 한자	설명
설 립 / 말씀 왈 **音** 소리 음 부수 音 / 총획 9	욱 빛날 욱 音 침 뱉을 부	★서서(立) 왈(日) 소리를 친다. • 音樂(음악): 성악은 목소리에 의한 것. • 기악은 악기에 의한 것.
날 일 / 소리 음 **暗** 어두울 암 부수 日 / 총획 13	谙 간자체	★해(日)는 져서 보이지 않고 소리(音)만 들리니 어두운가봐. 어두울 암. • 暗示(암시): 거동이나 표정으로 넌지시 알림. • 暗賣(암매): 물건을 몰래 삼.
말씀 언 / 소리 음 **諳** 외울 암 부수 言 / 총획 16		★말(言)로 소리(音) 내고 암기하고 외운다. 외울 암. • 暗記(암기): 기억하여 잊지 않음. • 暗誦(암송): 보지 않고 외움.
불 화 / 소리 음 **熾** 불탈 치 창괘(과) 부수 火 / 총획 16		★창(戈) 부딪치는 소리(音)를 내며 불(火)이 활활 탄다. 불탈 치. • 熾熱(치열): 세력이 불길같이 맹렬함.
귀 이 / 소리 음 **職** 벼슬 직 창괘(과) 부수 耳 / 총획 18		★귀(耳)로는 소리(音)를 잘 듣고 창(戈)으로 나쁜 사람을 관리하는 벼슬. 벼슬 직. • 職分(직분): 직무상의 본분. • 職場(직장): 직업을 가지고 일을 보살피는 곳.
앞페이지 복습	意	億	憶	臆	噫

한자	비슷한 한자	설명
織 실 사 / 소리 음 / 창 괘(과) 짤 직 부수 糸 / 총획 18	績 짤 적 積 쌓을 적	★실(糸)을 감는 소리(音)가 창(戈) 부딪치는 소리를 내며 옷감을 짠다. 짤 직. • 紡織(방직): 피륙을 짜는 일. • 織物(직물): 온갖 피륙의 총칭.
識 말씀 언 / 소리 음 / 창 괘(과) 기록할 지, 알 식 부수 言 / 총획 19		★창(戈)에 단 깃발처럼 말(言)과 소리(音)로도 알린다. 알 식. 적을 지 기록 지, 깃발 치 • 識見(식견): 사물을 식별하고 관찰하는 능력. 학식과 견문. • 標識(표지): 어떤 목표를 나타내기 위한 표.
買 그물 망 / 조개 패 살 매 부수 貝 / 총획 12		★그물(罒) 바구니를 들고 시장에 가서 돈(貝)을 주고 물건을 살 것이다. 살 매. • 買入(매입): 사들임. • 賣買(매매): 물건을 사고 파는 일.
賣 살 매 / 선비 사 팔 매 부수 貝 / 총획 15		★선비(士)가 산(買) 책을 팔려고 한다. 팔 매. • 賣出(매출): 물건을 내놓아 팖. 방출. • 賣渡(매도): 팔아넘김. 罵倒(매도)는 몹시 꾸짖어 욕함.
瀆 삼수변 / 팔 매 도랑, 더러울 독 부수 氵 / 총획 18		★물(氵←水)을 팔아(賣)먹어? 더러운 일이다. 더러울 독. • 冒瀆(모독): 침범하여 욕되게 함. • 瀆職(독직): 직책을 더럽힘.
앞페이지 복습	音	暗	暗	熾	職

		비슷한 한자	
실 사 續 팔 매 이을 속 부수 糸　총획 21			★실(糸)같이 물건이 잘 팔려(賣) 계속 이어진다. 이을 속. • 續開(속개): 멈추었던 회의를 다시 엶. • 速報(속보): 계속하여 알림.
말씀 언 讀 팔 매 구절 두, 읽을 독 부수 言　총획 22			★말(言)을 판다(賣)? 파는 것이 아니고 글 구절을 읽는 것이다. 읽을 독. • 愛讀(애독): 즐겨서 읽음. • 讀後(독후): 책 따위를 읽은 뒤. (예)독후감.
사람 인 價 살 고 값 가 부수 亻　총획 15		賈 살 고 買 살 매	★사람(亻)이 사는(賈) 물건 값을 정한다. 값 가. • 價値(가치): 사물이 지니고 있는 쓸모. • 價格(가격): 값. 화폐로써 나타낸 상품의 교환 가치.
상자 혜 화살 시 醫 창 수 술 유 의원 의 부수 酉　총획 18			★상자(匚: 감출 혜) 모양에 화살(矢) 같은 주사기, 창(殳) 같은 칼을 술(酉)로 소독하여 가지고 다니는 의사. 의원 의. • 醫師(의사): 의료법에 의하여 병의 진찰, 치료를 업으로 하는 사람. ※ 匚: 감출 혜 혹은 상자(箱子) 방.
面 낯 면 부수 面　총획 9			★사람의 얼굴 형태. • 面貌(면모): 얼굴의 모양. • 洗面(세면): 얼굴을 씻음.
앞페이지 복습	織	識	買　賣　瀆

한자	비슷한 한자	풀이
愛 (손톱 조, 덮을 멱, 마음 심, 걸을 쇠) 사랑 애 부수 心 / 총획 13	久 오랠 구 夂 뒤쳐져 올 치	★손(爪, ⺥←手)으로 덮어(冖: 덮을 멱) 주고 감싸주는 사이에 마음(心) 속으로 서서히(夂: 천천히 걸을 쇠) 생기는 사랑. 사랑 애. • 愛情(애정): 사랑하는 정이나 마음. • 愛惜(애석): 사랑하고 아깝게 여김. ※爪: 손톱 조. 손톱, 손의 뜻이 있다.
冠 (덮을 멱, 으뜸 원, 마디 촌) 갓 관 부수 冖 / 총획 9		★덮어(冖) 쓰는 것 중 으뜸(元)으로 여기는 작은(寸) 갓. 갓 관. • 冠婚喪祭(관혼상제): 관례, 혼례, 상례, 제례, 통틀어 하는 말. ※冖: 덮을 멱. 무엇을 덮어 놓은 모양. 덮는다, 감싸준다는 뜻이 있다.
行 갈 행 부수 行 / 총획 6		★왼발, 오른발의 모양. • 行實(행실): 실지로 드러난 행동. • 行習(행습): 행하는 버릇.
班 (구슬 옥, 칼 도, 구슬 옥) 나눌 반 부수 玉 / 총획 10		★붙은 구슬(王←玉)을 칼(刂←刀)로 잘라 나누었다. 나눌 반. • 班員(반원): 한 반을 이룬 각 사람. • 班長(반장): 반의 일을 맡아보며 반을 대표하는 자.
而 어조사, 말 이을 이 부수 而 / 총획 6		★뜻만 기억. • 似而非(사이비): 겉으로는 비슷하나 속은 완전히 다름. • 形而上學(형이상학): 초경험적인 것을 대상으로 하는 철학.
앞페이지 복습		續　讀　價　醫　面

한자	비슷한 한자	설명
端 설 립 / 뫼 산 / 이을 이 단정할 단, 끝 단 부수 立 / 총획 14		★우뚝 서(立)있는 산(山)은 이어져(而) 끝이 없다. 끝 단. • 端緒(단서): 어떤 일의 실마리. 但書(단서): 본문 이외에 단 자를 붙여서 어떤 조건이나 이외의 뜻을 나타내는 글. • 端雅(단아): 단정하고 아름답다.
雨 비 우 부수 雨 / 총획 8		★하늘에서 비 내리는 모습. • 雨後竹筍(우후죽순): 비온 후에 죽순. 곧 어떤 일이 한 때에 많이 일어남을 비유.
兩 두 량 부수 入 / 총획 6		★저울에 똑같은 것이 양쪽에 들어가 있는 모양. • 兩家(양가): 두 편의 집. • 兩得(양득): 한 가지 일을 하고 두 가지 이익을 얻음.
滿 물 수 / 스물 입 / 두 양 찰 만 부수 氵/ 총획 14	满 약자	★물(氵)을 스무(卄) 그릇 양쪽(兩)에 가득 채운다. 찰 만. • 滿場(만장): 회의장에 가득 모임. • 滿開(만개): 꽃이 활짝 핌.
需 비 우 / 이을 이 쓰일 수, 구할 수 부수 雨 / 총획 14	求 구할 구	★비(雨)가 이어져(而) 내리는 것을 모아 두고 또 구한다. 구할 수. • 需要(수요): 필요하새 얻고자 함. • 特需(특수): 특별한 수요. 特殊(특수): 보통과 다름.

앞페이지 복습	愛	冠	行	班	而

	비슷한 한자	
사람 인 **儒** 구할 수 선비 유 부수 亻 · 총획 16		★사람(亻)을 구할(需) 수 있는 계책은 선비유. 선비 유.
		• 儒敎(유교): 공자의 가르침. • 儒生(유생): 유도를 딱는 선비.
비 우 **雪** 손 우 눈 설 부수 雨 · 총획 11		★비(雨) 오는 것을 손(彐)으로 받을 수 있으니 눈이다. 눈 설.
		• 雪景(설경): 눈이 내리거나 쌓인 경치. • 雪上加霜(설상가상): 눈 위에 서리가 덮침. 불행한 일이 연거푸 덮침을 비유함.
비 우 **雷** 밭 전 우레 뢰 부수 雨 · 총획 13		★밭(田) 위에 비(雨) 떨어지는 소리가 우레 같다. 우레 뢰.
		• 雷聲(뇌성): 우레와 같은 큰 소리.
우레 뢰 **電** 전기 전 부수 雨 · 총획 13		★우레(雷) 소리(천둥) 칠 때 번쩍 빛을 내며 꼬리(乚)가 달린 것이 번개다. 번개 전.
		• 電擊(전격): 매우 급작히 공격함. • 漏電(누전): 전류의 일부가 전선 밖으로 새어나가는 일.
비 우 **雲** 이을 운 구름 운 부수 雨 · 총획 12		★비(雨)를 이어(云) 주는 것은 구름이다. 구름 운.
		• 雲集(운집): 구름과 같이 많이 모임. • 雲海(운해): 구름이 덮인 바다.
앞페이지 복습	端	雨	兩	滿	需

	비슷한 한자	
비 우 **霎** 첩 첩 가랑비 삽, 잠시 삽 부수 雨 / 총획 16		★비(雨)의 첩(妾)은 이슬비며 이슬비는 잠깐 온다. 이슬비 삽, 잠깐 삽. • 霎時(삽시): 아주 짧은 시간. 잠깐.
별 진 **辱** 마디 촌(작다) 욕 욕 부수 辰 / 총획 10		★별(辰)처럼 높은 이를 마디(寸)처럼 작게(寸) 표현하면 욕이다. 욕 욕. • 辱說(욕설): 남을 욕하는 말. • 恥辱(치욕): 수치와 모욕.
날 일 **晨** 별 진 새벽 신 부수 日 / 총획 11	辰 별 진 별 신	★해(日)가 뜨고 별(辰)이 아직 있으니 새벽이다. 새벽 신. • 晨省(신성): 아침 일찍 부모의 침실에 가서 밤사이의 안부를 살피는 일. • 晨星(신성): 샛별 = 금성
손 수 **振** 별 진 떨칠 진 부수 扌 / 총획 10		★손(扌)으로 별(辰)을 잡듯이 이름을 떨친다. 떨칠 진. • 振天(진천): 명성을 사방에 떨친다.
별 진 **脣** 고기 육 입술 순 부수 月 / 총획 11		★별(辰) 같이 몸(月←肉)에서 빛이 나는 곳은 입술. 입술 순. • 脣齒(순치): 입술과 이.
앞페이지 복습	儒	雪	雷	電	雲

한자	비슷한 한자	설명
娠 계집녀 / 별진 아이 밸 신 부수 女 / 총획 10	아이 밴 몸 신	★여자(女)가 새벽 일찍 별(辰)을 보고 아이를 밴다? 아이 밸 신. • 姙娠(임신): 아이를 뱀. 회임.
貫 어미무 / 조개패 꿸 관 부수 貝 / 총획 11	買 살 매	★어머니(母←毋)가 돈(貝) 가방을 꿰찬다. 꿸 관. • 貫通(관통): 뚫고 나감. • 一貫(일관): 처음부터 끝까지 같은 주의.
慣 마음심 / 꿰뚫을관 버릇 관, 습관 관 부수 忄 / 총획 14		★마음(忄)에 꿰어(貫) 차고 버리지 못하는 버릇과 습관. 버릇 관. • 慣習(관습): 익은 습관. 사회의 습관. • 習慣(습관): 버릇.
實 집 면 열매 실 부수 宀 / 총획 14	꿸 관	★집집(宀)마다 꿰서(貫) 매달아놓은 열매. 열매 실. • 實果(실과): 과실, 과일. • 實踐(실천): 실제로 수행함. 實行(실행), 結實(결실) 등등.
齊 모두, 가지런할 제 부수 齊 / 총획 14	약자 斉 집 재	★뜻만 기억. • 修身齊家(수신제가): 몸과 마음을 닦아 수양하고 집안을 다스림. • 一齊射擊(일제사격): 여럿이 한꺼번에 총포를 쏘는 일. ※齊(가지런할 제) + 小(작을 소) = 齋(집 제) ※齊 = 斉 = 斉 : 가지런할 제, 재계할 재, 옷자락 자, 자를 전.
앞페이지 복습	脣	辱	晨	振	脣

한자	비슷한 한자	설명
濟 이을 제, 건널 제 물 수 / 모두 제 부수 氵 / 총획 17		★물(氵)이 모두(齊) 잔잔할 때 건너간다. 건널 제. • 濟民(제민): 도탄에서 허덕이는 백성을 구제함. • 未決濟(미결제): 아직 결제가 끝나지 않음.
擠 밀치다, 물리칠 제 손 수 / 모두 제 부수 扌 / 총획 17		★손(扌)으로 모두(齊) 물리친다. 물리칠 제. • 排除(배제): 물리쳐 덜어냄.
劑 약 지을 제 가지런할 제 / 칼 도 부수 刂 / 총획 16		★가지런하게(齊) 칼(刂)로 약제를 짓는다. 약 지을 제. • 調劑(조제): 약제를 조합하여 내복 또는 외용의 약을 지음.
無 없을 무 사람 인 / 나무 / 불 화 부수 灬 / 총획 12		★사람(𠂉)들이 나무를 세워놓고 불(灬 = 火) 질러 없앤다. 없을 무. • 無故(무고): 별다른 연고가 없음. • 誣告(무ː고): 없는 일을 꾸며대어 고소함.
蕪 거칠 무 풀 초 / 없을 무 부수 ++ / 총획 15		★풀(++)이 없는(無) 땅은 거칠기 만하다. 거칠 무. • 荒蕪地(황무지): 손을 대지 않고 버려두어 거칠어진 땅.
앞페이지 복습	娠	貫	慣	實	齊

한자	비슷한 한자	설명
撫 위로할, 어루만질 무 부수 扌 / 총획 15		★손(扌)으로 없어진(無) 물건을 찾기 위해 어루만진다. 어루만질 무. • 撫育(무육): 어루만져 기름. • 愛撫(애무): 사랑하여 어루만짐. • 撫摩(무마): 손으로 어루만져 위로함.
舞 춤출 무 부수 舛 / 총획 18		★어수선한(舛: 어수선할 천) 것을 없애기(無) 위해 무당이 춤을 춘다. 춤출 무. • 舞臺(무대): 연극을 연출하는 곳.
聿 붓 율(률) 부수 聿 / 총획 6	筆 붓 필	★손(⼹)에 송곳(丨: 송곳 곤)을 잡고 글을 써도 강한 방패(干)를 이길 수 있는 것이 붓이다. 붓 율(률). • 다른 부수에 붙어야 뜻이 나타남. ※ ⼹ : 돼지 머리 계, 고슴도치 머리 계, 오른손 우라고도 함. 오른손 의미가 있음. 오른손 우, 손 우.
津 진액 진, 나루 진 부수 氵 / 총획 9		★흐르는 물(氵)을 붓(聿)으로 그려놓은 듯 가늘게 흐르는 나루터. 나루 진. • 津液(진액): 생물의 몸 안에서 생겨나는 액체. • 津땀(진땀): 힘들 때 진기가 섞여 흐르는 땀.
書 글 서 부수 日 / 총획 10	筆 붓 필 聿 붓 율	★붓(聿)으로 날(日)마다 글을 쓴다. 글 서. • 書藝(서예): 글 쓰는 재주. • 書籍(서적): 감정, 사상, 지식 등을 글로 묶은 책.
앞페이지 복습		濟 擠 劑 無 蕪

한자	비슷한 한자	설명
붓 율 晝 아침 단 낮 주 부수 日 / 총획 11		★아침(日, 아침 단)에 붓(聿)으로 글을 쓰다 보면 어느새 낮이다. 낮 주. • 晝夜(주야): 낮과 밤. • 晝間(주간): 낮 동안.
한 일 붓 률 畵 밭 전 그림 화 부수 田 / 총획 12	画 '화'의 약자	★붓(聿)으로 밭(田)의 경계선 하나(一)를 그린다. 그림 화. • 畵筆(화필): 그림을 그리는 붓. • 畵家(화가): 그림 그리는 일을 전문으로 하는 사람.
그림 화 劃 칼 도 계획, 새기다 획 부수 刂 / 총획 15	划 속자	★그림(畵)을 칼(刂)로 정밀하게 그어 계획을 세운다. 계획 획. • 劃期的(획기적): 한 시기를 그을 만한 특출한 것. • 計劃(계획): 꾀하여 미리 작정함. 작정하는 일.
송곳 곤 손 우 한 일 盡 불 화 그릇 명 모두, 다할 진 부수 皿 / 총획 14		★손(⺕)에 송곳(丨: 송곳 곤) 하나(一)를 집고 화로(皿: 그릇 명)에 불(灬)이 다 꺼졌는지 확인한다. 다할 진. • 盡心(진심): 마음을 다함. • 賣盡(매진): 모두 깔림.
날 일 깃 우 曜 새 추 빛날 요. 요일 요 부수 日 / 총획 18		★날(日)마다 깃털(羽) 치는 새(隹)도 요일이 있다. 요일 요. • 月曜日(월요일): 일주일에 두 번째 날.
앞페이지 복습		撫 舞 聿 津 書

	비슷한 한자	
물 수 濯 새 추 씻을 탁 부수 氵 총획 17		★물(氵)에 날개(羽)를 넣고 새(隹)도 몸을 씻는다. • 洗濯(세탁): 빨래.
깃털 우 習 흰 백 익힐 습 부수 羽 총획 11	翌 명일 익	★깃털(羽)이 희(白)도록 날고 날아 나는 법을 익힌다. • 習慣(습관): 버릇. • 習得(습득): 배워 터득함.
마음 심 慴 익힐 습 겁낼 접, 겁낼 섭(습) 부수 忄 총획 14	摺 접다, 꺾다 (접, 절)	★마음(忄) 속으로 익힐(習) 것을 겁내고 있다. 겁낼 접. • 慴伏(습복, 즙복): 두려워서 엎드림. 　　(慴伏/慴服). • 承服(승복): 응낙하여 따름.
깃 우 翌 설 립 명일 익 부수 羽 총획 11	羽 깃 우 날개 우	★날개(羽)를 펴서 설(立) 수 있으니 날 수 있는 날은 명일(내일)이다. 명일 익. • 翌日(익일): 다음날. • 翌月(익월): 다음달.
쌀 미 糞 다를 이 똥 분 부수 米 총획 17		★쌀(米)을 먹었더니 다른(異) 것으로 변한 것이 똥이다. 똥 분. • 糞尿(분뇨): 똥과 오줌. • 憤怒(분 : 노): 분하여 몹시 성냄. 분할 분 성낼 분
앞페이지 복습	畫	劃	盡	曜

한자	비슷한 한자	설명
憂 근심 우 (곧을 직, 덮을 멱, 마음 심, 걸을 쇠) 부수 心 총획 14		★곧은(直←直) 마음(心)을 덮어(冖)버려서 서서히(夂: 서서히 걸을 쇠) 찾아오는 근심. 근심 우. • 憂患(우환): 환자가 생겨서 나는 걱정. • 憂慮(우려): 걱정.
優 뛰어날, 넉넉할 우 (사람 인, 근심 우) 부수 亻 총획 17		★사람(亻)은 근심(憂)을 이겨내야 뛰어난 사람이 된다. 뛰어날 우. • 優劣(우열): 우수함과 못함. • 優待(우대): 특별히 대우함.
冥 어두울 명 (덮을 멱, 날 일, 여섯 육) 부수 冖 총획 10		★해(日)가 덮여(冖: 덮을 멱) 여섯(六) 자 앞도 못 보니 어둡다. 어두울 명. • 冥福(명복): 죽은 뒤에 저승에서 받는 복. • 冥頑(명완): 사리에 어둡고 완고함.
瞑 눈 감을 명 (눈 목, 어두울 명) 부수 目 총획 15		★눈(目)이 어둡다(冥). 감으니 어둡지! 눈 감을 명. • 瞑想(명상): 눈을 감고 고요히 깊은 생각에 잠김.
允 믿을 윤 (어진 사람 인, 사사 사) 부수 儿 총획 5		★사사롭게(厶)는 어진(儿) 사이니 믿는다. 믿을 윤. • 允許(윤허): 윤가. 임금의 허가. ※厶: 나 사. 사사로울 사. ※儿: 어진 사람 인, 아이 아 →儿岾(아령): 서울 5호선 애오개역 한자명. 작은 고개 뜻. (44p 참조)

| 앞페이지 복습 | 濯 | 習 | 熠 | 翌 | 糞 |

한자	비슷한 한자	풀이
머리 두 **充** 믿을 윤 가득할, 채울 충 부수 儿　총획 6	允 믿을 윤	★머리(亠 돼지해머리 두 : 머리 부분 두, 우두머리)도 믿을(允) 수 있고 지식도 가득하다. 가득할 충. • 充滿(충만): 가득 참. • 充員(충원): 부족한 인원을 채움. ※亠: 亥(돼지 해) 글자의 머리 부분이라고 해서 부수명이 '돼지 해 머리'.
실 사 **統** 가득할 충 거느릴 통 부수 糸　총획 12	流 흐를 류	★흐트러진 실(糸)을 가득 채워(充) 묶어서 관리하고 거느린다. 거느릴 통. • 統合(통합): 모두 합쳐서 하나로 묶음. • 統制(통제): 일정한 방침에 따라 제한하거나 제약함.
쇠 금 **銃** 가득할 충 총 총 부수 金　총획 14		★쇠(金)로 만든 것에 화약을 가득 채워(充) 쏘는 것이 총이다. 총 총. • 銃劍(총검): 총과 칼. 총 끝에 꽂은 칼.
그물 망 풀 초 **夢** 덮을 멱 저녁 석 꿈 몽 부수 夕　총획 13		★풀(艹)로 만든 그물(罒)을 덮고(冖) 저녁(夕)에 잠을 자면 꿈을 꾼다. 꿈 몽 • 夢想(몽상): 꿈속의 생각. 바랄 수 없는 것을 이것저것 생각함. • 夢寐(몽매): 잠을 자며 꿈을 꿈.
풀 초 덮을 멱 **蒙** 한 일 돼지 시 어리석을 몽 부수 艹　총획 13	冢 덮어쓸 몽 冢 무덤 총	★풀(艹)에 덮여(冖) 있는 한(一) 마리의 돼지(豕)가 어리석어 나오지 못한다. 어리석을 몽. • 啓蒙主義: 계몽주의 • 蒙古(몽고): 13세기 칭기즈 칸 이후 원(元) 제국을 이룸. ※蒙: 사리에 어둡다, 어리석다. **어리다** ※懞: 어리석을 몽, 사리에 어두울 몽(비슷한 뜻)
앞페이지 복습		憂　優　冥　瞑　允

한자	비슷한 한자	설명
손톱 조 / 덮을 멱 / 어그러질 천 **舜** 순임금, 무궁화 순 부수 舛 / 총획 12		★손톱(爫) 같은 잎을 덮고(冖) 어그러지지(舛) 않게 삼천리강산에 피어 있는 무궁화 꽃. 무궁화 순. • 堯舜(요순): 중국 고대의 성자. 요와 순.
눈 목 / 무궁화 순 **瞬** 눈 깜박 순 부수 目 / 총획 17		★눈(目) 깜박할 사이에 무궁화(舜) 꽃이 피었다. 눈 깜박할 순. • 瞬間(순간): 잠깐 동안
한 일 / 우뚝 올 **元** 으뜸 원 부수 儿 / 총획 4	兀 우뚝 올	★한(一) 번 더 우뚝(兀) 하니 으뜸이다. 으뜸 원. • 元旦(원단): 설날 아침. • 元素(원소): 물체의 성분을 구성하는 근본.
집 면 / 으뜸 원 **完** 완전할 완 부수 宀 / 총획 7		★우리 집(宀: 갓머리, 집 면)은 으뜸(元)이며 아주 완전하다. 완전할 완. • 完決(완결): 완전한 길을 맺음. • 完了(완료): 끝냄.
언덕 부 / 완전할 완 **院** 집 원 부수 阝 / 총획 7		★높은 언덕(阝: 언덕 부, 좌부변)에 완전(完)하게 지은 관청 집. 집 원. • 興宣大院君(흥선대원군) / 大法院(대법원) ※ 阝(좌부변 부: 왼쪽 가장자리에 붙는 부)=阜(언덕 부) = 𨸏(언덕 부). / 혹은 변(邊) 즉 왼쪽 가장자리로 가면 좌방부(= 왼쪽 左, 곁 傍, 언덕 부 阝) 라고도 함.
앞페이지 복습	充	統	銃	夢	夢

121

	비슷한 한자	
구슬 옥 **玩** 으뜸 원 구경 완, 놀 완 부수 玉 / 총획 8		★구슬(玉)도 으뜸(元)가는 구슬을 가지고 놀아야지. 놀 완.
		• 玩具(완구): 장난감. • 愛玩(애완): 사랑하여 가까이 두고 보며 즐김.
으뜸 원 **頑** 머리 혈 완고할 완 부수 頁 / 총획 13		★으뜸(元)가는 머리(頁)를 가진 사람은 완고하다. 완고할 완.
		• 頑固(완고): 융통성이 없고 굳고 고집이 셈. • 頑强(완강): 태도가 거칠고 굳셈.
입 구 **兄** 어진사람 인 맏 형 부수 儿 / 총획 5	伯 맏 백	★입(口)으로 어진(儿: 어진 사람 인) 말을 하는 사람이 맏형이다. 맏형.
		• 兄弟(형제): 형과 아우. • 盟兄(맹형): 친구의 높임말.
물 수 **況** 맏형 하물며,모양,상황 황 부수 氵 / 총획 8	况 = 況	★물(氵)이 흘러가듯이 맏형(兄)이 상황과 판단을 잘한다. 모양 황.
		• 狀況(상황): 형편, 모양. • 近況(근황): 요즈음 형편.
보일 시 **祝** 맏형 빌 축 부수 示 / 총획 10		★신(示: 보일 시, 귀신 기)에게 맏형(兄)이 축하를 하며 빈다. 빌 축.
		• 祝賀(축하): 기쁘고 즐거운 일을 빌며 축하하는 예(하례). • 祝意(축의): 축하의 뜻. (예)축의금.
앞페이지 복습	舜	瞬	元	完	院

	비슷한 한 자	
오래 고 **克** 어진 사람 인 이길 극 부수 儿 | 총획 7		★오래(古: 옛 고) 참고 어진(儿) 사람이 이긴다. 이길 극. • 克己(극기): 제 욕심을 스스로의 의지로 억눌러 이김. • 克服(극복): 어려움을 이겨냄.
兢 조심할 긍 부수 儿 | 총획 14		★이기고(克) 또 이기기(克) 위해서 행동을 조심하여야 한다. 조심할 긍. • 戰戰兢兢(전전긍긍): 두려워서 매우 조심함.
여덟 팔 **兌** 형 형 바꿀 태 부수 儿 | 총획 7		★팔(八) 형제(兄)들은 사이좋게 물건을 바꿔서 쓴다. 바꿀 태. • 兌換(태환): 지폐 또는 은행권을 발행자가 정화와 바꾸는 일.
벼 화 **稅** 바꿀 태 세금 세 부수 禾 | 총획 12		★옛날에 세금을 돈 대신 벼(禾)로 바꿔(兌) 냈다는 데서 유래됨. 세금 세. • 稅金(세금): 세금으로 바치는 돈. • 稅務(세무): 세금을 징수 부과하는 사무.
마음 심 **悅** 바꿀 태 기쁠 열 부수 忄 | 총획 9		★기쁜 마음(忄)을 바꾸어(兌) 더 기쁘게 한다. 기쁠 열. • 喜悅(희열): 희락, 기뻐하고 즐거워함.
앞페이지 복습	玩	頑	兄	況	祝

	비슷한 한자	
말씀 언 **說** 바꿀 태 말씀 설 부수 言 / 총획 14		★말(言)을 잘 바꿔(兌) 가며 이해를 시키고 설명하며 말씀한다. 말씀 설. • 說明(설명): 알기 쉽게 풀이함. • 說得(설득): 여러 모로 알아듣도록 깨우쳐 말함.
쇠 금 **銳** 바꿀 태 예리할, 날카로울 예 부수 金 / 총획 15		★쇠(金)를 바꿔(兌) 갈아서 날카롭게 한다. 날카로울 예. • 銳敏(예민): 감각, 행동 등이 예리하고 빠름. • 銳利(예리): 칼날 등이 날카로움.
고기 육(몸) **脫** 바꿀 태 벗을 탈 부수 月 / 총획 11		★몸(月, 月←肉)에 맞는 옷을 바꿔(兌) 입기 위하여 옷을 벗는다. 벗을 탈. • 脫衣(탈의): 입었던 옷을 벗음. • 脫退(탈퇴): 관계를 끊고 빠져 나옴.
절구 구 **兒** 어진 사람 인 아이 아 부수 儿 / 총획 8		★절구(臼: 절구 구)처럼 머리만 커 보이는 아이지만 어진(儿) 아이다. 아이 아. • 兒童(아동): 지적으로 미숙한 단계에 있는 어린 사람. • 健兒(건아): 씩씩한 사나이. ※儿(어진 사람 인): 119p '믿을 윤(允)' 참조.
불 화 **光** 어진 사람 인 빛 광 부수 儿 / 총획 6	**侊** 클 광	★어진(儿) 사람이 작으나(゛= 小 작을 소) 우뚝(兀: 우뚝 올) 하니 광체가 난다. 빛 광. • 脚光(각광): 사람이나 사물의 어떤 방면에서 등장이 눈부실 만큼 찬란하고 빛남. • 光體(광체): 빛을 내는 물체.
앞페이지 복습	克	兢	兌	稅	悅

	비슷한 한자	
다섯 오 **凶** 입 벌릴 감 흉할 흉 부수 凵 / 총획 4		★그릇(凵: 입 벌릴 감)에 흉기(乂)를 담기에 흉하다. 흉할 흉. • 凶器(흉기): 사람을 살해할 때 쓰는 연장. • 凶年(흉년): 농작물이 잘 되지 않은 해. ※凵: 트인 입 구, 입 벌릴 감, 그릇의 뜻이 있다.
흉할 흉 **兇** 어진 사람 인 흉악할 흉 부수 儿 / 총획 6		★어진 사람(儿)도 흉악(凶)할 때가 있다. 흉악할 흉. • 兇漢(흉한): 악한. 흉악한 행동을 하는 사람. • 凶害(흉해): 나쁜 마음으로 사람을 죽임.
소 우 **先** 어진 사람 인 먼저 선 부수 儿 / 총획 9		★어진 사람(儿)은 소(牛)를 앞세워 먼저 보낸다. 먼저 선. • 先告(선고): 돌아가신 아버지. • 宣告(선고): 정부에서 국민에 공표함. • 先見(선견): 어떤 일이 일어나기 전에 미리 예견함.
물 수 **洗** 먼저 선 씻을 세 부수 氵 / 총획 9		★물(氵)로 먼저(先) 씻는다. 씻을 세. • 洗鍊(세련): 지식과 기술이 익숙함. • 洗濯(세탁): 빨래.
작은 요 **幼** 힘 력 어릴 유 부수 幺 / 총획 5	幻 허깨비 환	★작은(幺: 작을·어릴 요) 힘(力)이니 아직 어리다. 어릴 유. • 幼稚(유치): 나이가 어림. • 留置(유치): 잠시 잡아 가둠.
앞페이지 복습	說	銳	脫	兒	光

125

		비슷한 한자	
작을 요 **幻** 허깨비 환 부수 幺 / 총획 4			★어린(幺: 작을 요) 힘에다 힘을 빼(ㄱ)버렸으니 허깨비다. 허깨비 환.
			• 幻想(환상): 없는 것이 있는 것 같이 보이는 망상. 종잡을 수 없는 상상. • 幻相(환상): 실체가 없음을 말함. 환영과 같이 무상한 형상.
작은 요 **幽** 뫼 산 숨을·그윽할 유 부수 幺 / 총획 9			★작고(幺) 작은(幺) 것이 산(山) 속에 숨었다. 숨을 유, 그윽할 유.
			• 幽明(유명): 이 세상과 저 세상. 幽界(유계): 저승. • 幽冥(유명): 그윽하고 어두움.
귀 이 **聯** 작을 요 어린아이 관 쌍상투 관 이을·잇닿을 련 부수 耳 / 총획 17			★귀(耳)에 작고(幺) 작은(幺) 아이(丱) 소리가 잇닿아 이어진다. 이을 련, 잇닿을 연.
			• 聯合(연합): 두 개 이상의 사물이 서로 합함. (예)국제연합. • 聯關(연관): 관계를 맺음.
兆 조 조, 조짐 조 부수 儿 / 총획 6			★뜻만 암기.
			• 兆朕(조짐): 길흉이 일어날 변화가 보이는 현상. • 吉兆(길조): 길한 징조.
나무 목 **桃** 조짐 조 복숭아 도 부수 木 / 총획 10			★좋은 조짐(兆)을 알려주는 나무(木)라고 전해오는 것이 복숭아나무다. 복숭아 도.
			• 桃花(도화): 복숭아꽃. • 桃色(도색): 복숭아 빛깔.
앞페이지 복습	凶	兇	先	洗	幼

한자	비슷한 한자	설명
손 수 **挑** 조짐 조 북돋울 도 부수 扌 / 총획 13		★조짐(兆)이 안 좋다고 손(扌)으로 북돋워 준다. 북돋울 도. • 挑發(도발): 자극하여 일이 일어나도록 하는 일. • 挑戰(도전): 정면으로 맞서 싸움을 걺.
갈 착 **逃** 조짐 조 달아날 도 부수 辶 / 총획 10		★조짐(兆)이 좋지 않다고 달아난다(辶). 달아날 도. • 逃亡(도망): 몰래 피하여 달아남. • 逃走(도주): 달아남. • 逃避(도피): 도망하여 피함. ※辶(쉬엄 쉬엄 갈 착) = 辵 = 辶
발 족 **跳** 조짐 조 뛸 도 부수 ⻊ / 총획 13		★좋은 조짐(兆)이라고 발(⻊=足)로 팔팔 뛴다. 뛸 도. • 跳躍(도약): 뛰어오름. 더 높은 단계로 발전하는 것.
兎 토끼 토 부수 儿 / 총획 8	兎 속자 卯 토끼 묘 卵 알 란	★토끼(兎)는 어진(儿) 사람과 같이 착한 동물이다. 토끼 토. • 달에는 사람과 같이 어진 토끼가 산다 하여 다른 이름으로 토월이라고도 함.
免 면할 면 부수 儿 / 총획 7		★토끼(兎)가 꼬리(丶: 점 주)가 빠지도록 도망을 쳐서 죽음을 면했다. 면할 면. • 免稅(면세): 세금을 면함. • 赦免(사면): 지은 죄를 용서하여 죄를 면제하는 일. • 罷免(파면): 직무를 면제함.
앞페이지 복습		幻　幽　聯　兆　桃

	비슷한 한자	
토끼 토 **勉** 힘 력 힘쓸 면 부수 力 / 총획 9		★토끼(兎)가 꼬리(丶: 점 주)가 빠지도록(免) 힘(力)을 썼다. 힘쓸 면.
		• 勉學(면학): 학업에 힘을 씀. • 勤勉(근면): 부지런히 힘씀.
날 일 **晚** 면할 면 늦을 만 부수 日 / 총획 12	晩 예쁠 만. 윤이 나다 싹트다	★햇(日)살을 피해(免: 면할 면) 가려다 늦었다. 늦을 만.
		• 晩成(만성): 늦게 이루어짐. • 晩學(만학): 나이가 들어 늦게 배움. • 晩春(만춘): 늦은 봄.
쉬엄쉬엄 갈 착 **逸** 토끼 토 숨을 일 부수 辶 / 총획 12		★토끼(兎)가 쉬엄쉬엄 가서(辶) 숨었다. 숨을 일.
		• 逸品(일품): 썩 뛰어난 물건. • 一品(일품): 벼슬의 첫째 품계. 한 가지 물건. 맛이 좋기로 첫째가는 요리.
들 인 **兪** 한 일 달 월 내 천 대답·응답 유 부수 入 / 총획 9		★유(兪)씨 성을 가진 한(一) 명이 달(月)밤에 개천(巜←川)에 들어와(入) 응답했다. 대답, 응답할 유.
		• 뜻만 알아두세요. ※ 巜 (큰 도랑 괴) = 川 (내 천)
마음 심 **愉** 응답 유 즐거울·기쁠 유 부수 忄 / 총획 12		★마음(忄←心)을 담아 응답(兪) 기뻐유. 기쁠 유.
		• 愉快(유쾌): 마음이 상쾌함.
앞페이지 복습	挑	逃	跳	兎	免

	비슷한 한 자	
응답 대답 유 愈 마음 심 더욱 유 부수 心 총획 13		★마음(心)을 담아 응답하니(兪) 더욱 좋아유. 더욱 유.
		• 愈快(유쾌): 마음이 상쾌함.
말씀 언 諭 응답 유 깨우칠 유 부수 言 총획 16		★말(言)을 응답(兪)하여 타일러서 깨우쳐 줘유. 타이를 유, 깨우칠 유.
		• 諭示(유시): 관청 같은 데서 구두 혹은 서면으로 타일러 가르침. • 諭告(유고): 타이름. 有故(유 : 고): 사고가 있음.
차 차 輸 통할 유 짐 수, 보낼 수 부수 車 총획 16		★응답한(兪) 대로 차(車)를 통하여 보낼 것이다. 보낼 수.
		• 輸入(수입): 외국에서 문화를 들여옴. • 輸送(수송): 기차, 비행기, 배 등으로 사람이나 물건을 실어보냄.
쌓인 흙 토 堯 으뜸 원 높을 요 부수 土 총획 12		★쌓이고 쌓인 흙(垚: 높게 쌓인 흙 토)이 우뚝(兀: 우뚝할 올)으로 보이니 높다. 높을 요.
		• 堯舜(요순): 고대 중국의 성군인 요 임금과 순 임금.
날 일 曉 높을 요 새벽 효 부수 日 총획 16		★해(日)가 높게(堯) 떠있으니 새벽이 지났다. 새벽 효.
		• 曉星(효성): 새벽별.
앞페이지 복습	勉	晚	逸	兪	愉

한자	비슷한 한자	설명
불 화 **燒** 높을 요 불사를 소 부수 火 / 총획 16		★불(火)이 높게(堯) 타오르도록 불사른다. 불사를 소. • 燒却(소각): 불에 태워 없애버림. • 燒失(소실): 불에 태워 없어짐. • 消失(소실): 물건이 사라져 없어짐.
밥 식 **饒** 높을 요 넉넉할 요 부수 食 / 총획 21		★먹을(食: 밥 식, 먹을 식) 것이 많으니(堯: 높다, 많다) 넉넉합니다. 넉넉할 요. • 豊饒(풍요): 매우 넉넉함, 豊裕(풍유). • 饒富(요부): 생활이 넉넉함.
여덟 팔 **公** 사사 사 공평할 공 부수 八 / 총획 4	公 허겁지겁 할 종 두려워할 종	★팔(八)팔한 공무원이 사사(厶)로움을 외면하고 공평하게 일을 한다. 공평할 공. • 公開(공개): 널리 개방함. • 公務(공무): 공가나 공공단체의 사무나 직무. • 公薦(공천): 여러 사람의 합의에 의하여 천거함.
나무 목 **松** 공평할 공 소나무 송 부수 木 / 총획 8		★소나무(木)는 사계절 내내 공평(公)하게 푸른빛을 낸다. 소나무 송. • 松柏(송백): 소나무와 잣나무.
공평할 공 **頌** 머리 혈 칭송 송 부수 頁 / 총획 13		★공평(公)한 우두머리(頁: 머리 혈)는 칭찬을 받는다. 칭송 송. • 稱頌(칭송): 공덕을 일컬어 기림. • 頌歌(송가): 찬양하는 노래.
앞페이지 복습		愈　諭　輸　堯　曉

한자	비슷한 한자	설명
訟 (말씀 언/공평할 공) 시비할·송사할 송 부수 言 총획 11		★말(言)다툼하다 시비를 공평(公)하게 가려달라며 송사를 했다. 송사할 송, 시비할 송. • 訟事(송사): 백성끼리의 분쟁 판결을 관청에 호소하는 일. • 訴訟(소송): 법률상의 판결을 법원에 요구하는 절차.
甘 달 감 부수 甘 총획 5		★뜻만 기억. • 甘言利說(감언이설): 남의 비위에 들도록 꾸민 달콤한 말과 이로운 조건을 내세워 꾀는 말.
某 (달 감/나무 목) 아무 모 부수 木 총획 9		★단감(甘) 나무(木)를 아무도 모르게 심었다. 아무 모. • 某年某月某日(모년 모월 모일): 아무 년, 몇(아무) 월, 며칠.
謀 (말씀 언/아무 모) 꾀할 모 부수 言 총획 16		★말(言)을 아무(某)에게나 하여 보고 그 방법을 꾀하여 본다. 꾀할 모. • 謀陷(모함): 꾀를 써서 남을 어려움에 빠트림. • 謀害(모해): 꾀를 써서 남을 해침. → 이 단어, 정치권에서 많이 나오죠?
煤 (불 화/아무 모) 연기 매 부수 火 총획 13		★불(火) 속에는 아무(某) 것이나 넣으면 연기가 난다. 연기 매. • 煤煙(매연): 그을음이 섞인 검은 연기. • 煤氣(매기): 그을음이 섞인 공기.

앞페이지 복습	燒	饒	公	松	頌

	비슷한 한자	
媒 계집 녀 / 아무 모 중매 매 부수 女 / 총획 12		★여자(女)는 아무(某)나 중매를 잘 한다. 　중매 매. • 仲媒(중매): 결혼이 이루어지도록 중간에서 소개하는 일. • 仲介(매개): 중간에서 관계를 맺어줌.
莫 풀 초 / 날 일 / 큰 대 없을 막, 말다 막 부수 ++ / 총획 11		★풀(++)이 해(日)를 크게(大) 막아서 빛이 없어졌다. 　없을 막. • 莫逆(막역): 서로 허물이 없이 친한 사이.(발음 주의) • 莫上莫下(막상막하): 더 낫고 더 나쁜 차이가 없음. • 漠然(막연): 똑똑하지 않고 어렴풋함.
幕 없을 막 / 수건 건 장막 막 부수 巾 / 총획 13		★가릴 것이 없어(莫)서 수건(巾)으로 장막을 쳤다. 　장막 막. • 幕舍(막사): 임시로 지은 집. • 幕間(막간): 연극에 있어서 다음 연극을 옮아갈 때까지 무대에 막을 친 동안.
漠 물 수 / 없을 막 사막 막 부수 氵 / 총획 14		★물(氵)이 없으니(莫) 사막이다. 　사막 막. • 漠漠(막막): 넓고 아득함. 막막하다. • 寞寞(막막): 쓸쓸하고 괴괴하다. 막막하다. • 沙漠(사막): 메마르고 건조하여 식물이 자라지 않는 땅.
寞 집 면 / 없을 막 고요할·쓸쓸할 막 부수 宀 / 총획 13		★집(宀: 집 면)에 아무도 없으니(莫) 고요하고 　쓸쓸하다. 쓸쓸할 막. • 寞寞(막막)하다: 막막 - ①쓸쓸하고 괴괴하다. ②의지할 데 　없어 답답하고 외롭다. • 寂寞(적막): 고요하고 쓸쓸함.
앞페이지 복습	訟　甘　某　謀　煤	

	비슷한 한자	
模 나무 목 / 없을 막 본보기·본뜰 모 부수 木 총획 14		★나무(木)로 없어진(莫) 물건의 모양을 본을 뜬다. 본뜰 모. • 模倣(모방): 본받음. 본뜸. • 模形(모형): 똑같은 물건을 만들어내기 위한 틀.
摸 손 수 / 없을 막 더듬을 모 부수 扌 총획 13		★손(扌)으로 없어진(莫) 것을 더듬더듬해서 찾는다. 더듬을 모. • 摸索(모색): 더듬어서 찾음. ※扌傍邊(재방변) = 才(재주 재)가 변으로 가서 다른 한자의 옆(傍: 곁 방)의 변(邊: 가장자리 변)에 붙으면, '재방변 수'로 읽음. 즉 손 수(手)의 의미가 됨. / 예) 지(指), 진(振), 배(排).
募 없을 막 / 힘 력 모을 모 부수 力 총획 12		★없어진(莫) 것을 찾기 위해 힘(力)을 모은다. 모을 모. • 募金(모금): 기부금 따위를 모음. • 募集(모집): 조건에 맞는 사람을 뽑아서 모음.
慕 없을 막 / 마음 심 사모할·생각 모 부수 㣺 총획 15	㦂 사랑할 모	★없어졌던(莫) 마음(㣺=心)이 생겨 사모하게 되었다. 사모할 모. • 思慕(사모): 생각하고 그리워함. • 追慕(추모): 죽은 사람을 그리워함.
墓 없을 막 / 흙 토 무덤 묘 부수 土 총획 13		★없는(莫) 것처럼 흙(土)으로 모아놓은 무덤. 무덤 묘. • 省墓(성묘): 조상의 산소를 찾아가서 살피고 돌봄. • 墓碑(묘비): 무덤 앞에 세운 비석.
앞페이지 복습		媒　莫　幕　漠　寞

한자	비슷한 한자	설명
暮 (없을 막/해 일) 늦을 모, 저물 모 부수 日 / 총획 15		★해(日)가 없어(莫)졌으니 저물었다. 저물 모. • 歲暮(세모): 해 밑, 연말, 한 해의 마지막 때. • 暮景(모경): 만경, 저녁 경치.
摸 (쌀 미/없을 막) 모호할, 본뜰 모 부수 米 / 총획 16	模 모호할 모 본뜰 모 =	★쌀(米)이 없어(莫)졌어? 그것 참 모호하다. 모호할 모. • (模)糊(모호): 분명하지 않다.
其 그 기 부수 八 / 총획 8		★뜻만 기억. • 其他(기타): 그것 이외에 또 다른 것. • 其間(기간): 그 사이, 그동안. • 期間(기간): 일정한 시기의 사이.
基 (그 기/흙 토) 터 기 부수 土 / 총획 11		★그(其) 땅(土)을 터(기지)로 삼는다. 터 기. • 基幹(기간): 본바탕이 되는 줄기. • 基本(기본): 사물의 기초와 근본.
期 (그 기/달 월) 기약·기간 기 부수 月 / 총획 12		★그(其) 달(月: 육월달 肉)을 기간으로 한다. 기간 기. • 期待=企待(기대): 믿고 기다림. • 思春期(사춘기): 이성에 대해 눈을 뜬 시기.

| 앞페이지 복습 | 模 | 摸 | 募 | 慕 | 墓 |

한자	비슷한 한자	설명
欺 그 기 / 하품 흠 속일 기 부수 欠　총획 12		★그(其) 하품(欠)은 속이는 것이다. 속일 기. • 欺瞞(기만): 그럴싸하게 속여 넘김. • 詐欺(사기): 남을 꾀로 속여 해침.
兼 손 우 / 벼 화 겸할 겸 부수 八　총획 10	秉 잡을 병	★손(⺕: 손 우)으로 벼(禾) 두 포기를 겸하여 잡고 있네? 겸할 겸. • 兼備(겸비): 두 가지 이상을 겸하여 갖춤. • 兼任(겸임): 두 가지 이상의 직무를 겸하여 봄.
廉 돌집 엄 / 겸할 겸 청렴·값쌀 렴 부수 广　총획 13		★돌집(广) 밑에서 함께(兼: 겸할 겸) 사니 청렴하여야 한다. 청렴 렴. • 廉價(염가): 싼값. • 廉恥(염치): 부끄러움을 아는 마음.
謙 말씀 언 / 겸할 겸 겸손 겸 부수 言　총획 17		★말(言)이란? 학식과 인격을 겸(兼)하는 것이라 겸손하게 하여야 한다. 겸손 겸. • 謙遜(겸손): 남을 존중하고 자기를 낮춤. • 謙卑(겸비): 자기를 겸손하게 낮춤. 兼備.
嫌 계집 녀 / 겸할 겸 싫어할, 의심할 혐 부수 女　총획 13		★여자(女)는 인격을 겸비(兼)하지 않은 사람을 의심한다. 의심할 혐. • 嫌惡(혐오): 싫어하고 미워함. 혐오감. • 嫌疑(혐의): 의심. 범죄 혐의.
앞페이지 복습	暮	模	其	基	期

		비슷한 한자	
멀 경 / 들 입 **內** : 안 내 부수 入 / 총획 4			★멀리(冂) 관문으로 들어(入)가니 안이다. 　안 내. • 內助(내조): 내부에서 돕는 일. 아내가 남편을 돕는 일. • 內勤(내근): 관청이나 회사의 안에서 일 봄. ※冂: 멀 경. 국경에 있는 관문, 큰 대문을 본 뜬 글자.
실 사 **納** 안 내 들일 납 부수 糸 / 총획 10			★실(糸)을 안(內)으로 들여라. 　들일 납. • 納得(납득): 사리를 잘 알아차려 이해함. • 納稅(납세): 세금을 바침.
肉 고기 육 부수 肉 / 총획 6		內 안 내	★肉(고기 육)→부수의 왼쪽이나 밑에 붙으면 '月' 자로 변하며 뜻은 몸이나 고기를 뜻한다. (예)胃: 밥통 위. • 肉味(육미): 고기의 맛. • 肉食(육식): 고기를 먹음.
한 일 **再** 흙 토 멀 경 (성) 거듭 재 부수 冂 / 총획 6			★하나(一)뿐인 성(冂)을 흙(土)으로 거듭 막았다. 　거듭 재. • 再次(재차): 두 번째. • 再建(재건): 이미 없어졌거나 무너진 것을 다시 세움. ※冂(멀 경): 멀리 있는 국경 경계선의 성문을 본 딴 글자. 멀다, 문, 성문, 성의 의미 포함.
우물 정 **冓** 거듭 재 짜다, 쌓을 구 부수 冂 / 총획 10			★우물(井)을 겨울에 얼지 않게 두 번(再) 쌓아둔다. 　쌓을 구. •다른 부수에 붙어서 뜻이 나타남.
앞페이지 복습	欺	兼	廉　謙　嫌

		비슷한 한자	
나무 목	**構** 쌓을 구 얽을 구 부수 木 / 총획 14		★나무(木)를 쌓아(冓) 얽어둔다. 　얽을 구. • 構成(구성): 얽어 만듦. • 構內(구내): 큰 건물의 울. 區內(구내): 구역의 안.
조개 패	**購** 쌓을 구 살 구 부수 貝 / 총획 17		★돈(貝)을 쌓듯이(冓) 담아 물건을 사러 간다. 　살 구. • 購買(구매): 물건을 삼. • 購讀(구독): 서적, 신문 따위를 사서 읽음.
말씀 언	**講** 쌓을 구 익힐·강의할 강 부수 言 / 총획 17		★말(言)을 쌓듯이(冓) 야무지게 강의한다. 　강의할 강. • 講義(강의): 책이나 학설의 의미를 풀어 가르침. • 講座(강좌): ①높은 정도 학술을 가르치는 강습회나 강의록. 　②대학교수로서 맡은 학과목.
서서히 걸을 쇠 얼음 빙	**冬** 겨울 동 부수 冫 / 총획 5		★겨울은 서서히(夂) 와서 얼음(冫=冫: 얼음 빙)이 얼기 시작한다. 겨울 동. • 冬節(동절): 겨울철. ※夂: 뒤쳐져 올 치, 천천히 걷는 모양. ※攵(攴): 칠 복. 치다, 다스리다의 뜻이 있음. ※夊: 천천히(서서히) 걸을 쇠.
실 사	**終** 겨울 동 끝 종 부수 糹 / 총획 11		★실(糹) 짜는 일이 겨울(冬)이면 끝난다. 　끝 종. • 終結(종결): 끝을 냄. 일을 마침. • 終末(종말): 끝. 끝말. 始終(시종): 시작과 끝.
앞페이지 복습			內　納　肉　再　冓

한자	비슷한 한자	설명
두인변 / 작을 요 / 걸을 쇠 **後** 뒤 후 부수 彳 / 총획 9		★두 사람(彳: 조금 걸을 척, 두인변)이 갈 때 작은(幺: 어릴 요, 작을 요) 아이들은 서서히(夂: 서서히 걸을 쇠) 뒤따라온다. 뒤 후. • 後援(후원): 뒤에서 도와줌. 後尾(후미): 뒤쪽의 끝. • 後見(후견): 미성년자, 금치산자의 보호 대리, 재산 관리를 하는 일.
두인 / 낮 오 / 병부 절 / 그칠 지 **御** 모실 어 부수 彳 / 총획 12		★두 사람(彳)이 걸어가다 정오(午)경에 멈춰(止) 서서 아전(卩: 병부 절, 아전)을 모셨다. 모실 어. • 御命(어명): 임금의 명령. • 御史(어사): 지방정치를 살피기 위하여 임금이 보낸 비밀 사자.
저녁 석 / 꾸부릴 절 / 마음 심 **怨** 원망할 원 부수 心 / 총획 9		★저녁(夕)이면 구부리고(卩: 병부 절, 꾸부릴 절) 앉아 마음(心)속으로 지나간 오늘을 원망한다. 원망할 원. • 怨望(원망): 남을 못마땅하게 여기고 탓함. • 願望(원망): 원하고 바람. • 遠望(원망): 멀리 바라봄.
저녁 석 / 꾸부릴 절 / 새 조 **鴛** 원앙새 원 부수 鳥 / 총획 16		★저녁(夕)이면 꾸부리고(卩) 앉아 사랑을 속삭이는 새(鳥)가 원앙새란다. 원앙새 원. • 鴛鴦(원앙): 기러기, 오리과에 딸린 물새. 수컷은 아름다우며 뒷머리에는 긴 도가머리가 있고 암수가 늘 떨어지지 않고 있다.
점 주 / 한 일 **永** 영원할·길 영 부수 水 / 총획 5	求 구할 구	★한(一) 방울(丶: 점 주)의 물(水)이 길게 영원히 흐른다. 길 영, 영원할 영. • 永久(영구): 길고 오램. 오래 계속됨. • 永遠(영원): 길고 멂. 영구.
앞페이지 복습		構　購　講　冬　終

물 수 / 길 영 **泳** 헤엄칠 영 부수 氵 / 총획 8	비슷한 한 자	★물(氵)에서 길게 헤엄(永)을 친다. 헤엄칠 영.
		• 水泳(수영): 헤엄.

말씀 언 / 길 영 **詠** 읊을 영 부수 言 / 총획 12		★말(言)을 길게(永) 늘어서 시를 읊는다. 읊을 영.
		• 詠歌(영가): 시가를 읊음.

구할 구 / 칠 복 **救** 구원할 구 부수 攵 / 총획 11	求 구할 구	★강자는 쳐서(攵) 구원(求)한다. 구원할 구.
		• 救急(구급): 위급한 것을 구원함. 부상, 급병 환자를 응급 치료함.
		• 救援(구원): 어려운 고비에서 도와 건져줌.

구슬 옥 **瑛** 꽃부리 영 옥돌 영 부수 玉 / 총획 12		★꽃부리(英)가 옥(玉) 같다. 옥돌 영, 옥광채 영.
		• 변으로 오는 임금 왕(王)은 다 구슬 옥(玉) 자다. 임금왕변이 아니고 구슬옥변이라 함.

죽을 사 **列** 칼 도 벌일 렬 부수 刂 / 총획 6		★죽음(歹←死)을 칼(刂, 刀)로 막아 벌여 놓았다. 벌 렬.
		• 列擧(열거): 여러 가지를 들어 말함.
		• 列强(열강): 여러 강대한 나라들.
		• 列車(열차): 기차.

앞페이지 복습	後	御	怨	鴛	永

	비슷한 한자	
별 렬 **烈** 불 화 매울 렬 부수 灬 | 총획 10		★열(列)을 지어 타는 불(灬 ← 火)길은 사납고 매섭다. 　매울 렬.
		• 烈女(열녀): 정조가 곧은 여자. 남편을 위해 정성과 절개를 지킨 여자. • 烈風(열풍): 매섭게 부는 바람. 심하게 부는 바람.
사람 인 **例** 별 렬 견줄, 법식 례 부수 亻 | 총획 8		★사람(亻)들이 열(列)을 서서 법식에 따른다. 　법식 례.
		• 例題(예제): 보기로 만든 문제. • 例外(예외): 규칙에 벗어남.
별 렬 **裂** 옷 의 찢을 렬 부수 衣 | 총획 12		★옷(衣)이 벌어져(列) 찢어졌다. 　찢을 렬.
		• 龜裂(균열): 거북의 등처럼 갈라져 터짐. 귀열(×). 원음은 균렬. • 分裂(분열): 찢어져 갈라짐. (원음은 분렬).
주인 주 **靑** 돈 원 푸를 청 부수 靑 | 총획 8		★주인(主)이 가진 돈(円)은 푸른빛이 난다. 　푸를 청.
		• 靑年(청년): 청춘기에 있는 젊은 남자. • 靑果(청과): 신선한 과일.
물 수 **淸** 푸를 청 맑을 청 부수 氵 | 총획 11		★물(氵)이 푸른빛(靑)을 받고 맑아졌다. 　맑을 청.
		• 淸潔(청결): 깨끗하여 더러움이 없음. • 淸濁(청탁): 맑고 흐림. 사리의 옳고 그름. • 淸算(청산): 계산하여 수지 관계를 명확히 함.
앞페이지 복습	泳	詠	救	瑛	列

	비슷한 한 자	
여름 빙 **淸** 푸를 청 서늘할 청/정 부수 冫 총획 10		★푸른(靑) 물이 얼어서(冫) 서늘하다. 서늘할 청. • 風(청풍): 서늘한 바람. • 淸風(청풍): 맑은 바람.
날 일 **晴** 푸를 청 갤 청, 날개일 청 부수 日 총획 12		★날씨(日)가 푸르게(靑) 개었다. 갤 청. • 晴明(청명): 일기가 맑고 깨끗함. • 晴天(청천): 맑게 갠 하늘. • 靑天(청천): 푸른 하늘. 淸泉(청천): 맑고 깨끗한 샘.
마음 심 **情** 푸를 청 뜻 정 부수 忄 총획 11		★마음(忄)속으로 푸른(靑) 뜻과 사랑을 품고 있는 따뜻한 그 정, 뜻 정. • 情談(정담): 다정한 이야기. 남녀 간의 애정 이야기. • 感情(감정): 사물에 느끼어 움직이는 마음. 원망하거나 성내는 마음.
살 미 **精** 푸를 청 가릴 정 부수 米 총획 14		★쌀(米)을 푸르게(靑) 씻거나 가려낸다. 가릴 정. • 精米(정미): 기계로 벼를 깨끗하게 가려내어 찧은 일. • 精讀(정독): 글을 자세히 읽음.
말씀 언 **請** 푸를 청 청할 청 부수 言 총획 15		★말(言)로 푸른(靑)색을 청구한다. 청할 청. • 請求(청구): 무엇을 달라고 요구함. • 請負(청부): 도급으로 일을 맡음.
앞페이지 복습	烈	例	裂	靑	淸

한자	비슷한 한자	설명
猜 개 견 / 푸를 청 시기할 시 부수 犭 총획 11		★개(犭←犬)처럼 시퍼렇게(靑) 달려들며 시기한다. 시기할 시. • 猜忌(시기): 샘하여 미워함.
勿 없을 물, 말 물 부수 勹 총획 4	勻 가지런할 윤	★없다고 손을 내젓는 모습을 형용한 것. • 勿論(물론): 말할 것도 없음. • 勿侵(물침): 침범하지 못하게 말림. ※勹(쌀 포) ≠ 包
忽 없을 물 / 마음 심 소홀할, 문득 홀 부수 心 총획 8		★없다(勿)고 마음(心)먹었던 것이 문득 나타났다. 문득 홀. • 忽然(홀연): 문득. 뜻밖에 얼씬 나타나는 모양. • 疎忽(소홀): 탐탁하지 않고 범연함.
悤 소홀 홀 / 점 주 바쁠 총 부수 心 총획 9	恖 바쁠 총 =	★소홀히(忽) 하고 있다가 불통(丶: 점 주. 불똥)이 떨어지니 바쁘다 바빠. 바쁠 총. • 悤悤(총총): 일이 몹시 급하고 바쁜 모양. • 悤忙(총망): 매우 급하고 바쁨. ※心(마음 심): 忄 = 㣺
物 소 우 / 없을 무 물건 물 부수 牛 총획 8		★소(牛←牛)를 팔고(勿: 없을 물) 다른 물건을 살까? 물건 물. ※牛(소 우)가 변으로 가면 (소 우)로 변함. • 物望(물망): 여러 사람이 우러러보는 명망. • 物件(물건): 사람이 지배하고 이용할 수 있는 구체적인 모든 것.

| 앞페이지 복습 | 清 | 晴 | 情 | 精 | 請 |

	비슷한 한자	
돌집 엄 송곳 곤 唐 손 우 입 구 황당할 당 부수 口 총획 10		★돌집(广: 엄호, 돌집 엄) 안에서 손(⺕: 손 우)에 송곳을 들고 입(口)으로 소리치니 황당하다. 황당할 당.
		• 荒唐(황당): 언행이 거칠고 거짓되어 현실성이 없음. • 唐突(당돌): 올차고 다부져 어려워하는 마음이 없다.
쌀 미 糖 황당할 당 엿 당 부수 米 총획		★쌀(米) 맛이 황당(唐)하게 엿 맛으로 변했네? 엿 당.
		• 糖分(당분): 사탕질의 성분. • 砂糖(사탕): 사탕수수나 사탕무에서 공업적으로 만든 맛이 단 유기화학물.
밭 전 畢 풀 초 한 일 열 십 마칠 필 부수 田 총획 11		★밭(田)에서 풀(++←艸) 하나씩(一) 열 번(十)을 하면 일을 마친다. 마칠 필.
		• 畢竟(필경): 마침내. 결국에. • 畢納(필납): 다 바치고 끝냄. • 必納(필납): 반드시 납부함. 혹은 납부해야 함.
풀 초 華 풀 초 한 일 한 일 열 십 빛날 화 부수 ++ 총획 10		★풀(++) 하나(一) 또 풀(++) 하나(一)가 십일(十) 후면 단풍이 들어 화려하게 빛날 것이다. 빛날 화.
		• 華麗(화려): 빛나고 아름다움. • 華燭(화촉): 결혼의 예식. • 花樣年華(화양연화): 가장 아름답고 찬란했던 시절. 당신의 인생에서 화양연화 시기는? 영화명.
열 십 妻 손 우 계집녀 처 처 부수 女 총획 8	凄 찰 처	★열(十) 번씩 손(⺕)을 움직여 남편을 도우는 여자(女). 처 처.
		• 妻家(처가): 처의 집. • 妻族(처족): 아내의 겨레붙이.
앞페이지 복습		猜　　勿　　忽　　忽　　物

한자	비슷한 한자	설명
悽 (처 처) 슬플 처 부수 忄 / 총획 11		★마음(忄←心) 속으로 아내(妻)를 슬프게 생각한다. 슬플 처. • 悽慘(처참): 슬프고 참혹함. • 悽絶(처절): 더할 나위 없이 애처로움.
庚 별 경 부수 广 / 총획 8		★뜻만 기억 • 庚戌(경술): 육십갑자의 47번째.
康 (손 우, 물 수) 엄호 편안할 강 부수 广 / 총획 11		★돌바위(广) 밑에서 손(⺕)을 물(水)에 깨끗하게 씻으니 마음이 편안하다. 편안할 강. • 康健(강건): 기력이 튼튼함을 높여 일컫는 말. • 健康(건강): 몸이 튼튼하고 병이 없음. • 康寧(강녕): 몸이 건강하고 마음이 편안함.
周 (입 구) 쓸 용 두루 주 부수 口 / 총획 8	凋 여윌 조	★입(口)은 쓰임(用)이 두루 많다. 두루 주. • 周到(주도): 주의가 두루 미침. • 主導(주도): 주가 되어 이끎. • 周知(주지): 여러 사람이 다 앎. ※모양 자는 冂(멀 경)이지만 用에 口가 합쳐져 만들어진 글자.
週 (두루 주) 뛸 착 돌다, 일주일 주 부수 辶 / 총획 12		★두루(周) 뛰어다니는데(辶) 일주일이 걸렸다. 주일 주. • 週日(주일): 일요일부터 토요일까지 7일간. • 週刊(주간): 한 주일 단위로 한 번씩 발행하는 간행물. • 週間(주간): 한 주일 동안.

| 앞페이지 복습 | 唐 | 糖 | 畢 | 華 | 妻 |

한자	비슷한 한자	풀이
두루 주 彫 터럭 삼 새길 조 부수 彡 총획 11		★두루두루(周) 머리털(彡) 같이 작은 것도 새긴다. 새길 조. • 彫刻(조각): 나무, 돌, 쇠붙이 따위에 글씨나 그림을 새김.
말씀 언 調 두루 주 고루 조 부수 言 총획 15		★말(言)은 두루(周) 차별 없이 고르게 해야 한다. 고루 조. • 詔書(조서): 조사한 사실을 적은 문서. • 調味(조미): 음식의 맛을 고르게 맞춤.
여덟 팔 夌 땅 토 걸을 쇠 언덕 릉 부수 夊 총획 8		★넓은 땅(土)을 팔(八)방으로 서서히(夊:서서히 걸을 쇠) 걸어 넘어갔다. 넘을 릉. ☞ 夊: 천천히 걸을 쇠 ☞ 夂: 뒤쳐져 올 치(천천히 걷는 모양) ☞ 攵: 칠 복
얼음 빙 凌 넘을 릉 빙고, 업신여길 릉 부수 冫 총획 10	淩 달릴 릉	★얼음판(冫: 얼음 빙. 이수변이라 함)을 넘어(夌)서면 빙고가 있다. 빙고 릉, 업신여길 릉. • 凌蔑(능멸): 업신여겨 깔봄. • 凌駕(능가): 그 무엇에 비교해서 그것보다 훨씬 뛰어남.
언덕 부 陸 흙 토 여덟 팔 흙 토 뭍 륙 부수 阝 총획 11		★언덕(阝)과 흙(土)이 팔방(八)으로 이루어진 것이 육지다. 뭍 륙. • 陸地(육지): 지구 위의 땅. • 陸路(육로): 지구의 길.
앞페이지 복습	悽	庚	康	周	週

		비슷한 한자	
언덕 부 **陵** 넘을 릉 무덤, 언덕 릉 부수 阝 / 총획 11			★저 언덕(阝)을 넘으면(夌) 무덤과 능이 있다. 무덤 릉, 언덕 릉.
			• 陵(능): 임금이나 왕후들의 무덤. • 丘陵(구릉): 언덕. • 陵幸(능행): 임금이 친히 능에 행차함.
눈 목 **睦** 흙 토 / 사람 인 / 흙 토 화목 목 부수 目 / 총획 13			★눈(目)에는 웃음을 띠고 흙(土)과 흙(土)을 만지며 사는 농촌 사람(人)이 화목하다. 화목 목.
			• 和睦(화목): 서로 뜻이 맞고 정다움. 단란하고 친목함. • 親睦(親睦): 서로 뜻이 맞고 화목함.
언덕 부 **隆** 뒤쳐져올 치 / 한 일 / 날 생 성할, 높을 륭 부수 阝 / 총획 11			★뒤쳐졌지만(夊)일생(一生) 동안 언덕(阝)을 올라 (융성)하여 높게 되었다. 높을 륭.
			• 隆盛(융성): 매우 기운차고 성하게 일어남. • 隆興(융흥): 쇠하였던 것이 일어남.
상 궤 **凡** 점 주 다 범, 무릇 범 부수 几 / 총획 3			★상(几: 안석, 책상)에 점(丶) 찍히는 것은 다반사다. 무릇 범.
			• 凡常(범상): 대수롭지 않다. • 平凡(평범): 뛰어난 점이 없고 보통. ※几(안석 궤): 벽에 기대고 팔을 걸칠 수 있는 방석.
물 수 **汎** 다 범 뜰 범 부수 氵 / 총획 6			★물(氵)에는 다(凡: 다 범) 뜬다. 뜰 범.
			• 汎愛(범애): 차별 없이 널리 사랑함. • 汎論(범론): 전반에 걸쳐 개관한 이론.
앞페이지 복습	彫	調	菱	凌	陸

		비슷한 한자	
수건 건 **帆** 다 범 돛 범 부수 巾　총획 6			★수건(巾: 수건 건)을 다(凡: 다 범) 이어서 만든 돛단배. 돛 범. • 出帆(출범): 배가 돛을 타고 떠나감. • 帆船(범선): 돛단배.
대 죽 장인 공 **築** 다 범 나무 목 쌓을 축 부수 竹　총획 15			★대나무(竹)와 나무(木)를 장인(工)이 보면 다(凡: 다 범) 집을 짓고 축대를 쌓는다. 쌓을 축. • 建築(건축): 집, 성 따위를 세움. • 築造(축조): 쌓아서 만듦.
흰 백 **皇** 임금 왕 황제, 임금 황 부수 白　총획 9			★(흰)즉 밝은(白) 정치를 하려고 온 왕(王)이 황제다. 황제 황. • 皇帝(황제): 군주국의 군주의 칭호. 호칭은 진시황에서 비롯됐음.
두 사람 인 **徨** 임금 황 방황 황 부수 彳　총획 12		徨 노닐 황 우려워 할 황	★두 명(彳: 두인변)의 임금(皇)이 방황한다. 방황할 황. • 彷徨(방황): 갈 바를 몰라 이리저리 헤맴.
마음 심 **惶** 임금 황 두려워할 황 부수 忄　총획 12			★황제(皇)를 만날 때는 마음(忄←心)이 두렵다. 두려워할 황. • 惶恐(황공): 높은 자리에 눌려 두려움. • 惶悚(황송): 분에 넘쳐 고맙고 죄송함.

앞페이지 복습	陵	睦	隆	凡	汎

	비슷한 한자	
凰 상 궤 황제 황 봉황새 황 부수 几 / 총획 11		★큰 궤(几)를 만들어 황제(皇)처럼 앉아있는 봉황새. 봉황새 황.
		• 鳳凰(봉황): 상상의 새. 상서로운 새로 침.
山 뫼 산 부수 山 / 총획 3	仙 신선 선	★뾰족하게 생긴 산의 모양. 이 부수가 붙으면 거의 산에 관련된 것이다. 뫼 산.
		• 山林(산림): 산과 숲. 산에 있는 숲. • 山所(산소): 무덤. 묘소(높임말).
出 날 출 부수 山 / 총획 6		★뫼 산(山) 자 두 개가 날 출 자다. 날 출.
		• 出發(출발): 길을 떠나감. • 出家(출가): 집을 나감. 세간을 떠나 수도원으로 들어가는 일. • 出嫁(출가): 처녀가 시집을 감.
拙 순수 날 출 못날 졸 부수 扌 / 총획 8	卒 졸 졸 군사 졸 마칠 졸	★ (아이디어는 없고) 손(扌)만 내놓으니(出) 못난 사람. 못날 졸.
		• 拙作(졸작): 졸렬한 작품. • 拙劣(졸렬): 옹졸하고 비열함.
屈 주검 시 날 출 굽을 굴 부수 尸 / 총획 9		★죽은(尸) 듯이 나가니(出) 굽혀 사는 것이다. 굽을 굴. ※尸(주검 시): 시체, 집, 지붕의 뜻이 있다.
		• 屈服(굴복): 굽혀 복종함. • 屈曲(굴곡): 이리저리 구부러짐.
앞페이지 복습	帆	築	皇	徨	惶

한자	비슷한 한자	설명
掘 굽을 굴 팔 굴 부수 扌 총획 12		★손(扌)을 굽혀(屈) 땅을 판다. 팔 굴. • 掘鑿(굴착): 땅을 파 뚫음. • 掘削(굴삭): 땅을 파고 깎음. • 採掘(채굴): 땅 속에 들어있는 물건을 캐냄.
分 여덟 팔 칼 도 나눌 분 부수 刀 총획 4		★팔(八) 등분으로 칼(刀)로 잘라 나눈다. 나눌 분. • 等分(등분): 똑같이 나눔. • 分明(분명): 틀림없이 확실함.
忿 나눌 분 마음 심 분할, 성낼 분 부수 心 총획 8	憤 분할 분 같이 씀	★나누어진(分) 것이 공평치 않다고 마음(心)속으로 성낸다. 성낼 분. • 忿怒(분노): 분하여 몹시 성냄. • 忿慨(분개): 매우 분하게 여김.
粉 쌀 미 나눌 분 나눌 분 가루 분 부수 米 총획 10		★쌀(米)을 나누어(分) 가루로 만든다. 가루 분. • 粉乳(분유): 가루 우유. • 粉骨碎身(분골쇄신): 뼈가 가루가 되고 몸이 부서지도록 노력함. 곧 희생적인 노력.
紛 실 사 나눌 분 어지러울 분 부수 糹 총획 10		★실(糹)을 흩트려(分) 놓았으니 어지럽다. 어지러운 분. • 紛失(분실): 잃어버림. • 紛爭(분쟁): 말썽을 일으켜 시끄럽게 다툼.
앞페이지 복습	凰	山	出	拙	屈

한자	비슷한 한자	설명
貧 나눌 분 / 조개 패 가난할 빈 부수 貝 · 총획 11		★돈(貝)을 나누어(分) 가지니 가난하다. 가난할 빈. • 貧困(빈곤): 가난하고 궁색함. 내용이 완전하지 못하여 텅 빔. • 貧弱(빈약): 나약하고 힘이 없음. • 虛弱(허약): 기력이 약함.
頒 나눌 분 / 머리 혈 나눌, 반포 반 부수 頁 · 총획 13	領 거느릴 령	★머리(頁)털이 흰색 검은색으로 나누어져(分) 있다. 나눌 반. • 頒布(반포): 세상에 널리 폄. • 反哺(반 : 포): 부모의 은혜를 갚음. • 反哺之孝(반포지효): 자식이 자라서 어버이의 은혜에 보답하는 효성.
賓 집 면 / 한 일 / 젊을 소 / 조개 패 손 빈 부수 貝 · 총획 14		★집(宀)에 한(一) 명의 젊을(少) 아이라도 돈(貝)을 가지고 물건을 사러 오면 손님이다. 손 빈. • 賓客(빈객): 귀중한 손님. • 貴賓(귀빈): 영빈. 귀한 손님.
殯 죽을 사 / 손 빈 빈소 빈 부수 歹 · 총획 18		★죽은(歹←死) 손님(賓)을 모시는 곳이니 빈소다. 빈소 빈. • 殯所(빈소): 발인 때까지 관을 두는 곳.
寡 집 면 / 머리 혈 / 칼 도 적다, 과부 과 부수 宀 · 총획 14		★집(宀)에 우두머리(頁)가 칼(刀)을 들고 나가 돌아오지 않으니 홀로 된 과부. 과부 과. • 寡婦(과부): 홀어미. • 寡人(과인): 임금이 겸손한 뜻으로 자기 자신을 말함.

앞페이지 복습	掘	分	忿	粉	紛

	비슷한 한자	
구멍 혈 **窃** 일곱 칠　칼 도 훔칠, 도둑 절 부수 穴　총획 9		★구멍(穴)으로 일곱(七) 명이 칼(刀)을 들고 들어온 훔치러 온 도둑놈. 도둑 절. • 窃盜(절도): 물건을 몰래 훔침.
칠 **切** 　　칼 도 벨, 끊을 절 부수 刀　총획 4		★일곱(七) 명을 칼(刀)로 수술하기 위해 모두 끊고 있다. 끊을 절, 모두 체 • 一切(일체): 온갖 것(긍정문에 사용) / (일체): 한 몸. • 一切(일절): (부정문에 사용) 도무지라는 뜻으로 부인 또는 금지할 때 쓰는 말.　☞ 주류일절(×) 주류일체(○)
刀 칼 도 부수 刀　총획 2	力 힘 력	★칼 모양 부수에 따라 뜻이 다르다. ※자르다, 찌르다, 새기다, 날카롭다는 뜻이 있다. ☞刀→刂. (예)分: 나눌 분. 刊: 새길 간. 刺: 찌를 자. • 單刀直入(단도직입): ①홀몸으로 거침없이 대적을 쳐들어감. ②군말은 빼고 바로 목적하는 것을 말함. ③요점을 바로 풀이하여 들어감.
삐침 별 **刃** 　　칼 도 칼날 인 부수 刀　총획 3		★칼(刀)에서 번쩍(ノ) 빛이 나는 칼날. 칼날 인. • 刃害(인해): 칼날로 해를 입힘.
칼날 인 **忍** 　　마음 심 참을 인 부수 心　총획 7		★칼날(刃)로 심장(心)을 찌르는 듯한 고통도 참고 사는 것이 인생이다. 즉 인내가 힘들며 어렵다는 뜻. 참을 인. • 忍耐(인내): 참고 견딤. • 殘忍(잔인): 인정이 없고 몹시 모짐.
앞페이지 복습	貧	頒	賓	殯	寡

	비슷한 한자	
認 말씀 언 / 참을 인 알 인 부수 言 / 총획 14	識 알 식	★하고 싶은 말(言)이 있어도 끝까지 참고(忍) 기다렸다가 내용을 알고 인정한다. 알 인. • 認定(인정): 옳다고 믿고 정함. • 認識(인식): 사물을 분별하고 판단하는 일.
梁 물 수 / 칼날 인 / 나무 목 대들보, 다리 량 부수 木 / 총획 11	樑 대들보 량 =	★나무(木)를 칼날(刃: 비롯할 창/다칠 창, 칼날 인)로 잘라 물(氵) 위에 다리를 놓았다. 다리 량, 들보 량. • 無樑板(무량판): 들보가 없이 기둥만으로 천장 슬래브를 지탱하는 구조. (기둥 근처에 규정에 맞게 철근을 넣어야 함.) • 橋梁(교량): 시내나 강을 사람이나 차량이 건널 수 있게 만든 다리.
干 방패 간 부수 干 / 총획 3	于 어조사 우 亍 자축거릴 앙감질 촉	★고대 중국의 방패 모양. 뜻만 기억. • 干戈(간과): ①창과 방패. ②무기의 총칭 ※어조사(語助辭): ~에서, ~부터, ~까지, ~에게 ※자축거리다: 다리를 절며 걷는 모습 ※앙감질: 한 발 들고 한 발로만 뛰는 짓(깨끔질, 앵금질, 외발뛰기)
刊 방패 간 / 칼 도 새길 간 부수 刂 / 총획 5	刑 형벌 형	★방패(干)에 칼(刂←刀)로 흉상을 새긴다. 새길 간. • 刊行(간행): 인쇄하여 발행함. • 刊印(간인): 출판물을 인쇄함.
肝 고기 육(몸) / 방패 간 간 간 부수 月 / 총획 7	刑 형벌 형	★몸(月←肉)을 지키는 방패(干)는 간이다. 간 간. • 肝膽(간담): 간과 쓸개. 속마음.
앞페이지 복습	窈	切	刀	刃	忍

한자	비슷한 한자	설명
계집 녀 **奸** 방패 간 간음할 간 부수 女 　총획 6		★여자(女)에게 방패(干)를 들고 마구 범한다. 간음할 간. 또는 여자(女)는 방패(干)가 있어야 한다. • 奸惡(간악): 간사하고 악독함. • 奸計(간계): 간사한 꾀. 좋지 못한 계략. • 奸詐(간사): 간교하게 남을 속임.
물 수 (땀) **汗** 방패 간 땀 한 부수 氵　총획 6		★땀(물, 氵)이 방패(干)에도 났네? 땀 한. • 汗蒸(한증): 몸을 덥게 하고 땀을 내어 병을 고치는 일. • 汗牛充棟(한우충동): 책이 매우 많음을 뜻함. 소에 실으면 땀이 나고 쌓으면 들보에까지 미친다.
차 차 **軒** 방패 간 난간 헌 부수 車　총획 10		★차(車)에서 떨어지는 물건을 막기 위해 방패(干)처럼 만든 난간. 난간 헌. • 軒架(헌가): 높이 걺. • 軒燈(헌등): 처마 끝에 다는 등.
뫼 산 **岸** 바위 엄 방패 간 언덕 안 부수 山　총획 8	厓 언덕 애	★산(山)에서는 바위(厂: 굴바위 엄, 민엄호)가 언덕을 막는 방패(干)다. 언덕 안. • 海岸(해안): 바닷가의 언덕. • 彼岸(피안): 강의 건너편 기슭. 사바세계의 저쪽에 있다는 정토(淨土). 도피안(到彼岸)의 준말.
집 면 **宇** 어조사 우 집 우 부수 宀　총획 6		★우와(于: 어조사 우) 살기 좋은 우리 집(宀: 집 면, 갓머리). 집 우. • 宇宙(우주): ①천지사방과 고금. ②세계 천지. ③천체 그 밖의 만물을 포용하는 공간.

앞페이지 복습	認	梁	干	刊	肝

		비슷한 한자	
주인 주 **素** 실 사 희다, 긑본 소 부수 糸 | 총획 10			★흙(土)에서 한 가닥(一)의 실(糸)은 흰색이다. 흴 소. • 素朴(소박): 꾸밈없이 그대로임. • 素服(소복): 흰 옷. 상복. • 素質(소질): 본디부터 타고 난 성품.
하늘 땅 **泰** 큰 대 물 수 클 태 부수 水 | 총획 9			★하늘(一) 밑 땅(一)에 큰(大) 물(水)줄기가 있다. 클 태. • 泰山(태산): 높고 큰 산. • 泰然(태연): 침착하여 놀랄 만한 일에도 기색이 아무렇지도 않다.
하늘 땅 해 일 **春** 큰 대 봄 춘 부수 日 | 총획 9			★하늘(一)에서 땅(一)으로 크게(大) 햇빛(日)을 비추니 봄이다. 봄 춘. • 春困(춘곤): 봄철에 느껴지는 고달픈 기운. • 춘추(춘추): 봄, 가을. 어른의 연세를 높여 부르는 말.
하늘 땅 손 수 **奉** 큰 대 받들 봉 부수 大 | 총획 8		夆 끌 봉	★하늘(一)과 땅(一)에서 (위대한 분)을 크게(大) 손수(扌←千) 받들어 모신다. 받들 봉. • 奉養(봉양): 부모나 조부모를 받들어 모심. • 奉仕(봉사): 어른을 섬겨 모심.
열 개 **刑** 칼 도 형벌 형 부수 刂 | 총획 6			★칼(刂)이 열리니(开: 열리다, 시작할 개) 형벌이다. 형벌 형. • 刑罰(형벌): 국가가 죄 지은 자에 주는 제재. • 刑事(형사): 범죄를 수사하고 범인을 체포하는 일을 맡은 경찰관
앞페이지 복습	奸	汗	軒	岸	宇

	비슷한 한자	
型 형벌 형 흙 토 본보기 형, 법 형 부수 土 / 총획 9		★형벌(刑)을 땅(土)바닥에 내려놓고 본보기로 법을 행한다. 법 형. • 型紙(형지): 본. 본보기로 오려 만든 종이. • 模型(모형): 같은 물건을 만들기 위한 틀.
形 열 개 터럭 삼 형상 형, 모양 형 부수 彡 / 총획 7		★머리털(彡)이 열려 피어나니(开) 모양이 난다. 형상 형, 모양 형. • 形狀(형상): 물건의 생긴 모양. • 形便(형편): 일이 되어가는 경로.
弄 구슬 옥 받들 공 희롱할 롱 부수 廾 / 총획 7		★구슬(王←玉)을 들고(廾: 스물 입, 받들 공) 희롱한다. 희롱할 롱. ※부수는 스물 입, 모양자는 받들 공을 사용. • 弄奸(농간): 남을 농락하는 간사한 짓. • 弄談(농담): 농지거리 하는 말. 실없는 말.
算 대 죽 눈 목 스물 입 셈 산 부수 竹 / 총획 14		★대나무(竹)로 만든 주산 알을 눈(目)으로 보고 이십(卄←廿) 번씩 셈을 한다. 셈 산. • 算出(산출): 셈하여 냄. • 算術(산술): 계산 방법. 셈함.
手 손 수 부수 手 / 총획 4	⇒ 손 우 ㅋ 돼지머리 계	★손가락과 손바닥을 본뜬 자. ※손의 뜻 포함 글자: 又, ㅋ, ⇒ • 手記(수기): 자기의 체험을 손수 적음. • 手票(수표): 은행에 당좌예금이 있는 사람이 그 은행을 지불인으로 하여 일정한 금액을 특정한 사람에게 지불할 것을 위탁하는 유가증권.
앞페이지 복습	素	泰	春	奉	刑

한자	비슷한 한자	설명
毛 털 모 부수 毛 / 총획 4		★짐승의 꼬리털 모양을 본뜬 자. • 毛髮(모발): 사람의 머리털. • 毛織(모직): 짐승의 털로 짠 피륙.
升 오를 승, 되 승 부수 十 / 총획 4		★뜻만 알아둘 것. 손으로 들어 올리는 모습. • 升鑑(승감): 편지 받는 사람의 이름 밑에 써서 높임의 뜻을 나타냄.
昇 오를 승 부수 日 / 총획 8	날 일 오를 승	★해(日)를 떠밀어 올리는 것 같은 모습. 오를 승. • 昇降(승강): 오르고 내림. • 昇進(승진): 벼슬의 지위가 올라감.
飛 날 비 부수 飛 / 총획 8	오를 승 날개 날개	★두 날개를 펴는 모양. • 飛行(비행): 공중으로 날거나 날아다님. • 飛躍(비약): 뛰어오름. 급히 진보 향상함.
戒 경계할 계 부수 戈 / 총획 7	창 과 받들 공	★창(戈)을 받들어(廾, 두 손으로 받들 공) 경계를 한다. 경계할 경. • 戒告(계고): 경계하여 고함. • 戒名(계명): 중이 계를 받은 뒤에 받는 이름. • 改名(개명): 이름을 고침. 개명(×), 개 : 명(○).
앞페이지 복습		型　形　弄　算　手

한자	비슷한 한자	설명
械 (나무 목, 경계 경) 틀 계, 기계 계 부수 木 총획 11		★나무(木)로 경계(戒)하기 위하여 만든 틀 기계다. 기계 계.
		• 機械(기계): 동력을 이용하여 일정한 운동을 일으켜 작업을 하는 도구.
賊 (조개 패(돈), 창 과, 열 십) 도둑 적 부수 貝 총획 13		★돈(貝)을 빼앗으려고 창(戈) 열(十) 개를 들고 도둑이 온다. 도둑 적.
		• 賊軍(적군): 도둑의 군대. • 敵軍(적군): 적국의 군사. • 賊反荷杖(적반하장): 도둑놈이 도리어 몽둥이를 든다. 잘못한 사람이 도리어 성을 냄.
寒 (우물 정, 집 면, 한 일, 여덟 팔, 얼음 빙) 찰 한 부수 宀 총획 12		★집(宀)에 우물(井) 한(一) 개가 팔(八)방으로 얼음(冫=冫)이 녹아 있어 물이 차다. 찰 한.
		• 寒波(한파): 기온이 내려서 심한 한기가 오는 현상. • 酷寒(혹한): 몹시 심한 추위.
塞 (집 면, 한 일, 우물 정, 여덟 팔, 흙 토) 막을 색, 변방 새 부수 土 총획 13		★집(宀)에 우물(井) 하나(一)를 팔(八)방으로 흙으로 막았다. 또 변방은 물론이다. 변방 새.
		• 要塞(요새): 국가 방어상 중요한 지점에 평소부터 구축하여 놓은 견고한 군사적 방어시설. • 窒塞(질색): 몹시 싫어서 기가 막힐 지경에 이름.
制 (소 우, 칼 도, 수건 건) 법도·마를 제 부수 刂 총획 8		★소(牛)가죽을 수건(巾)처럼 칼(刂)로 잘라 법도에 따라 마름질한다. 마름 제.
		• 制度(제도): 나라의 법칙. 마련한 법도. • 制令(제령): 법제에서 정해진 명령.
앞페이지 복습	毛	升	昇	飛	戒

157

한자	비슷한 한자	뜻풀이
製 : 마를 제 옷 의 지을 제 부수 衣 총획 14		★마름질(制)하여 옷(衣)을 짓는다(만든다). 지을 제. • 製圖(제도): 도면을 제작함. • 製作(제작): 물건을 만듦.
別 입 구 / 칼 도 칼 도 나눌, 다를 별 부수 刂 총획 7		★입구(口)에서 칼(刀, 刂) 두 개를 나누어 가지고 달리 지킨다. 다를 별, 나눌 별. • 別居(별거): 따로 삶. 다른 살림을 함. • 別世(별세): 죽음을 높여 이르는 말. • 別途(별도): 다른 방법.
𠔉 구부릴 권 부수 八 총획 6		★부수에 붙어야 뜻이 나타남. 뜻만 기억. ※ 𠔉 = 关 ※옥편에 부수가 없음. ※네이버에는 (밥 뭉칠 권)으로 나옴.
券 구부릴 권 칼 도 문서 권 부수 刀 총획 8		★구부려(𠔉) 칼(刀)로 판을 새겨 문서를 만든다. 문서 권. • 債券(채권): 채권자가 채무자에 대하여 급부를 청구하는 권리. • 福券(복권): 제비를 뽑아 큰 배당을 받게 되는 채권.
卷 구부릴 권 무릎 절 책 권 부수 㔾 총획 8		★무릎(㔾)을 구부리고(𠔉) 앉아 책을 본다. 책 권. • 卷頭言(권두언): 책머리 말. ※ 卩(㔾): 병부 절, 무릎마디 절, 꾸부릴 절.
앞페이지 복습	械	賊	寒	塞	制

	한자	비슷한 한 자	설명
사람 인 / 책 권	倦 게으름 권		★사람(亻)이 책(卷)을 들고 게으름을 피운다. 게으를 권. • 倦怠(권태): 싫증이 나서 게으름을 피움.
부수 亻	총획 10		
손 수 / 구부릴 권	拳 주먹 권		★손(手)을 구부리니(𠔉) 주먹이 된다. 주먹 권. • 拳鬪(권투): 주먹으로 싸움. • 拳銃(권총): 피스톨, 단총.
부수 手	총획 10		
고기 육 / 구부릴 권 / 힘 력	勝 이길 승		★몸(月)을 구부려(𠔉) 힘(力)을 내어 이겼다. 이길 승. (肉: 변이나 밑으로 가면 月로 변하여 육달월변이라 한다. 고기, 몸의 뜻이 있다.) • 勝利(승리): 싸움에서 이김. • 勝負(승부): 이김과 짐.
부수 月	총획 12		
고기 육 / 구부릴 권 / 말씀 언	謄 베낄 등		★몸(月←肉)을 구부리고(𠔉) 말(言)을 엿듣고 베끼었다. 베낄 등. • 謄本(등본): 원본을 베껴 적은 서류. • 謄錄(등록): 선례를 적은 기록. • 登錄(등록): 문서에 적어 올림.
부수 月	총획 17		
고기 육 / 구부릴 권 / 말 마	騰 뛸 등, 오를 등		★몸(月)을 구부려(𠔉) 말(馬)을 탄다. 오를 등. • 反騰(반등): 내렸던 시세가 갑자기 올라감. • 騰落(등락): 값이 오르고 내림.
부수 馬	총획 20		

| 앞페이지 복습 | 製 | 別 | 关 | 券 | 卷 |

한자	비슷한 한자	설명
束 묶을, 약속할 속 부수 木 / 총획 9	束 가시 자 刺 찌를 자	★나무(木)에 입(口)대는 습관을 묶어버렸다. 묶을 속. • 束縛(속박): 얽어매어 자유를 구속함. • 束手無策(속수무책): 어찌할 도리 없이 꼼짝 못함.
柬 분별할 간 부수 木 / 총획 9	東 동녘 동 柬 분별할 간략할 편지	★束(묶을 속) 자에 한 일(一)을 더하니 東 자가 되고, 東 자의 한 일(一)을 자르니 분별할 간(柬) 자가 된다. 정말 분별하기 어렵네. 분별(분간)할 간. • 柬帖(간첩): 편지, 명함. • 間諜(간첩): 비밀의 수단 방법으로 전국의 내정, 동정을 탐지하여 보고하는 사람. 첩자.
速 빠를 속 부수 辶 / 총획 11		★슬쩍 묶어(束) 놓아서 뛰어가기(辶)가 빠르다. 빠를 속. • 速達(속달): 빨리 하는 배달. 썩 빠른 도달. • 速記(속기): 빨리 적음.
悚 두려워할 송 부수 忄 / 총획 10		★마음(忄)을 묶어(束) 놓았으니 두렵다. 두려워할 송. (心: 변으로 가면 忄 자로 변하며 심방변이라 함.) • 悚懼(송구): 마음이 두렵고 미안함. • 罪悚(죄송): 죄스럽고 황송함.
刺 찌를 자, 찌를 척 부수 刂 / 총획 8	束 가시 자 刂 칼 도	★가시(束: 가시 자, 가시나무 극)도 찌르고 칼(刂)도 찌르고 찌르는 것만 모였다. 찌를 자. • 刺客(자객): 사람을 몰래 찔러 죽이는 사람. • 刺殺(척살): 찔러 죽임(찌를 척: 시험에 잘 나옴) 자살(×), 척살(○). • 自殺(자살): 자기 목숨을 스스로 끊어서 죽음.
앞페이지 복습	倦	拳	勝	謄	騰

한자	비슷한 한자	설명
대 죽 **策** 가시 자 계책·채찍 책 부수 竹 총획 12		★대나무(竹)와 가시(束)로 채찍질을 한다. 채찍 책. • 策動(책동): 꾀를 부려 남몰래 행동함. • 策定(책정): 계책을 세워서 결정함.
손 수 **揀** 분별할 간 가릴 간, 뽑을 간 부수 扌 총획 12		★손(扌)으로 분별(柬)하여 뽑았다. 뽑을 간. (手: 손 수 자가 변으로 가면 扌로 쓰며 좌병변이라 함.) • 揀擇(간택): 분간하여 고름. 임금의 아내나 며느리나 사윗감을 고름.
말씀 언 **諫** 분별할 간 간할 간 부수 言 총획 16		★말(言)을 분별(柬)하여 윗사람에게 간한다. 간할 간. • 간하다: 윗사람에게 잘못된 것을 고치도록 말씀을 올린다. • 諫言(간언): 간하는 말. 충고하는 말. • 間言(간언): 이간하는 말.
불 화 **煉** 분별할 간 달굴 련 부수 火 총획 13		★불(火)에 넣을 때는 쇠를 분별(柬)해서 넣어 달군다. 달굴 련. • 煉瓦(연와): 벽돌. • 煉炭(연탄): 가루 석탄을 반죽하여 만든 연료.
실 사 **練** 분별할 간 익힐 련 부수 糸 총획 15		★실(糸)로써 분별(柬)하는 (방법을 쉽게 연습하여) 잘 익힌다. 익힐 련. • 練習(연습): 자꾸 되풀이하여 익힘. • 練磨(연마): 갈고 닦음. • 修練(수련): 힘이나 정신을 닦아 기름.
앞페이지 복습	束	柬	速	悚	刺

실 사 **鍊** 분별할 간 단련할 련 부수 金 총획 17	비슷한 한 자	★쇠(金)의 강도를 분별(柬)하여 조금씩 올려가면서 단련한다. 단련할 련.
		• 鍛鍊(단련): 몸과 마음을 닦아 기름. • 鍊磨(연마): 깊이 도를 닦음. 단련하고 갊.

나무 목 **欄** 분별할 간 난간 란 부수 木 총획 21	문 문	★나무(木)로 문(門)과 문 사이 간격을 분별(柬)하여 만들어 놓은 것이 난간이다. 난간 란.
		• 欄干(난간): 층계나 마루 따위를 막아놓은 물건. • 空欄(공란): 지면의 빈 난.

불 화 **爛** 분별할 간 빛날 란 부수 火 총획 21	문 문	★불빛(火)이 문(門) 밖에서 분별(柬)없이 빛이 난다. 빛날 란.
		• 爛發(난발): 꽃이 한창 만발함. • 滿發(만발): 꽃이 한꺼번에 활짝 핌. 만개.

풀 초 **蘭** 분별할 간 난초 란 부수 ++ 총획 20	문 문	★풀(++, 艸) 같은 것이 문 밖에서 분별(柬)없이 나부끼는 것은 난초다. 난초 란.
		• 蘭草(난초): 난과에 딸린 다년생 풀.

벼 화 **秋** 불 화 가을 추 부수 禾 총획 9		★벼(禾)가 불(火) 같은 색을 띠면 가을이다. 가을 추.
		• 秋波(추파): 가을철의 잔잔하고 맑은 물결. 사랑의 정을 넌지시 나타내는 눈짓. • 秋毫(추호): 가을에 짐승의 털이 아주 가늘다는 뜻으로 매우 적음의 뜻을 나타냄.

| 앞페이지 복습 | 策 | 揀 | 諫 | 煉 | 練 |

한자	비슷한 한자	설명
愁 (가을 추 / 마음 심) 근심 수 부수 心 / 총획 13		★가을(秋)에 많은 수확을 하려니 마음(心)에 근심이 많다. 근심 수. • 愁心(수심): 근심스러운 마음. • 哀愁(애수): 슬픈 근심. 서글픈 마음. • 水心(수심): 수면의 중심. 즉 물의 깊이.
歌 (옳을 가 / 하품 흠 / 옳을 가) 노래 가 부수 欠 / 총획 14		★옳다(可) 옳다(可) 하며 하품(欠)하듯 입을 벌리니 노래가 되네? 노래 가. • 歌曲(가곡): 우리나라 재래 음악의 한 가지. • 歌詞(가사): 노래의 내용이 되는 글.
奇 (큰 대 / 옳을 가) 기이할 기 부수 大 / 총획 8		★큰 것(大)은 좋다고(옳다고 可) 하나 이상하게 큰 것은 기이하다. 기이할 기. • 奇蹟(기적): 사람의 머리로는 생각할 수 없는 기이한 사실. • 奇異(기이): 기묘하고 괴상함. 기묘. 기괴. • 汽笛(기적): 증기의 분출에 의하여 소리 내는 고동.
寄 (집 면 / 기이할 기) 붙어살 기 부수 宀 / 총획 11		★집(宀)을 기이(奇)하게 짓고 거기에 붙어산다. 붙어살 기. ※宀: 집 면 자이나 변으로 가면 갓머리밑이라 읽는다. • 寄生(기생): 다른 동식물의 몸이나 거죽에 붙어서 양분을 흡수하여 삶. • 妓生(기생): 노래나 춤 따위로 술자리에 나가 흥을 돋는 것을 업으로 하는 자. 기녀.
椅 (나무 목 / 기이할 기) 의자 의 부수 木 / 총획 12		★나무(木)로 기이(奇)하게 만든 것이 의자다. 의자 의. • 椅子(의자): 등받이가 있는 걸상. • 交椅(교의): 신주를 모시는 의자.
앞페이지 복습	鍊	欄	爛	蘭	秋

		비슷한 한자	
밭 전 **畸** 기이할 기 병신 기 부수 田 / 총획 12			★밭(田)이 기이(奇)하게 생겨서 병신 같다. 병신 기. (※사람은 모두가 불완전하다!) • 畸形(기형): 정상이 아닌 기이한 형태.
말 마 **騎** 기이할 기 말 탈 기 부수 馬 / 총획 18			★말(馬)에서 떨어지지 않고 기이(奇)하게 말을 타네? 말 탈 기. • 騎馬(기마): 말을 탐. • 騎手(기수): 말을 전문으로 타는 사람. • 基數(기수): 1에서 9까지 정수. • 旗手(기수): 기를 가지고 신호하는 일을 맡은 사람.
집 면 **家** 돼지 시 집 가 부수 宀 / 총획 10		豕 돼지 시	★집(宀)에 아이들이 돼지(豕)같이 건강한 우리 집. 집 가. (豕: 돼지시변. 亥: 돼지 해. 豚: 돼지 돈.) • 家族(가족): 어버이와 자식, 부부 등의 관계로 맺어 생활을 같이 하는 집단. • 家庭(가정): 가정. 가장, 가계, 가업, 가훈 등등.
사람 인 **傢** 집 가 가구 가 부수 / 총획 12			★사람(亻←人)이 집(家)을에 가구가 있다. 가구 가. • 국어 한자어 단어 활용은 거의 없지만 시험에는 나옴.
벼 화 **稼** 집 가 심을 가 부수 禾 / 총획 15			★벼(禾)를 집(家)에 가져 와서 쌀을 만든다. 심을 가. • 稼事(가사): 농사일 / 家事(가사)는 집안 일. • 稼動(가동): 사람이나 기계가 움직여 일함.
앞페이지 복습	愁	歌	奇	寄	椅

한자	비슷한 한자	설명
계집 녀 **嫁** 집 가 시집갈 가 부수 女 / 총획 13		★여자(女)가 다른 집(家)으로 가니 시집을 간 것이다. 시집갈 가. • 嫁期(가기): 시집갈 나이. • 出嫁(출가): 처녀가 시집을 감. • 出家(출가): 가정을 버리고 떠남(가출). 세간을 버리고 수도원으로 가는 일.
집 면 / 마음 심 **寧** 그릇 명 / 고무래 정 편안할 녕 부수 宀 / 총획 14		★집(宀)에서 마음(心) 편하게 그릇(皿: 그릇 명)에 밥을 먹고 고무래(丁)로 일하니 편안하다. 편안할 녕. • 安寧(안녕): 아무 탈 없이 편안함. 서로 헤어지거나 만날 때 정답게 하는 인사.
집 면 **寫** 절구 구 / 불 화 / 쌀 포 그릴 사 부수 宀 / 총획 15		★집(宀)과 절구(臼: 절구 구)에 싸여(勹: 쌀 포) 있는 불(灬)을 소재로 그림을 그린다. 그릴 사. • 寫本(사본): 원본을 옮겨 베낌. • 描寫(묘사): 객관적으로 있는 그대로 그려냄.
고기 육 **豚** 돼지 시 돼지 돈 부수 月 / 총획 11		★고기(月)가 많은 돼지(豕)니 식용으로 좋은 돼지다. 돼지 돈. • 豚肉(돈육): 돼지고기. • 豚兒(돈아): 자기 아들의 겸칭.
뛸 착 **逐** 돼지 시 쫓을 축, 돼지 돈 부수 辶 / 총획 11		★뛰어서(辶) 돼지(豕)를 쫓는다. 쫓을 축. (辶 = 辶 = 辵: 갈 착, 뛸 착, 책받침변이라 함.) • 逐出(축출): 쫓아냄. • 角逐(각축): 서로 이기려고 다툼.
앞페이지 복습	畸	騎	家	傢	稼

한자	비슷한 한자	설명
隊 (언덕 부 / 여덟 팔 / 돼지 시) 무리 대 부수 阝 총획 12		★언덕(阝)에 여덟(八) 마리 돼지(豕)가 무리지어 있다. 무리 대. • 隊列(대열): 대를 지어 늘어선 행렬. / • 軍隊(군대) ※ 阝=阜=𠱠(언덕 부 : 좌부변(左阜邊)=왼쪽 변에 붙는 '부') ※ 오른쪽에 붙으면 右阜傍(우부방)이란? : 右(오른쪽 우), 阜(언덕 부), 傍(곁 방: 곁에 붙는 방 자라는 뜻) 예) 군(郡), 향(鄕)
墜 (언덕 부 / 여덟 팔 / 돼지 시 / 흙 토) 떨어질 추 부수 土 총획 14		★언덕(阝)에 여덟(八) 마리 돼지(豕)가 무리지어 가다가 땅(土)바닥으로 떨어졌다. 떨어질 추. • 墜落(추락): 높은 곳에서 떨어짐. 낙하.
遂 (뛸 착 / 여덟 팔 / 돼지 시) 이룰·드디어 수 부수 辶 총획 13		★뛰어(辶)가서 여덟(八) 마리의 돼지(豕)를 잡았으니 드디어 뜻을 이루었다. 이룰 수. • 完遂(완수): 완전히 이룸. • 遂行(수행): 계획한 대로 해냄. • 隨行(수행): 따라감. • 修行(수행): 행실을 닦음.
琢 (구슬 옥 / 돼지 시 / 찍을 주) 쪼을 탁 부수 王 총획 13		★구슬(王←玉)이 돼지(豕) 같이 못생겨 탁(丶) 찍고 쪼아서 예쁜 옥으로 다듬는다. 쪼을 탁. • 琢磨(탁마): 옥석을 쪼고 갊. 학문의 도를 연마함.
加 (힘 력 / 입 구) 더할 가 부수 力 총획 5		★힘(力)을 내라고 입(口)으로 소리쳐 사기를 더한다. 더할 가. • 加入(가입): 단체에 들어감. • 加擔(가담): 어떤 일이나 무리에 한 목 낌.
앞페이지 복습	嫁 寧 寫 豚 逐

		비슷한 한자	
더할 가	**架** 나무목 선반 가 부수 木 / 총획 9		★(벽면에) 나무(木)를 더하여(加) 선반을 만들었다. 선반 가. • 架空(가공): 일정한 시설물을 공중에 매어 늘임. 이유나 근거가 없음. 사실이 아님. • 架設(가설): 건너질러 설치함. • 假設(가설): 없는 것을 있는 것으로 침.
조개 패(돈)	**賀** 더할 가 하례할·축하 하 부수 貝 / 총획 12		★(좋은 일에) 돈(貝)을 더해(加) 주니 축하하는 것이다. 축하 하. • 祝賀(축하): 기쁘고 즐거운 일은 빌어서 하례함. • 賀客(하객): 축하하러 온 손님. • 賀禮(하례): 축하의 예식. 하의.
열 십 더할 가	**嘉** 콩 두 아름다울 가 부수 口 / 총획 14		★열(十) 개의 콩(豆)을 나누어 먹고 좋은 것만 더해(加)주니 얼마나 아름다운가? 아름다울 가. • 嘉日(가일): 경사스럽고 반가운 날. • 嘉尙(가상): 착하게 여기어 칭찬함. • 假想(가 : 상): 사실에 상관없이 가정적으로 생각함.
물 수	**法** 갈 거 법 법 부수 氵 / 총획 8	去 갈 거	★물(氵)이 흘러가(去)듯 만인에게 공평한 것이 법이다. 법 법. (水 : 변으로 가면 氵자로 변하며 삼수변이라 함.) • 六法(육법): 대표적인 6가지 법률 즉 헌법, 민법, 상법, 형법, 민사소송법, 형사소송법의 총칭.
마음 심	**怯** 갈 거 겁낼 겁 부수 忄 / 총획 8		★마음(忄=心)이 나갔으니(去) 정신이 없고 겁이 난다. 겁낼 겁. • 卑怯(비겁): 정정당당하지 못하고 야비함. • 怯弱(겁약): 겁이 많아 마음이 약함.
앞페이지 복습	隊	墜	遂	琢	加

		비슷한 한자	
걸 거 **却** 병부 절 부수 卩 총획 7			★(탐관) 벼슬아치(卩: 병부 절, 무릎, 구부린다)는 물리쳐(去갈 거)야 한다. 물리칠 각.
			• 却說(각설): 말머리를 돌릴 때 첫머리에 쓰는 말. • 忘却(망각): 잊어버림. • 冷却(냉각): 차게 식힘. 燒却(소각): 태워버림.
고기 육(몸) **脚** 물리칠 각 다리 각 부수 月 총획 11			★몸(月)에서 물리칠(去) 수 없는 중요한 다리. 다리 각.
			• 脚線美(각선미): 여자 다리의 곡선의 아름다움. • 脚光(각광): 어떤 사람이나 사물의 어떤 방면에 있어서의 등장이 눈부실 만큼 찬란하고 빛남.
절구 덮을 멱 **學** 사귈 효 아들 자 배울 학 부수 子 총획 16		学 약자	★아들(子)이 집(冖: 덮을 멱. 갑골문에서는 宀: 집 면)에서 절구(臼: 절구 구)질하듯이 학문(與: 배울 학)에 파고든다. 공부를 하는 아들. 배울 학
			• 學問(학문): 배우고 닦음. • 學生(학생), 學校(학교), 學窓(학창) 등등. ※學=臼(절구 구)+宀(집 면)+爻(효 효)+子(아들 자) 결합한 모습.
배울 학 **覺** 볼 견 깨달을 각 부수 見 총획 20			★배우고(與←學) 보면서(見: 볼 견) 이치를 깨닫는다. 깨달을 각.
			• 覺醒(각성): 깨어남. 잘못을 깨달아 정신을 차림. • 感覺(감각): 味覺(미각), 視覺(시각) 등등.
燕 제비 연 부수 灬 총획 16			★뜻만 기억.
			• 歸燕(귀연): 제비가 가을에 남쪽으로 돌아감.
앞페이지 복습	架	賀	嘉	法	怯

한자	비슷한 한자	풀이
蓋 갈 거 / 풀 초 / 그릇 명 덮을 개 부수 ++ 총획 14	盖 덮을 개 속자 羹 국 갱	★풀(++)을 가져가서(去) 그릇(皿)을 덮어라. 덮을 개. • 覆蓋(복개): 뚜껑, 덮개. • 蓋然(개연): 확실하지 못하나 그럴 것 같이 추측됨. (예)개연성이 있다.
菊 풀 초 / 쌀 미 / 쌀 포 국화 국 부수 ++ 총획 12	++ 풀 초 草 풀 초	★풀(++)이면서 쌀알(米) 쌓이듯이 꽃이 싸여(쌀 포) 있는 향기 좋은 국화꽃. • 菊月(국월): 음력 9월의 딴 이름. • 菊花(국화): 국화꽃.
攸 사람 인 / 칠 복 / 지팡이 아득할 유 부수 攵 총획 7		★(충청도) 사람(亻=人)이 지팡이(丨)로 땅을 치며(攵=攴: 칠 복) 아득히 사라졌어유. 아득할 유. • 攸然(유연): 느긋하게 스스로 만족하는 모양.
修 아득할 유 / 털 삼 닦을 수 부수 亻 총획 10		★아득히(攸: 아득하다, 위태롭다, 장소 유) 흘러가는 물에 머리털(彡)을 감고 마음을 닦는다. 닦을 수. • 修養(수양): 품성과 지덕을 닦음. • 修訂(수정): 글, 글자의 잘못된 점을 고침. • 修理(수리): 허름한 데를 손보아 고침. 受理(수리): 받아서 처리함.
條 아득할 유 / 나무 목 가지 조 부수 木 총획 11		★아득히(攸) 뻗어가는 나무(木) 가지죠. 가지 조. • 條件(조건): 약속 따위의 개조, 규약의 조항. • 條約(조약): 조문으로 맺은 언약. • 條目(조목): 한 개 한 개 벌인 일의 가닥.
앞페이지 복습		却　脚　學　覺　燕

한자	비슷한 한자	풀이 및 단어
悠 한가할 유, 멀 유 (아득할 유, 마음 심) 부수 心 / 총획 11		★아득하던(攸) 옛날을 생각하는 것을 보니 마음(心)이 한가한가유? 한가할 유. • 悠悠(유유): 아득하게 멂. 여유가 있는 태연한 모양. • 悠久(유구): 연대가 오래됨. (예)유구한 역사.
見 뵐 현, 볼 견 (어진 사람 인, 눈 목) 부수 見 / 총획 7		★눈(目)으로 어진 사람(儿: 어진 사람 인)은 자세히 본다. 볼 견. • 見聞(견문): 보고 들음. 그 지식. • 見學(견학): 실지로 보고 지식을 얻음. • 謁見(알현): 지체가 높은 사람을 뵘. 알견(×).
現 지금·나타날 현 (구슬 옥, 볼 견) 부수 玉 / 총획 11		★옥(王←玉)을 보면(見) 광채가 지금 나타난다. 지금 현, 나타날 현. (玉: 구슬 옥. 변으로 가변 王으로 변한다.) • 現狀(현상): 현재의 상태. • 現在(현재): 이제, 지금.
規 법 규 (지아비 부, 볼 견) 부수 見 / 총획 11		★지아비(夫)는 가정을 보살피며 세상을 바로 보고(見) 법규에 따라야 한다. 법 규. • 法規(법규): 법률. • 規模(규모): 물건의 크기. 본보기가 될 만한 제도.
視 살필 시 (보일 시, 볼 견) 부수 示 / 총획 12	示 보일 시 眂 볼 시	★보이는(示) 것을 또 본다(見) 하니 살펴보라는 것. 살필 시. • 視力(시력): 물체의 형태를 분간하는 눈의 능력. • 視野(시야): 시력이 미치는 범위.
앞페이지 복습		蓋 菊 攸 修 條

	비슷한 한자	
돌 석 **硯** 볼 견 벼루 연 부수 石 / 총획 12		★돌(石)로 만든 물건을 책상 위에서 항상 볼(見) 수 있는 것은 벼루다. 벼루 연.
		• 硯滴(연적): 벼루 물을 담아두는 그릇.
설 립 나무 목 **親** 볼 견 친할·어버이 친 부수 見 / 총획 16		★나무(木) 위에 서서(立) 자식을 기다리며 바라보는(見) 어버이의 마음. 어버이 친.
		• 父親(부친), 母親(모친), 家親(가친), 慈親(자친). ※참고: 賢母(현모), 先親(선친. 선인), 先考(선고), 顯考(현고), 親忌(친기), 高位(고위).
집 면 **寬** 풀 초 볼 견 점 주 너그러울 관 부수 見 / 총획 14		★집(宀) 안에 풀(艹)까지 살펴보는(見) 점(丶)이 너그럽다. 너그러울 관.
		• 寬大(관대): 마음이 너그럽고 큼. • 寬容(관용): 너그럽게 받아들이거나 용서함.
삐침 별 **自** 눈 목 스스로 자 부수 自 / 총획 6		★눈 목(目) 자 위에 새(丿: 삐침별 새) 한 마리 앉은 글자가 뭐게? 스스로 자.
		• 自由(자유): 마음대로인 상태. • 自進(자진): 스스로 나아감.
스스로 자 **息** 마음 심 숨 쉴 식 부수 心 / 총획 10		★스스로(自) 공기를 마셔 심장(心)으로 내보내면서 숨을 쉰다. 숨 쉴 식.
		• 安息(안식): 편안히 쉼. • 窒息(질식): 숨이 막힘.
앞페이지 복습	悠	見	現	規	視

한자	비슷한 한자	뜻만 기억
身 몸 신 부수 身 · 총획 7	아이 밸 신	★뜻만 기억 • 身元(신원): 출생, 신분, 행실 따위 일체. • 身分(신분): 개인의 사회적인 지위와 계급.
憩 쉴 게 부수 心 · 총획 16	혀 설 숨쉴 식	★혀(舌: 혀 설)를 내밀고 헐떡이며 숨을 쉬니(息) 쉬어야겠다. 쉴 게. • 休憩(휴게): 일이나 길을 걷다가 잠깐 쉼. 休憩室, 休憩所.
鼻 코 비 부수 鼻 · 총획 14	줄 비 스스로 자	★스스로(自) 숨을 마시고 내뿜는(丌: 줄 비) 코. 코 비. • 鼻祖(비조): 시조. ※참고: 鼻笑(비소), 鼻水(비수), 鼻孔(비공) 등등.
復 다시 부, 돌아올 복 부수 彳 · 총획 12	두인변(걸을 척) 사람인 해 일 뒤쳐져 올 치	★가던(彳: 걸을 척. 두인변) 사람(人)도 해(日)가 지면 뒤쳐져(夂: 뒤쳐져 올 치) 집으로 돌아온다. 돌아올 부. 다시 부. • 復舊(복구): 그 전 모양으로 회복함. • 復活(부:활): 다시 살아남. 쇠하였다가 다시 일어남.
腹 배 복 부수 月 · 총획 13	고기 육 돌아올 복	★몸(月) 속에 돌아온(复←復: 회복할 복, 돌아올 복) 창자가 싸여 있는 배. 배 복. (肉: 고기 육은 변으로 가면 月로 변하며 육달월이라 함. 고기, 몸의 뜻이 있다.) • 腹痛(복통): 배가 아픔. 배알이. • 心腹(심복): 가슴과 배. 관계가 깊고 요긴하여 꼭 필요함. • 心腹之人(심복지인): 마음 놓고 믿을 수 있는 신하.
앞페이지 복습	硯	親	寬	自	息

한자	비슷한 한자	설명
옷 의 / 돌아올 복 **複** 겹 옷, 거듭 복 부수 衣 / 총획 14		★옷(衤=衣)은 돌아올(复) 때 추우면 겹쳐 입어야 한다. 거듭 복. • 複利(복리): 이자에 다시 이자를 붙임. • 複雜(복잡): 여러 가지로 뒤얽혀 어수선함.
돌아올 복 / 주검 시 **履** 밟을 리, 신 리 부수 尸 / 총획 16		★내 몸(尸: 주검 시. 몸, 지붕 뜻이 있다)이 살아온 과거를 돌아(復) 밟아본다. 신 리, 밟을 리. • 履歷書(이력서): 이력을 적은 문서. • 履行(이행): 실제로 행함. 易行(이행): 행하기 쉬움.
멀 경 / 성씨 **民** 백성 민 부수 氏 / 총획 5	艮 머무를 간 良 어질 량	★노예나 포로의 왼쪽 눈을 찌르는 모습을 본뜬 글자. 후에 '백성'의 뜻으로 의미가 변함. 백성 민. • 國民(국민): 한 나라의 통치권 아래에 그 나라의 국적을 가지고 있는 사람. • 民福(민복): 국민의 복리. / • 民僕(민복): 국민의 공복.
눈 목 / 백성 민 **眠** 잠잘 면 부수 目 / 총획 10		★눈(目)을 감고 백성(民)들이 잠을 잔다. 잠잘 면. • 冬眠(동면): 동물이 땅 속 구멍 속에 숨어서 겨울을 나는 일.
艮 머무를 간 부수 艮 / 총획 6	良 어질 량	★뜻만 기억. • 艮方(간방): 이십사방위의 하나. 동북방. • 艮卦(간괘): 팔괘의 한 가지. 팔괘: 건, 태, 이, 진, 소, 감, 간, 곤.
앞페이지 복습	身	憩	鼻	復	腹

한자	비슷한 한자	설명
恨 마음 심 원한 한 부수 忄 총획 9	艮 머무를, 그칠, 간	★마음(忄) 속에 머물러(艮) 잊히지 않는 것은 원한이다. 원한 한. • 怨恨(원한): 원통하고 한이 맺힌 생각. • 恨歎(한탄): 원통하거나 뉘우침이 있을 때 한숨 쉬며 탄식함.
限 언덕 부 한정 한 부수 阝 총획 9	머물 간	★언덕(阝=阜: 언덕부, 좌방부)이 앞에 머물러(艮) 있으니 가지 못하는 한정된 곳이다. 한정 한. • 限界(한계): 땅의 경계. 사물의 정해 놓은 범위. • 限度(한도): 일정하게 정하여진 정도.
眼 눈 목 안경 안, 눈 안 부수 目 총획 11	머물 간	★눈(目) 위에 머물러(艮) 있는 것은 안경이다. 눈 안, 안경 안. • 眼目(안목): 사물을 분별하는 힘. • 眼鏡(안경): 눈을 보호 또는 시력을 돕기 위하는 기구. • 眼下無人: 교만해서 모든 사람을 업신여김.
根 나무 목 뿌리 근 부수 木 총획 10	머물 간	★나무(木)가 서(머물러 艮)있는 것은 튼튼한 뿌리 때문이다. 뿌리 근. • 根本(근본): 사물의 본바탕. • 根據(근거): 근본 된 토대.
退 뛸 착 물러날 퇴 부수 辶 총획 10	머물 간	★머물러(艮) 있지 말고 뛰어서(辶) 물러가거라. 물러갈 퇴. • 退却(퇴각): 싸움에 져서 물러섬. • 退治(퇴치): 물리쳐서 없애버림. ※辶 = 辵 = 辶(쉬엄쉬엄 가다, 달리다, 뛰어넘다, 뜻)
앞페이지 복습		複　履　民　眠　艮

	비슷한 한자	
쇠 금 / 머무를 간 **銀** 은 은 부수 金 | 총획 14		★금(金) 옆에 머물러(艮) 있으면 은이라도 되겠지? 은 은. • 銀銅(은동): 은과 동. • 金銀(금은): 금과 은.
삐침 별 / 점 주 / 점 주 / 개사슴록변 견 **豸** 벌레 치 부수 豸 | 총획 7	豸 개사슴록변 견 = 犬 개 견	★뜻만 기억. 다른 부수에 붙어야 뜻이 나타남. ※ 豸: (발 없는)벌레 치. 풀 치. (갖은돼지시변이라 함.)
벌레 치 / 그칠 간 / 흙 토 **墾** 개간할 간 부수 土 | 총획 16		★벌레(豸)가 (없으니)그치니(艮) 땅을 개간하자. 개간할 간. • 開墾(개간): 호수나 바다를 메우거나 거친 땅을 일궈서 처음으로 논밭을 만듦. • 開刊(개간): 처음으로 신문, 책 따위를 간행함.
벌레 치 / 그칠 간 / 마음 심 **懇** 간절할 간 부수 心 | 총획 17		★벌레(豸)가 나타나는 것을 그치길(艮) 바라는 마음(心)이 간절하다. 간절할 간. • 懇請(간청): 간절히 청함. • 懇切(간절): 지성스럽고 절실함.
벌레 치 / 흰 백 / 어진사람 인 **貌** 모양 모 부수 豸 | 총획 14		★벌레(豸)가 흰색(白)으로 사람(儿) 모양을 했어? 모양 모. • 貌樣(모양): 생김새, 됨됨이, 형상. • 容貌端正(용모단정): 용모가 어수선하지 않고 바르다.
앞페이지 복습	恨	限	眼	根	退

한자	비슷한 한자	설명
良 좋을 량, 어질 량 점 주 / 머무를 간 부수 艮 / 총획 7	食 밥 식 艮 머무를 간	★머무를(艮: 그치다, 머무르다) 간 자에 점(丶) 하나 찍으니 좋고도 어진 사람 되었네? 어질 량. • 良好(양호): 매우 좋음. • 非良心(비양심): 양심에 어긋난.
浪 물결 랑 물 수 / 좋을 량 부수 氵 / 총획 10		★좋은(良) 물(氵)이 찰랑찰랑 물결친다. 물결 랑. • 浪費(낭비): 헛되어 함부로 씀. • 浪說(낭설): 터무니없는 소문.
娘 각시 낭 계집 녀 / 좋을 량 부수 女 / 총획 10		★여자(女)로 태어나 좋은(良) 시절은 역시 각시 때일 것이다. 각시 낭. • 娘子(낭자): 처녀.

郞
사내 랑
좋을 량 / 고을 읍
부수 阝 / 총획 10
		★좋은(良) 고을(阝=邑)에 내 사내가 있다. 사내 랑.
		• 新郞(신랑): 갓 결혼한 남자 • 郞君(낭군): 자기 남편을 일컫는 말.
		※글자의 왼쪽에 붙는 좌부변일 경우 = 언덕 부(阜=阝).
		  글자의 오른쪽에 붙는 우부방일 경우는 = 고을, 마을 읍(邑=阝).
		  右阜傍(우부방, 우방부): 右 오른쪽 우, 阜 언덕 부, 傍 곁 방

食 밥 식 사람 인 / 좋을 량 부수 食 / 총획 9	良 어질 량	★사람(人)이 좋아(良)하는 것은 밥이다. ★사람(人)이 좋으면(良) 밥도 맛있다. 밥 식. • 食客(식객): 세도가에 묵고 있으면서 문객 노릇을 하는 사람 • 중식(中食) 제공?: 중국 음식? 아니죠! / 점심 제공!
앞페이지 복습		銀　豸　墾　懇　貌

한자	비슷한 한자	설명
飢 기댈 궤 / 주릴 기 부수 食 / 총획 11	饑 주릴 기	★밥(食)을 먹지 못해 힘이 없어 책상에 기대고(几) 있는 굶주린 학생. 주릴 기. • 飢餓(기아): 굶주림. • 棄兒(기아): 버림 받은 아이. 어린애를 내버림. ※几: 책상 궤. 　　안석(案席: 벽에 세워 놓고 앉을 때 몸을 기대는 방석) 궤.
飮 하품 흠 / 마실 음 부수 食 / 총획 13		★밥(食) 먹고 하품(欠)하는 것은 마실 것을 달라는 것인가? 마실 음. • 飮食(음식): 먹고 마심. 그런 물건. • 飮料(음료): 술, 차, 물 따위 마시는 물건. • 飮毒(음독): 독약을 먹음.
蝕 벌레 충 / 좀 먹은 식 부수 食 / 총획 15		★밥(食)을 벌레(虫)가 좀 먹었다. 좀 먹을 식. • 腐蝕(부식): 썩어 들어감. 썩어서 벌레가 먹음.
飾 사람 인 / 수건 건 / 꾸밀 식 부수 食 / 총획 13	巾 수건 건	★밥(食) 먹는 상을 사람(⺊←人)이 수건(巾) 같은 것으로 덮고 꾸민다. 꾸밀 식. • 裝飾(장식): 예쁘게 겉모양을 꾸밈. • 假飾(가식): 거짓으로 꾸밈. ※飾(식)자는 食(밥 식)자와 人(사람 인)자, 巾(수건 건)자가 결합한 모습이다.
廊 엄호(집) / 사내 랑 / 행랑 랑 부수 广 / 총획 12	郞 사내 랑	★바위집(广) 같은 곳에 사내(郞)들만 거처하는 곳은 행랑채다. 행랑 랑. (广: 바위집 엄, 엄호밑이라 함.) • 行廊(행랑): 대문 양쪽에 있는 방. 주로 하인, 종들이 거처한다.
앞페이지 복습	良	浪	娘	郞	食

	비슷한 한자	
개 견 **狼** 좋을 랑 이리 랑 부수 犭 | 총획 10		★좋은(良) 개(犭=犬) 같지만 잘 보면 사나운 이리다. 이리 랑. (犬: 개 견. 변으로 가면 犭으로 바뀜.) • 狼狽(낭패): 일이 뜻대로 되지 않아 몹시 딱하게 됨. • 戰狼外交(전랑외교): 중국 인기 영화 제목인 '전랑(늑대전사)'에 빗대 늑대처럼 힘을 과시하는 중국 외교 전략을 지칭.　※狼(이리 낭) / 狽(이리 패)
달 월 **朗** 좋을 랑 밝을 낭(랑) 부수 月 | 총획 11	胴 밝을 랑	★좋은(良) 달(月)은 밝은 달. 밝을 랑. • 朗報(낭보): 명랑한 보고. 반가운 소식. • 朗讀(낭독): 밝은 소리로 명확하게 읽음.
작을 요 **鄕** 사내 랑 고향·시골 향 부수 阝 | 총획 13	郞 사내 랑	★작은(幺←幺: 작을 요) 사내(郞)아이들이 좋아하는 곳이 시골이며 고향이다. 고향 향. • 故鄕(고향): 자기가 태어나서 자란 고장. • 鄕里(향리): 고향의 마을. ※乡(시골 향)이라고도 하지만 작을 요(幺)가 변으로 가면서 변형된 형태(幺)
작을 요 **響** 소리 음 소리 향 부수 音 | 총획 21		★시골(鄕)에서 소리(音)치니 산울림 소리가 크다. 소리 향. • 音響(음향): 소리나 그 울림.
점 복 **卓** 일찍 조 높을 탁 부수 十 | 총획 8		★점(卜)을 일찍(早) 쳤더니 높게 된단다. 높을 탁. • 卓上(탁상): 책이나 식탁, 탁자 등의 위. • 卓上空論(탁상공론): 실천성이 없는 허황한 이론.
앞페이지 복습		飢　　飮　　蝕　　飾　　廊

		비슷한 한자	
마음 심 **悼** 높을 탁 슬퍼할 도 부수 忄 | 총획 11			★마음(忄)에 감정이 높게(卓) 싸이면 슬퍼진다. 슬퍼할 도. • 哀悼(애도): 사람의 죽음을 슬퍼함.
풀 초 **草** 일찍 조 풀 초 부수 ++ | 총획 9			★풀(++) 중에서도 제일 일찍(早) 돋는 풀. 풀 초. • 草野(초야): 궁벽한 시골. 初夜(초야): 첫날밤. • 草木(초목): 풀과 나무.
열 십 새벽 조 **乾** 구걸 걸 하늘 건, 마를 건(간) 부수 乙 | 총획 11		乞 구걸 걸	★새벽(早)에 많은(十: 열 십. 많다, 크다) 걸인(乞)이 아침을 어떻게 할까 하늘만 쳐다본다. 하늘 건, 마를 건. • 乾坤(건곤): 하늘과 땅. 천지. • 乾材(건재): 법제하지 않은 한약의 약재. • 乾造(건조): 습기나 물기가 없음.
열 십 사람 인 **幹** 새벽 조 방패 간 간부 간, 줄기 간 부수 干 | 총획 13			★아침(早 ← 朝 : 아침 조)마다 사람(人)과 방패(干)를 관리하는 간부. 간부 간. • 幹部(간부): 단체에 지도급 인사. 幹事.
열 십 달 월 **朝** 새벽 조 아침 조 부수 月 | 총획 12			★새벽(早)에 해가 크게(十) 보이고 달(月)이 없으니 아침이다. 아침 조. ※ 十: 열 십, 크다, 많다의 뜻이 있음. • 朝飯(조반): 아침밥. • 朝變夕改(조변석개): 아침저녁으로 뜯어 고침.

앞페이지 복습	狼	朗	鄕	響	卓

한자	비슷한 한자	설명
潮 (물 수, 아침 조) 밀물 조, 조수 조 부수 氵 총획 15		★바닷물(氵)이 아침(朝)에 밀려들어 왔다가 나가는 것이 조수다. 조수 조. • 潮流(조류): 조수로 인한 바닷물의 흐름. 시세의 경향. • 滿朝(만조): 가장 꽉 차게 들어 있을 때의 밀물. 해면이 가장 높음.
韓 (조침 조, 클 위) 대한 한 부수 韋 총획 17		★큰 위인(韋←偉 클 위)이 나타날 아침(卓 ← 朝 아침 조)의 나라 대한민국. 대한 한. • 韓人(한인): 한국사람. 漢人(한인): 중국 한족. • 韓方(한방): 중국에서 전해져 우리나라에서 발달한 의술.
廟 (엄호, 아침 조) 사당 묘 부수 广 총획 15		★집(广)은 집인데 아침에 절하며 신주 모시는 사당. 사당 묘. (广: 엄호, 바위집 엄, 집, 큰집, 돌집의 뜻이 있다.) • 家廟(가묘): 한 집안의 사당. • 宗廟(종묘): 역대 임금과 왕비의 위패를 모신 사당. • 別廟(별묘): 별채의 사당.
眉 눈썹 미 부수 目 총획 9	尾 꼬리 미	★눈(目) 위의 눈썹 모양. 눈썹 미. • 眉月(미월): 초승달. • 蛾眉(아미): 미인의 눈썹.
盾 방패 순 부수 目 총획 9	直 곧을 직	★뜻만 기억 • 矛盾(모순): 창과 방패. 앞뒤가 서로 맞지 않음을 뜻함.
앞페이지 복습	悼	草	乾	幹	朝

부수/한자	비슷한 한자	뜻풀이
두인변 循 방패 순 돌 순 부수 彳 총획 12		★두 사람(彳)이 방패(盾)를 들고 성을 돌며 지킨다. 돌 순. (彳: 두인변. 자축거릴_힘 없이 걸을 척, 갈 척.) • 循次(순차): 차례를 좇음. • 循行(순행): 여러 곳을 돌아다님.
갈 착 遁 방패 순 피할 둔(돈) 부수 辶 총획 13		★방패(盾)를 들고 돌아서 가니(辶: 갈 착, 뛸 착) 피하는 것이다. 피할 둔. • 遁迹(둔적): 종적을 감춤. • 遁避(둔피): 세상을 피하여 숨음.
손 수 看 눈 목 감시할 간, 볼 간 부수 目 총획 9		★손(手)으로 가리키고 눈(目)으로 보며 감시한다. 볼 간, 감시할 간. • 看做(간주): 그렇다고 침. • 看過(간과): 깊이 관심을 두지 아니하고 내버려둠.
물 수 洛 각각 각 서울 락, 물 락 부수 氵 총획 9	各 각각 각 名 이름 명	★물(氵)도 각각(各) 물 이름이 있단다. 물 락. • 洛書(낙서): 중국 하우씨 때에 낙수에서 나온 거북의 등에 있었다는 아홉 개의 무늬. 후세에 여기에서 팔괘의 이치를 세웠다고 한다. • 落書(낙서): 아무데나 함부로 글자를 씀.
풀 초 落 물 락 떨어질 락 부수 ++ 총획 13		★풀잎(++)이 물(洛: 물 락)에 떨어졌네? 떨어질 락. • 落葉(낙엽): 잎이 말라 죽거나 가지에서 떨어짐. • 落膽(낙담): 뜻대로 되지 않아서 마음이 상함. • 落伍(낙오): 대열에서 떨어짐.
앞페이지 복습	潮	韓	廟	眉	盾

	비슷한 한자	
집 면 客 각각 각 손님 객 부수 宀 총획 9		★집(宀)에 각각(各) 찾아온 손님. 손님 객. (宀: 집 면. 부수명은 갓머리.) • 客地(객지): 타향. 제집을 떠나 임시로 가 있는 곳. • 客席(객석): 손님이 앉는 자리. • 客觀(객관): 주관적인 관계를 떠나 사물을 바라봄.
실 사 絡 각각 각 이을 락 부수 糸 총획 12		★실(糸)을 각각(各) 이어서 연락하자. 이을 락. • 連絡(연락): 서로 연고를 맺음. 이어댐. 어떤 사실을 알림. • 脈絡(맥락): 혈맥의 연락.
밭 전 略 각각 각 줄일 략 부수 田 총획 11		★밭(田)을 각각(各) 둑을 쌓아 줄인다. 줄일 략. • 略式(약식): 간략한 의식. • 略曆(약력): 간단한 이력.
나무 목 格 각각 각 겨룰 격, 격식 격 부수 木 총획 10		★나무(木)도 각각(各) 나름대로 격식에 따라 자른다. 격식 격. • 格式(격식): 격에 어울리는 법식. • 格言(격언): 사리에 맞아 교훈이 될 만한 짧은 말.
발 족 路 각각 각 길 로 부수 足 총획 13	距 도달 거 이를 거	★발(足)은 각각(各) 길로 간다. 길 로. • 路線(노선): 정해놓고 다니는 길. • 路面(노면): 길바닥.
앞페이지 복습		循　遁　看　洛　落

발 족 踏 거듭 답 밟을 답 부수 足 / 총획 15	비슷한 한 자	★발(足)로 거듭(沓) 땅을 밟아본다. 밟을 답. • 踏査(답사): 그곳에 실지로 가서 자세히 살펴봄. (예)현장답사. • 踏步(답보): 제자리걸음. (예)답보 상태. • 答謝(답사), 答辭(답사), 뜻이 다름.
조개 패 賂 각각 각 뇌물 뢰 부수 貝 / 총획 13		★돈(貝)을 각자(各) 갖고 와서 뇌물로 바친다. 뇌물 뢰. • 賂物(뇌물): 자기의 목적을 이루기 위하여 권력 관계자에게 몰래 주는 재물.
손님 객 額 머리 혈 수량 액, 이마 액 부수 頁 / 총획 18		★손님(客)의 머리(頁: 머리 혈)라? 수량(돈)과 관계가 있다. 수량 액. • 額面(액면): 유가증권 등에 적힌 일정한 돈의 액수. 말한 그대로의 사실. • 總額(총액): 전체의 액수.
비 우 露 길 로 이슬 로 부수 雨 / 총획 21		★비(雨) 온 뒤 길(路)가에 맺힌 이슬. 이슬 로. • 寒露(한로): 이슬 맺힘. 24절기의 하나. 10월 8, 9일경 • 露骨(노골): 숨김없이 드러냄. 노골적.
비 우 零 명령 령 떨어질 령 부수 雨 / 총획 13	令 명령 령	★비(雨)도 떨어지고 명령(令)도 떨어지네? 떨어질 령. • 零細(영세): 수입이 적고 생활이 군색함. (예)영세민. • 零落(영락): 초목이 말라 시들어 떨어짐.
앞페이지 복습	客	絡	略	格	路

한자	비슷한 한자	설명
門 문 문 부수 門 / 총획 8		★양쪽 문이 닫혀 있는 모양을 본뜬 자. • 門人(문인): 이름난 학자의 제자. 문하생, 문하. • 文人(문인): 문학에 종사하는 사람.
問 문 문 입 구 물을 문 부수 口 / 총획 11		★문(門)에 입(口)을 대고 묻는다. 물을 문. • 問答(문답): 물음과 대답. • 問安(문안): 웃어른의 안부를 물음. 또는 그 인사.
間 문 문 날 일 틈 간, 사이 간 부수 門 / 총획 12		★문(門)으로 햇빛(日)이 스며들어 오는 곳은 틈 아니면 사이다. 사이 간. • 間隔(간격): 물건과 물건의 거리. • 間接(간접): 바로 대하지 않고 사이에 남을 통하여 연락.
閉 문 문 재주 재 닫을 폐 부수 門 / 총획 11		★문(門)을 재주(才)껏 닫아라. 닫을 폐. • 閉會(폐회): 집회 또는 회의를 마침. • 開閉(개폐): 열고 닫음.
문 문 閑 나무 목 한가할 한 부수 門 / 총획 12	閒 한가할 한	★문(門) 안에 나무(木)가 자라고 있으니 한가하다. 한가할 한. • 閑暇(한가): 할 일이 없이 여유가 있음. • 閑寂(한적): 한가롭고 고요함.
앞페이지 복습	踏	賂	額	露	零

한자	비슷한 한자	설명
悶 문 문 / 마음 심 번민할·민망할 민 부수 心 / 총획 12		★문(門) 안에서 마음(心)을 닫고 민망하며 번민한다. 　번민할 민. • 煩悶(번민): 마음이 번거롭고 답답함. • 悶死(민사): 몹시 고민하다 죽음.
開 문 문 / 손잡을 공 열 개 부수 門 / 총획 12		★문(門)을 손을 잡고(开←廾) 들어 올려야 열린다. 　열 개. • 公開(공개): 여러 사람에게 널리 터놓음. ※네이버에서는 廾(받들 공), 开(열 개)로 나옴. 이 글자는 두 손으로 마주 잡아 끌어올리는 모양으로 쓰였음.
閣 문 문 / 각각 각 큰 집, 누각 각 부수 門 / 총획 14		★문(門)이 각(各) 방향마다 있으니 누각인가봐? 　누각 각. • 樓閣(누각): 높은 다락집. • 閣下(각하): 높은 지위에 있는 사람을 높여 이르는 말.
聞 문 문 / 귀 이 들을 문 부수 耳 / 총획 14		★문(門)에 귀(耳)를 대고 엿듣는다. 　들을 문. • 見聞(견문): 보고 들음. 또는 그 지식. • 聽聞(청문): 널리 퍼진 소문. 설교, 연설 따위를 들음.
憫 마음 심 / 문 문 / 글월 문 불쌍할 민 부수 忄 / 총획 15		★대문(門) 안에 꽂혀 있는 조문(文)을 보고 　마음속으로(忄: 마음심) 불쌍히 여긴다. 불쌍할 민. • 憐憫(연민): 불쌍하고 가련함. • 憫惘(민망): 답답하고 딱하여 걱정스러움.

앞페이지 복습	門	問	間	閉	閑

한자	비슷한 한자	풀이
閱 (여덟 팔 / 형 형) 읽을 열 · 부수 門 · 총획 14	兌 (곧을 태)	★문 안(방. 門)에서 팔(八)형(兄)제가 글을 읽는다. 읽을 열. • 閱覽(열람): 죽 훑어서 봄. 조사하여 봄. • 閱讀(열독): 책을 살펴 읽음. • 檢閱(검열): 검사하여 열람함.
簡 (대 죽) 사이 간 / 간략할·편지 간 · 부수 竹 · 총획 18	間 (사이 간)	★대나무(竹) 사이사이(間)에 쓴 쪽지 같은 편지. 편지 간. • 簡單(간단): 간략하고 단출함. • 簡便(간편): 간단하고 편리함.
鬪 (구슬 옥 / 마디 촌) 싸움, 싸울 투 · 부수 鬥 · 총획 20		★문 안에서 콩(豆)처럼 작은(寸) 사람들이 구슬(玉) 부딪치듯 싸움하네? 싸움 투. • 鬪爭(투쟁): 서로 싸움. • 鬪志(투지): 싸우려고 하는 의지. ※ 鬥: 싸울 투 변
闕 (문 문) 숨찰 궐 / 그 궐, 대궐 궐 · 부수 門 · 총획 18	欮 (숨찰 궐 / 상기 궐)	★문(門) 안으로 숨차게(欮) 들어갔더니 그곳이 대궐이더라. 대궐 궐. • 大闕(대궐): 임금이 거처하며 정사를 보던 궁궐. • 闕榜(궐방): 과거에 낙제함.
關 (문 문 / 작을 요 / 작을 요) 작을 요, 빗장 관 / 이를 관, 빗장 관 · 부수 門 · 총획 19	関 (약자) 開 (열 개) 閂 (문빗장 산)	★문(門)의 연결은 작은(幺) 빗장(丱)으로 연결한다. 빗장 관. • 關聯(관련): 서로 관계가 됨. 연관. • 關係(관계): 둘 이상이 서로 걸림. ※ 丱: 상투(쌍상투)를 뜻하기도 하지만 빗장 뜻도 있음. ※ 關: 빗장, 세관, 관계하다.
앞페이지 복습		悶　開　閣　聞　憫

	비슷한 한자	
女 계집 녀 부수 女 / 총획 3		★여자가 얌전히 앉아 있는 모양. 계집 녀. • 女史(여사): 시집간 여자나 사회적으로 이름이 있는 여자의 경칭. • 女兒(여아): 계집아이.
姦 간사할, 간음할 간 부수 女 / 총획 9		★여자(女)가 세 명 모였으니 수다스럽고 간사하다. 간사할 간. • 姦夫(간부): 간통한 남자. • 奸婦(간부): 간사스러운 여자. • 幹部(간부): 단체의 우두머리 되는 사람.
如 같을 여 부수 女 / 총획 6	계집 녀 입 구	★여자(女)의 입(口)은 다 같다. 같을 여. • 如何間(여하간): 어떻게 하더라도. • 如前(여전): 전과 다름없음. • (如如)여여하다: 변함이 없다. 득도한 세상의 이치.
好 좋을 호 부수 女 / 총획 6	계집 녀 아들 자	★여(女)가 아들(子)을 안고 있으니 좋아한다. 좋을 호. • 好轉(호전): 잘 안 되던 일이 점점 나아지기 시작함. 병 증세가 점점 나아지기 시작함. • 好意(호의): 타인에게 보내는 친절한 마음. 선의.
恕 용서할 서 부수 女 / 총획 10	怒 성낼 노 같을 여 마음 심	★같은(如) 마음(心)으로 사람을 용서한다. 용서할 서. • 容恕(용서): 놓아줌. 죄를 면해줌. 꾸짖지 않음.
앞페이지 복습	閱 簡 鬪 闕 關

	비슷한 한자	
집 면 **安** 여자 녀 편안할 안 부수 宀 / 총획 6		★집(宀)에는 여자(女)가 있어야 편안하다. 편안할 안. • 安寧(안녕): 아무 탈 없이 무사함. • 安息(안식): 편안하게 쉼. 안식처.
편안 안 **案** 나무 목 책상 안 부수 木 / 총획 10		★편안히(安) 공부할 수 있도록 나무(木)로 만든 책상. 책상 안. • 案內(안내): 인도하여 내용을 알려줌. • 案件(안건): 토의나 연구를 위하여 문서로 기록한 사건이나 기록.
집 면 **宴** 날 일 계집 녀 잔치 연 부수 宀 / 총획 10		★집(宀: 집 면)에 무슨 날(日)인가? 여자(女)들이 잔치를 하네? 잔치 연. • 宴會(연회): 축하, 위로, 환영, 석별 등의 뜻을 표시하기 위하여 여러 사람이 모여 베푸는 잔치.
계집 녀 **奴** 또 우 노예 노, 종 노 부수 女 / 총획 5	如 같을 여	★여자(女)는 매일 부엌일을 하고 또(又) 하니 종 같다. 종 노. • 奴隸(노예): 국법상의 보호를 받지 못하고 자유를 구속당하여 말, 소같이 일만 하는 사람.
종 노 **努** 힘 력 노력 노, 힘쓸 노 부수 女 / 총획 7		★종(奴)같이 힘(力)써 노력한다. 노력 노. • 努力(노력): 힘을 씀. • 勞力(노력): 몸을 수고함.
앞페이지 복습	女	姦	如	好	恕

한자	비슷한 한자	설명
怒 마음 심 / 종 노 / 성낼 노 / 부수 女 / 총획 9	恕 용서할 서	★종(奴: 종 노)의 마음(心)은 성만 낸다. 성낼 노. • 怒氣(노기): 노여운 기세. 노발대발. • 忿怒(분노): 분하여 몹시 성냄.
妥 손톱 조 / 계집 녀 / 편안할 타 / 부수 女 / 총획 7		★손톱(爫)만 손질하고 있는 여자(女)는 편안하다. 편안할 타. • 타당(타당): 사리에 마땅하고 온당함. • 妥協(타협): 두 편이 서로 좋도록 협의함.
妙 젊을 소 / 계집 녀 / 예쁠 묘, 묘할 묘 / 부수 女 / 총획 7	砂 모래 사	★여자(女)는 젊을(少) 때가 예쁘고 묘하다. 묘할 묘. 예쁠 묘. • 妙策(묘책): 신묘한 꾀. • 妙案(묘안): 썩 잘된 생각. • 妙齡(묘령): 스물 안팎의 꽃다운 나이의 여자.
妃 계집 녀 / 몸 기 / 왕비 비 / 부수 女 / 총획 6		★여자(女) 중에서 가장 높은 몸(己)인 왕비가 되었다. 왕비 비. • 王妃(왕비): 임금의 아내. • 妃嬪(비빈): 임금의 첩. 황족의 아내.
姑 계집 녀 / 오래 고 / 시어미 고 / 부수 女 / 총획 8	枯 마를 고	★여자(女)가 오래(古: 옛날, 오래되다) 되면 시어머니가 된다. 시어미 고. • 姑婦(고부): 시어머니와 며느리. • 姑母(고모): 아버지와 누이.
앞페이지 복습		安　案　宴　奴　努

	비슷한 한자	
계집녀 **妣** 비교비 죽은 어미·비위 비 부수 女 | 총획 7		★다른 여자(女)와 비교(比)한들 이미 돌아가신 어머니. 죽은 어미 비, 비위 비. • 妣位(비위): 돌아가신 어머니와 그 위로 각 대의 할머니의 위. • 高位(고위): 돌아가신 아버지와 그 위로 각 대의 할아버지 위.
계집녀 **妓** 지탱할지 기생 기 부수 女 | 총획 8	技 재주 기	★여자(女)가 절개를 지키지(支) 못하면 기생이 된다. 기생 기. • 妓生(기생): 노래나 춤 따위를 배워 기방에 나가 흥을 돋는 것을 업으로 하는 여자. 기녀.
벼 화 **委** 계집녀 맡길 위 부수 女 | 총획 8	季 끝 계	★벼(禾)도 돈이라 여자(女 처)에게 맡겼다. 맡길 위. • 委託(위탁): 남에게 사물의 책임을 맡김. • 委任(위임): 어떤 일을 넘겨 맡김.
계집녀 **姉** 시장시 맏누이 자 부수 女 | 총획 8		★여자(女)들 중 시장(市) 보는 사람은 맏누이이다. 맏누이 자. • 姉妹(자매): 손위 누이와 손아래 누이. 자매간. • 姉兄(자형): 손위 누이의 남편을 이르거나 부르는 말. • 姉兄(자형) = 妹兄(매형)
계집녀 **妹** 아닐미 누이 매 부수 女 | 총획 8		★(아직) 여자(女)가 아닌(未: 아닐 미) 자라나는 누이다. 누이 매. • 妹弟(매제): 손아래 누이의 남편. • 妹妹(매부): 손위 누이나, 손아래 누이의 남편을 이르거나 부르는 말.
앞페이지 복습	怒	妥	妙	妃	姑

한자	비슷한 한자	설명
始 계집녀 기쁠 태 처음 시 부수 女 · 총획 8	如 같을 여	★여자(女)를 기쁘게(台: 기쁠 태, 별 태, 태풍 태, 나 이) 하려면 처음부터 잘 하여야 한다. 처음 시. • 始終(시종): 시작과 끝. • 始初(시초): 맨 처음.
姓 계집녀 날 생 성 성 부수 女 · 총획 8	性 성품 성	★여자(女)가 낳은(生) 아이의 성씨. 성 성. (※옛날 고구려 때에는 여자의 성을 따랐다 함.) • 姓名(성명), 姓氏(성씨), 姓銜(성함): 성명의 존칭. • 性: 성품, 천성, 이성(남녀). • 姓: 혈통 관계.
妾 설 립 계집 녀 첩 첩 부수 女 · 총획 8		★서(立) 있는 여자(女)? 본처가 무서워서 서서(立) 애교를 부리는 여자(女)니 첩이다. 첩 첩. • 小妾(소첩): 여자가 자기를 낮추어 일컫는 말. • 臣妾(신첩): 임금에게 부녀(부인)가 자기를 일컫는 말.
接 손 수 첩 첩 대접할 접 부수 扌 · 총획 11		★손(扌)으로 첩(妾)이 대접한다. 대접할 접. 여자(女)가 서서(立) 손수(扌) 대접한다. 대접할 접. • 接待(접대): 손을 맞이하여 접대함. • 接觸(접촉): 서로 맞닿음.
娛 계집 녀 소리칠 오 즐길 오 부수 女 · 총획 10		★여자(女)가 소리치며(吳) 즐긴다. 즐길 오. • 娛樂(오락): 재미있게 노는 놀이. 장기, 바둑 따위.
앞페이지 복습	妣	妓	委	姉	妹

한자	비슷한 한자	설명
娼 번창할 창 계집녀 창녀 창 부수 女 / 총획 11		★여자(女)들이 번창(昌)하여 많은 곳이 창녀촌이다. 창녀 창. • 娼女(창녀): 몸을 파는 것을 업으로 삼는 여자.
물 수 汝 계집녀 너 여 부수 氵 / 총획 6		★물(氵)속에 비치는 여자(女)가 바로 너여? • 뜻만 기억.
계집녀 妖 예쁠 외 요염할·고울 요 부수 女 / 총획 7	夭 예쁠 외, 일찍 죽을 요	★여자(女)가 예쁘면(夭) 곱기는 하나 요염해요. 요염할 요. • 妖妄(요망): 요사스럽고 망령됨. 언행이 경솔함. ※ 殀: 일찍 죽을 요
계집녀 婿 짝 필 고기 육 사위 서 부수 女 / 총획 12	壻 속자	★딸(女)의 짝(疋: 짝 필)이 된 몸(月=肉: 고기 육, 몸의 뜻이 있다)이니 사위다. 사위 서. • 壻君(서군): 사위. • 同壻(동서): 형제의 아내끼리, 자매의 남편끼리 서로 일컫는 말.
母 어미 모 부수 母 / 총획 5		★여자(母←女)가 성장하여 젖(:)꼭지가 생겨서 어미다. 어미 모. (젖꼭지가 보이는 어머니 앞모습을 본뜬 글자.) • 母親(모친). • 慈親(자친): 남에게 대하여 자기 어머니를 가리켜 일컫는 말.
앞페이지 복습	始	姓	妾	接	娛

한자	비슷한 한자	설명
毋 말 무, 없을 무 부수 毋 | 총획 4	拇 엄지손가락 무	★어머니의 뒷모습이며, 어머니를 범해서는 안 된다는 의미에서 말라는 뜻으로 말 무. • 毋論(무론): 말할 것도 없이. = 勿論(물론). • 拇印(무인): 엄지손가락으로 찍는 지장. 모인(×).
每 어미 모 / 사람 인 매양 매 부수 毋 | 총획 7		★사람(人)의 어머니(毋) 된 이는 그 자식을 위한 마음이 매양 같다. 매양 매. ★사람(人)들은 어머니(毋)를 항상(매양) 그리워한다. 매양 매. • 每樣(매양): 항상 그 모양으로. • 매일(每日), 每番(매번), 每時(매시).
侮 사람 인 / 매양 매 업신여길 모 부수 亻 | 총획 9		★사람(亻=人)들이 매양(每) 업신여긴다(초라하게 해 다니니까). 업신여길 모. • 侮蔑(모멸): 업신여겨봄. 깔봄. • 侮辱(모욕): 깔보아 욕되게 함.
海 물 수 / 매양 매 바다 해 부수 氵 | 총획 10		★물(氵)은 매양(每) 흘러 바다로 간다. 바다 해. • 海邊(해변), 海流(해류), 海洋(해양).
悔 마음 심 / 매양 매 뉘우칠 회 부수 忄 | 총획 10		★마음(忄)속으로 매양(每) 과거를 뉘우쳐야 한다. 뉘우칠 회. • 悔改(회개): 잘못을 뉘우치고 고침. • 會計(회계): 모아서 계산함.
앞페이지 복습	娼	汝	妖	壻	母

	비슷한 한 자	
나무 목 **梅** 매양 매 매화 매 부수 木 / 총획 11		★나무(木) 중에서 첫봄을 매양(每) 알리는 나무는 붉은 꽃이 피는 매화다. 매화 매. • 梅花(매화), 梅實(매실), 梅毒(매독).
매양 매 **敏** 칠 복 민첩할 민 부수 攵 / 총획 11		★매일(매양 每) 매를 치고 다스리면(攵=攴) 민첩해지더라. 민첩할 민. ※ 攵: 칠 복. 치다, 다스리다의 뜻이 있음. • 敏捷(민첩): 재빠르고 날램. • 銳敏(예민): 예리하고 민감함.
민첩할 민 **繁** 실 사 번성할 번 부수 糸 / 총획 17		★민첩(敏)하게 실(糸)이 풀려나가듯 번성할 것이다. 번성할 번. • 繁榮(번영): 일이 성하게 잘 되어 영화로움. • 繁華(번화): 번성하고 화려함.
주인 주 **毒** 말 무 독할 독 부수 毋 / 총획 8		★주인(主)이 먹지 말라(毋)는 것을 먹었더니 그것이 독약이었다. 독할 독. • 毒殺(독살): 독약을 먹여 죽임. • 毒氣(독기): 사납고 독한 기운.
해 일 감출 혜 **曷** 쌀 포 사람 인 어찌 갈 부수 日 / 총획 9		★사람(人)을 싸(勹) 놓아서 해(日)도 어찌(匚: 감출혜)할 바를 모른다. 어찌 갈 ※ 勹: 쌀 포: 싼다, 품는다. 匚(ㄴ)감출 혜 : 숨긴다, 숨겼다, 감춘다. 匚: 상자 방. 상자 그릇.
앞페이지 복습	毋	每	侮	海	悔

	비슷한 한자	
물 수 渴 다 갈 마를·목마를 갈 부수 氵 / 총획 12		★물(氵)이 다(曷) 없어져서 목이 마르다. 목마를 갈. • 渴症(갈증): 물을 몹시 마시고 싶은 증세. • 渴望(갈망): 목마른 듯이 간절히 바람.
설 립 竭 다 갈 다할 갈 부수 立 / 총획 14		★함께 서서(立) 최선을 다(曷)한다. 다할 갈. • 竭力(갈력): 모든 힘을 다함. 진심갈(竭)력: 마음과 힘을 다함.
풀 초 葛 다 갈 칡 갈 부수 ++ / 총획 12		★(다른) 풀(++)을 큰 잎으로 다(曷) 덮어버리는 풀? 칡 갈. • 葛根(갈근): 칡뿌리. • 枯渴(고갈): 물이 바싹 마름.
손 수 揭 다 갈 걸 게, 높이들 게 부수 扌 / 총획 12		★손(扌)을 높이 들어 다(曷) 함께 태극기를 게양하자. 높이 들 게. • 揭揚(게양): 높이 달아 올림. 계양(×). • 揭示板(게시판): 여러 사람에게 알리기 위하여 써서 붙이거나 내어걸어 두루 보게 붙이는 판(板).
말씀 언 謁 다 갈 아뢸 알, 보일 알 부수 言 / 총획 16		★말(言)을 다(曷)하여 윗사람에게 아뢴다. 아뢸 알. • 謁見(알현): 신분이 높은 분을 찾아뵙는 일. 알견(×). • 見: 드러날 현, 볼 견. • 謁聖(알성): 임금이 문묘에 참배하던 일. • 謁聖及第(알성급제): 임금이 알성한 뒤에 봤던 시험에 합격한 사람.
앞페이지 복습	梅	敏	繁	毒	曷

한자	비슷한 한자	설명
褐 갈색·베옷 갈 부수 衣　총획 14	옷 의 어찌 갈 다 갈	★옷(衤=衣)이 어찌하여(曷) 다 떨어진 누더기 베옷 같다. 베옷 갈. • 褐色(갈색): 거무스름한 주황빛. ※褐 : 갈색, 굵은 베옷, 갈색 누더기 뜻 포함. ※曷 : 어느, 어떤, 왜, 어찌 뜻 포함.
巨 클 거 부수 工　총획 5	그릇 방 그릇 방	★큰 그릇(匚: 상자 방, 그릇 방) 안에 그릇(ユ)을 거꾸로도 넣을 수 있으니 크다. 클 거. • 巨富(거부): 큰 부자. 巨物(거물): 큰 인물. 큰 물건. • 巨匠(거장): 학술, 예술계에서 특히 뛰어난 사람. • 巨物(거물): 큰인물, 큰물건. ＊부수: 工(장인 공)
臣 신하 신 부수 臣　획 7		★큰 것(임금)에 이쪽저쪽 아부하는 신하. 신하 신. • 臣下(신하): 신복, 신자. • 小臣(소신): 신하가 임금에게 자기를 낮추어 일컫는 말.
拒 막을 거 부수 扌　총획 8	클 거 손 수	★손(扌)으로 크게(巨) 저으며 거절하고 막는다. 막을 저. • 拒絶(거절): 응낙하지 않고 물리침. • 拒否(거부): 아니라고 물리쳐냄. • 拒逆(거역): 윗사람의 뜻이나 명령을 거스름.
距 도달·떨어질 거 부수 𧾷　총획 12	路 길 로 클 거 발 족	★발(足=𧾷)이 커서(巨) 멀어도 빨리 도달한다. 도달 거. 거리 거. • 距離(거리): 두 곳 사이의 떨어진 거리.
앞페이지 복습		渴　竭　葛　揭　謁

		비슷한 한자	
신하 신 **臥** 사람 인 굽힐 와, 누울 와 부수 臣 | 총획 9			★신하(臣)된 사람(人)은 임금 앞에서 허리를 굽힌다. 굽힐 와, 누울 와. • 臥病(와병): 병으로 누워 있음. • 臥薪嘗膽(와신상담): 원수를 갚고자 고생을 참고 견딤.
신하 신 **臨** 사람 인 물품 품 임할 림 부수 臣 | 총획 17			★신하(臣)인 사람(人)은 물품(品)의 입출을 임한다. 임할 림. (임하다: 대하다, 맡기다.) • 臨時(임시): 정하여진 때가 아니고 필요에 따라서 일시적임. • 臨檢(임검): 일이 일어난 현장에서 조사함.
신하 신 **監** 사람 인 한 일 그릇 명 살필 감 부수 臣 | 총획 14			★신하(臣) 한(一) 사람(人)을 알려면 그릇(皿)의 크기를 살펴봐야 한다. 살필 감. • 監視(감시): 잘못된 일이 있을까 늘 살펴봄. • 監修(감수): 책의 저술. 편찬을 지도 감독하는 일. 그 사람.
물 수 **濫** 살필 감 넘칠 람 부수 ++ | 총획 17			★물(++)을 잘 살펴(監)보아야 넘치는 것을 안다. 넘칠 람. • 濫發(남발): 함부로 발행함. • 濫伐(남벌): 나무를 함부로 벰.
풀 초 **藍** 살필 감 쪽 람 부수 ++ | 총획 18			★풀(++)잎을 살펴(監)보니 쪽풀이다. 쪽 람. • 藍色(남색): 남빛(진한 푸른 빛).
앞페이지 복습	褐	巨	臣	拒	距

	비슷한 한자	
옷의 **襤** : 헌 누더기 람 부수 衤 / 총획 19		★옷(衤=衣)을 유심히 살펴(監)보니 누더기다. 헌 누더기 람.
		• 襤褸(남루): 누더기 옷. 볼썽사납게 더러운 옷.
대죽 **籃** 살필감 대바구니 람 부수 竹 / 총획 20		★대나무(竹)를 살피고(監) 가려서 만든 바구니. 바구니 람.
		• 搖籃(요람): 젖먹이를 담아서 재우는 채롱. • 遊覽(유람): 여러 곳을 구경하러 다님.
쇠금 **鑑** 살필감 거울 감 부수 金 / 총획 22		★쇠(金)를 살펴보고(監) 갈아서 만든 거울. 거울 감.
		• 鑑別(감별): 잘 관찰하여 분별함. 식별. • 鑑賞(감상): 예술 작품을 음미하고 이해함.
볼견 **覽** 살필감 볼 람 부수 見 / 총획 21	覧 약자	★살펴보고(監) 또 보는(見) 것은 자세히 보라는 것이다. 볼 람.
		• 觀覽(관람): 구경함. • 閱覽(열람): 책 따위를 훑어보거나 조사하여 봄.
배주 **艦** 살필감 함대·싸움배 함 부수 舟 / 총획 20		★배(舟)를 살펴보니(監) 싸움하는 함대다. 싸움배 함, 함대 함.
		• 艦隊(함대): 두 척 이상의 군함으로 편성된 해군 부대. • 艦砲(함포): 군함에 장치한 화포.
앞페이지 복습	臥	臨	監	濫	藍

한자	비슷한 한자	설명
鹽 소금 염 부수 鹵 | 총획 25	塩 약자	★뜻만 기억. (鹵: 소금 로) • 鹽田(염전): 바닷물을 이용하여 소금을 만드는 밭. • 鹽分(염분): 짠맛. 소금기.
堅 신하 신 / 또 우 / 흙 토 굳을 견 부수 土 | 총획 11		★신하(臣)들이 또(又) 흙(土)을 굳게 다진다. 굳을 견. • 堅固(견고): 굳세고 단단함. • 堅實(견실): 성질이 굳고 단단함.
緊 신하 신 / 또 우 / 실 사 긴요할 긴 부수 糸 | 총획 14		★신하(臣)들이 또(又) 실(糸)을 얽어매며 긴요하게 상의한다. 긴요할 긴. • 緊急(긴급): 요긴하고 급함. • 緊張(긴장): 마음을 가다듬어 정신을 차림.
賢 신하 신 / 또 우 / 볼 견 어질 현 부수 貝 | 총획 15	覽 볼 람	★신하(臣)들이 또(又) 돈(貝)을 좋은 곳에 쓰자며 어진 마음을 가졌다. 어질 현. • 賢明(현명): 어질고 영리하여 사리에 밝음. • 賢淑(현숙): 여자의 마음이 어질고 깨끗함.
熙 신하 신 / 뱀 사 / 불 화 빛날 희 부수 灬 | 총획 14		★신하(臣)의 뱀(巳)같이 굽은 몸이 불(灬=火)같이 빛이 난다. 빛날 희. • 貞熙(정희): 곧고 빛난다.
앞페이지 복습	襤	籃	鑑	覽	艦

한자	비슷한 한자	설명
계집 녀 **姬** 신하 신 계집 희 부수 女 총획 10		★여자(女)가 신하(臣)라? 뛰어나고 아름다운 계집이다. 계집 희. • 美姬(미희): 미인. • 佳姬(가희): 아릿따운 젊은 여자.
힘 력 고무래 정 **成** 창 과 이룰 성 부수 戈 총획 6	戌 무성할 무 成 지킬 수 戍 개 술	★창(戈)으로 힘(丁←力)을 써서 큰 뜻을 이룬다. 이룰 성. ※丁(고무래 정: 장정, 일꾼, 못, 노동, 힘의 뜻 내포) • 成功(성공), 成果(성과), 成就(성취), 成娶(성취), 成熟(성숙), 完成(완성) 등등.
흙 토 **城** 이룰 성 재 성, 성 성 부수 土 총획 9		★흙(土)을 쌓아 이루어진 성(成)이다. 성 성. • 城郭(성곽): 성의 둘레. • 牙城(아성): 성곽에서 가장 주된 곳.
말씀 언 **誠** 이룰 성 정성 성 부수 言 총획 13		★(내가) 말(言)한 것을 이루어(成)지도록 정성을 다하였다. 정성 성. • 精誠(정성): 참되고 성실한 마음.
이룰 성 **盛** 그릇 명 성할 성 부수 皿 총획 11		★이루어진 것(成)이 그릇(皿)에 담았으니 남은 것은 성할 뿐이다. 성할 성. • 旺盛(왕성): 잘되어 한창 성함. • 盛年(성년): 왕성한 나이. 成年(성년): 신체나 지능이 완전히 발달되었다고 보는 시기.

| 앞페이지 복습 | 鹽 | 堅 | 緊 | 賢 | 熙 |

	한자	비슷한 한자	설명
입구 口 / 한일 一 / 부수 戈 / 총획 8	或 혹 혹		★창(戈: 창 과, 창 궤)을 들고 입구(口)의 한(一) 곳이라도 적이 혹시 들어오지 않을까 지켜본다. 혹 혹. • 或是(혹시): 만일에. 행여나. 어떠한 경우에. • 或間(혹간): 가끔. 때때로. 간혹. 혹여. 혹자.
마음 심 / 부수 心 / 총획 12	惑 미혹할 혹	혹 혹	★혹시(或) 하는 마음(心=忄=㣺)이 들었더니 미혹 당했다. 미혹할 혹. • 迷惑(미혹): 마음이 흐려서 무엇에 홀림.
땅 토 / 부수 土 / 총획 11	域 지역 역	혹 혹	★땅(土: 흙 토)을 혹시(或: 혹 혹) 몰라서 지역 선을 그었다. 지역 역. • 區域(구역): 일정한 기준에 의하여 갈라 놓은 지역. • 地域(지역): 땅의 구역.
두를 위 / 큰입구 / 부수 口 / 총획 11	國 나라 국	或 혹시 혹 国 속자	★(사방을) 둘러싸고(口: 큰입구변, 두를 위, 에운 담 위, 나라 국) 혹시(或) 적이 올까 호시탐탐 지키는 나라. 나라 국. • 國家(국가): 일정한 영토를 가지고 거기에 사는 사람들을 주권에 의하여 지배 통치하는 집단. 나라. *或: 창(戈: 창 과), 무기로 국민을 지킨다.
땅 토 / 비수 비 / 부수 老 / 총획 6	老 늙을 로	삐침 변	★땅(土)에서 지팡이(丿: 삐침 별)를 짚고 구부러진 칼(匕) 같은 늙은 사람. 늙을 로. • 老鍊(노련): 오랜 경험을 쌓아 능숙함. • 老妄(노망): 늙어서 망령을 부림.

앞페이지 복습	姬	成	城	誠	盛

한자	비슷한 한자	설명
考 교활 고 / 늙을 로 생각할 고 부수 耂 총획 6		★늙으면(耂: 늙을 로) 교활해서(丂←巧: 교활할 교) 생각이 많다. 생각할 고.
		• 考案(고안): 안을 생각하고 연구하여 냄. • 考慮(고려): 생각하여 봄.
孝 아들 자 / 늙을 로 효도 효 부수 子 총획 7		★늙으면(耂←老) 아들(子)이 효도를 한다. 효도 효.
		• 孝道(효도): 부모를 잘 섬기는 도리. 효자, 효행 등등.
教 효도 효 / 칠 복 가르칠 교 부수 총획 11	敎 같은 자	★효(孝)는 온갖 행동 중에 으뜸이라 매로 쳐서(攵) 가르친다. 가르칠 교.
		• 教育(교육): 지식을 가르치며 품성을 길러줌. • 教鞭(교편): 가르칠 때 교사가 가지는 회초리. 교직.
蔑 풀 초 / 피 혈 / 개 술 멸시할 멸 부수 총획 13		★풀(艹)밭에 피(皿←血) 흘린 개(戌: 개 술)처럼 멸시 당했다. 멸시할 멸.
		• 蔑視(멸시): 업신여김. 경멸, 능멸 등등.
威 계집 녀 / 개 술 위엄 위 부수 女 총획 9		★개(戌)처럼 여자(女)가 돌아다니며 위엄을 부려? 위엄 위.
		• 威力(위력): 권위에 찬 힘. 큰 권세. • 威嚴(위엄): 의젓하고 엄숙함.

앞페이지 복습	或	惑	域	國	老

한자	비슷한 한자	설명
물 수 / 불 화 **滅** 개 술 멸할 멸 부수 氵 총획 13		★개(戌)가 물(氵)에 빠지고 불(火)에 타고 멸종하였다. 멸할 멸. • 滅亡(멸망): 망하여 없어짐. • 消滅(소멸): 사라져 없어짐.
머물 지 / 적을 소 **歲** 개 술 해 세 부수 止 총획 13		★서(止: 머무를 지, 그칠 지)있는 개(戌)가 작아서(小) 한(一) 해 더 기다린다. 해 세. • 歲拜(세배): 대그믐이나 정초에 하는 인사. • 歲暮(세모): 세밑.
큰입구 **囚** 사람 인 죄수 수, 가둘 수 부수 囗 총획 5		★큰 입(囗) 안에 사람(人)이 들어갈까? 바보 가두어둔 것이다. 가둘 수. • 囚人(수인): 감옥에 갇힌 사람. 죄수. 死刑囚(사형수).
큰입구 **因** 큰 대 원인 인 부수 囗 총획 6		★큰 입(囗)에 큰(大) 원인이 있다. 원인 인. • 因果(인과): 원인과 결과. • 因緣(인연): 서로의 연분, 연줄.
계집 녀 **姻** 인할 인 혼인 인 부수 女 총획 9		★여자(女)로 인(因)하여 결혼을 했다. 혼인 인. • 姻戚(인척): 혼척. 외가와 처가에 딸린 겨레붙이. • 親戚(친척): 혈족 관계와 배우자 관계에 있는 사람들. • 親姻戚(친인척): 친척, 인척 총칭.
앞페이지 복습	考	孝		蔑	威

한자	비슷한 한자	설명
물 수 / 가둘 수 / 그릇 명 **溫** 따뜻할 온 부수 氵 | 총획 13	温 약자	★물(氵)과 그릇(皿)에 밥을 죄수(囚: 죄수 수, 가둘 수)에게 갖다 주는 따뜻한 온정. 따뜻할 온. • 溫情(온정): 따뜻한 인정. • 溫順(온순): 성질이 부드럽고 순함.
원인 인 **恩** 맘 심 은혜 은 부수 心 | 총획 9	惠 은혜 혜 思 생각 사	★어떤 원인(因)이든 마음(心)으로 은혜를 갚는다. 은혜 은. • 恩惠(은혜): 베풀어주는 혜택. 고마움. • 恩師(은사), 恩功(은공), 恩寵(은총) 등등.
큰입구 몸 / 나무 목 **困** 가난할·곤할 곤 부수 口 | 총획 7		★입구(口)에 나무(木)가 있어 곤란하다. 곤할 곤. • 困窮(곤궁): 몹시 곤란함. • 苦難(고난): 곤란의 원말. 어려움.
풀 초 / 큰입구 / 벼 화 **菌** 버섯 균 부수 ++ | 총획 10		★풀(++)과 벼(禾: 벼 화)를 덮어두면(囗: 두를 위) 버섯이 난다. 버섯 균. • 殺菌(살균): 균을 죽임. ※囗: 두를 위. 에울 위 : 담을 둘러싸다. 에워싸다는 뜻도 있음
圖 그림 도 부수 口 | 총획 14	図 약자	★종이(口: 종이 모양)에 묘한 그림을 그린 모양. 그림 도. • 圖案(도안): 형체나 색체를 미적으로 배합하여 장식에 쓰이는 고안.
앞페이지 복습	滅	歲	囚	因	姻

한자	비슷한 한자	설명
입구 **回** 돌 회 부수 口 / 총획 6	큰입구	★물이 뱅뱅 돌 듯이 입도 뱅뱅 돌아가네? 돌 회. • 回轉(회전): 빙빙 돎. • 回附(회부): 돌려줌. 넘겨줌. • 回收(회수), 回數(횟수), 回診(회진) 등등.
비수 비 **旨** 뜻 지, 맛 지 부수 日 / 총획 6	날 일	★(비수 또는) 숟가락(匕)으로 날(日)마다 맛을 본다. 맛 지. • 甘旨(감지): 달고 맛 좋은 음식. 感知(감지): 깨달아 앎. • 趣旨(취지): 근본의 뜻.
손 수 **指** 손가락 지 부수 扌 / 총획 9	맛 지	★손수(扌) 맛(旨)을 볼 때는 손가락으로! 손가락 지. • 指章(지장): 손도장. • 指摘(지적): 손가락으로 가리킴. 잘못을 적발함.
고기 육 **脂** 비계 지 부수 月 / 총획 10	맛 지	★고기(月←肉)에 맛(旨)은 비계지? 비계 지. • 脂肉(지육): 기름기와 살코기.
끈 별 **有** 고기 육 있을 유 부수 月 / 총획 6	한 일	★끈(丿: 삐침 별, 끈, 새의 뜻이 있다) 하나(一)와 고기(月←肉) 있어유? 있을 유. • 有無(유무): 있음과 없음. 有口不言(유구불언): 할 말이 있어도 사정이 있어 말을 하지 않음. • 有口無言(유구무언): 아무소리도 못함. 분명한 말이 없음.

| 앞페이지 복습 | 溫 | 恩 | 困 | 菌 | 圖 |

한자	비슷한 한자	설명
友 또 우 손 우 벗 우 부수 又 총획 4	反 반대 반	★손(ナ: 왼손)과 손(又: 오른손)을 잡고 있으니 벗이다. 벗 우. ※又(ヨ): 또우, 손우. 오른손은 자주 쓴다며 又(또)의 뜻이 있다. • 友情(우정): 친구간의 정. • 友愛(우애): 형제간의 정. 벗 사이의 정분.
爰 한 일 손톱 조 벗 우 이에 원, 당길 원 부수 爪 총획 9		★손(爪: 손톱)으로 한(一) 명의 벗(友)을 당겼다. 당길 원. • 다른 부수에 붙어야 뜻을 나타냄.
暖 해 일 당길 원 따뜻할 난 부수 日 총획 13		★해(日)를 당기면(爰) 따뜻할까? 따뜻할 난. • 暖房(난방): 따뜻한 방. • 온난, 한난, 난류, 난방 장치 등등.
援 손 수 당길 원 도울 원 부수 扌 총획 12		★손(扌)으로 당겨(爰) 도와준다. 도울 원. • 援助(원조): 도와줌. • 援護(원호): 뒤를 돌보고 도와줌.
緩 실 사 당길 원 느릴 완 부수 糸 총획 15		★실(糸)로 끌어당기니(爰) 속도가 느리다. 느릴 완. • 緩和(완화): 눈앞에 닥친 일을 늦춤. • 緩行(완행): 느리게 다님. • 緩衝(완충): 급한 충격을 완화시킴.

앞페이지 복습	回	旨	指	脂	有

한자	비슷한 한자	설명
손톱 조 **奚** 작을 요 큰 대 어찌 해 부수 大 / 총획 10		★손톱(爪)으로 작고(幺: 젊을 요, 작을 요) 큰(大) 것을 어찌해? 어찌 해. • 奚囊(해낭): 여행 때 가지고 다니면서 시초(시의 초고)를 적어 넣는 주머니.
물 수 **溪** 어찌 해 시내 계 부수 氵 / 총획 13		★물(氵)을 어찌(奚) 강물이라고 하겠나, 시냇물인 것을. 시내 계. • 溪谷(계곡): 개울이 흐르는 골짜기. • 溪川(계천): 시내.
어찌 해 **鷄** 새 조 닭 계 부수 鳥 / 총획 21		★어찌(奚) 새(鳥)라고 말할까? 닭인 것을. 닭 계. • 鷄卵有骨(계란유골): 계란에도 뼈가 있다는 뜻. 운수 나쁜 사람은 모처럼 좋은 기회를 만나도 일이 잘 안 풀린다는 말.
瓜 오이 과 부수 瓜 / 총획 5		★뜻만 기억. • 瓜田(과전): 오이밭. • 瓜年(과년): 여자가 혼기에 이른 나이.
아들 자 **孤** 오이 과 외로울 고 부수 子 / 총획 8		★아들(子)이 오이(瓜) 하나 같이 외롭다. 로울 고. • 孤獨(고독): 외로움. 의지할 데 없는 가여운 사람. • 孤兒(고아): 부모가 없는 아이.
앞페이지 복습	友	爰	暖	援	緩

한자	비슷한 한자	설명
손톱 조 爲 하 위 부수 爪 / 총획 11	為 약자	★뜻만 기억. • 爲政(위정): 정치를 행함. • 爲政者(위정-자): 정치를 하는 사람.
사람 인 僞 하 위 거짓 위 부수 亻 / 총획 13		★사람(亻)이 하는(爲) 일은 거짓이 많다. 　거짓 위. • 僞裝(위장): 실지를 거짓으로 거짓을 실지로 보이도록 가장함. • 僞善(위선): 표면상으로만 착한 체함.
工 만들 공, 장인 공 부수 工 / 총획 3		★장인들이 나무판에 무엇을 맞추는 모양을 본뜬 자. 　장인 공. • 工場(공장): 물건을 만들거나 가공하는 곳. • 工巧(공교): 솜씨가 있다.
만들 공 功 힘 력 공 공 부수 力 / 총획 5	巧 교할 교	★만드는 데(工) 힘(力)을 다하고 공이 들었다. 　공 공. • 成功(성공): 목적하는 뜻을 이룸. • 功名(공명): 공을 세워 이름을 떨침. 公明(공명): 떳떳하고 분명함. 공명정대.
입 구 只 여덟 팔 다만 지 부수 口 / 총획 5		★입(口) 밑에 수염(八)만 났네? ★ 입(口)으로 팔자(八)타령만 하면 돌아올 것은 다만 가난뿐이다. 다만 지. • 但只(단지): 다만.
앞페이지 복습	奚	溪	鷄	瓜	孤

한자	비슷한 한자	설명
입구 **叫** 얽힐 구 부르짖을 규 부수 口 / 총획 5		★입(口: 입 구)이 얽히면(丩: 넝쿨 구) 부르짖게 된다. 부르짖을 규. • 絶叫(절규): 힘을 다하여 몹시 외침. • 叫喚(규환): 부르짖고 외침. (예)아비규환.
입구 **吐** 흙 토 토할 토 부수 口 / 총획 6		★입(口)으로 못 먹는 흙(土)을 토했다. 토할 토. • 吐瀉(토사): 게우고 설사함. • 嘔吐(구토): 배 속에 들어있는 음식을 입 밖으로 게움.
입구 **呪** 형 형 주문 주 부수 口 / 총획 8		★입(口)으로 형(兄)이 잘 되기를 주문했다. 주문 주. • 呪文(주문): 점술가가 술법을 행할 때 외는 글귀. • 呪願(주원): 주문을 외고 사주의 복록을 비는 일. • 詛呪(저주): 남이 못 되기를 빌고 바람.
입구 **呼** 어조사 호 부를 호 부수 口 / 총획 8	乎 어조사 호	★입(口)으로 호(乎) 하네? 날 부르나? 부를 호. • 呼吸(호흡): 숨을 내쉼과 들이쉼. • 呼出(호출): 불러냄. 소환.
열십 **甫** 점 주 클 보 부수 用 / 총획 7	專 펼칠 부 두루 부 퍼질 부	★열십(十)자와 점(丶)이 쓸 때(用) 크게 쓰인다. 클 보. • 다른 부수에 붙어야 뜻이 나타남.
앞페이지 복습	爲	僞	工	功	只

한자	비슷한 한자	설명
捕 클 포 손수 잡을 포 부수 扌 총획 10	甫 클 보	★손(扌)을 크게(甫) 펴서 잡아라. 잡을 포. • 捕獲(포획): 사로잡음. • 捕捉(포착): 붙잡음.
浦 클 보 물수 물가 포 부수 氵 총획 10		★물(氵)이 많은(甫: 클 보) 물가로 놀이 가자. 물가 포. • 浦口(포구): 개의 어귀. 작은 항구. • 於口(어구→어귀로 읽음!): 드나드는 목정강이의 첫머리.
哺 클 보 입구 먹일 포 부수 口 총획 10		★입(口)을 크게(甫) 벌려서 먹여라. 먹일 포. • 哺乳(포유): 제 몸의 젖으로 새끼를 먹여 기름. 포유동물.
逋 클 보 뛸착 달아날 포 부수 辶 총획 11		★큰(甫) 죄를 지었나. 뛰어(辶) 달아나네? 달아날 포. • 逋脫(포탈): 도망하여 피함. 조세를 피하여 면함.
補 클 보 옷의 기울 보 부수 衣 총획 12		★옷(衣)에 크게(甫) 구멍이 났으니 기워 입어야지? 기울 보. • 補給(보급): 물품을 뒷바라지로 대줌. • 補缺(보결): 비어 모자라는 데를 채움.
앞페이지 복습		叫　吐　呪　呼　甫

쇠금 **鋪** 클보 펼 포, 가게 포 부수 金 / 총획 15	비슷한 한자 **舖** 속자	★쇠(金)를 크게(甫) 잘라 펴놓았네? 펼 포. • 鋪裝(포장): 길에 돌, 시멘트 등을 깔아서 굳게 다져 꾸밈. • 店鋪(점포): 가겟집. *속자 (유의어) 약자
클보 **甫** 마디촌 펼 부, 두루 부 부수 寸 / 총획 10	**甫** 클보	★크게(甫) 마디(寸)를 두루 펴라. 펼 부, 퍼질 부, 두루 부. • 다른 부수에 붙어야 뜻을 나타냄.
사람 인 **傅** 펼부 스승 부 부수 亻 / 총획 12		★사람(亻)으로서 큰 포부를 펼쳐(甫) 보라고 가르치는 스승. 스승 부. • 恩師傅(은-사부): 은혜를 많이 입은 스승. • 師傅(사부): 스승. • 師父(사부): 스승과 아버지.
열십 **博** 펼부 두루부 넓을 박 부수 十 / 총획 12	**薄** 엷을 박	★열(十) 가지라도 두루(甫) 넓게 아는 박사. 넓을 박. • 博識(박식): 보고 들은 것이 넓어서 아는 것이 많음. • 博士(박사): 학문이 훌륭한 학자.
손수 **搏** 펼부 두루부 칠 박 부수 扌 / 총획 13	**拍** 손뼉 칠 박	★손(扌)을 펴서(甫: 펴다, 퍼지다) 칠 것이다. 칠 박. • 搏殺(박살): 손으로 쳐서 죽임.

앞페이지 복습	捕	浦	哺	逋	補

한자	비슷한 한자	설명
縛 두루부 실 사 묶을 박 부수 糸 총획 16		★실(糸)로 연결하여 두루(専) 묶었다. 묶을 박. • 束縛(속박): 몸을 자유롭지 못하게 묶음. • 縛打(박타): 묶어 놓고 두들겨 팸. ※専: 펼 부, 퍼질 포(두루 알리다 포)
賻 두루부 조개 패 부의 부 부수 貝 총획 17	専 두루 부 펼칠 부 訃 부음 부	★돈(貝)을 두루(専) 쓰며 내는 부의금. 부의 부. • 賻儀(부의): 초상난 집에 부조로 보내는 돈이나 물건 또는 그 일. • 賻助(부조): 초상집에 부조(扶助)=부주함. • 扶助(부조): 도와줌. ※부주: 扶助의 변한 말.(혼례, 환갑 등 길사에 씀) 참고 한자는 없음. 순우리말.
簿 펼부 대 죽 물 수 장부 부 부수 竹 총획 19		★대나무(竹)를 물(水)에 넣고 펴서(専) 만든 장부. 장부 부. • 帳簿(장부): 물건이나 금품의 수입 지출을 기록한 책.
薄 펼부 풀 초 물 수 엷을 박 부수 ++ 총획 16		★풀(++)이 물(氵) 위에 넓게 퍼져(専) 있으니 엷은 것이다. 엷을 박. • 薄福(박복): 복이 적음. • 刻薄(각박): 인정이 없고 삭막. • 薄色(박색): 못생긴 얼굴.
咸 개술 입 구 다 함 부수 口 총획 9	成 이룰 성	★개(戌)가 입(口)으로 먹지는 않고 다함께 짖는다. 다 함. • 咸氏(함씨): 남의 조카 높임말. • 咸興差使(함흥차사): 조선 태조 때의 고사. 심부름 갔다 소식이 없을 때 쓰는 말.

| 앞페이지 복습 | 鋪 | 専 | 傳 | 博 | 搏 |

입구 喊 다함 소리칠 함 부수 口 / 총획 12	비슷한 한자	★입(口)으로 다(咸)함께 소리친다. 소리칠 함. • 喊聲(함성): 여러 사람이 함께 지르는 고함 소리. 소리칠 함.
물수 減 다함 덜 감 부수 氵 / 총획 12		★(항아리) 물(氵)을 다(咸) 덜어냈다. 덜 감. • 加減乘除(가감승제): +, —, ×, ÷. • 減員(감원): 인원을 줄임.
마음심 感 다함 느낄 감 부수 心 / 총획 13		★다(咸)함께 마음(心)으로 느낀다. 느낄 감. • 感想(감상): 느낀 생각. • 感傷(감상): 느껴 마음을 상하게 함. • 감각, 감격, 감명, 감정 등등.
실사 緘 다함 봉할 함 부수 糸 / 총획 15	封 봉할 봉	★실(糸)을 다(咸) 봉할까? 봉할 함. • 緘口(함구): 입을 다물고 말하지 않음. (예)함구령.
쇠금 鍼 다함 침 침 부수 金 / 총획 17		★쇠(金)를 다(咸) 깔아서 침을 만든다. 침 침. • 鍼術(침술): 침으로 병을 다스리는 기술. • 鍼灸(침구): 침주는 것과 뜸질.
앞페이지 복습	縛	賻	簿	薄	咸

쇠 금 **銘** 이름 명 새길 명 부수 金 총획 14	비슷한 한 자 **絡** 이를 락 **格** 격식 격	★쇠(金)붙이에 자기 이름(名)을 새긴다. 새길 명.
		• 銘心(명심): 마음에 새겨둠. • 銘心不忘(명심불망): 명심불망. 명심하여 잊지 않음. 絡 깎을 락
쇠 금 **鉛** 여덟 팔 입 구 납 연 부수 金 총획 13	**沿** 쫓을 연	★금(金)을 여덟(八→几) 명이 입(口)으로 모았더니 납이었다. 납 연.
		• 亞鉛(아연), 鉛筆(연필).
口 입 구 부수 口 총획 3	**回** 돌 회	★한자에도 미음(ㅁ)이 있네? 아니야, 입 구(口) 자야.
		• 口辯(구변): 말솜씨, 언변. • 口腔(구강): 입안. 입구(入口), 出口(출구) 등등.
品 등급 품, 물건 품 부수 口 총획 12		★입이 세 개야? 세 번 말해서 물건의 등급이 정해진 거다. 물건 품, 등급 품.
		• 品格(품격): 품성과 인격. • 品位(품위): 직품과 직위. • 物品(물품)
감출 헤몸 **區** 물건 품 구역 구, 나눌 구 부수 匚 총획 11	**匚** 약자 **匚** 상자 방	★물건(品)을 상자(匚: 감출 혜) 속에 나누어두었다. 나눌 구.
		• 區內(구내), 區別(구별), 區域(구역) 등등. ※상자 방(匚)과 감출혜몸(匚)는 부수로만 쓰임. 단독으로는 쓰이지 않음. 상자 방(匚)이 감출 혜(匚)보다 모서리가 각이 진 형태이지만 잘 구별되지는 않고 거의 혼용해서 쓰인다.
앞페이지 복습	喊	減	感	緘	鍼

한자	비슷한 한자	풀이
외산 嶇 구역 구 산 험할 구 부수 山 / 총획 17		★산(山)의 어느 구역(區)이 험할까? 산 험할 구. • 崎嶇(기구)하다: 崎嶇하다) : 산길이 험하다. / 세상살이가 순탄하지 못하고 곤경이 많다. 예) 기구한 운명.
감출혜 匿 풀 초 / 오른 우 숨길 익 부수 匸 / 총획 10		★상자(匸: 감출혜몸, 상자 방: 실제 쓰임에는 큰 구분없다) 속에 풀(艹)을 오른(右)쪽에 숨겨두었다. 숨길 익. • 匿名(익명): 본 이름을 숨김.
나무 목 樞 구역 구 고동 추, 지도리 추 부수 木 / 총획 18		★나무(木)를 구역(區)마다 심으면 지도리(돌쩌귀)가 된다. 지도리 추. 고동(뱃고동) 추 • 中樞(중추): 사물의 중심이 되는 중요한 부분. • 樞軸(추축): 사물의 가장 중요한 부분. 권력이나 정치의 중심. 主軸(주축): 물체의 가장 주가 되는 축.
구역 구 歐 하품 흠 토할 구 부수 欠 / 총획 15		★(구석마다) 구역(區)마다 하품(欠: 하품 흠)하며 토한다. 토할 구. • 歐吐(구토): 먹은 음식을 게움. • 歐逆(구역): 욕지기.
구역 구 毆 창 수 / 몽둥이 수 칠 구, 때릴 구 부수 殳 / 총획 15		★구역(區)에 가두어놓고 창, 몽둥이(殳)로 때린다. 칠 구, 때릴 구. • 毆打(구타): 심하게 때림.

앞페이지 복습	銘	鉛	口	品	區

		비슷한 한자	
몸 신 **軀** 구역 구 몸 구, 몸뚱이 구 부수 身 | 총획 18			★몸(身)에도 구역(區)이 있는 몸뚱이. 　몸 구. • 軀命(구명): 신명. 몸과 목숨. (예)신명을 다하여. • 究明(구명): 사리를 속 깊이 밝힘.
구역 구 **鷗** 새 조 갈매기 구 부수 鳥 | 총획 22			★(해변)지역(區)에 많은 새(鳥)는 갈매기다. 　갈매기 구. • 白鷗(백구): 갈매기.
말 마 **驅** 구역 구 쫓을 구, 몰 구 부수 馬 | 총획 21			★말(馬)을 내 구역(區)으로 쫓아 몰아넣는다. 　몰 구, 쫓을 구. • 驅迫(구박): 못 살게 굶. • 驅步(구보): 달음박질.
더한 가 **駕** 말 마 멍에 가 부수 馬 | 총획 15			★말(馬) 등에 (얹다) 더(加) 하는 것이 멍에다. 　멍에 가. • 駕前(가전): 임금 행차 시 앞에 서는 시위병. • 凌駕(능가): 훨씬 뛰어나고 더함.
函 지닐 함, 함 함 부수 凵 | 총획 8			★상자(凵) 속에 무언가 담았는데? 함 함. • 函(함): 결혼식 전야에 신랑 집에서 혼서지, 채단 따위를 넣어 신부 집에 보내는 나무 상자.
앞페이지 복습	嶇	匿	樞	歐	殴

	비슷한 한자	
물 수 **泥** 여승 니 진흙 니 부수 氵 / 총획 8		★물(氵)에 빠진 여승(尼: 여승 니)이 진흙덩이야. 진흙 니. ・泥土(이토): 진흙.
물 수 **浚** 갈 준 취할 준, 팔 준 부수 氵 / 총획 10		★물(氵)보다 빨리 가서(夋: 갈 준, 천천히 걷는 모양) 개천을 파야지. 취할(갈취, 약탈) 준, 팔(파다) 준. ・浚渫(준설): 메인 개천을 파냄. 물 바닥의 흙모래를 퍼 올리는 일.
물 수 흙 토 여덟 팔 **凌** 걸을 쇠 달릴 릉 부수 氵 / 총획 11	凌 없신 여길 릉	★물(氵)에서나 땅(土)에서나 팔방(八→几)으로 걸어도(夊: 천천히 걸을 쇠) 달리는 것 같다. 달릴 릉. ・(凌)駕: 능(릉)가 - 훨씬 뛰어나고 더함. (능가하다) ・凌蔑(능멸): 업신여겨 깔봄.
물 수 흰 백 **激** 칠 복 방향 방 격동할 격, 심할 격 부수 氵 / 총획 16		★물(氵)에서 (얼굴이) 하얗게(白) 사방(方)에서 치니(攵: 칠 복) 너무 심하다. 심할 격. ・激動(격동): 급격하게 움직임. ・激烈(격렬): 몹시 맹렬함. ※夂: 뒤쳐져 올 치 ※夊: 천천히 걸을 쇠
물 수 **沿** 산속 늪 연 쫓을 연 부수 氵 / 총획 8	鉛 납 연 沒 빠질 몰	★산속 늪(㕣)에 물(氵)길을 쫓아가니, 쫓을 연. ・沿江(연강): 강가의 근처. ・沿邊(연변): 국경이나 강가, 큰길가 언저리 일대.
앞페이지 복습	軀	鷗	驅	駕	函

		비슷한 한 자	
물수 淫 손톱조 삐침별 선비사 음란할 음 부수 氵 / 총획 11			★선비(士)를 손톱(爪)으로 장난(丿: 삐침 별)하고 술(氵→酒)로 유인하면 음란한 것이다. 음란 음. • 淫亂(음란): 음탕하고 난잡함. • 姦淫(간음): 부부간이 아닌 남녀의 성적 관계.
물수 漆 나무목 사람인 물수 옻칠할 칠 부수 氵 / 총획 11			★물(氵) 오른 나무(木)를 사람(人)이 물(氺←水)을 뽑아서 옻칠을 한다. 옻칠할 칠. • 漆黑(칠흑): 옻칠과 같이 검은 것. 칠흑같이 캄캄한 밤.
손수 操 울조 잡을 조 부수 扌 / 총획 16			★손(扌)으로 나무(木) 위의 새(品: 여러 새들 입 모양)를 잡았다. 잡을 조. • 操業(조업): 각각 맡은 일을 함. • 操縱(조종): 마음대로 다루어 부림. ※ 喿: 나무그릇. 옥편에 없음.
불화 燥 울조 마를 조 부수 火 / 총획 17			★나무(木) 위의 새(品: 여러 입 모양)들이 화급(火急)하게 성질 마르게 울어(喿)댄다. 마를 조. • 乾燥(건조): 물기나 습기가 없음. • 燥渴(조갈): 목이 마름. (예)조갈증
句 쌀포 입구 글귀 구 부수 口 / 총획 5		包 쌀포	★싸(勹: 쌀 포) 놓은 입(口)이라 글귀를 어떡해? 글귀 구. • 句節(구절): 句와 節. • 句節(귀절): 한 토막의 글이나 말. 구절의 변한 말 귀절.
앞페이지 복습	泥	浚	淩	激	沿

한자	비슷한 한자	설명
손 수 **拘** 글귀 구 잡을 구 부수 扌 · 총획 8	抱 품을 포; 446p 참조	★(내)손(扌)으로 글귀(句)를 잡았다. 잡을 구. • 拘束(구속): 자유를 억제함. • 拘留(구류): 1일 이상 30일 미만 교도소에 가두는 자유형.
개 견 **狗** 글귀 구 개 구 부수 犭 · 총획 8	犬 개 견 戌 개 술	★서당개 3년이면 풍월을 한다더니(堂狗三年吠風月: 당구삼년폐풍월), 개(犭)가 글귀(句)를 읽는다. 개 구. • 堂狗(당구): 서당개.
글귀 구 **苟** 풀 초 진실로·구차할 구 부수 ++ · 총획 8	苞 딸기 포	★초(++: 풀 초)가삼간 집을 짓고 글귀(句)나 읽으면서 진실하게 살 거야. 진실로 구. • 苟且(구차): 몹시 가난하고 군색하다. 구차하다.
진실한 구 **敬** 칠 복 공경 경 부수 攵 · 총획 12		★진실(苟)하게 (살라고 아버지께서 꾸짖고 때리고) 쳐도(攵: 칠 복) 저는 아버지를 공경합니다. 공경 경. • 恭敬(공경): 삼가 예를 차리고 높임. • 敬意(경의): 공경의 마음. 존경의 뜻.
공경 경 **警** 말씀 언 깨우칠·경계할 경 부수 言 · 총획 19		★공경(敬)을 다하라고 말(言)로 깨우치며 경계한다. 경계할 경. • 警戒(경계): 잘못이 없도록 미리 조심함. • 敬啓(경계): 삼가 말씀드린다는 뜻. 편지 첫머리에 쓰는 말. • 境界(경계): 구별되는 데가 맞닿은 자리.
앞페이지 복습	淫	漆	操	燥	句

		비슷한 한 자	
다만 구 / 말 마 **驚** 놀랄 경 부수 馬 / 총획 22			★말(馬)을 단지(苟: 진실로, 단지, 다만 구) 치니(攵: 칠 복) 놀란다. 놀랄 경. • 驚愕(경악): 몹시 놀람. • 驚異(경이): 놀라서 이상하게 여김. • 驚歎(경탄): 놀랍게 여겨 감탄함.
마음 심 / 사슴록 갈고리 **慶** 서서히 쇠 경사 경 부수 心 / 총획 15			★사슴(广←鹿: 사슴 록) 가죽을 갈고리(一)에 달아 축하하는 마음(心)으로 서서(攵: 서서히 가다, 뒤따라 가다, 뒤쳐져 올 치)히 모여드니 경사 났다. 경사 경. • 慶事(경사): 축하할 만한 일. 기쁜 일. • 慶弔(경사): 경사와 흉사
소리 음 **章** 열 십 문장 장 부수 立 / 총획 11		辛 매울 신	★소리(音)가 열(十) 장이라 긴 문장이겠다. 문장 장. • 文章(문장): 한줄기의 생각이나 느낌을 글자로 기록하여 나타낸 것.
문장 장 **彰** 털 삼 빛날 창, 밝을 창 부수 彡 / 총획 14		影 그림자 영	★문장(章)이 머리털(彡)같이 고우니 내용 또한 밝을 것이다. 밝을 창. • 彰德(창덕): 덕행을 세상에 드러내어 드러냄. • 昌德宮(창덕궁): 궁궐 중의 하나. 1405년에 건립됨. • 表彰狀(표창장).
언덕 부 **障** 문장 장 막힐 장 부수 阝 / 총획 14		障 막을 장	★언덕(阝: 좌부변 부=阜: 언덕 부, 좌방 부)에 경고 문장(章)을 붙여 위험을 막아준다. 막힐 장. • 障壁(장벽): 가리어 막은 벽. • 障害(장해): 거리껴서 해가 됨. 장애.

앞페이지 복습	拘	狗	苟	敬	警

한자	비슷한 한자	설명
竟 사람 끝날 경, 마칠 경 부수 立 / 총획 11		★소리(音)를 쳐서 어진 사람(儿: 어진 사람 인)에게 마침을 알린다. 마침 경. • 畢竟(필경): 마침내. 결국에는. • 竟夜(경야): 밤새도록.
競 형 형 다툴 경 부수 立 / 총획 20	競 설 립 다툴 경	★형(兄) 위에 서서(立) (무엇 때문에) 다툴까? 다툴 경. • 競技(경:기): 서로 기술이 낫고 못함을 견주어 다툼. • 景氣(경기): 물건의 매매가 잘 이루어지는 형편. • 競爭(경쟁): 같은 목적으로 서로 겨루어 다툼.
境 땅 토 경계 경, 지경 경 부수 土 / 총획 14		★땅(土)의 끝이니 국경(竟)이다. 지경 경. • 地境(지경): 땅과 땅의 경계. 어떠한 처지. • 境界(경계), 境遇(경우) 등등.
鏡 쇠 금 거울 경 부수 金 / 총획 19		★쇠(金)를 빛나도록 끝(竟)나게 갈아서 거울을 만든다. 거울 경. • 鏡臺(경대), 面鏡(면경) 등등.
處 범 호 상 궤 걸을 쇠 곳 처 부수 虍 / 총획 11	処 약자	★호랑(虍: 범 호)이가 서서히 걸어서(夂: 서서히 걸을 쇠) 가는 상자(几: 상 궤) 같은 그곳은 어딜까? 곳 처. • 處所(처소), 處理(처리), 處罰(처벌).

앞페이지 복습	驚	慶	章	彰	障

한자	비슷한 한자	설명
劇 범호/돼지 시/칼 도 **심할 극** 부수 刂 / 총획 15		★범(虍←虎)과 돼지(豕: 돼지시변, 亥: 돼지 해, 豚: 돼지 돈)를 칼(刂←刀)로 잡는다. 그러나 심하다. 심할 극. • 極烈(극렬): 과격하고 맹렬함. • 演劇(연극): 무대 예술. 연극 배우
鹿 **사슴 록** 부수 鹿 / 총획 11		★뜻만 기억. • 鹿皮에 日字(녹피에 가로왈 자): ①사슴 가죽에 왈(曰) 자 무늬를 당기면 일(日)로 변한다. 즉, 남의 말을 좇아 주견 없이 행동함을 가리키는 말.(녹피는 녹비의 원말.) ②일이 이리도 저리도 되는 형편을 이르는 말.
虐 범호/발톱 **학대할·사나울 학** 부수 虍 / 총획 9	虎 범호	★범(虍←虎)이 날카로운 발톱(⺕)으로 공격하니 사납다. 사나울 학. • 虐殺(학살): 참혹하게 무찔러 죽임. • 虐待(학대): 혹독한 짓으로 남을 괴롭힘.
麗 눈썹 미/사슴 록 **고울 려** 부수 鹿 / 총획 19		★사슴(鹿)은 녹각뿐 아니라 두 눈썹(丽←眉)이 아름답고 곱다. 고울 려. • 華麗(화려): 빛나고 아름답다. • 高麗(고려): 태봉의 장수 왕건이 궁예를 내쫓고 개성에서 세운 나라.(918~1392. 약 500년.) 이 무렵 세계에 이름이 넓게 퍼짐. Korea라는 말도 고려를 일컫는 말임.
薦 풀초/해태 치 **드리다, 천거하다 천** 부수 ++ / 총획 16	廌 해태 치	★해태(廌)가 약초(++)를 가져와서 임금에게 드린다. 드릴 천. • 해태(해치): 옳고 그름을 판단할 줄 아는 신기한 동물이라고 믿으며 궁전 좌우에 세움. • 薦擧(천거), 推薦(추천) 등등.

앞페이지 복습	竟	競	境	鏡	處

한자	비슷한 한자	설명
虎 : 범 호 부수 虍 / 총획 8	虐 사나울 학	★뜻만 기억. • 虎視耽耽(호시탐탐): 날카로운 눈초리로 가만히 형세를 노려봄. • 虎穴(호혈): 범이 사는 굴.
號 : 부르짖을 호 이름 호 / 범 호 부수 虍 / 총획 13	号 약자	★큰 범(虎)이 별도(号)의 이름을 소리쳐 부르네? 부르짖을 호. • 號令(호령): 지휘하는 명령. 큰 소리로 꾸짖음. • 號外(호외): 신문 잡지 따위에서 임시로 발행하는 중요 보도.
虛 : 빌 허 범 호 / 언덕 구 부수 虍 / 총획 12	虚 약자	★범(虍: 호피 무늬 호)이 나올 언덕(业←丘: 언덕 구) 혹은 굴이 텅 비었다. 빌 허. • 虛空(허공), 虛無(허무), 虛禮(허례), 虛實(허실), 虛飾(허식) 등등.
戲 : 희롱할 희 범 호 / 창 과 / 콩 두 부수 戈 / 총획 16	嬉 희롱할 희 아름다울 희	★범(虎)을 콩(豆) 만지듯 창(戈)으로 희롱한다. 희롱할 희. • 戲弄(희롱): 장난삼아 놀림. • 戲劇(희극): 익살 부려 웃기는 장면이 많은 연극. ※戲자는 虛(비다 허)자와 戈(창 과)자가 결합. 원래는 虛자가 아닌 戱(옛날그릇 희)였음.
黑 : 검을 흑 흙 토 / 얼굴 / 불 화 부수 黑 / 총획 12	黒 약자	★땅(土)에서 불(灬)을 때니 얼굴(㘥)이 검다. 검을 흑. • 黑字(흑자): 수지결산의 이익. 검은 글자. • 黑心(흑심): 음흉하고 부정한 욕심을 품은 마음.
앞페이지 복습	劇	鹿	虐	麗	薦

	비슷한 한자	
墨 검을 흑 흙 토 먹 묵 부수 土 총획 14		★검은(黑) 흙(土)으로 만든 먹. 먹 묵. • 文房四友(문방사우): 紙筆硯墨(지필연묵). • 墨畵(묵화): 먹물로 그린 동양화.
默 검을 흑 개 견 말없을, 잠잠할 묵 부수 黑 총획 16		★검은(黑) 개(犬)가 묵묵히 앉아 말이 없다. 말없을 묵. • 默秘(묵비): 말을 하지 않음. 묵비권. • 沈默(침묵): 아무 말 없이 잠잠히 있음.
點 검을 흑 점칠 점 점 점 부수 黑 총획 17	占 점칠 점 点 약자	★검은(黑: 검을 흑) 것을 점(占: 점칠 점)쳐봐자, 검은 점 점이다. 점 점. • 點檢(점검): 낱낱이 검사함. • 點染(점염): 조금씩 물듦. • 漸染(점염): 차차 번져서 물듦.
熏 일천 천 검을 흑 불길 훈 부수 灬 총획 14		★천(千) 길로 치솟은 검은(黑) 연기와 불길. 불길 훈. • 뜻만 기억.
薰 풀 초 불길 훈 훈훈할 훈 부수 ++ 총획 17		★풀(++)에 불길(熏)이 붙으니 훈훈하다. 훈훈할 훈. • 薰氣(훈기): 훈훈한 기운. • 薰陶(훈도): 덕으로 사람을 교화.
앞페이지 복습	虎	號	虛	戲	黑

한자	비슷한 한자	설명
불길 훈 **勳** 힘 력 공 훈 부수 力 / 총획 16	**動** 움직일 동	★불길(熏) 속에서 힘(力)으로 이룬 그 공, 훈장감이다. 공 훈. • 勳章(훈장): 나라에 대한 훈공이나 공로를 표창하기 위하여 내리는 휘장. • 勳功(훈공): 나라에 정성을 다하여 이룬 공로.
力 힘 력 부수 力 / 총획 2	**刀** 칼 도	★칼(刀)자루가 나와 있는 모양. 힘 력. • 力量(역량): 능력의 정도. • 力說(역설): 힘주어 주장함. 逆說(역설): 진리에 모순이 되는 의견.
열 십 **協** 힘 력 합할 협 부수 十 / 총획 8		★열(十) 사람의 힘(力)을 합해서 협력하였다. 합할 협. • 協同(협동), 協力(협력), 協心(협심) 등등.
불꽃 염 **勞** 덮을 멱 힘 력 일할, 수고할 로 부수 力 / 총획 12	**劳** 약자	★불꽃(炏) 밑(冖: 덮을 멱)에서 힘(力)을 썼으니 수고하였다. 수고할 로. • 勞苦(노고), 勞困(노곤), 勞動(노동), 勞賃(노임) 등등.
脅 힘 력 고기 육 위협할 협 부수 月 / 총획 10		★센(力力力) 힘으로 몸(月)을 누르니 위협이다. 위협할 협. • 脅迫(협박): 으르고 대듦. • 威脅(위협): 위력으로 협박함.
앞페이지 복습	墨	默	點	熏	薰

한자	비슷한 한자	풀이
민엄호 **灰** 불화 재 회 부수 火 / 총획 6	재 회	★손(ナ: 왼쪽 손)으로 만질 수 있는 불(火)은 재다. 재 회. • 灰色(회색): 잿빛. 소속이나 주위 따위가 분명하지 않음. (예)회색분자.
뫼 산 **炭** 숯 탄 부수 火 / 총획 9	재 회	★산(山) 기슭(厂: 기슭 엄, 굴바위 엄)에서 불(火)을 피워 숯을 만들었네. 숯 탄. • 炭素(탄소), 石炭(석탄) 등등. (예)炭素同化作用(탄소동화작용).
민엄호 아들 자 **厚** 가로 왈 두터울 후 부수 厂 / 총획 9		★굴바위(厂: 민엄호, 굴바위, 굴집, 기슭의 뜻) 속에서 날마다(日) 자식(子) 돌보는 부모의 사랑이 두텁고 후덕하다. 두터울 후. • 厚德(후덕): 생김새나 하는 짓이 두텁고 덕스러움.
불화 **煙** 서녘 서 흙 토 연기 연 부수 火 / 총획 13		★불(火)을 땠더니 서쪽(西)에 흙(土)으로 만든 굴뚝에서 연기가 난다. 연기 연. • 煙霧(연무): 연기와 안개. • 吸煙(흡연): 담배를 피움. 煙幕(연막) 등등.
사람 인 입 구 작을 소 **會** 한 일 가로 왈 모일 회 부수 日 / 총획 13	약자 曾 일찍 증	★모일 집(亼=人(사람 인) + 一(한 일))에서 시루(罒: 시루 구멍 모양) 앞에 모인다. 모일 회. • 會議(회의), 會合(회합), 會計(회계) 등등.

| 앞페이지 복습 | 勳 | 力 | 協 | 勞 | 脅 |

226

		비슷한 한자	
고기 육 **膾** 회 회 부수 月 / 총획 17			★고기(月)를 모임(會)에서 회로 먹었다. 회 회. • 膾(회): 살코기나 물고기를 잘게 썰어서 고추장, 겨자 따위에 찍어 먹는 음식.
여덟 팔 **曾** 넉 사 가로 왈 거듭 증, 일찍이 증 부수 日 / 총획 12		會 모일 회	★가로되(日), 시루 구멍(口)들에서 작은(小) 증기가 팔팔(八八) 거듭 나오네. 거듭 증. ※모일 회(會)에 한 일(一)을 빼면 거듭 증(曾). • 曾祖(증조): 증조부의 준말. 아버지의 할아버지. 3대조. • 未曾有(미증유): 일찍이 지금까지 아직 한 번도 있어 본 적이 없음. 일찍이 없었음. 불가사의한 일.
흙 토 **增** 거듭 증 더할 증 부수 土 / 총획 15			★흙(土)을 거듭(曾) 쌓아서 더할 것이다. 더할 증. • 增産(증산): 생산량을 늘림. • 增殖(증식): 불어서 더 늚. 增減(증감) 등등.
사람 인 **僧** 거듭 증 중 승 부수 亻 / 총획 14			★사람(亻)이 거듭(曾) 수도를 하여 중이 되었다. 중 승. • 僧舞(승무): 고깔을 쓰고 장삼을 입고 중 차림을 하고 법고를 치고 풍류에 맞춰 추는 춤. • 승가(僧伽) = 불교 상가(Sangha: 산스크리트어)=불교 교단(僧團: 승려 단체), 불교 공동체(커뮤니티)
마음 심 **憎** 거듭 증 미워할 증 부수 忄 / 총획 15			★마음(忄=心)속에 감정이 거듭(曾) 쌓여 미워졌다. 미워할 증. • 憎惡(증오): 몹시 미워하는 마음. 증오심. • 愛憎(애증): 사랑과 미움.

앞페이지 복습	灰	炭	厚	煙	會

한자	비슷한 한자	설명
주검 시 **層** 거듭 증 층 층 부수 尸 / 총획 14		★죽을(尸: 주검시엄=주검尸广) 힘을 거듭(曾)하여 올라가니 또 층이 있네? 층 층. • 層階(층계), 高層(고층), 層層(층층) 등등. ※尸: 주검 시, 시체, 집, 지붕의 뜻이 있다.
조개 패 **贈** 거듭 증 줄 증 부수 貝 / 총획 19		★돈(貝)을 거듭(曾) 주네? 줄 증. • 贈呈(증정): 남에게 물건을 줌. • 贈與(증여): 선사하여 줌. 재산을 무상으로 타인에게 양도하여 주는 행위.
사람 인 입 구 **合** 한 일 합할 합 부수 口 / 총획 6	今 이제 금 令 명령 령	★사람(人)들이 한(一) 마음으로 입(口)을 합했다. 합할 합. • 合格(합격), 合同(합동), 合心(합심) 등등.
마음 심 **恰** 합 합 흡사할 흡 부수 忄 / 총획 9		★마음(忄=心)을 합(合)하니 모든 일이 흡사하네? 흡사할 흡. • 恰似(흡사): 거의 같다.
손 수 **拾** 합할 합 주울 습, 열 십 부수 扌 / 총획 9		★손(扌)을 합(合)하여 줍는다는 뜻과 양손을 합하니(合) 열이라는 뜻이 있다. 주울 습, 열 십. • 拾得(습득): 주움. • 收拾(수습): 산란한 것을 정리하거나 진정시킴.
앞페이지 복습	膾 曾 增 僧 憎	

실 사 **給** 줄 급 부수 糸 | 총획 12	비슷한 한 자 합할 합	★실(糸)을 모아(합하여, 合) 방직공장에 준다. 줄 급. • 給與(급여): 돈이나 물건을 줌. • 給食(급식): 식사를 제공함. • 給油(급유), 月給(월급) 등등.

대 죽
答
갚을 답, 대답 답
부수 竹 | 총획 12
	합할 합	★종이가 없던 시절 대나무 조각을 모아 글을 써서
		  대답하였다는 뜻과 질문에 대나무처럼 곧게
		  대답하라는 뜻이 있다. 대답 답.
		• 答書(답서), 答禮(답례), 答辯(답변), 答案(답안), 答信(답신)
		  등등.

땅 흙 **塔** 풀 초 탑 탑 부수 土 | 총획 12	합할 합	★흙(土)과 풀()을 합(合)해서 탑을 만들었다. 탑 탑. • 木造塔(목조탑): 나무로 만든 탑. • 石塔(석탑), 佛塔(불탑): 절에 세운 탑.
문 호 **扇** 깃 우 부채 선 부수 戶 | 총획 10		★털(羽)을 문짝(戶)처럼 펼쳐서 만든 부채. 부채 선. ※戶(호): 문 호, 지게문 호.문의 뜻이 있다. • 扇風機(선풍기): 바람을 일으키는 기구. • 扇形(선형): 부채의 형상. 부채꼴.
문 호 **肩** 고기 육 어깨 견 부수 月 | 총획 8	扁 작을 편	★문짝(戶: 지게문, 집)처럼 쫙 벌어진 몸(月←肉)과 어깨. 어깨 견. • 肩章(견장): 제복 어깨에 붙여 계급 따위를 나타내는 표장. • 比肩(비견): 서로 비슷한 위치에서 견줌. 또는 견주어짐. • 路肩(노견): 고속도로의 갓길.

앞페이지 복습	層	贈	合	恰	拾

한자	비슷한 한자	설명
余 나 여, 나머지 여 부수 人 총획 7	予 나여 奈 어찌 나 어찌 내	★정자(亼: 사람 인이면서, 정자 지붕 모양) 모습을 보면(示: 보일 시)서 나여 한다. 나 여. • 余等(여등): 우리들.
餘 나머지 여 남을 여 부수 食 총획 16		★밥(食)이 남았다(余). 남을 여. (※食: 밥 식. 좌변으로 가면 , 食) • 餘韻(여운): 아직 가시지 않은. • 餘力(여력): 남은 힘. 餘念(여념): 다른 생각.
徐 나 여 천천히 서 부수 彳 총획 10		★두 사람(彳: 두인변, 조금 걸을 척)이 나(余)에게 천천히 걸어온다. 천천히 서. • 徐行(서행): 천천히 감. 조용히 감.
敘 나 여 펼 서 부수 攴 총획 11	攴 칠복 = 攵 칠복	★나(余)를 친다(攴). 왜? 스스로를 단련하고 서술을 펴서 잘 하기 위해. 펼 서. • 敘述(서술): 차례를 좇아 설명함. • 敘述法(서술법): 어미변화(활용) 종지형. 말끝을 보통으로 끝내는 법. 다, 오, 나이다 따위.
除 언덕 부 남을 여 덜 제 부수 阝 총획 10		★언덕(阝=阜: 언덕 부, 좌방 부)을 올라가려면 남은(余) 짐을 덜어내라. 덜 제. • 除法(제법): 나눗셈. • 除名(제명): 명부에서 이름 지워버림.
앞페이지 복습		給 答 塔 扇 肩

	비슷한 한자	
斜 (말 두) 남을 여 **기울 사** 부수 斗 / 총획 11		★남는(余) 부분은 말(斗)을 기울여 버려. 기울 사. • 斜線(사선): 비스듬하게 그은 줄. • 斜面(사면): 비탈. 경사진 면. • 赦免(사면): 지은 죄를 용서하여 벌을 면제하는 일.
途 (갈 착) 남을 여 **길 도** 부수 辶 / 총획 11	道 길 도 路 길 로	★나머지(余) 땅은 걸어갈(辶) 수 있게 길을 만들어라. 길 도. ※道: 통행하는 뜻을 가지고 있다. 途: 도로 상의 행위를 나타낸다. (예)道路(도로): 위에서 내가 가는 途中(도중)에 사고가 났다. • 中途(중도): 일이 되어가는 동안. • 中道(중도): 치우치지 않은 올바른 길.
塗 (물 수) 남은 여 / 흙 토 **진흙 도** 부수 土 / 총획 13		★물(氵)이 남은(余) 땅(土)을 진흙으로 만들었다. 진흙 도. • 塗炭(도탄): 몹시 곤궁하여 고통스러운 일. • 塗褙(도배): 종이로 벽, 반자, 장지를 바르는 일.
珍 (구슬 옥) 사람 인 / 털 삼 **보배 진** 부수 玉 / 총획 9		★구슬(玉)이 사람(人) 머리털(彡: 터럭 삼)같이 길게 꿰매 달았으니 보배다. 보배 진. ※玉: 구슬 옥. 변으로 가면 王으로 변한다. 구슬옥변이라함. • 珍品(진품): 진귀한 물품. • 珍妙(진묘): 유별나게 기묘함. • 珍味(진미): 아주 좋은 맛. 그러한 음식.
診 (말씀 언) 사람 인 / 털 삼 **진찰 진** 부수 言 / 총획 12		★말(言)을 들어보고(문진), 사람(人)의 머리((彡: 터럭 삼)를 보고 진찰한다. 진찰 진. • 診斷(진단): 진찰하여 병의 상태를 단정하는 것. • 診療(진료): 진찰하고 치료하는 것.
앞페이지 복습	余	餘	徐	敍	除

		비슷한 한 자	
나사 사람 인 털 삼	參		★개인(厶) 개인(厶)의 이익을 위한 사람(人)들이 머리(彡)를 단정히 하고 참석한다. 참여 참.
참여 참, 석 삼			• 參見(참견): 남의 일에 간섭함. • 參席(참석): 모임의 자리에 참여함.
부수 厶	총획 11		

마음 심	慘	참여 참	★마음(忄)이 참여(參)치 않아 슬프다. 슬플 참, 아플 참.
슬플 참, 아플 참			• 慘死(참사): 참혹하게 죽음. • 慘憺(참담): 괴롭고 슬픈 모양.
부수 忄	총획 14		

풀 초	蔘	석 삼	★풀잎이 세 개만 있다 하여 삼. 인삼 삼.
인삼 삼			• 人蔘(인삼): 재배 한삼. • 紅蔘(홍삼): 수삼을 쪄서 말린 붉은 빛깔의 인삼.
부수 ++	총획 14		

사람 인	介		★사람(人)이 두 사람(八: 여덟 팔: 나누다는 뜻 있음) 사이에 끼어서 중개한다는 뜻. 끼일 개.
끼일 개, 중개 개			• 介入(개입): 둘 사이에 끼어 들어감. • 仲介(중개): 당사자 사이에서 일을 주선하는 일.
부수 人	총획 4		

밭 전	界		★밭(田)과 밭 사이에 끼어(介) 있는 경계선. 경계 계.
끼일 개 지경 계, 경계 계			• 境界(경계): 사물의 구별되는 데가 맞닿은 자리. • 世界(세계): 우주, 온 누리.
부수 田	총획 9		

앞페이지 복습	斜	途	塗	珍	診

	비슷한 한자	
풀 포 **茶** 사람 인 나무 목 차 차, 차 다 부수 ++ 총획 9	茶 씀바귀 도 檨 차 차 =	★내(余)가 마시는 풀잎(++)은 차다. 차 차. ※茶 = ++(풀) + 余(나 여)의 변형 • 葉茶(엽차): 차나무의 잎을 따다 말린 차. • 茶菓(다과): 차와 과자. • 茶飯事(다반사): 예사로운 일.
열 십 **卉** 풀 훼 풀 훼 부수 十 총획 5		★열(十) 포기의 풀(卉: 풀 훼)이 있네? 풀 훼. • 花卉(화훼): 관상용으로 가꾸는 식물.
큰 대 **奔** 풀 훼 달아날 분 부수 大 총획 9		★큰(大) 넝쿨(풀, 卉) 밑으로 숨기 위해 달아났다. 달아날 분. • 奔走(분주): 아주 빠르다. • 東奔西走(동분서주): 부산하게 이리저리 다님.
흙 토 풀 훼 **墳** 조개 패 무덤 분 부수 土 총획 15		★흙(土)과 풀(卉), 조개껍질(貝)로 쌓아놓은 것이 무덤이다. 무덤 분. • 墳墓(분묘): 무덤. (산소, 분묘: 무덤의 높임말) • 古墳(고분): 옛무덤.
마음 심 **憤** 클 분 성낼 분 부수 忄 총획 15	賁 클 분	★마음(忄)이 크게(賁) 분하여 성을 냈다. 성낼 분. • 憤怒(분노): 분하여 몹시 성냄. • 憤痛(분통): 몹시 분개하여 마음이 쓰리고 아픔.
앞페이지 복습	參	慘	蔘	介	界

입구 **噴** 클분 뿜을 분 부수 口 / 총획 15	비슷한 한자	★입(口)으로 크게(賁: 클 분) 내뿜는다. 뿜을 분. • 噴沫(분말): 거품을 내뿜음.
그물 망 **罔** 망할 망 없을 망 부수 罒 / 총획 8		★그물(冂 = 罓 = 罒 = 网, 兀, 罓, 四, 皿: 그물 망)로 물고기를 다 잡아 어장이 망(亡)해 없어졌다. 없을 망 • 昊天罔極(호천망극): 끝이 없는 하늘과 같이 부모님의 은혜가 큰 것을 일컫는 말.
그물 망 **岡** 뫼 산 산등성 강 부수 山 / 총획 8		★그물(冂: 그물 망)을 산(山)에다 쳤어? 바보. 아니야, 산등성이가 그물처럼 얽혀 있다는 말이야. 산등성이 강. • 岡陵(강릉): 언덕이나 작은 산.
실 사 **綱** 산등성이 강 벼리 강 부수 糸 / 총획 14		★실(糸)이 산등성이(岡)처럼 강한 것이 벼리다. 벼리 강. • 大綱(대강): 대체의 줄거리. • 벼리: 그물 위쪽 코를 꿰어 잡아당기는 동아줄.
실 사 **網** 그물 망 그물 망 부수 糸 / 총획 14	网 = 罓 = 皿 그물 망	★실(糸)이 없어 그물(罔: 그물 망)을 못 엮었다(亡: 엮다, 없다, 그물 뜻). 그물 망. • 網羅(망라): 빠짐이 없이 모두. • 網(망): 그물. 羅(라): 새 잡는 그물.
앞페이지 복습	茶	卉	奔	墳	憤

		비슷한 한자	
쇠 금 **鋼** 산등성이 강 강철 강 부수 金 총획 16			★쇠(金) 중에 산등성이(岡) 같이 강한 놈이 강철이다. 강철 강. • 鋼鐵(강철): 강한 쇠.
산등성이 강 **剛** 칼 도 굳셀 강 부수 刂 총획 10			★산등성이(岡)에서 칼(刂←刀)을 든 강도를 만나 굳세게 싸웠다. 굳셀 강. • 剛健(강건): 마음이 곧고 뜻이 굳세며 건전함. • 剛柔(강유): 단단하고 부드러움.
나무 목 **果** 밭 전 과실 과, 열매 과 부수 木 총획 8		呆 어리석을 매 杲 밝을 고 밝을 호	★밭(田)의 나무(木)에 열매가 맺었어? 과실 과, 열매 과. • 果敢(과감): 과단성이 있고 용감함. ※果: 과단할 과. • 果實(과실): 과일, 실과.
풀 초 **菓** 열매 과 과자 과 부수 ++ 총획 11			★풀잎(++)과 열매(果)로 과자를 만든다. 과자 과. • 菓子(과자): 간식으로 먹는 음식물. • 茶菓(다과): 차와 과자.
말씀 언 **課** 열매 과 공부 과, 조세, 부과할 과 부수 言 총획 15			★말(言)을 듣고 사업 결과(果)에 따라 세금을 부과한다. 부과할 과, 공부할 과. • 課題(과제): 주어진 일이나 문제. (科:題) 과거의 제목. • 課稅(과세): 세금을 매김.
앞페이지 복습	噴	罡	岡	綱	網

		비슷한 한자	
옷 의 　　　 과일 과 **裸**ː 벌거숭이 라 부수 衤　총획 13			★옷(衤)을 벗기니 과일(果) 같은 벌거숭이야. 벌거숭이 라. ※衣(의): 변으로 가면 衤로 변한다. • 裸體(나체): 벌거숭이. • 赤裸裸(적나라): 아무것도 몸에 걸치지 않고 발가벗은 상태.
조각 장　　　 개 견 **狀** 문서 장 부수 犬　총획 8			★조각(爿)을 개(犬)가 전하기에 보니 문서다. 문서 장. • 賞狀(상장): 상으로 주는 증서. • 狀態(상태): 사물의 현상이 처해 있는 형편의 모양.
장수 장　　　 선비 사 **壯**ː 장할 장, 씩씩할 장 부수 士　총획 7			★장수(爿: 조각 장, 장수 장)가 선비(士)가 쓴 글을 읽고 적을 막았으니 장하고 씩씩하다. 장할 장. • 壯士(장사): 기개와 체질이 굳센 사람. • 壯觀(장관): 굉장하고 볼만한 광경.
풀 초 **莊** 　　　 장할 장 별장 장, 장엄할 장 부수 ⁺⁺　총획 10			★풀(⁺⁺)을 깎아버리고 장한(壯) 곳에 별장이 어때? 장엄할 장, 별장 장. • 莊言(장언): 바른말. 정언. • 別莊(별장): 경치 좋은 곳에 지어놓고 때때로 묶는 집.
장할 장 **裝** 　　　 옷 의 꾸밀 장 부수 衣　총획 13			★장한(壯) 옷(衣)을 입고 치장(꾸밈)을 했네? 꾸밀 장. • 裝飾(장식): 치장함, 꾸밈새. • 裝備(장비): 부속품, 비품 따위를 장치함.
앞페이지 복습	鋼	剛	果 菓 課

		비슷한 한자	
조각 장 / 달 월 / 마디 촌 將 장수 장 부수 寸 / 총획 11			★조각(爿: 조각 장)에 쓴 글을 달(月)밤에 마디(寸)마디 살펴보고 전략을 짜는 장수. 장수 장. • 將來(장래): 앞날. • 將軍(장군): 일꾼을 통솔 지휘하는 무관.
장수 장 / 큰 대 獎 장려할 장 부수 大 / 총획 14			★장수(將)를 더 큰(大) 인물이 되라고 장려한다. 장려할 장. • 獎學金(장학금): 학문을 장려하는 일. 장학금. • 獎勵(장려): 권장하여 힘쓰게 함.
장수 장 / 창 과 / 신하 신 臧 숨을, 착하다, 뇌물 장 부수 臣 / 총획 14			★장수(爿←將)가 창(戈)을 들고 나타나니 신하(臣)들은 몸을 숨긴다. 숨을 장. • 臧匿(장익): 숨겨둠.
풀 초 藏 숨을 장 저장할 장 부수 ++ / 총획 17			★약초(++)를 곳간에 숨겨(臧) 저장한다. 저장할 장. • 藏書(장서): 책을 간직하여 둠. • 貯藏(저장): 보관하여 둠.
조개 패 贓 착하다 뇌물 숨기다 장 장물 장 부수 貝 / 총획 22			★돈(貝)을 숨겨(臧) 두었으니 장물이지? 장물 장. ※貝: 옛날 화폐가 없을 때, 조개 껍질을 화폐대용으로 사용하였다. • 贓物(장물): 범죄 행위로 얻은 재물.
앞페이지 복습	裸	狀	壯	莊	裝

	비슷한 한자	
고기 육 (몸) **臟** 저장 장 오장 장 부수 月 총획 21		★몸(月) 안에 저장(藏)되어 있는 것이 오장이다. 오장(간장, 심장, 비장, 폐장, 신장) 장.
		• 臟器(장기): 내장의 여러 기관. • 內臟(내장): 척추동물의 가슴과 뱃속에 있는 여러 기관.
공평 공 **翁** 깃털 우 늙은이 옹 부수 羽 총획 10		★수염이 많이 난 늙은이 모습. 늙은이 옹.
		• 翁姑(옹고): 시아버지와 시어머니. • 翁婿(옹서): 장인과 사위.
여덟 팔 **益** 한 일 여덟 팔 그릇 명 더할 익 부수 皿 총획 10		★그릇(皿) 위에 여덟(八) 팔, 한 일(一) 또 여덟 팔(八) 자꾸 더하네? 더할 익.
		• 益者三友(익자삼우): 사귀어서 유익한 세 가지 벗. ①정직한 벗. ②신의가 있는 벗. ③지식과 견문이 많은 벗.
물 수 **溢** 더할 익 찰 일, 넘칠 일 부수 氵 총획 13		★물(氵)을 더하니(益) 넘칠 수밖에. 넘칠 익.
		• 溢血(일혈): 몸의 조직 내에 일어나는 출혈. • 海溢(해일): 바닷물결이 육지로 넘쳐 들어옴.
언덕 부 **隘** 더할 익 좁을 애 부수 阝 총획 13		★언덕(阝)이 많아지니(益) 길이 좁지예?(대구 사투리) 좁을 애.
		• 隘路(애로): 좁고 험한 길. 일을 하는데 곤란한 고비.
앞페이지 복습	將	獎	臧	藏

		비슷한 한자	
설 립 마을 리 **童** 아이 동 부수 立 　 총획 11			★마을(里) 입구에 서서(立) 동료를 부르는 아이들. 아이 동. • 童心(동심): 아이의 마음. • 文童(문동): 글공부하는 아이. • 童謠(동요): 아이들이 부르는 노래.
마음 심 **憧**　아이 동 그리워할 동 부수 忄 　 총획 15			★마음(忄)속으로 아이(童)들은 항상 부모를 그리워한다. 그리워할 동. • 憧憬(동경): 마음에 늘 두고 그리워하며 생각함.
손 수 **撞**　아이 동 칠 당 부수 扌 　 총획 15			★손(扌)으로 아이(童)들이 공을 친다. 요즘 그것을 당구란다. 칠 당. • 撞球(당구): 실내경기의 한 가지. • 自家撞着(자가당착): 자기가 한 말이 앞뒤가 맞지 않음.
눈 목 **瞳**　아이 동 눈동자 동 부수 目 　 총획 17			★눈(目) 속에 아이(童)들은 눈동자가 빛이 난다. 눈동자 동. • 瞳子(동자): 눈동자.
쇠 금 **鐘**　아이 동 쇠북 종 부수 金 　 총획 20		鐘 = 鍾 술병 종	★아이(童)들이 좋아하는 쇠(金)로 만든 종이다. 쇠북 종. • 鐘閣(종각): 종을 달아 놓은 집. 서울 종로구 종각 지명은 **鍾路**. • 鐘聲(종성): 종소리.
앞페이지 복습	臟	翁	益	溢	隘

한자	비슷한 한자	설명
鍾 (쇠 금 / 무거울 중) 술병 종 부수 金 총획 17	種 씨 종 종족 종	★쇠(金)로 무겁지(重) 않게 만든 술잔. 술잔 종. • 鐘鉢(종발): 작은 사발. ※鍾路(술잔 종 ×), 鐘路(쇠북 종 사용 ○). 鐘閣(종각)이 있는 거리이지 술 마시는 거리 아님.
量 (아침 단 / 마을 리) 헤아릴 량 부수 里 총획 12		★아침(旦)마다 마을(里) 사람들이 무엇을 헤아릴까? 헤아릴 량. • 數量(수량): 개수와 분량. • 計量(계량): 분량을 헤아림.
糧 (쌀 미 / 헤아릴 량) 양식 량 부수 米 총획 18		★쌀(米)가마니를 헤아려(量) 보고 조절하는 양식. 양식 량. • 糧食(양식): 먹고 사는 곡식. • 糧穀(양곡): 양식으로 사용하는 곡물.
粹 (쌀 미 / 군사 졸) 순전할 수 부수 米 총획 14		★쌀(米)을 군사(卒: 군사 졸)들의 군량미로 주니 순수하다. 순전할 수. • 純粹(순수): 다른 것이 조금도 섞임이 없음. 사념 사욕이 없음.
▶ 帥 (언덕 부 / 수건 건) 장수 수 부수 巾 총획 9		★언덕(𠂤←阜=阝: 언덕 부, 좌방 부) 위에 수건(巾)을 높이 걸고 부하들을 지휘하는 장수. 장수 수. • 元帥(원수): 군인 중에 가장 높은 계급. ※帥(장수 수): 阜(언덕 부)자와 巾(수건 건)자가 결합한 모습.
앞페이지 복습		童 憧 撞 瞳 鐘

한자	비슷한 한자	설명
師 (스승 사) 장수 수 부수 巾 / 총획 10	帥 장수 수	★장수(帥)보다 한(一) 층 위에서 장수를 길러낸 스승. 스승 사. • 師父(사부): 스승 높임말. • 君師父一體(군사부일체): 임금과 스승과 아버지 은혜는 모두 같다는 뜻. • 師弟間(사제간): 스승과 제자 사이.
追 (쫓을 추) 뛸 착 / 언덕 부 부수 辶 / 총획 10		★언덕(𠂤: 언덕 퇴 쌓을 퇴)으로 뛰어(辶: 뛸 착, 갈 착)간 범인을 쫓아간다. 쫓을 추. ※𠂤=阜=阝: 언덕 부 • 追放(추방): 쫓아냄. • 追憶(추억): 지나간 일들을 돌이켜 생각함. • 追跡(추적): 뒤를 밟아서 쫓음.
甲 (갑옷 갑) 말씀 왈 / 뚫을 곤 부수 日 / 총획 4	申 납 신	★할 말(日)을 미리 알고 꿰뚫어(丨:뚫을 곤) 명령하는 갑옷 입은 장군. 갑옷 갑 • 甲板(갑판): 큰 배나 군함 위에 나무나 철판으로 깐 평평한 바닥.
單 (홑 단) 입 구 / 갑옷 갑 / 한 일 부수 口 / 총획 10		★입(口)을 두 개 가져도 갑옷(甲)은 한(一) 벌 뿐이오? 홑 단. • 單刀直入(단도직입): 요점을 바로 풀이하여 들어감. 홀몸으로 한 자루의 칼로 대적을 쳐들어감.
憚 (꺼릴 탄) 마음 심 / 입 구 / 홑 단 부수 忄 / 총획 15		★여러 사람(口口: 입이 여러 개)이 개간해야 할 밭(田)을 혼자서(單) 하니 마음(心=忄=㣺)이 꺼려진다. 꺼릴 탄. • 憚服(탄복): 두려워서 복종함. • 忌憚(기탄): 어렵게 여겨 꺼림. • 敬憚(하다): 공경하면서도 어려워하고 꺼리다.
앞페이지 복습	鍾	量	糧	粹	帥

보일 시 禪 홑단 참선 선, 고요할 선 부수 示 　 총획 15	비슷한 한 자	★보이는(示: 보일 시.신 제단의 뜻이 있음) 신 앞에서 홀로 (單) 고요히 참선하니 목탁 소리만 들리네. 참선 선. • 參禪(참선): 선도에 들어가 선법을 참구(수행함). • 禪僧(선승): 참선 수행하는 중.
활 궁 彈 홑단 탄알 탄 부수 弓 　 총획 15		★활(弓)에서 홀로(單) 빠져나가는 것이 뭐게? 탄알(화살) 탄. • 彈力(탄력): 튕기는 힘. • 彈琴(탄금): 거문고를 탐.
홑단 戰 창과 싸움 전 부수 戈 　 총획 16	战 약자	★단신(單)으로 창(戈)을 들고 끝까지 싸움한다. 싸움 전. • 戰爭(전쟁): 싸움, 무력으로 국가 간의 싸움. • 戰術(전술): 전쟁하는 방법. 작전의 술책.
車 수레 거, 차 차 부수 車 　 총획 7		★작은 것은 거(자전거), 큰 것은 차(기차). 수레 거, 차 차. • 車輛(차량): 수레의 총칭. • 車載斗量(거재두량): 아주 흔하여서 귀하지 않음.
덮을 멱 軍 차차 군사 군 부수 車 　 총획 9		★차(車)를 덮어(冖) 두었네? 군사들이 덮어서 군사 군. ★덮어(冖)둔 차(車)는 군사 차. 군사 군. • 軍士(군사): 군인. • 軍備(군비): 국방상의 군사 설비.
앞페이지 복습	師	追	甲	單	憚

	비슷한 한자	
運 군사군 갈착 운전할 운 부수 辶 　총획 14	連 이을 연	★군사(軍)가 옮겨 갈(辶) 때는 운전하여 간다. 　운전할 운. • 運動(운동): 건강을 위해 신체를 움직임. • 運送(운송): 물건을 운반하여 보냄. 運轉(운-전).
轄 차차 해칠해 다스릴 할 부수 車　총획 17		★차(車)를 해치지(害) 못하게 잘 다스려야 한다. 　다스릴 할. • 管轄(관할): 직관으로 맡아 다스림. 관활(×). • 分轄(분할): 나누어 쪼갬. 분활(×).
揮 손수 군사군 휘두를 휘 부수 扌　총획 12		★손수(扌) 군사(軍)를 지휘하여 휘두른다. 　휘두를 휘. • 揮양(휘양): 머리에 두르는 방한모의 한 가지. • 發揮(발휘): 실력을 휘두름. 재능, 역량을 나타냄.
渾 물수 군사군 흐릴 혼, 뒤섞일 혼 부수 氵　총획 12	混 섞을 혼 오랑캐 곤	★ 군사(軍)들이 물(氵)처럼 뒤섞여 전쟁하네? 　섞일 혼. • 渾沌(混沌. 혼돈): 사물의 구별이 판연하지 않은 상태. • 渾融(혼융): 아주 섞여서 차별이 없게 하나가 됨. ※渾: 흐릴 혼(속음). 원음: 흐릴 훈.
陣 언덕부 차차 진칠 진 부수 阝　총획 10	陳 베풀 진	★언덕(阝) 밑에 모든 차(車)가 진을 치고 있어? 　진칠 진. • 陣營(진영): 군대가 집결된 곳. • 背水陣(배수진): 강물을 등지고 싸우는 진법. 물러갈 곳이 없음.
앞페이지 복습	禪	彈	戰	車	軍

한자	비슷한 한자	설명
갈 착 **連**_{차 차} 이닿을 련 부수 辶 · 총획 11	運 운전 운	★달아나는(辶: 쉬엄쉬엄 가다, 달리다 착) 차(車) 뒤엔 바퀴자국만 이어졌다. 이을 련. • 連結(연결): 서로 이어서 맺음. • 連續(연속): 끊이지 않고 계속 이어짐.
빛 광 **輝**_{군사 군} 빛날 휘 부수 光 · 총획 15		★햇빛(光)에 군인(軍) 견장이 빛난다. 빛날 휘. • 輝煌(휘황)찬란: 광채가 눈부시게 빛나다. 휘황하다는 휘황찬란의 준말.
풀 초 **蓮**_{이을 련} 연 련 부수 ++ · 총획 13	連 이을 련	★풀(++)뿌리가 물 밑에서 이어져(連) 있는 것이 연이다. 연 련. • 蓮花(연화): 연꽃. • 蓮根(연근): 연뿌리.
뛸 착 **遲**_{지붕 시 / 풀 초 / 소 우} 더딜, 늦을 지 부수 辶 · 총획 16		★무소(犀: 무소 서, 코뿔소 서)니 뛰어도(辶: 뛸 착) 더디네? 더딜 지. • 遲刻(지각): 정해진 시간에 늦음. • 遲延(지연): 시간을 늦춤.
귀 이 **敢**_{칠 공} 용감할 감, 감히 감 부수 攵 · 총획 12		★귀(耳: 귀 이)와 攵(攵: 칠 복)의 합자이다. 적을 치고 귀를 잘라오는 용감함을 나타내는 자. 용감할 감. • 勇敢(용감): 위험을 무릅쓰고 용기 있게 하는 태도. • 敢行(감행): 어려움을 참고 과감히 행함.

앞페이지 복습	運	轄	揮	渾	陣

		비슷한 한자	
눈 목 瞰 용감 감 굽어볼 감 부수 目　총획 17			★눈(目)으로 용감히(敢) 적군을 굽어 내려 본다. 굽어볼 감. ・俯瞰(부감): 높은 곳에서 내려다 봄.
바위 엄 嚴 입 구 용감 감 엄할 엄 부수 口　총획 20		厳 약자	★큰 입(口口)으로 용감히(敢) 소리치는 바위(厂: 굴바위, 기슭, 민엄호) 같은 모습이 엄하다 엄해. 엄할 엄. ・嚴父(엄부): 엄격한 아버지. 아버지의 경칭. 엄친. 부친. ・慈親(자친): 자상한 어머니. 자모: 사랑이 많은 어머니. ・家親(가친): 남에게 자기 아버지를 일컫는 말.
엄할 엄 巖 뫼 산 바위 암 부수 山　총획 23		岩 약자	★산(山) 밑에 엄하게(嚴) 버텨 있는 것은 바위다. 바위 암. ★산(山) 밑에 돌(石)이 바위다.(약자 해석) ・巖壁(암벽): 깎아지른 듯이 아주 험하게 솟아있는 바위. ・巖窟(암굴): 바위에 뚫린 굴.
장인 공 貢 조개 패 공물 공, 바칠 공 부수 貝　총획 10			★장인(工)이 (만들 물건을) 돈(貝) 대신 윗사람에게 바친다. 바칠 공, 공물 공 ・貢獻(공헌): 곡물을 나라에 바침. 사회를 위해 이바지함. ・貢物(공물): 나라에 바치는 물건.
貸 대신 대 조개 패 빌릴 대 부수 貝　총획 12			★대신(代) 돈(貝: 조개 패)을 빌려준다. 빌릴 대. ・貸與(대여): 빌려줌. ・貸借(대차): 꾸어줌과 꾸어옴. (예)대차대조표.
앞페이지 복습	連	輝	蓮　遲　敢

245

한자	비슷한 한자	설명
물 수 **江** 장인 공 강 강 부수 氵 총획 6		★물(氵)은 흘러가면서 곡식을 만들고(工) 강으로 들어간다. 강 강. • 江村(강촌): 강에 잇닿은 마을. • 江山(강산): 강과 산.
실 사 **紅** 장인 공 붉을 홍 부수 糹 총획 9		★실(糹)을 장인(工)이 붉은색으로 만들었다. 붉을 홍. • 紅顔(홍안): 젊고 아름다운 얼굴. • 紅色(홍색): 붉은색.
弓 활 궁 부수 弓 총획 3		★활처럼 굽었네. 활 궁. • 弓矢(궁시): 활과 화살. • 弓術(궁술): 활 쏘는 기술.
활 **引** 뚫을 곤 당길 인, 끌 인 부수 弓 총획 4		★활(弓)에 화살(	)을 대고 당기는 모습. • 引上(인상): 끌어올림. 물건 값을 올림. • 引責(인책): 스스로 책임을 짐. 인도, 인솔 등등.
弔 슬플 조, 조상 조 부수 弓 총획 4	吊 약자 弗 아니 불	★만장을 들고 가는 기를 본뜬 자. • 弔喪(조상): 사람의 죽음에 슬퍼하는 뜻을 표함. 문상. • 弔意(조의): 죽은 이를 슬퍼하는 마음.
앞페이지 복습		瞰　嚴　巖　貢　貸

한자	비슷한 한자	설명
활궁 **弘** 사사 사 클 홍 부수 弓 총획 5		★활(弓)이 사사롭게(厶: 사사로울 사, 나 사) 큰일을 할 것이다. 클 홍. • 弘益(홍익): 큰 이익. 널리 이롭게 함. • 弘益人間(홍익인간): 널리 인간 세계를 이롭게 한다는 단군의 건국이념.
활궁 **强** 입구 벌레충 강할 강 부수 弓 총획 11		★활(弓)에 입(口)을 대는 벌레(虫)는 강하다. 강할 강. • 强調(강조): 어떤 부분을 특별히 힘주어 주장함. • 强要(강요): 무리하게 요구함.
활궁 얼음빙 **弱** 얼음 빙 활 궁 약할 약 부수 弓 총획 10		★화살(弓)을 두 번 또 화살(弓)을 두 번을 쏴도 목표에 맞지 않으니 약하다. 약할 약. • 弱勢(약세): 세력이 약함. • 弱冠(약관): 20세의 남자. 20세 전후의 나이.
물수 **溺** 약할 약 빠질 익 부수 氵 총획 13		★물(氵)에 약해서(弱) 빠졌다. 빠질 익. • 溺死(익사): 물속에 빠져 죽음. • 溺沒(익몰): 물속에 빠져버림.
竹 대 죽 부수 竹 총획 6		★뜻만 기억. • 竹馬故友(죽마고우): 어릴 때부터 죽마를 타고 같이 놀던 친구. 죽마구우, 총죽지교, 같은 뜻.
앞페이지 복습	江	紅	弓	引	弔

		비슷한 한자	
갈래 아 화살 **弟** 활궁 아우 제 부수 弓 / 총획 7			★활(弓)살(丿: 삐침)을 가지고 노는 아이(丫: 가닥 아, 총각, 두 갈래 아)가 아우요. 아우 제. • 弟子(제자): 가르침을 받는 사람. 나보다 나이 어린 사람. • 師弟(사제): 스승과 제자. (예)사제지간.
대죽 **第** 아우 제 차례, 순서 제 부수 竹 / 총획 11			★원래는 아우 제(弔←弟)와 대나무(竹)이 결합한 글자. 차례 제. • 第一(제일): 첫 번째. • 第三者: 직접 관계없는 남.
籍 대죽 쟁기 뢰 옛 석 문서 적, 호적 적 부수 ⺮ / 총획 20			★옛날(昔)에 쟁기(耒: 가래, 쟁기 뢰)로 밭가는 이랑 모양으로 대나무(竹=⺮)를 쪼개서 문서로 만들어 썼다는 것이 유래다. 문서 적, 호적 적. • 戶籍(호적): 부부를 중심으로 하여 그 집에 거주자의 본적지, 성명 그 밖의 여러 가지 사항을 기록한 공문서. (예)호적등본, 호적초본.
重 천 천 마을 리 무거울 중 부수 里 / 총획 9			★천(千) 가마니의 쌀을 마을(里)까지 옮기려니 무겁다. 무거울 중. • 重量(중량): 무게. • 重複(중복): 거듭함.
무거울 중 **種** 벼 화 심을 종, 씨 종 부수 禾 / 총획 14		鍾 술잔 종	★벼(禾: 벼 화) 중에 무거운(重) 것을 씨로 심는다. 씨 종, 심을 종. • 種子(종자): 씨. 씨앗. • 種類(종류): 물건의 갈래.

앞페이지 복습	弘	强	弱	溺	竹

한자	비슷한 한자	설명
動 움직일 동 부수 力 / 총획 11 (무거울 중, 힘 력)		★무거운(重) 것도 힘(力)이 있으면 움직일 수 있다. 움직일 동. • 動物(동물): 스스로 힘으로 움직일 수 있는 생물의 하나. • 動搖(동요): 움직이고 흔들림. 불안한 상태에 빠짐.
衝 부딪칠 충 부수 行 / 총획 15 (갈 행, 무거울 중)	術 재주 술	★무거운(重) 것을 가지고 가면(行: 갈 행) 충돌한다. 부딪칠 충. • 衝突(충돌): 서로 마주 부딪침. • 衝激(충격): 서로 심하게 부딪침. 심한 타격을 받음.
邑 고을 읍 부수 邑 / 총획 7		★뜻만 기억. • 邑(阝): 고을 읍(우방부). 글자 부수 우측에 붙음. • 阜(阝): 언덕 부(좌방부). 글자 부수 좌측에 붙음.
色 빛 색 부수 色 / 총획 6	巴 뱀 파	★뱀(巴)이 머리를 들고 서있는 모양이며 머리 부분의 색깔(빛)이 변한다 하여 빛 색. • 色彩(색채): 빛깔. 채색. • 色相(색상): 육안으로 볼 수 있는 현상.
肥 살찔 비 부수 月 / 총획 8 (육달월 = 고기 육)	巴 뱀 파	★뱀(巴)도 몸(月=肉)에 살찔까? 살찔 비. • 肥大(비대): 살찌고 몸집이 큼. • 肥沃(비옥): 땅이 걸고 기름짐. ☞육달월: 한자 부수. =고기 육. '고기 모양의 달 월'이란 뜻. 육달월 월(月) 부수가 붙으면 주로 몸과 관련 단어.
앞페이지 복습	弟	第	籍	重	種

한자	비슷한 한자	설명
服 먹을 복, 옷 복 부수 月 총획 8	**報** 알릴 보	★몸(月: 고기 육, 몸)에는 옷과 먹는 약이 좋다는 뜻. 먹을(약) 복, 옷 복. • 服務(복무): 맡은 일을 봄. • 服用(복용): 약을 먹음. 服裝(복장): 옷차림.
胚 아이 밸 배 부수 月 총획 9	고기 육 **丕** 클 비	★몸(月)이 큰(丕: 클 비) 것을 보니 아이를 뱄다. 아이 밸 배. ※肉(月): 변으로 가면 月 자로 변하며, 육달월이라 하며, 고기, 몸의 뜻이 있다. • 胚盤(배반): 동물의 알의 배(胚). • 胚乳(배유): 씨앗 속에 있어 싹이 틀 때에 양분이 되는 물질.
脆 연할 취 부수 月 총획 10	고기 육 위험 위	★몸(月)이 위험(危)해 보이며 연하다. 연할 취. • 脆弱: 취약=치약(변한 말): 무르고 약함.
絶 끊을 절 부수 糸 총획 12	실 사 칼 도 뱀 파 **絶** 속자 **切** 끊을 절	★뱀(巴)을 칼(刀)로 실(糸) 자르듯 끊어 절단하네. 끊을 절. • 絶斷(절단): 관계를 끊거나 끊어짐. 단절. • 切斷(절단): 끊어 자름.
流 흐를 류 부수 氵 총획 10	물 수 머리 두 나 사 내 천 **充** 채울 충	★물(氵)이 높은 곳(亠)에서 내(厶: 나 사) 앞을 지나 냇물(川)로 흘러간다. 흐를 류. • 流浪(유랑): 떠돌아다님. • 流水(유수): 흐르는 물.
앞페이지 복습	動	衝	邑	色	肥

한자	비슷한 한자	설명
疋 발 소, 짝 필 부수 疋 총획 5	足 발 족 走 달아날 주	★뜻만 기억. • 足: 서있는 발. • 疋: 움직이는 발. • 走: 달리는 발.
발소 짝필 疋 흐를류 소통 소, 트일 소 부수 疋 총획 12		★발(疋)로 가서(㐬←流) 관계를 트자. 트일 소. • 疏通(소통): 막히지 않고 서로 통합. • 疏忽(소홀): 탐탁하지 않고 예사임. ※疏: 원래는 발 소(疋) + 물에 떠내려가는 아이의 의미였음. 즉, 여기서 㐬(깃발 류)는 원래 흐를 류의 의미.
풀초 蔬 트일소 나물 소 부수 ++ 총획 15		★풀(++)은 위장에 소통(疏)이 잘 되는 나물이다. 나물 소. • 菜蔬(채소): 야채, 소채, 나물. • 蔬蔬(소찬. 素蔬): 고기가 없고 나물로만 된 밥.
작을 요 작을 요 幾 사람 인 창과 기미 기, 몇 기 부수 幺 총획 12		★작고 작은(幺, 幺) 무리에서 창(戈)을 든 사람(人)이 몇 명일까? 몇 기. • 幾微(기미): 낌새.
나무목 機 몇기 베틀 기, 기계 기 부수 木 총획 16		★나무(木) 몇(幾) 개로 만든 베틀과 기계. 기계 기. • 機械(기계): 기계. • 機會(기회): 시기. • 機敏(기민): 눈치가 빠르고 민첩함.

| 앞페이지 복습 | 服 | 胚 | 脆 | 絶 | 流 |

한자	비슷한 한자	풀이
畿 (몇 기) 밭 전 **경기 기** 부수 田 / 총획 15		★몇(幾: 몇 기: '예' 幾何級數(기하급수)') 안 되는 밭(田)이라도 경기도 땅이다. 경기 기. • 京畿(경기): 경기도 준말. 서울 주위의 땅.
繼 실 사 / 상자 작을 요 **이을 계** 부수 糸 / 총획 20	継 약자	★실(糸)이 상자(匚: 상자 방) 속에 작게 작게(幺: 작을 요, 어릴 요) 이어져 있다. 이을 계. • 繼續(계속): 뒤를 이어나감. • 繼承(계승): 뒤를 이어 받음.
䜌 **말 이을·다스릴 련** 부수 言 / 총획 19		★말(言)을 실(糸)처럼 잘 이어나가니 말솜씨가 좋다. 말 이을 련. • 뜻만 기억. 다른 부수에 붙어야 뜻이 나타남. ※ 緣: 어지러울, 말 이을, 다스릴 련(연),
戀 (말이을 련) 마음 심 **사모할 련, 생각 련** 부수 心 / 총획 23	恋 약자	★말을 잇듯(䜌) 이 마음(心)을 이어가니 사모하는 것이다. 사모(사랑)할 련. • 戀慕(연모): 사랑하여 그리워함. • 戀情(연정): 이성을 사랑하여 연모함.
變 (다스릴 련) 칠 복 **변할 변** 부수 言 / 총획 23	变 변할 변 속자 燮 화할 섭	★다스리고(䜌) 치면(攵: 칠 복) 변하게 된다. 변할 변. • 變化(변화): 사물의 형상, 성질 같은 것이 달라짐. • 變質(변질): 성질이 변함.
앞페이지 복습	疋	疏	蔬	幾	機

		비슷한 한자	
蠻 벌레 충 오랑캐 만 부수 虫　총획 25	다스릴 련		★다스려(䜌) 봐도 벌레(虫) 같은 짓만 하니 오랑캐다. 오랑캐 만. • 蠻行(만행): 야만스러운 언행. • 野蠻(야만): 문화가 유치한 상태 또는 그런 종족.
灣 물 수 물굽이 만 부수 氵　총획 25	말 이을 련 활 궁		★물(氵)이 말 잇듯이(䜌) 활(弓)처럼 굽이굽이 흐르는 물굽이 만. • 港灣(항만): 출입하는 선박의 정박.
樂 작을 요　작을 요 나무 목 즐길 락, 풍류 악, 좋을 요 부수 木　총획 15			★작고 작은(幺, 幺) 흰(白) 나무(木)를 들고도 아이들은 즐거워한다. 즐길 락. • 音樂(음악): 기악, 성악이 있음. • 樂天(낙천): 세상이나 인생을 즐겁게 생각하며 즐김.
藥 풀 초 약 약 즐길 락 부수 ++　총획 18			★풀(++)을 즐거워(樂)하는 것을 보니 약초다. 약 약. • 藥方(약방), 藥材(약재) 등등.
己 몸 기 부수 己　총획 3		巳 뱀 사 巴 뱀 파	★한자에도 ㄹ(리을)이 있네? 아니야 몸 기(己) 자야. 몸 기. • 自己(자기): 나. 제 몸, 저.

앞페이지 복습	畿	繼	䜌	戀	變

		비슷한 한자	
몸 기 **忌**_{마음 심} 초상날 기, 꺼릴 기 부수 心 / 총획 7			★몸(己)이 아파 마음(心)속으로 꺼린다. 꺼릴 기. • 忌避(기피): 꺼리어 피함. • 忌祭(기제): 해마다 죽은 날에 지내는 제사.
말씀 언 **記**_{몸 기} 기록할 기 부수 言 / 총획 10			★말(言)이 몸(己)에 유익하면 기록하여야 하느니라. 기록할 기. • 記錄(기록): 일의 되는 모양을 적음. • 記憶(기억): 경험한 사물을 잊지 않고 인식하는 작용.
실 사 **紀**_{몸 기} 벼리 기 부수 糸 / 총획 9		杞 구기자 기	★실(糸)처럼 가늘어도 몸(己)이 벼리처럼 중요해. 벼리 기. • 벼리: 그물 위쪽 코를 꿰어 잡아당기는 고리 줄. • 紀綱(기강): 나라를 다스리는 일. 관리의 기율과 법강.
달아날 주 **起**_{몸 기} 일어날 기 부수 走 / 총획 10		赴 알릴 부	★달아나려고(走) 몸(己)을 일으킨다. 일어날 기. • 起床(기상): 잠에서 깨어남. • 起案(기안): 초안을 잡음.
술 유 **配**_{몸 기} 짝 배 부수 酉 / 총획 10			★술(酉←酒: 술 주) 따라 주는 몸(己)이 된 사람이니 내 짝이요, 배필이다. 짝 배. • 配匹(배필): 부부로서 알맞은 짝. • 配給(배급): 분배하여 공급함.
앞페이지 복습	螢	灣	樂	藥	己

한자	비슷한 한자	설명
改 몸 기 / 칠 복 고칠 개 부수 攵 총획 7		★(자기의 잘못을) 몸(己)을 쳐서(攵: 칠 복) 고친다. 고칠 개. • 改善(개선): 잘못 된 것을 고쳐 잘 되게 함. • 改正(개정): 바르게 고침. 改定(개정): 고쳐 다시 정함.
攻 장인 공 / 칠 복 칠 공 부수 工 총획 6	功 공 공	★장인(工)은 항상 무엇을 칠(攵)까? 칠 공. • 攻擊(공격): 나아가 적을 침. 엄하게 반박함. • 攻駁(공박): 남의 잘못한 점을 드러내어 공격함.
收 얽힐 구 / 칠 복 거둘 수 부수 攵 총획 6		★이삭에 얽힌(丩) 곡식을 쳐서(攵) 알맹이를 거두어들인다. 거둘 수. • 營業收益(영업 수익) : 기업의 주요 영업에서 생기는 수익. • 吸收合倂(흡수 합병) : 회사의 합병 방식의 하나. 한 회사가 다른 회사를 흡수하는 방식.
敗 조개 패 / 칠 복 패할 패 부수 貝 총획 11		★조개(貝: 조개 패. 옛날에 화폐가 없을 시 돈으로 사용)를 친다(攵). 그럼 깨어지지? 돈이 깨어졌으니 패할 것이다. 패할 패. • 敗家(패가): 가산을 다 써 없앰. • 敗北(패배): 패북(×). 싸움에 짐. 싸움에 지고 도망감.
散 스물 입 / 칠 복 고기 육 흩어질 산 부수 攵 총획 12		★스무(廿: 스물 입) 번씩이나 고기(月)를 치면(攵) 흩어지지? 흩어질 산. • 散策(산책): 가벼운 기분으로 한가롭게 이리저리 걸음. • 散漫(산만): 흩어져 어수선함.

앞페이지 복습	忌	記	紀	起	配

손 수 **撒** 흩어질 산 뿌릴 살 부수 扌 총획 15	비슷한 한자	★손(扌: 재방변 수, 손 수)으로 흩어지게(散) 잘 뿌려라! 뿌릴 살.
		• 撒水(살수): 물을 뿌림. • 撒布(살포): 흩어 뿌림. (예)공중살포.
말씀 왈 **由** 뚫을 곤 말미암을 유 부수 田 총획 5	申 납 신 田 밭 전	★말(曰)을 뚫어지게(丨) 잘함으로 말미암아 변호사가 되었나? 말미암을 유.
		• 由來(유래): 사물의 내력. • 事由(사유): 일의 까닭.
두 번 **曲** 말씀 왈 굽을 곡 부수 曰 총획 6		★말(曰)을 도리에 맞지 않게 두 번(刂)이나 굽혔다. 굽을 곡.
		• 曲線(곡선): 구부러진 선. • 曲解(곡해): 어긋나게 해석함. • 歪曲(왜곡): 사실과 다르게 해석하거나 그릇되게 함. ※曲: 굽다, 바르지 않다. 불합리. 악곡
물 수 **油** 말미암을 유 기름 유 부수 氵 총획 8		★물(氵)로 말미암아(由) 가려내는 기름. 기름 유.
		• 油田(유전): 석유가 나는 곳. • 油印物(유인물): 등사로 찍어낸 인쇄물.
집 면 **宙** 말미암을 유 우주 주 부수 宀 총획 8		★집(宀: 갓머리, 집 면)으로 말미암아(由) 살아가는 우주. 우주 주.
		• 宇宙(우주): 세계. 천지. 천체 그 밖의 만물을 포용하는 공간. • 歪曲(왜곡): 사실과 다르게 해석하거나 그릇되게 함.
앞페이지 복습	改	攻	收	敗	散

한자	비슷한 한자	풀이
抽 손 수 말미암을 유 뽑을 추 부수 扌 총획 8		★손(扌)으로 말미암아(由) 뽑을 수 있다. 뽑을 추. • 抽薦(추천): 어떤 조건에 적합한 사람을 책임지고 소개함. 인재를 소개함. • 抽籤(추첨): 제비를 뽑음.
笛 대 죽 말미암을 유 피리 적 부수 竹 총획 11		★대나무(竹)로 말미암아(由) 소리 나는 피리. 피리 적. • 秋笛(추적): 가을에 부는 피리소리. • 汽笛(기적), 警笛(경적) 등등.
歷 굴바위 엄 벼 화 그칠 지 지낼 력 부수 止 총획 16	歷 약자 厂 속자	★굴바위(厂: 기슭, 언덕) 밑에 벼들(禾: 벼 화)을 심고 끝(止)날 때까지 지난날을 생각한다. 지낼 력(역). • 歷任(역임): 거듭하여 여러 지위를 차례로 지냄. • 歷史(역사): 어떤 사물의 오늘날에 이르는 동안 변화된 자취.
曆 굴바위 엄 벼 화 날 일 책력 력 부수 日 총획 16		★굴바위(厂) 밑에 벼(禾)들을 심어놓고 날짜(日)를 들여다보니 책력이다. 책력 책. • 陽曆(양력), 陰曆(음력) 등등.
東 말씀 왈 나무 목 동녘 동 부수 木 총획 8	柬 분별 간 束 묶을 속	★나무(木)가 말(日)을 한다? 이쪽이 동쪽이란다. 동녘 동. • 東問西答(동문서답): 물음에 대하여 전혀 당치도 않은 엉뚱한 대답을 하는 것을 이르는 말. • 東奔西走(동분서주): 부산하게 이리저리 돌아다님.
앞페이지 복습	撒	由	曲	油	宙

한자	비슷한 한자	설명
얼음 빙 / 동녘 동 **凍** 얼음 동 부수 冫 총획 10		★얼음(冫: 얼음 빙)이 동쪽(東)에도 얼까? 얼음 동. • 凍結(동결): 얼어붙음. • 解凍(해동): 얼었던 것이 녹아서 풀림.
언덕 부 / 동녘 동 **陳** 베풀 진, 벌일 진 부수 阝 총획 11	陣 진칠 진	★언덕(阝: 언덕 부. 阜) 동쪽(東)에 물건을 벌여 놓았다. 벌일 진, 베풀 진. • 陳列(진열): 물건 따위를 잘 보이기 위하여 벌여 놓음. • 陳述(진술): 자세히 말함.
될 착 / 삽주 출 **述** 책 쓸 술, 지을 술 부수 辶 총획 9		★삽주(朮: 삽주 출, 차조 출)나무가 뛰어(辶: 뛸 착, 갈 착. 책받침변)나게 자라듯 빨리 자라나게 하는 방법을 책으로 짓는다(쓴다). 지을 술. • 著述(저술): 글을 써서 책을 만듦. • 論述(논술): 의견을 진술함(자세히 말함).
삽주 술 / 갈 행 **術** 재주 술 부수 行 총획 11		★삽주(朮)나무를 가져 가는(行) 것도 재주다. 재주 술. • 術策(술책): 무슨 일을 도모하려는 꾀나 방법. • 技術(기술): 말이나 일, 공예를 꾀 있게 다루는 솜씨.
새 / 나무 목 **禾** 벼 화 부수 禾 총획 5		★나무(木) 위에 새(丿: 삐침 별) 앉은 자. 벼 화.
앞페이지 복습	抽	笛	歷	曆	東

		비슷한 한자	
벼 화 **香**_{날 일} 향기 향 부수 禾 / 총획 9			★벼(禾)가 날(日)이 가면 익어서 향기가 난다. 향기 향. • 香水(향수): 향수를 풍기는 물. • 香魂(향혼): 꽃의 향기 즉 계집을 꽃에 비유하여 그 넋을 이르는 말.
벼 화 **利**_{칼 도} 이로울 리 부수 刂 / 총획 7			★벼(禾)를 칼(刂)로 베어 이익을 챙긴다. 이로울 리. • 利己(이기): 자기 개인의 이익만 챙김. • 利權(이권): 유리한 권력. ※ 刂(선칼도방 도): 칼이 서 있는 모양. 선 칼. = 刀, 〃(칼 도)
이로울 리 **梨**_{나무 목} 배 리 부수 木 / 총획 11			★이롭게(利) 하는 나무(木)는 배나무다. 배 리. • 梨花(이화): 배꽃. • 李花(이화): 오얏(자두나무)꽃.
병 녁 **痢**_{이로울 이} 설사 리, 이질 이 부수 疒 / 총획 12			★병(疒)에 이롭다(利) 하여 많이 먹다가 설사병 이질에 걸렸어. 이질 리. • 痢疾(이질): 똥에 곱이 섞여 나오면서 뒤가 잦고 당기는 증세. 전염병의 한 가지. ※ 병 녁. 침대에 누워 있는 모양. 병, 질병의 뜻이 있다.
벼 화 **稻**_{손톱 조 절구 구} 벼 도 부수 禾 / 총획 15			★벼(禾)를 손톱(爪)으로 긁어 절구통(臼)에 부어 넣은 좋은 벼. 벼 도. • 稻作(도작): 벼농사. • 稻花(도화): 벼꽃, 桃花(도화): 복숭아꽃.
앞페이지 복습	凍	陳	述	術	禾

		비슷한 한자	
다섯 오 / 칼 도 **剎** 나무 목 절 찰 부수 刂 / 총획 8			★나무(木)를 열(乂: 다섯 오, 다섯 곱절, 여러번) 번이나 칼(刂, 刀)질하여 만든 절이다. 절 찰. • 剎那(찰나): 아주 짧은 시간. • 寺剎(사찰): 절.
나무 목 **李** 아들 자 오얏 리, 성 이 부수 木 / 총획 7			★오얏나무(木) 밑에서 아들(子)이 따먹는 오얏. 오얏 리. • 李花(이화): 오얏꽃(자두꽃).
벼 화 **季** 아들 자 끝 계 부수 子 / 총획 8		委 맡길 위	★벼(禾) 밑에 숨어도 보이지 않을 작은 아들(子)이니 막내(끝)다. 끝 계. • 季氏(계씨): 상대자를 높여 그의 아우를 이르는 말. • 季節(계절): 철. 사계절.
벼 화 **私** 나 사 사사로울 사 부수 禾 / 총획 7		社 모일 사	★벼(禾)를 심는 것은 나(厶 사)를 위한 것이니 사사롭다. 사사로울 사. • 私見(사견): 자기 개인의 생각과 의견. • 私談(사담): 사사로이 하는 말.
벼 화 **和** 입 구 화목할 화 부수 禾 / 총획 8			★벼(禾)를 벗겨 쌀을 입(口)으로 먹을 때 온가족이 즐겁고 화목하다. 화목할 화. • 和睦(화목): 서로 뜻이 맞고 정겨움. • 和解(화해): 다투던 일을 풂.

앞페이지 복습	香	利	梨	痢	稻

		비슷한 한자	
벼화 손톱조 흙토 멀경 稱 칭찬할 칭 부수 禾 총획 14			★벼(禾)와 성(冂: 멀 경. 성) 안에 흙(土)을 손톱(爪)으로 모았으니 칭찬할 만하다. 칭찬할 칭. • 稱頌(칭송): 공덕을 칭찬하여 기림. • 稱讚(칭찬): 미덕을 찬송하여 기림.
犬 개 견 부수 犬 총획 4		大 클 대 큰 대 太 클 태	★犬(犭): 개 견. 狗: 개 구. • 猛犬(맹견): 사나운 개. • 犬猿之間(견원지간): 개와 원숭이의 관계처럼 대단히 사이가 나쁜 관계.
입구 吠 개견 개 짖을 폐 부수 口 총획 7			★입(口)으로 개(犬)가 짖어댄다. 개 짖을 폐. • 犬(개 견). 狗(개 구). 戌(개 술).
스스로자 개견 臭 냄새 취 부수 自 총획 10			★스스로(自) 개(犬)는 냄새를 잘 맡는다. 냄새 취. • 惡臭(악취): 흉악한 냄새. • 口尙乳臭(구상유취): 입에 아직 젖 냄새가 남. 즉, 어리다는 뜻.
개사슴 녹변 견 말씀 언 獄 개견 감옥 옥 부수 犬 총획 14			★말(言)도 못하게 양쪽에서 개(犭, 犬)가 지키는 감옥. 감옥 옥. • 獄苦(옥고): 옥살이하는 고생. • 監獄(감옥): 교도소의 전 이름. 형벌의 집행 관련 사무를 맡아보는 관청.
앞페이지 복습	刹	李	季	私	和

입구 哭 입구 개견 울 곡 부수 口 총획 9	비슷한 한자 犬 개견 太 클 태	★개(犬)가 입(口口)을 맞대고 울고 있다. 울 곡.
		• 哭聲(곡성): 곡하는 소리. • 痛哭(통곡): 소리를 높여 슬피 움.

울곡 器 입구 그릇 기 부수 口 총획 16		★울면서(哭) 입과 입(口口)은 그릇에 가네? 그릇 기.
		• 大器(대기): 큰 그릇. • 器具(기구): 세간, 그릇, 연장 등의 총칭.

구멍 혈 突 개견 갑자기·우뚝할 돌 부수 穴 총획 9		★구멍(穴: 구멍 혈)에서 개(犬)가 갑자기 튀어나온다. 우뚝할 돌, 갑자기 돌.
		• 突出(돌출), 突發(돌발), 衝突(충돌) 등등. • 突破(돌파): 쳐서 깨뜨리고 뚫고 나감.

물수 淚 문호 개견 눈물 루 부수 氵 총획 11		★개(犬)를 집(戶: 지게문호, 문, 집의 뜻이 있다) 밖으로 끌어내니 물(氵)방울 같은 눈물을 흘린다. 눈물 루.
		• 落淚(낙누): 눈물을 흘림.

물수 漏 지붕시 비우 샐루 부수 氵 총획 14		★물(氵) 새는 지붕(尸: 주검 시, 지붕, 몸의 뜻이 있다)은 비(雨)만 오면 샌다. 샐 루.
		• 漏泄(누설): 물이 샘. 비밀이 새게 함. • 漏落(누락): 응당 적혀 있어야 할 것이 빠짐.

| 앞페이지 복습 | 稱 | 犬 | 吠 | 臭 | 獄 |

		비슷한 한자	
입구 밭전 개견 한일 입구 獸 짐승 수 부수 犬 / 총획 19			★입(口)을 벌리고 밭(田)에서 한(一) 입(口)에 개(犬)를 잡아먹으려 하는 짐승. 짐승 수. • 猛獸(맹수): 사나운 짐승. • 獸醫(수의): 가축의 병을 고치는 의사.
바위 엄 날일 개견 달월 厭 싫어할 염 부수 厂 / 총획 14			★굴바위(厂: 굴바위 엄, 민엄호) 속에서 해와 달(日月) 도 보지 못하고 개(犬)처럼 살려니 싫다 싫어. 싫어할 염. • 厭症(염증): 싫증.
싫어할 염 壓 흙토 누를 압 부수 土 / 총획 17		약자	★싫은(厭) 것은 흙(土)으로 덮어 눌러라! 누를 압. • 壓力(압력): 누르는 힘. • 壓倒(압도): 상대방을 눌러서 넘어뜨림.
손수 拔 뺄 발 부수 扌 / 총획 8		犮 달릴 발 友 벗 우	★손(扌)을 달아나기(犮) 위해서 뺐다. 뺄 발. • 拔本(발본): 근원을 뽑음. • 拔本塞源(발본색원): 폐단의 근원을 뽑고 막아 없앰.
길장 털 髮 달아날 발 머리 발 부수 髟 / 총획 15			★긴(镸←長) 머리(彡: 터럭 삼)가 달아날(犮) 때 휘날린다. 머리 발. • 毛髮(모발): 사람의 머리털과 몸에 난 털의 총칭. • 頭髮(두발): 머리털.
앞페이지 복습	哭	器	突	淚	漏

한자	비슷한 한자	설명
尢 절름발 왕 부수 尢 총획 3		★큰(大: 큰 대) 게 되지 못하고 절름발이(尢)가 되었다. 절름발이 왕. 다른 부수가 붙어야 뜻이 나타남.
尤 점주 더욱 우 부수 尢 총획 4	大 큰 대 犬 개 견	★절름발이(尢)가 눈물(丶: 점 주)을 흘리며 더욱 한탄한다. 더욱 우. • 尤妙(우묘): 더욱 묘함. 매우 신통함.
兀 한 일 어진 사람 인 우뚝할 올 부수 儿 총획 3		★한(一)결같이 어진 사람(儿)은 우뚝하다. 우뚝할 올. • 뜻만 기억.
就 서울 경 더욱 우 이를 취, 나아갈 취 부수 京 총획 12		★서울(京)은 더욱(尤: 더욱 우, 절름발이 왕) 발전해 나아갈 것이다. 나아갈 취. • 就業(취업), 就職(취직) 등등. • 就任(취임): 맡은 임무에 나아감.
蹴 발 족 나아갈 취 찰 축 부수 足 총획 19		★발(⻊)로 나아가며(就) 차는 것이 축구다. 찰 축. • 蹴球(축구): 11명씩 두 패로 나누어서 상대방 문 안에 공을 차 넣음으로써 승부를 겨루는 경기.

앞페이지 복습	獸	厭	壓	拔	髮

한자	비슷한 한자	풀이
瞭 (햇불 료) 눈 밝을 료 부수 目 / 총획 17	僚 동료 료	★눈(目)이 밝으니(尞: 횃불 료, 밝을 료) 눈 밝을 료다. • 瞭然(요연): 똑똑하고 분명함. • 瞭望(요망): 높다란 곳에서 적정을 멀리 바라봄. • 遙望(요망): 멀리 바라봄. • 妖妄(요망): 요사스럽고 망녕됨. • 要望(요망): 꼭 그리 하여 주기를 바람.
療 (햇불 료) 병들 역 병 고칠 료 부수 疒 / 총획 17	尞 햇불 료	★병(疒: 병질 엄)을 밝게(尞) 하여 주는 것이 뭐게? 병 고칠 료. • 療養(요양): 병을 치료, 조리함. 治療(치료): 병을 돌봐서 낫게 함. • 療飢(요기): 시장기를 면할 만큼 조금 먹음.
燎 (밝을 료) 불 화 비칠 료 부수 火 / 총획 16		★불(火)이 있는데 또 밝게(尞) 비추니, 비칠 료. • 燎原(요원): 불이 타나가는 벌판. (예)요원의 불길. • 遙遠(요원): 멀고 멂.
立 설 립 부수 立 / 총획 5	音 소리 음 音 침 뱉을 부 침 뱉을 투	★땅 위에 서있는 모양을 본떴다. • 立件(입건): 혐의 사실을 인정하고 사건을 성립시킴. • 立法(입법): 법률을 제정하는 행위. 삼권의 하나.
泣 (설립) 물 수 울 읍 부수 氵 / 총획 8		★물(氵)방울 같은 눈물을 흘리며 서서(立) 운다. 울 읍. • 泣諫(읍간): 울면서 간함. • 泣訴(읍소): 눈물로써 하소연 함. • 感泣(감읍): 감격하여 욺.
앞페이지 복습		九 尤 兀 就 蹴

한자	비슷한 한자	설명
설립 **立** 나란히 병 부수 立 / 총획 10	並 약자 併 나란할 병	★두 사람이 나란히 서 있으니, 나란히 병. • 竝設(병설): 함께 베풀어둠. • 竝行(병행): 나란히 감. 아울러 행함.
나란히 병 **普** 말씀 왈 넓을 보 부수 日 / 총획 12	晋 나라 진	★나란히(竝: 나란히 병) 말(日)을 하니 넓게 퍼지네? 넓을 보. • 普通(보통): 특별하지 않고 일반에 널리 통함. • 普通(보통): 모든 것에 두루 미침.
말씀 언 **譜** 넓을 보 족보 보, 악보 보 부수 言 / 총획 19		★말(言)이 소문 없이 퍼지듯 넓게(普) 퍼진 종족을 기록한 것이 족보다. 족보 보. • 族譜(족보): 한 가문의 계통과 혈통 관계를 기록한 책. • 樂譜(악보): 음악의 곡조를 일정한 부호로써 나타낸 것.
풀 초 **業** 여덟 팔 양 양 업 업 부수 木 / 총획 13		★풀(业: 업 업←艹: 풀 초)로 양(羊) 여덟(八) 마리를 기르며 업으로 삼는다. 업 업. • 業務(업무): 직업으로 하는 일. 맡아서 하는 일. • 職業(직업) 등등.
풀 초 **對** 양 양 마디 촌 대할 대 부수 寸 / 총획 14		★풀(业←艹)밭에 양(羊)들도 촌(寸)수가 있어 대하는 것이 달라? 대할 대. • 對立(대립): 마주 섬. • 對答(대답): 부름, 물음, 시킴 등에 응하는 말.
앞페이지 복습	瞭 療 燎 立 泣	

한자	비슷한 한자	설명
業 업 업 叢 취할 취 모일 총, 떨기 총 부수 又 / 총획 18		★모든 업(業→ 丵)을 취(取)하고 다시 모은다. 모일 총. • 叢書(총서): 계속해서 출판하는 같은 종류의 서적. • 叢集(총집): 떼 지어 모임.
머리 두 / 사사 사 棄 아무 모 버릴 기 부수 木 / 총획 12		★머리(亠: 머리 부분 두: 돼지해머리 두)에 있는 사심(厶: 사사 사)을 아무(某) 생각 없이 버렸다. 버릴 기. • 棄權(기권): 자기에게 있는 권리를 버리고 쓰지 않음. • 拋棄(포기): 내어 던짐.
卯 토끼 묘 부수 卩 / 총획 5	印 나 앙	★내(卬: 나 앙)가 품고(丿) 다니는 토끼. 토끼 묘. • 뜻만 기억. ※巳(卩): 병부절, 나무패
卵 알 란 부수 卩 / 총획 7		★토끼(卯)가 새끼(丶丶)를 뱄나? 그것이 알이래? 알 란. • 累卵(누란): 여러 개의 알을 쌓아놓은 것. 곧 매우 위태로운 형편을 비유하여 이르는 말.
손 수 印 병부 절 도장 인 부수 卩 / 총획 6		★병부(卩)에 있는 사람은 손(⺕←手)에 도장을 가지고 다닌다. 도장 인. • 印鑑(인감): 관공서나 기타 거래처에 미리 신고하여 둔 도장. ※印(도장 인): 爫(손톱 조)와 卩(병부 절)이 결합한 모습.
앞페이지 복습	竝	普	譜	業	對

		비슷한 한 자	
나무 목 **柳** 토끼 묘 버들 류 부수 木 / 총획 9			★버드나무(木) 밑에 토끼(卯)가 있어유. 버들 류. • 柳腰(유요): 버들가지처럼 가늘고 부드러운 허리.
조개 패 **貿** 토끼 묘 무역 무 부수 貝 / 총획 12			★토끼(𠨍←卯)를 돈과 교환? 무역하네? 무역 무. • 貿易(무역): 팔고 사거나 교환하는 경제적 활동.
토끼 묘 **留** 밭 전 머무를 류 부수 田 / 총획 10			★토끼(卯)가 밭(田)에 머물러 있어류? 머무를 류. • 留宿(유숙): 남의 집에 머물러 묵음. • 留任(유임): 그 자리나 직위에 머물러 있음.
어질 량 **卿** 토끼 묘 벼슬 경 부수 卩 / 총획 12			★토끼(卯: 토끼 묘)같이 순하고 어진(𠨍←良) 사람이 벼슬할 사람이다. 벼슬 경. • 卿士大夫(경사대부): 삼정승 이외의 모든 벼슬아치의 총칭.
조개 패 **贊** 먼저 선 도울 찬 부수 貝 / 총획 19		賛 약자	★서로 먼저(先: 먼저 선 / 兟: 나아갈 신) 돈(貝)을 내고 도와주려고 하네? 도울 찬. • 贊成(찬성): 옳다고 동의함. • 贊否(찬부): 찬성과 불찬성.
앞페이지 복습	叢	棄	卯	卵	印

한자	비슷한 한자	설명
讚 (도울 찬, 말씀 언) 찬양, 기릴 찬 부수 言 · 총획 28	讚 약자	★말(言)로 도움(贊)이 되도록 칭찬하며 기린다. 기릴 찬. • 讚揚(찬양): 칭찬하여 나타나게 함. • 讚嘆(찬탄): 칭찬하고 감탄함.
坐 (사람 인, 사람 인, 흙 토) 앉을 좌 부수 土 · 총획 7		★흙(土)바닥에 두 사람(人人)이 앉았어요? 앉을 좌. • 坐視(좌시): 간섭하지 않고 가만히 두고 보기만 함. • 坐不安席(좌불안석): 한 군데 오래 앉아 있지 못함. 불안 초조함을 이르는 말.
巫 (장인 공, 장인 공) 무당 무 부수 工 · 총획 7	坐 앉을 좌	★장인(工) 양쪽에 사람들(人人)이 서서 악귀를 쫓아내는 무당. 무당 무. • 巫堂(무당): 신과 인간의 중개 구실을 한다고 하여 길흉을 점치고 굿을 하는 여자.
挫 (손 수, 앉을 좌) 꺾을 좌 부수 扌 · 총획 10		★손(扌)으로 억지로 앉히(坐)었다. 꺾을 좌. • 挫折(좌절): 기세 의지 등이 꺾임. (예)좌절감.
座 (엄 호, 앉을 좌) 자리 좌 부수 广 · 총획 10		★집(广: 굴바위집, 집의 뜻이 있다) 안에 앉은(坐) 자리가 좋다. 자리 좌. • 座談(좌담): 자리잡고 앉아서 하는 이야기. • 座席(좌석): 앉는 자리.
앞페이지 복습	柳	貿	留	卿	贊

한자	비슷한 한자	설명
誣 (말씀 언 / 무당 무) 속일 무 부수 言, 총획 14		★말(言) 잘하는 무당(巫)은 속임수가 있다. 속일 무. • 誣告(무고): 없는 죄를 있는 것처럼 꾸며 관청에 고발함. (예)무고죄.
靈 (비 우 / 무당 무) 신령 령 부수 雨, 총획 24	灵 속자 입 구	★비(雨) 내리는 소리 같이 많은 말(口口口)을 하여 무당(巫)이 부르는 신령. 신령 령. • 靈魂(영혼): 넋. • 神靈(신령): 풍습으로 섬기는 모든 신.
豊 (굽을 곡 / 콩 두) 풍년 풍 부수 豆, 총획 13		★구부러진(曲) 콩(豆)도 잘 자랐으니 풍년이다. 풍년 풍. • 豊盛(풍성): 넉넉하고 많음. • 豊滿(풍만): 물건이 풍족함.
禮 (보일 시 / 풍년 풍) 절 례, 예도 례 부수 示, 총획 18	礼 속자 札 표 찰	★신(示: 보일 시, 귀신 기)에게 풍년(豊)이 들었다고 음식을 차려놓고 예의로 절을 한다. 예도 례. • 禮(례): 사람이 마땅히 지켜야 할 의칙. • 禮度(예도): 예절. 예의범절(절차). • 禮意(예의): 예절과 태도.
體 (뼈 골 / 풍년 풍) 몸 체 부수 骨, 총획 23	体 속자 休 쉴 휴	★뼈(骨)마디마다 살이 붙어 풍성(豊)하게 이루어진 몸. 몸 체. • 體驗(체험): 자기가 몸소 경험함.

앞페이지 복습	讚	坐	巫	挫	座

한자	비슷한 한자	설명
農 농사 농 부수 辰　총획 13	굽을 곡 별 진	★구부러진(曲) 몸으로 별(辰)이 뜰 때까지 농사짓는 농부. 농사 농. • 農夫(농부): 농사를 업으로 하는 사람. • 農繁期(농번기): 농사일이 바쁜 시기.
濃 짙을 농 부수 氵　총획 16	물 수 농사 농	★물(氵)이 맑아 농사(農)지은 농작물들이 색깔이 짙다. 짙을 농. • 濃度(농도): 혼합 기체나 또는 용액 가운데에 존재하는 각 성분의 양의 비율.
里 마을 리 부수 里　총획 7	밭 전 흙 토	★저 밭(田) 밑에 땅(土)은 우리 마을이다. 마을 리. • 里程(이정): 길의 이수. • 里程標(이정표): 거리표.
埋 묻을 매 부수 土　총획 10	흙 토 마을 리	★땅(土)에 마을(里)의 보물을 묻어둔다. 묻을 매. • 埋沒(매몰): 파묻음. 묻힘. • 埋藏(매장): 광물 같은 것이 땅 속에 묻혀 있음. 혹은 묻어버림. • 埋葬(매장): 송장을 땅에 묻음. 사회에서 몰아냄.
理 다스릴 리 부수 王　총획 11	구슬 옥 마을 리	★옥토(玉: 변으로 가면 王 자로 변한다. 구슬옥변) 같은 마을(里)을 잘 다스려라. 다스릴 리. • 理論(이론): 지식을 법칙적 또는 경험적 논리로 이해시키는 체계. • 理性(이성): 이치에 따라 사리를 분별하는 성품. • 理解(이해): 사리를 분별하여 앎.

| 앞페이지 복습 | 誣 | 靈 | 豊 | 禮 | 體 |

	비슷한 한자	
여덟 팔 **平** 방패 간 평평할 평 부수 干 | 총획 4		★방패(干) 여덟(八) 개가 다. 평평해? 평평할 평. ・平均(평균): 많고 적음이 없이 균일함. 고르게 함. ・平生(평생): 일생.
흙 토 **坪** 평평할 평 들 평, 땅 평 부수 土 | 총획 7		★흙(土)을 평평(平)하게 다져 놓은 땅(들). 들 평, 땅 평. ・坪當(평당): 한 평에 대한 비율. ・建坪(건평): 건물이 자리 잡은 터의 평수.
말씀 언 **評** 평평할 평 공평할 평 부수 言 | 총획 11		★말(言)을 평평(平)하게 하여 양쪽이 다 공평하다. 공평할 평. ・公評(공평): 공정한 비평. ・評價(평가): 물건의 값을 평정함. 선, 악, 미, 추의 가치를 논정함.
선비 사 **壹** 덮을 멱 콩 두 한 일 부수 士 | 총획 12		★선비(士)의 재산은 덮어(冖: 덮을 멱) 놓은 콩(豆) 하나뿐이다. 한 일.(선비의 청렴함을 일컫는 말.) ・한 일(一)의 갖춘 한 일 자로써, 숫자에서 고침을 방지하기 위하여 많이 씀.
민엄 호 **勵** 만 만 힘 력 힘쓸 려 부수 力 | 총획 16		★굴(厂: 굴바위 엄) 안에서 많은(萬) 돈을 벌기 위해 힘(力)을 쓴다. 힘쓸 려. ・獎勵(장려): 권하여 힘쓰게 함. ・激勵(격려): 마음이나 기운을 북돋워 힘쓰도록 함.
앞페이지 복습	農	濃	里	埋	理

한자	비슷한 한자	설명
범호 ／ 개견 **獻** 솥격 바칠 헌, 드릴 헌 부수 犬 총획 20	獻 약자 鬲 막을 격 솥 력	★범(虍) 고기와 개(犬)고기를 솥(鬲: 솥 력, 막을 격)에 끓여서 부모님께 바친다. 바칠 헌, 드릴 헌. • 獻身(헌신): 자기의 이해를 돌보지 않고 전력을 다함. • 獻納(헌납): 물건을 바침.
고기육 ／ 쌀포 **胸** 흉할 흉 가슴 흉 부수 月 총획 10		★몸(月)속에 싸고(勹: 쌀 포) 있는 흉한(凶) 것을 삭여내는 가슴. 가슴 흉. ※肉(月): 고기 육. 肉변 자가 좌측이나 밑에 붙으면 月 자로 변하며, 육달월이라 함. • 胸襟(흉금): 가슴 속 품은 생각. (예)흉금을 털어놓고 이야기하자. • 胸像(흉상): 가슴 윗부분만의 화상.
사람인 **禽** 흉할 흉 짐승 날짐승 금 부수 内 총획 13		★사람(人)과 흉한(凶) 짐승(内: 짐승 발자국 유)을 피해서 날아가는 날짐승. 날짐승 금. • 禽獸(금수): 날짐승.
짐승금 **離** 새 추 떠날 리 부수 隹 총획 19		★날짐승(离: 떠날 리←禽: 새 금) 새(隹)는 멀리 떠날 수 있다. 떠날 리. • 離別(이별): 서로 갈라져 떨어짐. • 離散(이산): 떨어져 흩어짐. 헤어짐. 이산가족.
옷의 **裏** 마을 리 안 리, 속 리 부수 衣 총획 13		★옛날 마을(里) 사람들은 속 안에 옷(衣)을 많이 입었다. 속 리. ※里(마을 리), 衣(옷 의)의 결합한 글자. • 裏面(이면): 뒷면. 겉으로 드러나지 않고 눈에 보이지 않는 부분. • 裏書(이서): 뒷면에 적음. • 添附(첨부): 더하여 붙임.

| 앞페이지 복습 | 平 | 坪 | 評 | 壹 | 勵 |

한자	비슷한 한자	설명
집 면 **字**_{아들 자} 글자 자 부수 子 / 총획 6	**子** 아들 자	★집(宀: 집 면, 갓머리)에서 아들(子)에게 글자를 가르친다. 글자 자. • 字義(자의): 글자의 뜻. • 字解(자해): 글자의 풀이. 한자의 풀이.
사람 인 **侶**_{등뼈 려} 짝 려 부수 人 / 총획 9	**呂** 성 려 등뼈 려	★사람(人)의 등뼈(呂)같이 붙어있는 내 짝. 짝 려. • 伴侶(반려): 짝이 되는 친구. • 伴侶-者(반려-자): 아내.
집 면 **宮**_{등뼈 려} 궁전 궁, 집 궁 부수 宀 / 총획 10	**呂** 등뼈 려	★집(宀: 궁전, 집의 뜻이 있다)이 등뼈(呂)처럼 이어진 웅대한 궁전. ★집(宀)에서 등뼈(呂)를 펴고 자는 나의 집. 궁전 궁. • 宮中(궁중): 대궐 안. • 宮合(궁합): 혼인할 때 신랑 신부의 사주를 오행에 맞춰 길흉을 점치는 일.
주검 시 **尺**_자 자 척 부수 尸 / 총획 4	**尸** 주검 시	★지붕(尸: 주검, 지붕, 몸)의 높이를 자(丶: 네이버에는 점 주)로 잰다. 자 척. • 尺度(척도): 계량이나 평가의 기준. • 咫尺(지척): 서로 떨어진 거리가 아주 가까움. (예)지척이 천리라.
주검 시 **局**_{글 구절 구} 판 국 부수 尸 / 총획 7	**尺** 자 척	★지붕(尸: 주검, 지붕, 몸, 집의 뜻이 있다) 아래서 글귀(句)를 읽은 판국이었다. 판 국. • 局地(국지): 한정된 한 구역의 땅. • 局限(국한): 어떤 현상이나 사물의 범위를 한 부분에 한정함.
앞페이지 복습	獻	胸	禽	離	裏

한자	비슷한 한자	설명
尾 꼬리 미 (주검 시, 털 모) 부수 尸 / 총획 7		★지붕(尸) 밑으로 나온 털(毛)이 꼬리다. 꼬리 미. • 尾行(미행): 몰래 뒤를 밟음. • 末尾(말미): 사물의 끄트머리. 말단.
展 펼 전 (주검 시, 옷의변 의) 부수 尸 / 총획 10		★지붕(尸) 아래 찢어진 옷(衺)을 펼쳐 놓았네? 펼 전. ※衺: 찢어진 옷 의. 옥편에 없음. • 展覽(전람): 여럿을 벌여놓고 보이는 일. • 展望(전망): 멀리 바라봄. 또는 그 경치. ※네이버에는 尸(주검 시) + 廿(스물 입) + 衣(옷의변 의)로 나옴. ※衣(옷의변 의)=衣, 衤
父 아비 부 부수 父 / 총획 4	攵 칠 복 / 夂 뒤쳐져 올 치	★엄한 아버지가 회초리로 자녀들을 때리는 모습. ★돌도끼나 곡괭이로 베고 깎는(乂: 벨 예, 징계 애) 모습. • 父母(부모): 어버이. • 父子(부자): 아버지와 아들. • 부자유친(父子有親): 오륜의 하나. 부자간의 도는 친하고 사랑함에 있다.
子 아들 자 부수 子 / 총획 3	了 마칠 료 / 孖 쌍둥이 자	★갓 태어난 아이가 양팔을 벌리고 있는 모양. 아들 자. • 子女(자녀): 아들과 딸. • 子孫(자손): 아들과 손자. 후손.
孔 구멍 공 (아들 자, 새 을) 부수 子 / 총획 4		★아들(子)은 엄마 배에서, 새(乙 = ㄴ: 새 을, 구부릴 을)는 알 구멍에서 태어나니 구멍이다. 구멍 공. • 孔孟(공맹): 공자와 맹자. • 孔雀夫人(공작부인): 아름답게 꾸민 미인.

앞페이지 복습: 字　侶　宮　尺　局

	비슷한 한자	
孟 그릇 명 / 아들 자 첫 맹 부수 子 총획 8		★아들(子)을 큰 그릇(皿: 그릇 명) 대야에 담아 씻은 첫 아들. 첫 맹. • 孟子(맹자): 중국 춘추전국시대의 사상가. • 孟浪(맹랑)하다: 만만히 볼 수 없을 만큼 똘똘하고 깜찍함. : 생각하던 바와는 달리 아주 허망(虛妄)함. ※ 孟: 첫, 맏이, 우두머리
猛 개 견 / 첫 맹 사나울 맹 부수 犭 총획 11		★개(犭=犬)는 집짐승 중에서 첫째(孟)로 사나운 짐승이다. 사나울 맹. • 勇猛(용맹): 날래고 사나움. • 猛烈(맹렬): 기세가 사납고 세차다.
狡 개 견 / 사귈 교 교활할 교 부수 犭 총획 9		★개(犭=犬: 개 견)도 잘 사귀면(交: 사귈 교) 교활하지 않다. 교활할 교. • 狡死(교사): 목을 매어 죽임. • 狡猾(교활): 간사한 꾀가 많음.
附 언덕 부 / 줄 부 붙을 부, 부탁 부 부수 阝 총획 8	付 줄 부 : 같이 씀	★언덕(阝: 언덕 부, 좌부변)에 같이 가면 줄(付) 것이라며 붙어 다닌다. 붙을 부 • 附加(부가): 덧붙임. • 附屬(부속): 주 되는 일이나 물건에 딸려서 붙음. • 付託(부: 탁): 남에게 의뢰함.
府 엄 호 / 부탁 부 관청 부 부수 广 총획 8		★부탁(付: 부탁 부, 줄 부)을 큰 집(广) 관청에 했다. 관청 부. • 政府(정부): 국가 통치권을 행사하는 기관의 총칭. ※ 广: 엄호, 바위집, 집, 큰 집의 뜻이 있다.
앞페이지 복습	尾	展	父	子	孔

	비슷한 한자	
대죽 符 줄부 부적 부 부수 竹　총획 11		★대나무(竹) 조각에 적어 준(付) 것이 부적이었다. 　부적 부. • 符號(부호): 어떤 뜻을 나타내는 기호. • 符籍(부적): 악귀 재앙을 물리친다고 하는 괴상한 글자 모양을 그린 종이.
관청부 腐 고기육 썩을 부 부수 肉　총획 14		★(관리부족으로) 관청(府)의 고기(肉)가 썩었어? 　썩을 부. • 腐敗(부패): 썩음. 나쁜 냄새를 풍김. (예)부정부패.
집면 宅 부탁탁 집 택 부수 宀　총획 6	毛 부탁 탁	★집(宀: 갓머리)을 의지(乇: 부탁 탁, 풀잎 탁. 의지하다 뜻)해서 살아갈 우리집. 집 택. • 依託/依托(의탁): 몸이나 마음을 의지하여 맡김. • 宅地(택지): 주택을 짓기 위한 땅, 집터.
말씀언 託 부탁탁 부탁할 탁 부수 言　총획 10		★말(言)로 부탁(乇)하였다. 　부탁할 탁. • 託孤(탁고): 고아를 믿을 만한 사람에게 부탁함. • 信託(신탁): 신용을 믿고 재산의 관리, 운영을 맡기는 일.
손수 托 부탁탁 맡길, 받침, 의탁 탁 부수 扌　총획 6		★손(扌)을 빌려달라고 부탁(乇)한다. 　맡길 탁. • 依托(의탁): 남에게 의뢰하고 부탁함. 의존함. • 托鉢(탁발): 승려가 경문(經文)을 외면서 집집마다 다니며 동냥하는 일
앞페이지 복습	孟	猛	狺	附	府

한자	비슷한 한자	설명
解 뿔각/칼도/소우 해부할·풀 해 부수 角 총획 13		★뿔(角)만 칼(刀)로 자르고 소(牛)를 풀어주었다. 풀 해. • 解放(해방): 구속이나 억압, 부담 따위에서 벗어나게 함. ※解放(해방)과 光復(광복): '일제로부터 해방된 날이다.'? (피동) '우리나라가 일제로부터 광복한 날이다!'(능동태)
懈 마음심/풀해 게으를 해 부수 忄 총획 16		★마음(忄)이 풀어(解: 풀 해)졌으니 게으를 수밖에! 게으를 해. • 懈怠(해태): 태만함, 게으름.
斗 되/열십 말 두 부수 斗 총획 4		★되로 열 번(十) 하면 한 말이라는 뜻이 아닐까? 말 두. • 斗量(두량): 말로 됨. 또는 그 분량. • 斗酒不辭(두주불사): 말술도 사양하지 않음.
科 벼화/말두 조목 과, 과목 과 부수 禾 총획 9		★벼(禾)를 말(斗)로 되어서 나누듯이 해당 과목을 정한다. 과목 과. ※課: 세금 메길 과. 관공서, 회사 등의 과는 이 과 자임. • 科目(과목): 학문의 구분. 사물의 구분. • 科擧(과거): 옛날 문무관을 뽑을 때 보이던 시험.
料 쌀미/말두 요리 료, 헤아릴 료 부수 米 총획 6		★쌀(米)을 말(斗)로 되어서 수량을 헤아린다. 헤아릴 료. • 料理(요리): 음식을 만드는 일. • 料亭(요정): 요릿집.

| 앞페이지 복습 | 符 | 腐 | 宅 | 託 | 托 |

	비슷한 한자	
米 나무 목 쌀 미 부수 米 총획 6	곡식 낱알, 여덟 팔	★풀 같은 나무(木)에 달린 열매 낟알(`´)이 쌀이다. 쌀 미. • 米穀(미곡): 쌀. 모든 곡식. • 玄米(현미): 벼의 껍질만 벗기고 쓿지 않은 쌀.
迷 미혹할·망설일 미 부수 辶 총획 10	갈 착 쌀 미	★쌀(米)알같이 많은 길에서 어디로 갈(辶: 쉬엄쉬엄 갈 착)까 망설인다. 망설일 미. • 迷路(미로): 방향을 모르는 길. • 迷信(미신): 이치에 어긋난 것을 망령되게 믿음.
粧 단장할 장 부수 米 총획 12	쌀 미 돌집 엄 흙 토	★쌀(米)을 집(广: 돌집 엄, 엄호밑)에 감추고 흙(土)을 발라 단장을 하였다. 단장 단. • 丹粧(단장): 얼굴을 곱게 꾸밈. 화장. • 治粧(치장): 모양을 곱게 냄.
巷 거리 항 부수 巳 총획 9	함께 공 뱀 사	★함께(共) 뱀(巳: 뱀 사)같이 꾸부러진 거리로 지나간다. 거리 항. • 巷談(항담): 세상의 풍설. • 巷說(항설): 거리의 풍설.
港 항구 항 물 수 부수 氵 총획 12	거리 항	★물(氵)에도 (길이 있고 거리가 있어) 배가 다니는 거리(巷: 거리 항)는 항구다. 항구 항. • 港口(항구): 선박의 출입구와 배가 머무는 곳. • 開港(개항): 항구를 개설함.
앞페이지 복습	解	懈	斗	科	料

한자	비슷한 한자	설명
饌 (부드러울 손) 밥 식 : 반찬 찬 부수 食 총획 2		★밥(食=食, 食, 饣 : 밥 식)을 부드럽게(巽) 넘기게 하는 반찬. 반찬 찬. • 飯饌(반찬): 밥에 곁들여 먹는 온갖 음식. 식찬. ※참고: 選(가릴 선)이 巽(부드러울 손)로 변형되었다는 설도 있음.
選 (유순할 손) 뛸 착 뽑을 선, 가릴 선 부수 辶 총획 16		★(모두의 이익을 위해) 유순한(巽) 사람을 뛰어(辶)가서 가려 뽑는다. 뽑을 선. • 選擧(선거): 일정한 조직이나 집단에서 그 대표자나 임원을 투표 등의 방법으로 뽑음. ※辶=辵, 辶, 辶: 쉬엄쉬엄 갈 착, 달리다, 뛰어넘다 뜻.
卜 점 복 부수 卜 총획 2	下 아래 하 上 윗 상	★뜻만 기억. • 卜師(복사):점을 치는 사람. • 下賜(하사): 임금이 신하에게 물건을 줌.
外 (점 복) 저녁 석 : 바깥 외 부수 夕 총획 5		★저녁(夕)에 점(卜)치러 바깥으로 갔다. 바깥 외. • 外出(외출): 집 밖으로 잠시 나감. • 外交(외교): 외국과 교제.
朴 (나무 목) (점칠 복) 순박할 박 부수 朴 총획 6		★나무(木)로 점(卜)을 친다? 순박하다. 순박할 박. • 淳朴(순박): 꾸밈이 없고 소박함.
앞페이지 복습	米	迷	粧	巷	港

한자	비슷한 한자	설명
赴 달아날 주 알릴 부 부수 走 · 총획 9	起 일어설 기	★달려가서(走) 점친(卜) 것을 알린다. 알릴 부. • 赴任(부임): 임명을 받아 신임지로 감.
走 발 소 달아날 주 부수 走 · 총획 7	十 열 십	★어깨, 두 팔을 휘두르며 달아나는 모양. 달아날 주. • 走馬加鞭(주마가편): 달리는 말에 채찍질함. 부지런하고 성실한 사람을 더 격려함을 이르는 말. • 走者(주자): 달리는 사람. • 走馬燈(주마등): 돌리는 대로 그림의 장면이 다르게 보이는 등. 사물의 빨리 변함을 비유.
越 달아날 주 도끼 월 넘을 월 부수 走 · 총획 12	戉 도끼 월	★달아나다(走) 도끼(戉: 도끼 월)를 뛰어넘었다. 넘을 월. • 越權(월권): 자기 권한 밖의 일을 함. • 越冬(월동): 겨울을 넘김. • 越等(월등): 뛰어남.
卽 흰 백 비수 비 병부 절 곧 즉 부수 卩 · 총획 9		★(얼굴이) 흰(白) 관료(卩=卪: 병부절, 벼슬아치, 관료)가 비수(匕)를 들이대니 곧바로 말을 한다. 곧 즉. • 卽決(즉결): 그 자리에서 결정하거나 해결함. • 卽興(즉흥): 그 자리에서 일어나는 흥취.
既 흰 백 비수 비 숨 막힐 기 이미 기 부수 旡 · 총획 13	旡 숨 막힐 기	★하얀(白) 질린 얼굴에 비수(匕)를 대면 숨 막힐(旡: 목이 메일 기, 목이 막힐 기〉 듯이 이미 일을 해버렸다. 이미 기. • 既得(기득): 이미 얻어서 차지함. (예)기득권. • 既往(기왕): 이전, 그전, 이미, 이왕에. • 既約(기약): 이미 약속이 되어 있음. ※참고: 旡은 없을 무(無) 자의 옛 글자이기도 함.
앞페이지 복습	饌	選	卜	外	朴

	비슷한 한 자	
慨 마음심 슬퍼할, 분개할 개 부수 忄 총획 14	이미 기	★마음(忄)속으로 이미(既) 알아채고 분개한다. 분개할, 슬퍼할 개. • 憤慨(분개): 매우 분하게 여김. • 慨歎(개탄): 의분이 북받쳐 탄식함.
概 나무목 대강 개, 대개 개 부수 木 총획 17	이미 기	★나무(木)는 이미(既) 죽었으니 대강대강 살펴라. 대강 개. • 槪要(개요): 대강의 요점. • 槪論(개론): 전체에 대한 대강의 요점.
節 대죽 곧즉 절개 절, 마디 절 부수 竹 총획 15		★대나무(竹)에 곧(卽) 마디가 생길 것이다. 마디 절. • 節次(절차): 일을 하여 가는 차례. • 節約(절약): 아껴서 군 비용이 나지 않게 함. 아낌.
潛 물수 숨막힐기 말씀왈 잠길 잠 부수 氵 총획 15		★물(氵)속에서 숨이 막혔(旡: 이미기방, 목이 막히다)으니 왈(曰), 잠긴 것이다. 잠길 잠. • 潛伏(잠복): 몰래 숨어 있음. • 潛入(잠입): 몰래 숨어 들어옴.
蠶 말씀왈 이미 기 벌레충 누에 잠 부수 虫 총획 24	蚕 속자	★이미(旡旡←旣) 말(曰)하였듯이 벌레(虫) 중에 이로운 벌레(虫: 벌레 훼, 벌레 충)는 누에다. 누에 잠. • 蠶食(잠식): 누에가 뽕잎을 먹는 것처럼 남의 것을 차츰차츰 먹어 들어가거나 침략하는 일.
앞페이지 복습	赴	走	越	卽	旣

	비슷한 한자	
古 열 십 / 입 구 옛 고 부수 口 　 총획 5	**吉** 길할 길	★십(十)대 때부터 입(口)으로 전해온 옛 조상님들의 말씀이다. 옛 고. • 古來(고래): 예부터 지금까지. • 自古以來(자고이래): 예부터 지금까지. 自古로(자고로).
苦 풀 초 / 옛 고 씀바귀 고, 쓸 고 부수 ++ 　 총획 9		★풀(++)이 오래(古) 될수록 써지는 것은 씀바귀다. 쓸 고. • 苦難(고난): 괴로움과 어려움. • 苦悶(고민): 마음속으로 괴로워하고 애를 태움.
故 옛 고 / 칠 복 죽을 고, 연고 고 부수 攵 　 총획 9		★오래(古)도록 매를 쳐(攵: 칠 복) 연고를 묻자 죽었다. 연고 고, 죽을 고. • 故人(고인): 죽은 사람. • 故意(고의): 일부러 함.
枯 나무 목 / 옛 고 마를 고 부수 木 　 총획 9		★나무(木)가 오래(古) 되면 고목이고 마른다. 마를 고. • 枯渴(고갈): 물이 말라서 없어짐. • 枯死(고사): 시들어 죽음. ※固辭(고사): 굳이 사양함.
胡 옛 고 / 달 월 어찌 호, 늙을 호 부수 月 　 총획 9		★옛날(古) 달(月)은 늙었어? 어찌 늙지 않겠니. 어찌 호, 늙을 호. • 胡亂(호란): 청나라 사람이 우리나라에 쳐들어온 난리. 병자호란.
앞페이지 복습	慨	概	節	潛	蠶

	비슷한 한자	
물 수 **湖** 늙을 호 호수 호, 물 호 부수 氵 총획 12		★물(氵)이 늙어서(胡) 호수에만 있네? 　호수 호, 물 호. • 湖水(호수): 큰 못. • 戶數(호 : 수): 집의 수효.
주검 시 **居** 옛 고 살 거 부수 尸 총획 8		★사람(尸: 주검 시, 사람 모습 뜻 내포)이 오래(古) 　머물 거야. 살 거. • 居住(거주): 일정한 곳에 머물러 삶. 또는 그 집. • 居室(거실): 거처하는 방.
언덕 부 **陪** 가를 부 모실 배 부수 阝 총획 11	培 갑절 배 部 나눌 부	★언덕(阝, 阜: 언덕 부, 좌방 부) 갈라진(咅) 곳에 다칠까 　잘 모신다. 모실 배. • 陪觀(배관): 어른을 모시고 같이 구경함. • 陪侍(배시): 귀인을 모심. ※咅: 가를 부, 침 뱉을 부.
언덕 부 **降** 뒤쳐져 올 치 해 년 항복 항, 내릴 강 부수 阝 총획 9		★언덕(阝, 阜: 언덕 부, 좌방 부)에서 뒤쳐져(夂) 걸어(　㐄: 걸을 과) 내려가니, 내릴 강. • 昇降(승강): 오르고 내림. 승강기. • 降伏(항복): 전쟁에 패배하여 적에게 굴복함. ※夂: 뒤쳐져 올 치, 천천히 걷는 모양.
언덕 부 **陷** 칼 도 절구 빠질 함 부수 阝 총획 11		★언덕(阝: 언덕 부, 좌방 부)에서 칼(刀)로 싸우다 절구 　(臼: 절구 구)에 빠졌다. 빠질 함. • 陷穽(함정): 짐승을 잡기 위하여 파놓은 구덩이. 소생할 길이 없는 　역경에 비유.
앞페이지 복습	古	苦	故	枯	胡

한자	비슷한 한자	설명
언덕 부 **隔** 오지병 막힐 격 부수 阝 총획 13	鬲 오지병	★언덕(阝)이 있어 오지병(鬲: 오지병격)을 옮길 수 없어 막혔다. 막힐 격. • 隔離(격리): 사이를 떼어놓음. • 隔世之感(격세지감): 딴 세대와 같이 몹시 달라진 느낌. ※鬲: 막을 격, 솥 력. / 부수일 때: 다리굽은솥력, 오지병격(鬲) (오지병: 흙에 잿물을 발라 구운 병)
언덕 부 **陰** 말할 운 그늘 음 부수 阝 총획 11	云 말할 운	★언덕(阝: 언덕 부, 좌방 부)을 지나서 지금(今) 말(云)할 것도 없이 그늘 밑으로 오너라. 그늘 음. • 陰陽(음양): 음지와 양지. 역할에서 말하는 상반된 두 가지 성질.
언덕 부 **陶** 쌀 포 질그릇 질그릇 도 부수 阝 총획 11	缶 질그릇 부	★언덕(阝, 阜: 언덕 부, 좌방 부) 밑에 은밀히 싸서(勹: 쌀 포) 놓아둔 질그릇(缶: 질그릇 부). 질그릇 도. • 陶器(도기): 질그릇. • 陶醉(도취): 무엇에 열중함. 거나하게 술에 취함.
설 립 **辛** 열 십 매울 신, 고생 신 부수 辛 총획 7	章 글 장 幸 다행 행	★십(十)자가 위에 서(立) 있으니 독하고 맵다. 매울 신, 고생 신. • 辛辣(신랄): 맛이 몹시 쓰고 매움. 수단과 방법이 가혹하고 매움.
宰 집 면 고생 신 재상 재 부수 宀 총획 10		★갓(宀: 집 면. 갓머리)을 쓰고 고생(辛)하던 사람이 재상이 되었다. ★큰 집(宀←广)에서 고생(辛)하는 사람은 재상이다? 재상 재. • 宰相(재상): 임금을 돕고 백료(백성, 관료)를 지휘 감독하는 최고 관직. 영의정, 좌의정, 우의정. ※广: 집 엄.
앞페이지 복습	湖	居	陪	降	陷

한자	비슷한 한자	설명
辯 말씀 언 고생 신 변호사·말 잘할 변 부수 辛 / 총획 21	弁 약자	★고생(辛)고생(辛) 공부해서 말(言)을 잘해 변호사가 될 것이다. 변호사 변. • 辯護(변호): 남에게 이롭도록 변명함. 법정에서 상대방의 공격에 대한 방어.
辨 칼 도 고생 신 분별할, 나눌 변 부수 辛 / 총획 16		★고생(辛辛)하는 사람들이라도 칼(刂=刀: 칼도)로 나누듯 잘잘못을 분별해야 한다. 분별할 변. • 分辨(분변): 사물이 같이 않음을 알아냄. • 辨明(변명): 시비를 가려 밝힘. 잘못이 아닌 점을 따져서 밝힘. • 分別(분별): 사물의 위치를 가려서 앎. 종류를 나누어 가름. ※刂: 서 있는 칼 모양=선칼刀傍(곁 방)
辦 힘 력 고생 신 힘쓸 판 부수 辛 / 총획 16		★고생(辛辛)하는 사람들을 위해 힘(力)을 쓴다. 힘쓸 판. • 辦公(판공): 공무에 종사함. 공무를 처리함.
辟 주검 시 입구 고생 신 임금 벽, 피할 피 부수 辛 / 총획 13		★큰집(尸: 주검시. 집, 사람, 지붕 뜻 내포)에서 입(口)으로 명령하는 고생(辛)하는 백성들을 다스리는 임금 벽. • 辟邪(벽사): 사귀를 물리침.
壁 임금 벽 흙 토 벽 벽 부수 土 / 총획 16		★임금님의 벽(辟)도 흙(土)으로 만든 벽이다. 벽 벽. • 壁報(벽보): 벽에 써 붙여 여러 사람에게 알리는 글. • 壁畫(벽화): 벽에 그린 그림.

앞페이지 복습	隔	陰	陶	辛	宰

한자	비슷한 한자	설명
璧 (임금 벽) 옥 벽 부수 玉 총획 18	구슬 옥	★임금 벽(辟)은 옥(玉) 벽일까? 옥 벽. • 完璧(완벽): 흠 잡을 데 없이 완전함. • 雙璧(쌍벽): 둘 다 아울러 뛰어나게 아름답고 고귀함.
避 (뛸 착) 피할 피 부수 辶 총획 17	임금 벽	★임금 벽(辟) 쪽으로 뛰어(辶: 뛸 착)가서 피하였다. 피할 피. • 避身(피신): 몸을 피함.
譬 (임금 벽) 깨우칠·비유할 비 부수 言 총획 20	말씀 언	★(임금) 벽(辟) 쪽으로 말씀(言)을 할 때는 비유해서 하는 말이다. 비유할 비. • 譬喩(비유, 比喩): 어떠한 사물이나 관념에 그와 비슷한 것을 끌어대어 설명함.
尙 (작을 소) 오히려 상, 높일 상 부수 小 총획 8	들판 경	★높은 집(冋←高: 집, 높다, 숭상 의미 내포)보다 조금(작을 소, 小) 위에 있으니 숭상한다. 숭상할 상. • 高尙(고상): 품은 뜻과 몸가짐이 달라 속된 것에 굽히지 아니한 기상. • 尙무(상조): 아직 이름. 시기상조 준말.
常 (높을 상) 항상 상 부수 小 총획 11	수건 건	★높은(尙) 곳에 수건(巾)을 항상 걸어둔다. 항상 상. • 恒常(항상): 언제나 늘. • 常備(상비): 늘 준비하여 둠.
앞페이지 복습		辯　辨　辦　辟　璧

		비슷한 한자	
높을 상	堂 흙토 집 당 부수 土 총획 11		★높다랗게(尙: 높을 상, 숭상하다, 오히려 뜻 내포) 흙(土)으로 집을 지었다. 집 당.
			• 堂內(당내): 동성의 겨레붙이인 유목친의 일컬음. • 堂下(당하): 정삼품 이하의 벼슬아치. • 堂堂(당당): 의젓하고 떳떳함. 형세가 웅대함.
높을 상	裳 옷의 치마 상 부수 衣 총획 14		★높은(尙) 옷 밑에 옷(衣)이니 치마다. 치마 상.
			• 衣裳(의상): 옷, 의복, 여자의 치마저고리.
높을 상	當 밭전 마땅할 당 부수 田 총획 13		★높은(尙) 곳에 밭(田)이 있어야 물이 잘 빠지고 마땅하다. 마땅할 당.
			• 當事者(당사자): 그 일에 해당한 사람. 당자. • 當局(당국): 그 일을 맡아보는 곳. 當國(당국): 해당 국가.
높을 상	賞 조개 패 상줄 상 부수 貝 총획 15		★높은(尙) 사람이 칭찬하여 돈(貝)으로 상을 준다. 상줄 상.
			• 賞狀(상장): 상으로 주는 증서. • 賞罰(상벌): 상과 벌.
사람 인	償 상줄 상 갚을 상 부수 亻 총획 17		★사람(亻↔人)에게 상(賞)을 주어 공로를 갚는다. 갚을 상.
			• 報償(보상): 남에게 진 빚을 갚음. (유)변상. • 償還(상환): 대상으로 돌려줌.
앞페이지 복습	壁	避	譬	尙	常

한자	비슷한 한자	설명
黨 (높을 상/검을 흑) 무리 당 부수 黑 / 총획 20	党 (약자)	★높은(尙) 뜻을 가진 사람과 흑(黑)심을 가진 사람이 같이 무리를 짓네? 무리 당. • 朋黨(붕당): 이해를 같이 하는 동지끼리의 단결. • 黨論(당론): 당의 의결이라 의논.
掌 (높을 상) 손바닥 장 부수 手 / 총획 12	:	★높은(尙) 사람이 손(手)바닥으로 장악하려 한다. 손바닥 장. • 掌握(장악): 손 안에 쥠. 권력 따위를 손 안에 넣음. • 合掌(합장), 鎌掌(겸장) 등.
卑 (삐침 별/일천 천) 낮을 비 부수 十 / 총획 8	: (밭 전)	★삐침(丿)을 열(十) 번, 백(白) 번이나 당하고 일을 하는 사람은 신분이 낮다. 낮을 비. • 卑怯(비겁): 비열하고 겁이 많음. • 卑屈(비굴): 사람이 줏대가 없고 하는 것이 천함. • 卑下(비하): 낮추어 내림. 지위가 낮음.
婢 (계집 녀) 계집종 비 부수 女 / 총획 11	(낮을 비)	★여자(女)가 신분이 낮으면(卑) 계집종인가? 계집종 비. • 婢僕(비복): 계집종과 사내종. • 婢妾(비첩): 종으로서 첩이 된 여자.
碑 (돌 석) 비석 비 부수 石 / 총획 13	(낮을 비)	★돌(石)을 갈아서 낮게(卑) 만든 비석. 비석 비. • 碑石(비석): 사적을 기념하기 위해 글을 새겨서 세운 돌. • 碑閣(비각): 비를 세워 놓은 집.

| 앞페이지 복습 | 堂 | 裳 | 當 | 賞 | 償 |

	비슷한 한자	
片 조각 편 부수 片 / 총획 4		★뜻만 기억. • 片道(편도): 오갈 때 한쪽 길. • 便道(편도): 지름길. • 片舟(편주): 작은 배.
조각 편 나무 목 **板** 반대 반 널빤지, 인쇄할 판 부수 片 / 총획 8		★나무조각(片←木)의 반대(反)편에 인쇄한다. 널빤지 판, 인쇄할 판. • 板權(판권): 저작품이나 그 출판에 관계되는 이익을 독점하는 권리인. 저작권법에 딸린 재산권.
조각 편 **牌** 낮을 비 패 패, 판자 패 부수 片 / 총획 12		★조각(片←木)을 작게(낮게, 卑) 깎아 만든 패. 패 패. • 門牌(문패): 주소 성명 등을 적어 문 옆에 다는 작은 패. • 位牌(위패): 신주의 이름을 적은 패.
민엄호 **反** 또 우 반대 반 부수 又 / 총획 4	友 벗 우	★바위(厂: 굴바위 엄, 민엄호) 밑에 가지 말라 하였거늘 또(又) 가서 반대로 하네? 반대 반. • 反對(반대): 사물이 아주 맞서서 다름. • 反擊(반격): 쳐들어오는 적을 되잡아 공격함.
나무 목 **板** 반대 반 널 판, 조각 판 부수 木 / 총획 8		★나무(木)를 자르면 반대(反)편 조각을 위에 올릴 수 있다. 널 판, 조각 판. • 板子(판자): 널빤지. • 板書(판서): 칠판에 분필로 글을 씀.
앞페이지 복습	黨	掌	卑	婢	碑

한자	비슷한 한자	풀이
返 뛸 착 돌아올 반 부수 辶 총획 8	반대 반	★뛰어가던(辶) 길을 반대(反)로 돌아오래. 돌아올 반. • 返納(반납): 남에게 꾸거나 빌린 돈, 물건을 도로 줌.
販 조개 패 팔 판 부수 貝 총획 11	반대 반	★(물건)재물(貝: 조개 패. 돈, 재물)을 사서 모으지 않고 반대(反)로 판다? 팔 판. • 販賣(판매): 상품을 팖. • 販路(판로): 상품이 팔리는 방면.
飯 밥 식 밥 반 부수 食 총획 13	반대 반	★밥(飠←食)은 국그릇 반대(反)편의 것이 밥이다. 밥 반. • 飯酒(반주): 밥에 곁들여 먹는 술. • 飯饌(반찬): 밥에 곁들여 먹는 여러가지 음식.
大 사람 인 큰 대 부수 大 총획 3	한 일	★사람(人)이 첫째다, 위대하다, 크다는 뜻이 된다. 큰 대. • 大成(대성): 크게 이룸. 큰 인물이 됨. • 大小(대소): 크고 작음.
太 큰 대 클 태 부수 大 총획 4	犬 개 견 점 주	★큰 대(大) 자 다리에 혹(丶: 점 주)이 달려서? 클 태. • 太平(태평): 나라나 집안이 잘 다스려져 조용하고 평안함. • 太祖(태조): 우리나라와 중국엣 각 왕조의 초대 임금을 일컬음.
앞페이지 복습	片	板	牌	反	板

	비슷한 한자	
한 일 **天** 큰 대 하늘 천 부수 大 / 총획 4	夭 젊을 요 예쁠 요	★팔 버린 사람(大)보다 더 큰 하늘(一). 하늘 천. • 天地(천지): 하늘과 땅. • 天罰(천벌): 하늘이 내리는 형벌.
높다 **夫** 하늘 천 지아비 부 부수 大 / 총획 4		★하늘(一)보다 더 높(大: 클 대, 높을 대)은 지아비. 지아비 부. • 夫唱婦隨(부창부수): 남편이 주장하고 아내가 이에 따른다는 뜻. 그러므로 가정에서 부부의 손발이 잘 맞는다는 뜻.
손 수 **扶** 지아비 부 도울 부 부수 扌 / 총획 7		★손(扌)으로 지아비(夫)를 돕는다. 도울 부. • 扶助(부조): 도와줌. ※(속어)부조(부주)는 못할 망정, 제상은 치지 마라 : 도와주지는 못할 망정, 남의 손해나 폐를 끼치지 말라는 뜻.
발 족 **趺** 지아비 부 책상다리할 부 부수 足 / 총획 11		★발(足)을 꼬듯이 지아비(夫)는 책상다리를 하고 앉는다. 책상다리할 부. • 趺坐(부좌): 그릇을 올려놓는 받침.
지아비 부 **替** 말씀 왈 바꿀 체 부수 日 / 총획 12		★지아비(夫夫)들이 서로 말(日)을 바꾸네? 바꿀 체. • 交替(교체): 대신하여 갈아 바꿈. 이체
앞페이지 복습		返 販 飯 大 太

한자	비슷한 한자	설명
奈 (보일 시) 어찌 내, 어찌 나 부수 大 / 총획 8	큰 대	★큰(大) 것을 보여(示) 달라니 나는 어찌해? 어찌 내, 어찌 나. • 뜻만 기억. 부사로 많이 쓰임.
夷 (활 궁) 오랑캐 이 부수 大 / 총획 6	큰 대	★쓸모없는 큰(大) 활(弓)만 가진 오랑캐다. 오랑캐 이. • 夷狄(이적): 오랑캐, 야만인.
姨 (평평할 이) 이모 이 부수 女 / 총획 9	계집 녀	★여성(女)스럽게 평평하게(夷: 평평할 이, 오랑캐 이) 대해주는 우리 이모. 이모 이. • 姨母(이모): 어머니의 자매. • 姨姪(이질): 어머니의 자매의 자녀. 아내 자매의 자녀.
斤 도끼 근, 근 근 부수 斤 / 총획 4		★뜻만 기억. • 斤數(근수): 근 단위의 저울 무게 셈. • 千斤萬斤(천근만근): 아주 무거움을 말함.
近 (도끼 근) 가까울 근 부수 辶 / 총획 8	갈 착	★도끼(斤)를 들고 가는(辶) 것을 보니 가까운 곳인가봐? 가까울 근. • 近親(근친): 촌수가 가까운 친척.(8촌 이내를 말함.) • 覲親(근친): 시집간 딸이 친정으로 와서 어버이를 뵘.

앞페이지 복습	天	夫	扶	趺	替

	비슷한 한자	
보일 시 **祈** 도끼 근 빌 기 부수 示 / 총획 9		★산신령(示: 보일 시, 귀신 기)에게 물에 빠진 도끼(斤)를 찾아달라고 빌었다. 빌 기.
		• 祈禱(기도): 마음으로 바라는 바가 이루어지길 신에게 빎. • 祈願(기원): 소원을 빎.
나무 목 **析** 도끼 근 쪼갤 석 부수 木 / 총획 8		★나무(木)를 도끼(斤)로 쪼갤까? 쪼갤 석.
		• 分析(분석): 낱낱이 나눠서 가름. • 解析(해석): 사물을 상세히 풀어서 이론적으로 연구함.
손 수 **折** 도끼 근 꺾을 절 부수 扌 / 총획 7		★손(扌)에 도끼(斤)를 들고 나무를 치면 꺾어질까? 꺾을 절.
		• 折半(절반): 둘로 나눔. 하나의 반. • 骨折(골절): 뼈가 부러짐.
쪼갤 석 **晳** 날 일 밝을 석 부수 日 / 총획 12		★나무를 다 쪼개면(析) 날(日)이 밝을까? 밝을 석.
		• 明晳(명석): 밝고 똑똑함.
꺾을 절 **哲** 입 구 밝을 철 부수 口 / 총획 10		★(몸은 병들고) 꺾어(折)져도 입(口)으로 진리를 명확하게 밝히는 학문(철학). 밝을 철.
		• 哲學(철학): 자연, 인생, 지식에 관한 근본 원리를 연구하는 학문.
앞페이지 복습	奈	夷	姨	斤	近

한자	비슷한 한자	설명
逝 갈 서 부수 辶 총획 11	갈 착 꺾을 절	★꺾어져(折) 갔으니(辶: 책받침, 갈 착, 뛸 착) 영원히 간 것이다. 갈 서. • 逝去(서거): 죽음을 정중히 높여 이르는 말.
誓 맹세할 서(세) 부수 言 총획 14	꺾을 절 말씀 언	★딱딱 꺾듯이(折) 말(言)하면서 맹세하네. 맹세할 서. • 盟誓(맹서): 신의를 지키기 위하여 하는 약속. ※맹서→맹세(원음은 맹서). • 誓約(서약): 맹세. 굳은 약속. 세약(×).
新 새 신 부수 斤 총획 13	설 립 도끼 근 나무 목	★서(立) 있는 나무(木)를 도끼(斤)로 베어서 문짝을 새로 만들까? 새 신. • 新刊(신간): 새로 발행한 책. • 新聞(신문): 새로운 소식. • 新設(신설): 새로 베풀어 둠.
斬 벨 참 부수 斤 총획 11	차 차 도끼 근	★차(車)로 밀고 도끼(斤)로 베는 형벌 무서워. 벨 참. • 斬首(참수): 목을 자름. 참형. 능지처참. • 斬新(참신): 매우 새로움.
慙 부끄러울 참 부수 心 총획 15	벨 참 마음 심	★베는(斬) 것을 보고 마음(心)속으로 부끄러워한다. 부끄러울 참.수치 참. • 慙愧(참괴): 부끄러워함. • 慙色(참색): 부끄러워하는 기색. • 無慙(무참)하다: 매우 부끄럽다.
앞페이지 복습		祈　析　折　晳　哲

	비슷한 한자	
暫 벨참 : 날일 잠깐 잠 부수 日 총획 15		★벨(斬) 날(日)을 잡아라. 아니 잠깐만. 잠깐 잠.
		• 暫間(잠깐←잠간): 매우 짧은 동안. • 暫定(잠정): 어떤 일을 잠시로 정함.
漸 벨참 : 물수 점점 점, 적실 점 부수 氵 총획 14		★물(氵)로 베어도(斬) 점점 나아간다. 점점 점, 적실 점.
		• 漸染(점염): 차차 번져 물듦. • 傳染(전염): 병들이 남에게 옮음. • 漸入佳境(점입가경): 차차 재미있는 경지로 들어감.
斯 그기 도끼근 이것 사, 이 사 부수 斤 총획 12	欺 속일 기	★물에 빠진 그(其) 도끼(斤)가 이것이냐? 이것 사, 이 사.
		• 斯界(사계): 이 방면의 사회. (예)사계의 권위자. ※斯: 이것, 이쪽 할 때 이것의 의미다.
所 도끼근 : 문호 곳 소, 바 소 부수 戶 총획 8		★도끼(斤)는 집(戶: 문 호, 지게문호) 안에 안전한 곳에 두어라. 곳 소.
		• 所有(소유): 자기의 물건으로 가짐. 또는 그 물건. • 所行(소행): 행한 일. 행하는 일. • 所持(소지): 가지고 있음.
斥 도끼근 : 칼 내칠 척, 물리칠 척 부수 斤 총획 5	斤 도끼근 무게근근	★도끼(斤)에 칼(丶)을 달아 적을 물리쳤다. 내칠 척, 물리칠 척.
		*排斥(배척): 반대하여 밀어냄.
앞페이지 복습	逝	誓	新	斬	慙

한자	비슷한 한자	설명
訴 말씀 언 / 물리칠 척 호소할, 송사할 소 부수 言 / 총획 12	訟 송사할 송	★말(言)로써 물리치(斥) 듯이 호소했다. 호소할 소. 송사할 소. *訴訟(소송): 법률상의 판결을 법원에 요구하는 절차. 송사.
召 칼 도 / 입 구 부를 소 부수 口 / 총획 5		★칼(刀)은 위험하다며 입(口)으로 소리쳐 부른다. 부를 소. ・召集(소집): 불러서 모음. ・召喚(소환): 사법기관에서 특정한 개인을 일정한 장소로 오라고 부르는 일.
沼 물 수 / 부를 소 못 소 부수 氵 / 총획 8		★물(氵)이 부르네(召), 못에 오라며. 못 소. *沼澤(소택): 늪과 못.
招 손 수 / 부를 소 부를 초 부수 扌 / 총획 8		★손(扌)짓하고 초대하며 부른다(召). 부를 소. ・招待(초대): 손님을 불러서 대접함. 초청. ・招來(초래): 불러옴. 그렇게 되게 함.
昭 해 일 / 부를 소 밝을 소 부수 日 / 총획 9		★해(日)를 불러(召) 밤을 밝게 할 것이다. 밝을 소. ・昭明(소명): 밝고 환함. ・召命(소명): 임금이 신하를 부름. ・昭詳(소상): 분명하고 자세함.
앞페이지 복습	暫	漸	斯	所	斥

	한자	비슷한 한자	설명
달릴 주	超 부를 소 / 뛰어넘을 초 / 부수 走 총획 11	起 일어날 기	★달아나는(走) 놈을 부르니(召) 담을 뛰어넘어 갔다. 뛰어넘을 초. • 超越(초월): 보통보다 뛰어남. • 超過(초과): 사물의 한도를 넘어섬. • 追越(추월): 뛰어나가다 앞섬.
실 사	紹 부를 소 / 소개 소 / 부수 糸 총획 11		★실(糸)로 묶어 맺어줄려고 불러(召)서 소개했다. 소개 소. • 紹介(소개): 모르는 사이를 알도록 관계를 맺어줌. 두 사람 사이에서 일이 이루어지도록 함.
불 화	照 밝을 소 : / 비출 조 / 부수 火 총획 13		★밝게(昭) 불(灬)을 비춰준다. 비출 조. • 照明(조명): 밝게 비춤. • 照例(조례): 습관이 된 전례. 條例(조례): 조항을 좇아 지어진 법령. • 慣例(관례): 습관이 된 전례. • 慣行(관행): 관례대로 행함.
이 차	紫 실 사 / 자줏빛 자 / 부수 糸 총획 11	此 이차	★이(此) 실(糸)이 자줏빛이요? 자줏빛 자. • 紫朱色(자주색): 자줏빛.
이 차	雌 새 추 / 암컷 자 / 부수 隹 총획 14		★이(此) 새(隹)가 암컷이요? 암컷 자. • 雌雄(자웅): 암컷과 수컷. 강약, 승부, 우열의 비유.
앞페이지 복습	訴	召	沼	招	昭

한자	비슷한 한자	설명
머무를 주 **隹**^{한일} 새 추 부수 隹 / 총획 8		★한(一) 번 머물러(住: 머무를 주) 있다가 날아간 새. 새 추. ・뜻만 기억. 다른 부수에 붙여야 뜻이 나타남.
입 구 **唯** 새추 오직 유 부수 口 / 총획 11		★입(口)에서 새(隹: 새 추)는 오직 짹짹 소리뿐이유. 오직 유. ・唯一(유일): 오직 하나. ・唯我(유아): 오직 나 하나만임.
손 수 **推** 새추 밀 추 부수 扌 / 총획 11		★손(扌)으로 새(隹)를 밀었다. 밀 추. ・推薦(추천): 천거함. ・推測(추측): 미루어 헤아림.
마음 심 **惟** 새추 생각할 유 부수 忄 / 총획 11		★마음(忄)을 새(隹) 같이 생각하네? 생각할 유. ・思惟(사유): 생각함. ・事由(사유): 일의 까닭.
실 사 **維** 새추 맬 유 부수 糹 / 총획 14		★실(糹)로 새(隹)를 맨다. 맬 유. ・維持(유지): 지탱하여 감. 보전하여 감.
앞페이지 복습	超	紹	照	紫	雌

299

한자	비슷한 한자	설명
進 (나아갈 진) 쉬엄쉬엄갈 착 새 추 부수 辶 총획 12		★새(隹)가 날기 위해 뛰면(辶)서 앞으로 나아간다. 나아갈 진. • 進出(진출): 앞으로 나아감. • 進退(진퇴): 나아감과 물러섬.
集 (모을 집) 새 추 나무 목 부수 隹 총획 12		★새(隹)가 나무(木) 위에 여러 마리 모였다. 모을 집. • 集會(집회): 어떠한 목적으로 여러 사람이 모임. • 集中(집중), 集合(집합), 召集(소집) 등등.
隻 (외짝 척, 홀로 척) 새 추 또 우 부수 隹 총획 10		★새(隹)가 또(又) 다른 새를 부르니 홀로 있는가봐. 홀로 척. • 隻身(척신): 혼자. 홀몸. • 隻手(척수): 한 손.
誰 (누구 수) 말씀 언 새 추 부수 言 총획 15		★말(言)하는 새(隹)를 누가 보았는가? 누구 수. • 誰何(수하): 누구. (예)수하를 막론하고. • 誰某(수모): 아무개. ※受侮(수모): 모욕을 당함.
雖 (비록 수) 입 구 새 추 벌레 충 부수 隹 총획 17		★입(口)으로 벌레(虫: 벌레 훼, 벌레 충)를 먹고 비록 추하지만 새(隹)도 새끼를 기른다. 비록 수. • 雖然(수연): 비록 그러하나.
앞페이지 복습	佳	唯	推	惟	維

한자	비슷한 한자	설명
머리 두 사람 인 나무 목 **雜** 새 추 섞일 잡 부수 隹 총획 18		★두목(亠: 머리부분 두, 우두머리, 탕건, 돼지해밑)과 사람(人人)들이 나무(木) 위에 새(隹)들과 섞여 있네. 섞일 잡. • 雜記(잡기): 여러 가지 일을 적음. (예)잡기장. • 雜誌(잡지): 여러 가지 사항을 함께 실은 책.
풀 초 새 추 **舊** 절구 구 옛 구 부수 臼 총획 17	旧 약자	★풀(艹)밭에서 새(隹)를 잡고 절구(臼)질하던 시절은 옛날이었네. 옛 구. • 舊態(구태): 옛 모습. • 舊面(구면): 이전부터 알고 있는 사람.
손 수 새 추 **携** 이에 내 이끌 휴, 가질 휴 부수 扌 총획 12		★손(扌)으로 새(隹)를 이내(乃: 이에 내, 어조사) 잡아 가진다. 가질 휴. • 携帶(휴대): 손에 들거나 몸에 지님. • 提携(제휴): 서로 붙들어도 도움.
於 어조사 어 부수 方 총획 8		★실질적으로 뜻이 없고 문장과 문장을 연결시켜 주는 역할을 하는 어조사다. 어조사 어. • 어조사: ~에, ~에서, ~에게, ~으로: 어조사(語助辭: 단어의 연결을 도와주는 품사라는 뜻. 한문 문장에서는 전치사 격이겠지만 한글에서는 후치사(後置詞)에 해당.)
방향 방 사람 인 **旋** 발 소 돌 선 부수 方 총획 11		★사방(方)에서 사람(人)들이 발길(疋)을 돌리며 돌아선다. 돌 선. • 旋風(선풍): 회오리바람. 사회에 돌발적으로 큰 동요를 일으키는 사건. • 旋回(선회): 둘레를 빙빙 돎.
앞페이지 복습	進	集	隻	誰	雖

	비슷한 한자	
방향 방 / 사람 인 **族** 활시 겨레 족 부수 方 / 총획 11		★사방(方)에서 사람(人)들이 화살(矢)을 들고 어려울 때 모여드는 것이 겨레다. 겨레 족. • 家族(가족) • 族譜(족보): 한 종속의 계통과 혈통의 관계를 적어놓은 책. • 겨레: 한 조상에서 태어난 자손들. 민족, 조선족.
방향 방 / 사람 인 **旅** 성시 나그네 려 부수 方 / 총획 11		★사방(方)에서 사람(人)들이 성씨(氏) 찾아가는 것이 나그네 같다. 나그네 려. • 旅館(여관): 여객을 묵게 하는 집. • 旅行(여행): 볼 일 또는 유람을 목적으로 다른 고장이나 외국에 가는 일.
갈 착 / 방향 방 / 사람 인 **遊** 아들 자 놀 유 부수 辶 / 총획 13		★사방(方)에서 사람(人)들이 아들(子)을 데리고 가는(辶) 것이 놀러가는 것 같아유. 놀 유. • 遊覽(유람): 여러 곳을 구경하며 돌아다님. • 觀光(관광): 풍광, 경치를 구경함. • 遊興(유흥): 흥취 있게 놂.
皮 가죽 피 부수 皮 / 총획 5		★뜻만 기억. • 皮膚(피부): 동물 몸의 겉을 싼 외피. • 皮骨(피골): 살가죽과 뼈. • 皮骨相接(피골상접): 몸이 몹시 말랐음을 일컫는 말.
두인변 / 가죽 피 **彼** 저 피 부수 彳 / 총획 8		★두 사람(彳: 걸을 척, 두 사람 인, 두인변)이 가죽(皮)이 저쪽에 있다고 하네? 저 피. • 彼此(피차): 저것과 이것. 저 일과 이 일. 서로. (예)피차일반.

앞페이지 복습	雜	舊	携	於	旋

물 수 **波** 물결 파 부수 氵 / 총획 8	비슷한 한 자 가죽 피	★물(氵)의 가죽(皮)? 물결을 말하는구나! 물결 파. • 波濤(파도): 센 물결. • 波動(파동): 물결의 움직임. 어떤 행동 감정이 물결처럼 움직여 퍼짐.
돌 석 **破** 깨질 파 부수 石 / 총획 10	가죽 피	★돌(石) 같은 가죽(皮)이라면 깨어진다. 깨질 파. • 破壞(파괴): 깨트림. • 破鏡(파경): 깨진 거울. (이지러진 달을 비유하는 말. 부부의 이별을 비유하는 말.)
병들 녁 **疲** 피곤할 피 부수 疒 / 총획 10	가죽 피	★병(疒)에 걸리면 피부(가죽 皮)가 피곤하다. 피곤할 피. • 疲困(피곤): 몸이 지쳐 고달픔. • 疲勞(피로): 몸이나 정신이 지침. 느른함.
옷 의 **被** 의복 피, 이불 피 부수 衤 / 총획 10	가죽 피	★옷(衤=衣)을 가죽(皮)으로 해 입었다. 의복 피. • 被服(피복): 옷. • 被告(피고): 소송을 당한 사람. • 被害(피해): 생명, 신체, 재산, 명예 따위에 손해를 입음.
손 수 **披** 헤칠 피 부수 扌 / 총획 8	가죽 피	★손(扌)으로 가죽(皮)을 헤칠까? 헤칠 피. • 披覽(피람): 책 따위를 펴서 봄. 피견.
앞페이지 복습		族　　旅　　遊　　皮　　彼

한자	비슷한 한자	설명
높을 고 **啇** 옛 고 뿌리 적, 장사 상 부수 口 · 총획 11	商 장사 상 高 높을 고	★높이(亠←高) 솟고 오래된 (古) 나무뿌리. 　나무뿌리 적.　・다른 부수에 붙어야 뜻을 냄. ※啇(뿌리 적)과 商(장사 상)은 이체자(異體字: 음과 뜻은 같으나 모양이 다른 한자) ※啇(뿌리 적): 설 립(立)+오래된 뿌리(멀 경: 冂+오래 고: 古)
물 수 **滴** 뿌리 적 물방울 적 부수 氵 · 총획 14		★물(氵)은 뿌리(啇)는 물방울이다. 　물방울 적. ・硯滴(연적): 벼룻물을 담는 그릇. ・大海一滴(대해일적): 큰 바다 가운데 물 한 방울 = '창해일속'(滄海一粟: 넓고 큰 바닷속의 좁쌀 한 알.)
갈 착 **適** 뿌리 적 적당 적 부수 辶 · 총획 15		★뿌리(啇)가 잘 뻗어 가야(辶) 나무는 적당히 자란다. 　적당 적. ・適任(적임): 재능에 적당한 임무. ・適材(적재): 적당한 인재. 적당한 목재. ・適當(적당): 사리에 알맞음. 합당.
계집 녀 **嫡** 뿌리 적 본처 적 부수 女 · 총획 14		★뿌리(啇)가 튼튼한 여자(女)가 본마누라지. 　정실 적, 본처 적. ・嫡庶(적서): 본부인이 낳은 아들과 첩이 낳은 아들. 적자. 서자. ・嫡出(적출): 본부인이 낳은 아들과 딸. ↔서출(서얼, 서자). ・嫡長子(적장자): 태종 이방원의 적장자, 양녕대군이 행실 문제로 폐위되어 셋째 아들이 세종(충녕대군)이 왕이 된다.
손 수 **摘** 뿌리 적 따다, 들추어내다 적 부수 扌 · 총획 14		★손(扌)으로 뿌리(啇)를 따다. 들추어낸다. 　들추어낼 적, 딸 적. ・摘發(적발): 숨어서 드러나지 않은 것을 들추어냄. ・指摘(지적): 어떤 사물을 꼭 집어서 가리킴.
앞페이지 복습		波　破　疲　被　披

	비슷한 한자	
뿌리 적 敵 칠복 대적할 적, 원수 적 부수 攵 / 총획 15		★뿌리(啇)까지 치는(攵) 것은 원수다. 원수 적, 대적할 적. • 敵軍(적군): 적국의 군사. • 敵手(적수): 비슷한 실력이나 솜씨. • 對敵(대적): 맞서서 겨룸.
말씀 언 클 대 商 빛날 경 밝을 경 장사 상 부수 口 / 총획 11	啇 뿌리 적 高 높을 고	★말(亠←言: 말씀 언, 혹은 大: 클 대)을 잘하고 크게 하니 장사가 잘 되네? 장사 상. • 商街(상가): 상점이 많이 늘어선 시가. • 商權(상권): 상업에 관계된 권리. • 喪家(상가): 초상난 집. 상제의 집.
巾 수건 건 부수 巾 / 총획 3		★뜻만 기억. • 手巾(수건): 얼굴, 몸을 닦기 위해 만든 헝겊 조각.
머리 두 수건 건 市 저자 시 부수 巾 / 총획 5		★머리(亠)에 수건(巾)을 단장하고 저자(시장)에 간다. 저자 시. • 市街(시가): 도시의 큰 길거리. • 市民(시민), 市場(시장) 등등.
저자 시 고기 육 肺 허파 폐 부수 月 / 총획 9		★몸(月←肉) 속에서 시장(市)과 같이 바쁜 곳은 허파다. 허파 폐. • 肺炎(폐렴): 폐에 생기는 염증.
앞페이지 복습	啇	滴	適	嫡	摘

한자	비슷한 한자	설명
흰 백 **帛** 수건 건 비단 백 부수 巾 / 총획 8		★희(白)면서 깨끗한 수건(巾) 모양을 한 것이 고운 비단이다. 비단 백. • 幣帛(폐백): 일반적으로 모든 예물. 신부가 처음으로 시부모를 뵈올 때에 올리는 대추나 마른고기 등.
설 립 **帝** 수건 건 임금 제 부수 巾 / 총획 9		★서(立) 있는 자리에 큰 수건(巾)을 세워둔 곳이 임금의 자리다. 임금 제. • 帝王(제왕): 황제. 국왕의 총칭. • 帝國(제국): 제왕이 다스리는 나라.
실 사 **締** 임금 제 맺을 체 부수 糹 / 총획 15		★실(糹)로 서로 묶듯이 임금(帝)이 국가 간 계약을 체결하여 약속을 맺는다. 맺을 체. • 締結(체결): 계약이나 조약을 맺음. 얽어서 맺음. • 締約(체약): 약속을 맺음.
말씀 언 **諦** 임금 제 살필 체 부수 言 / 총획 16		★말(言)은 임금(帝)같이 하여도 잘 살펴야 한다. 살필 체. • 諦念(체념): 도리를 깨닫는 마음. 희망을 버리고 생각하지 않음.
수건 **帶** 띠 대 부수 巾 / 총획 11		★수건(巾)을 겹치고, 감고, 덮고 한 허리띠의 모습을 본뜬 자. 띠 대. • 帶劍(대검): 칼을 참. 그 칼. 패도 등.
앞페이지 복습	敵	商	巾	市	肺

	비슷한 한자	
적을 소 / 멀 경 / 칠 복 敝 해질 폐 부수 巾 총획 12		★작고 작은(小小) 성(冂: 멀 경, 성)이 있다. 치면(攵: 칠 복) 금방 무너지고 해질 것 같다. 해질 폐. • 敝衣(폐의): 해진 옷. • 敝履(폐리): 헌 신발.
해질 폐 弊 받들 공 나쁠 폐 부수 廾 총획 14		★해진(敝) 옷을 받들며(廾) 나쁘다고 하네? 　나쁠 폐. • 弊習(폐습): 폐해되는 풍습. • 弊端(폐단): 괴롭고 번거로움. • 弊害(폐해): 폐단과 손해.
해질 폐 幣 수건 건 화폐, 비단 폐 부수 巾 총획 15		★해진(敝) 천도 수건(巾)을 만들어 쓰면 비단만한 　가치가 있다. 비단 폐. • 紙幣(지폐): 종이 화폐. 지화. • 幣帛(폐백): 예물. 선물. 신부가 처음으로 시부모를 뵈올 때 올리는 대추나 밤, 건시 등등.
풀 초 蔽 해질 폐 덮을 폐, 가릴 폐 부수 　 총획 14		★풀(艹)로 해진(敝) 옷을 덮어 가린다. 　가릴 폐. • 掩蔽(엄폐): 보이지 않도록 가려 숨김. • 蔽一言(폐일언): 한 마디 말로 휩싸서 말함.
耳 귀 이 부수 耳 총획 6		★뜻만 기억. • 耳目口鼻(이목구비): 귀, 눈, 입, 코를 아울러 이르는 말.
앞페이지 복습	帛　帝　締　諦　帶	

	비슷한 한자	
귀 이 **耶** 고을 읍 그런가·어조사 야 부수 耳 / 총획 9		★귀(耳)로 고을(阝, 邑: 고을 읍, 우방부) 이야기를 들었다. 그런가? 그런가 야. ※실질적으로 뜻이 없다. 어조사로 쓰인다. • 有耶無耶(유야무야): 흐리멍덩하다. 어물어물하다. • 金官伽倻(금관가야): 서기 532년까지 존속했던 여섯 가야(伽倻) 중의 하나. 그 시조는 수로왕(首露王).
귀 이 **恥** 마음 심 부끄러울 치 부수 心 / 총획 10		★귀(耳)로 흘러듣지 않고 마음(心)으로 들으면 부끄러움을 안다. 부끄러울 치. • 恥辱(치욕): 부끄럽고 욕됨. • 廉恥(염치): 부끄러움을 아는 마음. • 羞恥(수치): 부끄러움.
귀 이 **取** 또 우 취할 취 부수 又 / 총획 8		★적의 귀(耳)를 자르고 또(又) 잘라 가져오니 취하다(가지다)의 뜻으로 풀이됨. 취할 취. • 取得(취득): 자기 소유로 만듦. 취득세. • 取消(취소): 지워 흔적을 없앰. 기재 진술한 사실을 말살함. • 奪取(탈취): 남의 것을 억지로 빼앗아 가짐.
취할 취 **最** 가로 왈 가장 최 부수 日 / 총획 12		★말하면(曰) 취득(取)하니 가장 최고다. 가장 최. • 最高(최고), 最古(최고), 最善(최선) 등등.
취할 취 **趣** 달아날 주 뜻 취, 재촉 촉 부수 走 / 총획 15		★취하고(取) 싶은 것으로 달려(走)가다 보면 결국 취미가 되고 재미가 된다. 뜻 취, 재촉 촉. • 趣味(취미): 마음에 끌려 일정한 지향성을 가진 흥미. • 趣旨(취지): 목적이 되는 속뜻. 근본의 뜻.
앞페이지 복습		弊　　幣　　蔽　　耳

	비슷한 한자	
娶 계집 녀 : 장가들 취 부수 女 / 총획 11		★취한(取: 취할 취) 것이 여자(女)니 장가든 것이다. 장가들 취. • 娶嫁(취가): 혼인하는 일. 가취. • 娶妻(취처): 아내를 맞아들임.
聚 돼지 시 : 취할 취 부수 耳 / 총획 14		★취득(取)하고자 하는 돼지(豕: 돼지 시)를 모두 모았다. 모을 취. • 聚集(취집): 모아들임. • 聚土(취토): 흙을 거두어 모음. • 聚斂(취렴): 백성의 재산을 함부로 거두어들임.
聘 귀 이 / 말미암을 유 / 교묘할 교 부를 빙 부수 耳 / 총획 13		★귀(耳)로 말미암아(由) 교묘(丂←巧)한 소리로 부르는 것을 들었다. 부를 빙. • 招聘(초빙): 정중히 모심. • 聘母(빙모): 아내의 친정어머니. 장모.
聲 선비 사 / 창 수 / 눈썹 미 / 귀 이 소리 성 부수 耳 / 총획 17		★선비(士)가 눈(眉: 눈썹 미) 하나 깜짝 않고 창() 찌르는 소리를 귀(耳)로만 듣는다. 소리 성. • 聲明(성명): 공언하여 의사를 분명히 밝힘. • 發聲(발성): 소리를 냄.
文 글월 문 부수 文 / 총획 4	交 사귈 교	★글자 획이 이리저리 엇갈린 모양. 글월 문. • 文物(문물): 문화의 산물. • 文盲(문맹), 文具(문구), 文庫(문고) 등등.
앞페이지 복습	耶	恥	取	最	趣

한자	비슷한 한자	설명
紋 글월문 무늬 문 부수 糸 총획 10	絞 목맬 교	★실(糹=糸=纟: 실 사, 가는 실 멱)로써 글(文)의 모양을 새긴 무늬. 무늬 문. • 波紋(파문): 물결이 이룬 무늬. 어떠한 일의 영향. • (예)사회에 큰 파문을 일으키다.
紊 글월문 실 사 어지러울 문 부수 糸 총획 10		★글(文)을 실(糹)이 엉키듯이 어지럽게 썼네? 어지러울 문. • 紊亂(문란): 도덕이나 질서 규칙 등이 어지러움 또는 어지럽힘. • (예)문란 행위가 만행되고 있다.
彦 글월문 바위 엄 털 삼 선비 언 부수 彡 총획 9	彦 선비 언 본자	★글(文: 글월, 무늬 뜻) 공부를 바위(厂) 위에서 하느라 털(彡: 무늬, 빛깔, 머리, 꾸미다)이 길게 자란 선비. 선비 언. • 彦士(언사): 재덕이 뛰어난 선비. 훌륭한 선비.
諺 선비 언 말씀 언 언문, 상말 언 부수 言 총획 16		★선비(彦)들의 말(言) 중에도 상말이 있다. 상말 언. • 諺文(언문): 한글을 낮추어 부르던 이름.
顔 선비 언 머리 혈 얼굴 안 부수 頁 총획 18		★선비(彦)의 머리(頁) 속에는 지식이 많고 기질은 얼굴에 나타난다. 얼굴 안. • 顔色(안색): 얼굴빛. • 顔面(안면): 얼굴. 서로 알 만한 친분.
앞페이지 복습		娶　聚　聘　聲　文

한자	비슷한 한자	설명
產 (낳을 산) 글월 문 / 바위 엄 / 날 생 부수 生, 총획 11	:	★글(文)공부를 바위(厂) 위에서 하는 동안 아내가 아기를 낳(生 날 생)았다. 낳을 산. • 産室(산실): 해산하는 방. • 産業(산업): 경제적 생활에 관한 모든 일.
巧 (재주 교, 교묘할 교) 장인 공 / 다섯 오 부수 工, 총획 5		★장인(工)이 5 자를 (丂)교묘하게 썼네? 교묘할 교, 재주 교. • 巧妙(교묘): 솜씨나 꾀가 재치 있고 약빠름.
污 (더러울 오) 물 수 / 묘할 교 부수 氵, 총획 6	:	★물(氵)도 교묘하게(丂←巧) 더러울 때도 있다. 더러울 오. • 汚名(오명): 더럽혀진 이름. 불명예. • 汚物(오물): 지저분하고 더러운 물건. 대소변 또는 토한 것 따위.
朽 (냄새 후, 썩을 후) 나무 목 / 묘할 교 부수 木, 총획 6		★나무(木)가 교묘하게(丂←巧) 썩어가네? 썩을 후. • 老朽(노후): 늙거나 낡아서 쓸모없게 됨. • 老後(노후): 늙음. 늙은 뒤.
誇 (자랑할 과) 말씀 언 / 큰 대 / 한 일 / 묘할 교 부수 言, 총획 13		★말(言)로만 크게(大) 부풀려 한 번(一) 묘하게(丂←巧: 묘할 묘) 자랑한다. 자랑할 과. • 誇張(과장): 실제보다 더하게 덧붙임. • 課長(과장): 관청, 회사에서 한 과의 사무를 총괄하며 부하들을 감독하는 책임자.
앞페이지 복습	紋	紊	彦	諺	顔

한자	비슷한 한자	설명
哀 (옷 의) 슬플 애 부수 衣 / 총획 9	袁 옷길 원	★옷(衣)으로 입(口)을 가리고 애고 애고 슬피 운다. 슬플 애. • 哀悼(애도): 사람의 죽음을 슬퍼함. • 哀乞(애걸): 슬프게 빎. 간청. (예)애걸복걸.
衷 (옷 의) 정성, 속마음 충 부수 衣 / 총획 10	忠 충성 충 가운데 중	★옷(衣) 가운데(中)? 가슴에서 진정으로 우러나오는 정성을 말한다. 정성 충. 속마음 충. • 衷心(충심): 속에서 진정으로 우러나오는 마음. • 忠心(충심): 충직한 마음. • 衷情(충정): 마음에서 우러나오는 참된 정.
衰 (한 일) 쇠약할 쇠 부수 衣 / 총획 10	슬플 애	★슬픈(哀: 슬플 애) 일을 한 번(一) 당하니 몸과 마음이 쇠약해졌다. 쇠약할 쇠. • 衰弱(쇠약): 몸이 약해짐. • 衰退(쇠퇴): 쇠하여 전보다 못하여 감.
初 (옷 의) 처음 초 부수 刀 / 총획 7	칼 도	★옷(衤=衣)을 만들려면 칼(刀)로 잘라 재단하는 것이 처음 시작이다. 처음 초. • 初面(초면): 처음으로 대하는 얼굴. • 初期(초기): 맨 처음으로 비롯되는 시기.
虫 벌레 훼, 벌레 충 부수 虫 / 총획 6	蟲 벌레 충 약자 ☞	★뜻만 기억. • 虫齒(충치): 벌레 먹은 이.

| 앞페이지 복습 | 産 | 巧 | 汚 | 朽 | 誇 |

한자	비슷한 한자	풀이
벌레 충 / 집 면 **蛇** 비수 비 뱀 사 부수 虫 / 총획 11	巳 뱀 사 (뱀띠) 虵 뱀 사 (속자)	★벌레(虫)가 집(宀)으로 들어오니 비수(匕) 같은 뱀이 먹었다. 뱀 사. • 蛇足(사족): 뱀의 발. 쓸데없는 군더더기를 이르는 말. • 畵蛇添足(화사첨족): 쓸데없는 짓을 덧붙이려 하다가 도리어 실패함을 이르는 말. • 蛇心佛口(사심불구): 간악한 마음을 품고 말은 부처처럼 인자하게 하는. // 을사년(乙巳年, 1905년): 을사사화 (乙巳士禍), 을사늑약 (乙巳勒約). 을씨년스럽다 유래.
무릇 범 **風** 벌레 충 바람 풍 부수 風 / 총획 9	凡 무릇 범	★무릇(凡) 벌레(虫)는 가을바람을 좋아한다. 바람 풍. ※무릇: 생각건대. 대체로 보아. (예)무릇 사람이란······. • 風俗(풍속): 옛적부터 내려온 습관. 버릇. 風速(풍속): 바람의 속도. • 風景(풍경): 경치, 풍광, 경관.
나무 목 **楓** 바람 풍 단풍 풍 부수 木 / 총획 13		★나무(木)는 가을바람(風)에 형형색색 단풍이 든다. 단풍 풍. • 丹楓(단풍): 늦가을에 붉게 물드는 나무임. • 楓景(풍경): 단풍 경치.
작을 소 **肖** 고기 육 (몸) 같을 초, 닮을 초 부수 月 / 총획 7		★작은(小) 몸(月)은 닮은꼴이 많다. 닮을 초, 같을 초. • 肖像(초상): 사람의 얼굴 모양을 그림 또는 조각으로 새긴 것. (예)초상화.
물 수 **消** 적은 소 고기 육 사라질 소 부수 氵 / 총획 10		★물(氵)이 적게(小) 몸(月)에 묻으면 곧 사라진다. 사라질 소. • 消滅(소멸): 사라져 없어짐. • 燒滅(소멸): 싹 쓸어 없앰. • 消却(소각): 지워버림. • 燒却(소각): 태워버림.
앞페이지 복습	哀	衷	衰	初	虫

	비슷한 한자	
같을 초 **削** 칼 도 깎을 삭 부수 刂　총획 9		★모양이 같도록(肖) 칼(刂)로 깎을까? 깎을 삭. • 削減(삭감): 깎고 줄임. • 削奪(삭탈): 빼앗음. (예)삭탈관직.
입 구 **袁** 한 일 옷 의 성씨 원, 옷이 길 원 부수 衣　총획 10	哀 슬플 애	★식구(口: 입 구)가 옷(仌=衣) 한(一) 벌씩 챙겨 입은 옷. 옷이 길 원. • 뜻만 기억.
옷길 원 **遠** 갈 착 멀 원 부수 辶　총획 14		★옷(袁)을 갈아입고 가는(辶) 것을 보니 멀리 가는가봐. 멀 원. • 遠近(원근): 멀고 가까움. • 遠郊(원교): 도시에서 먼 마을이나 들.
둘레 구 **園** 옷길 원 동산 원 부수 囗　총획 13		★울타리(囗: 둘레 구, 큰 입 구, 에운 담 위) 안에서 옷(袁: 옷 길 원)을 갈아입고 동산을 만든다. 동산 원. • 園池(원지): 둥근 연못. • 花園(화원): 화초를 심은 동산.
책 권 **圈** 둘레 구 둘레 권 부수 囗　총획 11	券 문서 권	★책(卷←券)의 분실을 막기 위해 둘레(囗)를 에워쌌다. 둘레 권. • 圈內(권내): 금을 그은 테두리 안.
앞페이지 복습	蛇	風	楓	肖	消

한자	비슷한 한자	풀이
뛸 착 還 돌아올 환 부수 辶 / 총획 17	睘 눈 돌릴 경	★뛰어가다(辶) 눈 휘돌려 보고(睘: 놀라서 볼 경, 눈 돌려볼 경) 놀라서 돌아왔다. 돌아올 환. • 還甲(환갑): 나이 61세를 가리키는 말. 회갑. 갑년. • 還給(환급): 물건을 도로 돌려줌. • 還送(환송): 도로 보냄.
구슬 옥 環 고리 환 부수 王 / 총획 17	놀라서 볼 경	★예쁜 구슬(王←玉)을 보고 놀라서(睘: 놀라서 볼 경, 눈 돌려볼 경) 눈이 둥근 고리 같다. 고리 환. • 環境(환경): 생활체를 둘러싸고 있는 일체의 사물의 주위의 정황. • 環攻(환공): 사방을 포위하고 침.
그물 망 罹 마음 심 걸릴 리 부수 忄 / 총획 16	새 추	★그물(罒)을 쳐놓고 마음(忄)속으로 새(隹)가 걸리기를 바란다. 걸릴 리. • 罹病(이병): 병에 걸림. • 罹災(이재): 재해를 입음. / 罹災民(이재민).
罰 말씀 언 / 칼 도 벌줄 벌 부수 罒 / 총획 14	그물 망	★법망(罒)에 위배된 사람은 말(言)로서는 안 되니 칼(刂)로 쳐서 벌을 준다. 벌줄 벌. • 罰則(벌칙): 명령과 금지 규정을 위반한 자에 대하여 벌을 과하는 규정. • 罰金(벌금): 징계하여 벌로 받는 돈.
새 추 雙 새 추 / 또 우 두 쌍, 짝 쌍 부수 隹 / 총획 18	隹 새 추	★새 두 마리(隹隹)가 똑(又)같이 앉아 있으니 한 쌍이다. 짝 쌍. • 雙曲線(쌍곡선): 원추 곡선의 하나. • 雙方(쌍방): 양방.

앞페이지 복습	削	袁	遠	園	圜

	비슷한 한자	
뫼 산 **崔** 새 추 높을 최 부수 山 / 총획 11		★산(山) 밑에 새(隹)는 높은 곳을 바라본다. 높을 최. • 뜻만 기억. 성씨 최.
사람 인 **催** 높을 최 재촉할 최 부수 亻 / 총획 13	促 재촉할 촉	★사람(亻)들이 높은(崔) 지위에 오르라며 재촉한다. 재촉할 최. • 催告(최고): 재촉하는 뜻의 통지. • 催告狀(최고장): 톡촉장.
벼 화 **稚** 새 추 어릴 치 부수 禾 / 총획 13		★벼 잎(禾)에 앉은 새(隹)니까 어린 새다. 어릴 치. • 幼稚(유치): 나이가 어림. 학문, 기술 따위가 미숙함. • 稚漁(치어): 물고기 새끼.
열 십 나 사 **雄** 새 추 수컷 웅, 뛰어날 웅 부수 隹 / 총획 12		★열 번(十)을 봐도 나(厶: 나 사, 사사로울 사)를 알아보는 새(隹)는 정말 뛰어난 것이다. 뛰어날 웅. • 雄壯(웅장): 굉장히 크고 장함. • 雄辯(웅변): 말을 잘 하는 일.
화살 시 **雉** 새 추 꿩 치 부수 隹 / 총획 13		★화살(矢)같이 빠른 새(隹)가 꿩이다. 꿩 치. • 乾雉(건치): 말린 꿩고기.
앞페이지 복습	還	環	罹	罰	雙

	비슷한 한자	
큰 대 奮 새 추 밭 전 떨칠 분 부수 大 　 총획 16		★큰(大) 새(隹)가 밭(田)을 떨치고 날아간다. 떨칠 분. • 奮發(분발): 마음을 단단히 먹고 기운을 냄. • 奮鬪(분투): 있는 힘을 다하여 싸움.
큰 대 奪 마디 촌 새 추 빼앗을 탈 부수 大 　 총획 14		★큰(大) 새(隹)는 발 마디(寸)를 굽혀 남의 것을 탈취한다. 빼앗을 탈. • 奪取(탈취): 빼앗아 가짐. • 奪還(탈환): 빼앗긴 것을 도로 찾음.
돌 석 確 덮을 멱 새 추 확실할 확 부수 石 　 총획 15		★돌(石)로 덮어(冖: 덮을 멱) 놓은 새(隹)는 확실히 날지 못한다. 확실할 확. • 確固(확고): 확실하고 굳음. • 確答(확답), 確信(확신), 確實(확실) 등등.
덮을 멱 鶴 새 조 새 추 학 학 부수 鳥 　 총획 21		★덮을(冖) 듯이 큰 날개를 가진 새들(隹, 鳥)은 모두 학이다. 학 학. • 鶴舞(학무): 학춤. • 鶴首苦待(학수고대): 몹시 기다림. 학이 목을 빼고 기다린다.
나무 목 權 풀 초 입 구 새 추 권세 권 부수 木 　 총획 22	权 권세 권 저울 추 속자	★나무와 풀(木, ⺿)에서 입과 입(口, 口)으로 새들(隹) 끼리 권세를 부린다. 권세 권. • 權利(권리): 권력과 이익. • 權益(권익): 권리와 이익.
앞페이지 복습	崔	催	稚	雄	雉

	비슷한 한자	
풀초 힘력 입구 새추 勸 권한 권 부수 力 / 총획 20		★풀(艹) 속에서 입과 입(口, 口)으로 새(隹)들이 힘(力)써 먹이를 구하라며 서로 권한다. 권할 권. • 勸告(권고): 타일러 권함. • 勸(권장): 권하여 장려함.

풀초 하품 흠
입구 결함 흠
새추
歡
기뻐할 환
부수 欠 / 총획 21
		★풀(艹) 속에서 입과 입(口, 口)을 맞대고 입을 벌리고(欠: 하품 흠, 결함 흠) 기뻐한다. 기뻐할 환.
		• 歡喜(환희): 즐겁고 기쁨.
		• 歡迎(환영), 歡談(환담) 등등.
		  참조: ※欠談(흠담하다): 남의 흠을 헐뜯어 험상궂게 말하다.
		  ※法의 欠缺(법의 흠결): 법에 모자람이 있음을 이르는 말.

풀초 볼견 입구 새추 觀 볼 관 부수 見 / 총획 24		★풀(艹) 속에서 입과 입(口, 口)으로 말하며 새(隹)들끼리 적이 나타나는지 유심히 본다. 볼 관. • 觀察(관찰): 사물을 잘 살펴 봄. • 觀覽(관람): 연극 영화 따위를 구경함.
벼화 풀초 새추 또우 穫 수확 확 부수 禾 / 총획 18		★벼(禾: 벼 화)를 풀(艹) 속의 새(隹)들이 또(又) 먹을까봐 수확한다. 수확 확. • 收穫(수확): 곡식을 거두어들임.
말씀 언 풀초 새추 또우 護 도울, 보호할 호 부수 言 / 총획 21		★말(言)을 해서 풀(艹) 속에 사는 새(隹)를 손(又: 오른손 우, 또 우)으로 보호해야 한다. 보호할 호. • 保護(보호): 우험 따위로부터 약한 것을 잘 돌보아 지킴. • 看護(간호): 환자나 어린이 등을 보살펴 돌봄.
앞페이지 복습	奮 奪 確 鶴 權

	비슷한 한자	
개 견 獲 풀 초 새 추 또 우 획득 획, 얻을 획 부수 犭 총획 17		★개(犭)가 풀(++) 속에 새(隹)를 또(又) 잡았으니 획득한 것이다. 획득 획. • 獲得(획득): 얻어 가짐. • 捕獲(포획): 사로잡음.
물 수 準 새 추 열 십 법도 준 부수 氵 총획 13		★물(氵)새(隹) 열(十) 마리가 법도를 지키며 날아간다. 법도 준. • 準備(준비): 미리 필요한 것을 마련하여 갖춤. • 標準(표준), 水準(수준), 基準(기준) 등등.
집 雇 새 추 품팔 고, 머슴 고 부수 隹 총획 12		★집(戶: 문 호: 문, 집의 뜻이 있다) 안에 갇혀 있는 새(隹)처럼 남의 집에서 품팔이한다. 품팔 고, 머슴 고. • 雇傭(고용): 삯을 받고 남의 일을 해줌.
품팔 고 顧 머리 혈 돌아볼 고 부수 頁 총획 21		★(몸이 부서지게) 품팔(雇) 일을 머리(頁)로 생각하여 보고 되돌아본다. 돌아볼 고. • 顧客(고객): 단골손님. • 顧問(고문): 전문적인 지식, 경험 등으로 자문에 응하여 의견을 말하는 직책.
집 엄 應 새 추 사람 인 마음 심 응할 응 부수 广 총획 17		★집(广: 집 엄, 엄호밑) 밑에 있는 새(隹)도 사람(亻)의 마음(心)에 응할까? 응할 응. • 應答(응답): 물음이나 부름에 대답함. • 應急(응급): 급한 대로 우선 처리함.

| 앞페이지 복습 | 勸 | 歡 | 觀 | 穫 | 護 |

		비슷한 한자	
그물 망 **蜀** 벌레충 쌀 포 애벌레 촉 부수 皿 / 총획 13			★그물(皿)에 싸여(勹) 있는 벌레? 애벌레다. 애벌레 촉. ※ 網 = 网 = 罓 = 皿 그물 망 • 蜀魂(촉혼): 두견새, 소쩍새. 촉의 망제의 혼백이 화하여 소쩍새가 되었다는 전설에서 나온 말.
불 화 **燭** 벌레 촉 촛불 촉 부수 火 / 총획 17			★불(火)을 보고 애벌레(蜀)가 달려든다. 촛불을 좋아하나. 촛불 촉. • 華燭(화촉): 결혼의 예식. • 燭數(촉수): 전등 촉광의 단위 수.
개 견 **獨** 벌레 촉 홀로 독 부수 犭 / 총획 16			★개(犬, 犭)를 피해 애벌레(蜀)가 혼자 있어. 홀로 독. • 獨立(독립): 남에게 의지하지 않고 제 힘으로 존재.
물 수 **濁** 벌레 촉 흐릴 탁 부수 氵 / 총획 16			★물(氵) 속에 애벌레(蜀)가 빠져서 물이 흐려졌어? 흐릴 탁. • 濁水(탁수): 흐린 물. • 混濁(혼탁): 맑지 아니함. • 濁流(탁류): 결백하지 못한 무리들.
실 사 **羅** 그물 망 새 추 벌릴 라 부수 皿 / 총획 19			★실(糸)로 묶어놓은 새(隹)를 그물(皿)을 벌려 또 넣는다. 벌릴 라. • 新羅(신라): 박혁거세를 추대, 지금의 영남지방에 세운 나라. 삼국(신라, 고구려, 백제)를 통일. • 羅列(나열): 열을 지음. • 羅星(나성): 줄지어 빛나는 별.
앞페이지 복습	獲	準	雇	顧	應

한자	비슷한 한자	설명
觸 뿔 각 / 애벌레 촉 닿을 촉 부수 角 총획 20		★애벌레(蜀: 애벌레 촉)는 머리에 뿔(角)로 촉감을 한다. 닿을 촉. • 觸角(촉각): 동물의 머리에 있는 감각기. 더듬이. • 觸覺(촉각): 피부에 있는 어떤 종류의 감수기의 흥분에 의하여 일어나는 감각. 촉감.
屬 지붕 시 / 물 수 / 벌레 촉 붙을 속, 붙을 촉 (무리 속, 이을 촉) 부수 尸 총획 21	属 약자	★지붕(尸: 주검 시, 지붕, 집, 시체의 뜻이 있다) 밑에 물(水: 물 수)을 피해 애벌레(蜀)는 붙어산다. 붙을 촉. • 屬耳垣牆(속이원장): 담장(牆)에도 귀가 있다는 말과 같이 경솔히 말하는 것을 조심함./ • 直系尊屬(직계존속): 조상으로부터 직계로 내려와 자기에 이르는 사이의 혈족. 부모, 조부모 등. • 屬國(속국): 정치적으로 다른 나라에 매여(붙어) 있는 나라.
慮 범 호 생각할 려 부수 心 총획 15	思 생각 사	★호랑이(虍: 호피 무늬 호)가 나타날까 생각(思)하듯 미래를 생각한다. 생각할 려. • 考慮(고려): 생각하여 봄. • 心慮(심려): 마음속으로 염려함.
虜 범 호 / 사내 남 사로잡을 로 부수 虍 총획 13		★호랑이(虍)는 남자(男)가 사로잡는다. 사로잡을 로. • 虜獲(노획): 적을 사로잡음. • 虜掠(노략): 떼를 지어 사람을 사로잡고 재물을 약탈함.
盧 범 호 / 밭 전 / 그릇 명 항아리 로, 검은 로 부수 皿 총획 16		★범 무늬(虍: 범 무늬 호)가 새겨진 밭(田)에 그릇(皿)은 검은색 항아리였다. 항아리 로. • 뜻만 기억. 성씨 로.
앞페이지 복습	蜀	燭	獨	濁	羅

한자	비슷한 한자	설명
爐 불 화 / 항아리 로 / 화로 로 / 부수 火 / 총획 20	炉 약자	★불(火)을 담아 놓은 항아리(盧)는 화로다. 화로 로. • 爐邊(노변): 화롯가. • 香爐(향로): 향을 피우는 조그마한 화로.
言 1 2 3 4 / 입 구 / 말씀 언 / 부수 言 / 총획 7		★1, 2, 3, 4번 생각하고 입(口)으로 말씀을 드려야 한다. 말씀 언. • 言行(언행): 말하는 것과 행동하는 것. (예)언행일치. • 言及(언급): 하는 말이 그것에까지 미침.
計 말씀 언 / 열 십 / 계산 계 / 부수 言 / 총획 9	討 토론할 토	★말(言)로써 열(十)까지 셈하고 계산한다. 계산 계. • 計算(계산): 수량을 헤아림. • 合計(합계): 한데 몰아서 계산함. • 計劃(계획): 꾀하여 미리 작정함.
訃 말씀 언 / 점 복 / 부음 부 / 부수 言 / 총획 9		★말(言)하듯 점(卜)을 치고 부음을 전했다. 부음 부. • 訃告(부고): 사람이 죽은 것을 알리는 통지. (=) 부음, 휘음.
詛 말씀 언 / 또 차 / 저주할 저 / 부수 言 / 총획 12		★말(言)로써 또(且: 또 차) 저주한다. 저주할 저. • 詛呪(저주): 남이 못 되기를 빌고 바람. (=)呪詛(주저).

| 앞페이지 복습 | 觸 | 屬 | 慮 | 虜 | 盧 |

한자	비슷한 한자	설명
訊 계산 계 / 아홉 구 물을 신 부수 言 / 총획 12		★계산(計)을 아홉(乁←乙←九: 아홉 구) 번 하고 또 물어요? 물을 신. • 訊問(신문): 법원이나 국가기관이 사건에 관계된 사람이나 피고에게 구두로 캐묻고 따지는 일. • 審問(심문): 자세히 따져 물음.
訛 말씀 언 / 변화 화 거짓말 와 부수 言 / 총획 11		★말(言)이 변(化)해서 거짓말로 전해졌다. 거짓말 와. • 訛傳(와전): 말이나 음을 그릇 전함. • 訛言(와언): 거짓 떠도는 말.
談 말씀 언 / 불꽃 염 말씀 담 부수 言 / 총획 15		★말(言)을 불꽃(炎)처럼 매섭게 지적하시는 어른의 말씀. 말씀 담. • 談笑(담소): 웃으며 이야기함. • 談泊(담박): 욕심이 없고 깨끗함. • 談白(담백): 맛이나 빛이 산뜻함.
諱 말씀 언 / 가죽 위 꺼릴 휘 부수 言 / 총획 16		★말(言)을 가죽(韋: 가죽 위)에 대고 하니 꺼린다. 꺼릴 휘. • 諱音(휘음): 부고. • 諱字(휘자): 사후에 지은 이름. • 徽號(휘호): 죽은 뒤에 내리던 시호(존호). 주로 왕, 왕비. • 諱日(휘일): 조상의 제삿날.
守 집 면 / 마디 촌 지킬 수 부수 宀 / 총획 6		★집(宀: 집 면, 갓머리)에는 상하가 있고 촌(寸)수가 있으니 예를 지켜야 한다. 지킬 수. • 守護(수호): 지켜 보호함. • 守節(수절): 절개를 지킴. 과부가 재가하지 않고 있음.
앞페이지 복습		爐　言　計　訃　詛

한자	비슷한 한자	설명
狩 개 견 / 지킬 수 사냥할 수 부수 犭 / 총획 9		★개(犭, 犬)는 집만 지키는(守) 것이 아니라 사냥도 한다. 사냥할 수. • 狩獵(수렵): 사냥.
耐 말 이을 이 / 마디 촌 견딜 내, 참을 내 부수 而 / 총획 9		★말 이을(而: 말 이을 이) 때마다 작은(寸) 고통도 견디며 참아야 한다. 참을 내, 견딜 내. • 忍耐(인내): 참고 견딤. (예)인내심, 인내력. • 耐乏(내핍): 가난함을 참고 견딤.
討 말씀 언 / 마디 촌 토론할 토, 칠 토 부수 言 / 총획 10	:	★말(言)로 작은(寸) 것이라도 옳고 그름을 토론하여야 한다. 토론할 토. • 討論(토론): 여러 문제를 중심으로 각각 자기의 의견을 말하여 좋은 결론을 얻으려고 하는 논의. • 討伐(토벌): 군대를 보내어 침.
射 몸 신 / 마디 촌 쏠 사 부수 寸 / 총획 10		★몸(身)이 작다(寸) 보니 활로 쏜다. 쏠 사. • 射擊(사격): 총이나 활 등으로 쏘아서 목표물을 맞힘. • 射手(사수): 활, 총을 쏘는 사람.
謝 말씀 언 / 쏠 사 사양할·사례할 사 부수 言 / 총획 17	:	★말(言)로써 쏠(射) 듯이 사절도 하고 사례도 한다. 사례 사. • 謝絶(사절): 사양하며 받아들이지 않고 물리침. • 謝過(사과): 잘못에 대한 용서를 빎. ★사례나 사양을 말하며 몸(身)을 굽혀 마음(寸: 마디, 마음)을 전한다.
앞페이지 복습		訊　訛　談　諱　守

	한자	비슷한 한자	설명
손 우 장인 공	**尋** 입 구 마디 촌 찾을 심 부수 寸 총획 12		★손(⺕)으로 작게(寸) 만들어(工) 놓고 입(口)으로 중얼거리며 찾고 있다. 찾을 심. • 尋常(심상): 대수롭지 않고 예사스러움. 범상. • 尋問(심문): 자세히 다지고 물음. 審問. *彐(돼지머리 계) → ⺕(손을 본떠서 만들어져 파생된 글자.) *彐=彑(고슴도치 머리=튼가로 왈) = 손을 의미.
손톱 조 그칠 간	**爵** 그물 망 마디 촌 벼슬 작 부수 爫 총획 18		★손(爫)에 법망(罒)을 쥐고 작은(寸) 관원들을 멈추게(艮) 하는 것을 보니 벼슬한 사람이다. 벼슬 작. • 爵位(작위): 벼슬과 직위. • 爵號(작호): 관직의 칭호. (공작, 후작, 백작, 자작, 남작 따위.)
열 십	**索** 덮을 멱 실 사 찾을 색 부수 糸 총획 10		★열(十) 겹이나 덮여(冖) 있는 실(糸)을 찾는다. 찾을 색. • 索引(색인): 책 속의 항목이나 낱말을 빨리 찾도록 만든 목록. • 索出(색출): 뒤져서 찾아냄.
물 수	**深** 덮을 멱 여덟 팔 나무 목 깊을 심 부수 氵 총획 11		★물(氵)이 덮여(冖) 있어 여덟(八. 번이나 보아도 보이지 않아) 나무(木)로 깊이를 재본다. 깊을 심. • 深夜(심야): 깊은 밤. 한밤중. • 深奧(심오): 깊고 오묘함.
손 수	**探** 덮을 멱 여덟 팔 나무 목 찾을 탐 부수 扌 총획 11		★손(扌)으로 덮여(冖) 있는 여덟 개 나무(八, 木)를 더듬어 찾았다. 찾을 탐. • 探索(탐색): 실상을 더듬어 찾음. 실종한 범죄자의 행방이나 죄상을 살펴 캐어냄. • 探訪(탐방): 탐문하여 찾아봄.
앞페이지 복습	狩	耐	討	射	謝

	비슷한 한자	
七 일곱 칠 부수 一 / 총획 2		★뜻만 기억 • 七顚八起(칠전팔기): 여러 번 실패해도 꺾이지 않고 다시 일어남. 일곱 번 넘어져도 여덟 번 일어남.
婁 쌓을 루 한 일 / 익을 관 / 계집 녀 부수 女 / 총획 11		★돌꽂이(串: 익을 관, 돌꽂이 관)를 여자(女)가 혼자 (一) 쌓았어? 쌓을 루. •뜻만 기억. 부수에 붙어야 뜻이 나타남.
樓 다락 루 나무 목 / 쌓을 루 부수 木 / 총획 15	楼 약자	★나무(木)를 쌓아서(婁) 높이 만든 다락. 다락 누. • 樓閣(누각): 사방을 바라볼 수 있게 높이 지은 다락방.
褸 누더기·남루할 루 옷 의 / 쌓을 루 부수 衤 / 총획		★옷(衤)을 이리저리 쌓아놓은(婁) 것이 누더기며 남루한 옷이다. •襤褸(남루): 누더기. 옷 따위가 해져 지저분함.
屢 여러 루 지붕 시 / 쌓을 루 부수 尸 / 총획 14		★지붕(尸: 주검 시, 지붕) 밑에 쌓아놓은(婁) 것이 무엇인지 여러 번 살펴본다. 여러 루. • 屢屢(누누): 여러 번. • 屢次(누차): 여러 차례. (예)누차 말하였다.
앞페이지 복습	尋	爵	索	深	探

한자	비슷한 한자	설명
數 쌓을 루 / 칠 복 자주 삭, 셀 수 부수 攵 총획 15	数 약자	★쌓여(婁) 있는 것을 치면(攵)서 세어본다. 셀 수, 자주 삭. • 數學(수학): 수량의 이론 및 계량의 법식 등을 연구하는 학문. • 數次(수차): 두서너 차례. *攵(칠 복) / 夊(뒤쳐져 올 치)
壞 흙 토 / 품을 회 무너질 괴 부수 土 총획 19	襄 품을 회	★흙덩이(土)를 품고(襄) 있다가 무너졌다. 무너질 괴. • 破壞(파괴): 쓰지 못하게 때려 부수거나 깨뜨려 헒.
懷 마음 심 / 품을 회 품을 회 부수 忄 총획 19		★마음(忄) 속으로 품고(襄) 있으니 뜻을 품을 것이다. 품을 회. • 懷疑(회의): 의심을 품음. 의문을 가짐. (예)회의적이다. • 會議(회의): 여러 사람이 모여 의논함. • 懷古(회고): 옛적을 생각함.
牆 조각 장 / 올 래 / 돌 회 담장 장 부수 爿 총획 19	墙 담장 장	★조각틈(爿: 조각 장, 장수 장)으로 도둑이 들어올지 (來) 모르니 돌려(回: 돌 회) 쌓아둔 담장. 담장 장. • 담장(-牆): 담.
不 한 일 / 작을 소 아니 부, 아닐 불 부수 一 총획 4		★한(一) 가지의 작은(小) 잘못도 해서는 안 돼. 아니 부, 아닐 불. • 아닐 불(不): 하지 마라, 안 돼! 할 때. • 아니 부(不): 아니 그러한가, 반문의 뜻. • 不信(불신): 믿지 않음. • 不正(부정): 바르지 않음.
앞페이지 복습	七	妻	樓	褸	屢

한자	비슷한 한자	설명
아니 부 **否** 입구 막힐 비, 아니 부 부수 口 / 총획 7		★아닌(不) 것을 입(口)으로 아니라며 가부(可否: 찬반의 뜻)를 말한다. 아니 부. • 否定(부정): 그렇다고 인정하지 않음. • 不定(부정): 일정하지 않음. • 否塞(비 : 색): 꽉 막힘. 운수 나빠서 꽉 막힘.
나무 목 **杯** 아니 부 잔 배 부수 木 / 총획 8	盃 속자	★나무(木)가 아니(不)다? 그럼 뭐야? 잔이다. 잔 배. • 祝杯(축배): 축하의 뜻을 나타내기 위하여 마시는 술.
풀 초 **若** 오른 우 같을 약, 만약 약 부수 ++ / 총획 8		★풀(++) 오른쪽(右)에 있는 것이 만약 산삼이면…. 만약 약. • 若干(약간): 얼마 되지 않음. • 萬若(만약): 만일.
말씀 언 **諾** 같을 약 허락할 낙(락) 부수 言 / 총획 16		★말(言)과 행동(언행)이 같으니(若) 허락하겠다. 허락 낙. • 許諾(허락): 청하고 바라는 바를 들어줌. 승낙. • 受諾(수락): 요구를 받아들여 승낙함.
입 구 **吳** 큰 대 오나라·소리칠 오 부수 口 / 총획 7		★입(口)을 크게 벌리고 목을 뒤로 젖혀 크게(大) 소리친다. 소리칠 오. • 吳越同舟(오월동주): 오나라 사람과 월나라 사람이 한 배를 탔다는 뜻. 즉, 서로 적대되는 자가 같은 경우에 처했음을 가리키는 말.

앞페이지 복습	數	壞	懷	牆	不

한자	비슷한 한자	설명
誤 말씀 언 / 소리칠 오 그르칠 오 부수 言 총획 14		★말(言)을 큰소리치다(吳) 보면 그르칠 때가 있다. 그르칠 오. • 誤謬(오류): 잘못 되어 이치에 어긋남. 오유(×). • 誤判(오판): 잘못 판정함. • 判定(판정): 잘 판단하여서 결정함.
微 두사람 인 / 뫼 산 / 한 일 / 상 궤 / 칠 복 작을 미 부수 彳 총획 13		★두 사람(彳: 두 사람 인, 걸을 척, 두인변)이 산(山)에서 한 개의 책상(一, 几)을 쳐서(攵) 만드니 너무 작다. 작을 미. • 微笑(미소): 빙긋이 웃는 웃음. • 媚笑(미소): 아양 부리는 웃음. • 微力(미력): 적은 힘. • 微賤(미천): 신분이 미약하고 비천함.
徵 두 인 / 뫼 산 / 한 일 / 상 궤 / 칠 복 부를 징 부수 彳 총획 15	攴 칠 복 夊 뒤쳐져 올 치	★두 사람(彳)이 산(山)에서 한(一) 놈을 치고(攵) 있으니 임금이 부른다. 부를 징. • 徵兵(징병): 법에 의거 해당자를 군대의 복무로 모음. • 徵發(징발): 강제로 끌어냄. • 蒸發(증발): 액체의 기화 현상. 사라져 없어짐.
懲 부를 징 / 마음 심 징계할 징 부수 心 총획 19		★불러서(徵) 마음(心)을 바르게 쓰라고 징계한다. 징계할 징. • 懲戒(징계): 허물이나 잘못을 뉘우치도록 나무라고 경계함. • 懲罰(징벌): 뒷일을 경계하는 뜻으로 벌을 줌.
非 아닐 비 부수 非 총획 8		★새의 몸통과 날개. 날아가는 모양이 같지 않다는 것으로 아니다의 뜻. 아닐 비. • 非理(비리): 이치에 맞지 아니함. • 非禮(비례): 예의에 어긋남. • 比例(비 : 례): 예를 들어 비교함.
앞페이지 복습	否	杯	若	諾	吳

	비슷한 한자	
悲 아닐 비 / 마음 심 슬플 비 부수 心 / 총획 12		★생각대로 아니(非) 되니 마음(心)이 슬프다. 슬플 비.
		• 悲哀(비애): 슬픔과 설움. • 悲觀(비관): 사물을 슬프게만 봄. 희망을 갖지 않음.
俳 사람 인 / 아닐 비 광대 배 부수 亻 / 총획 10		★사람(亻)이 아니다(非). 뭐야? 광대지! 광대 배.
		• 俳優(배우): 영화 연극 따위에서 연기하는 사람. • 徘徊(배회): 어정거리며 이리저리 걸어 다님.
排 손 수 / 아닐 비 물리칠 배 부수 扌 / 총획 11		★손(扌)으로 아니(非)라며 물리친다. 물리칠 배.
		• 排斥(배척): 물리쳐서 내침. (유)배격. • 排泄(배설): 먹은 음식물찌꺼기를 몸 밖으로 내보냄.
罪 그물 망 / 아닐 비 허물 죄, 죄지을 죄 부수 罒 / 총획 13		★법망(罒: 그물 망)을 지키지 않은(非: 아닐 비) 허물로 죄인이 됐다. 허물 죄, 죄지을 죄.
		• 罪人(죄인): 죄를 범한 사람. • 罪囚(죄수): 형무소에 갇힌 죄인. • 罪惡(죄악): 죄가 될 나쁜 행위.
輩 차 차 / 아닐 비 무리 배 부수 車 / 총획 15		★수레가 아니(非)라 차(車)가 무리를 이루었네? 무리 배.
		• 輩出(배 : 출): 무리지어 나옴. • 排出(배출): 밀어서 내보냄. • 先輩(선배), 同輩(동배), 後輩(후배) 등등.
앞페이지 복습		誤 微 徵 懲 非

	비슷한 한자	
말씀 언 **誹** 아닐 비 헐뜯을 비 부수 言 / 총획 15		★말(言)도 아니(非)고 헐뜯는 소리다. 헐뜯을 비. • 誹謗(비방): 남을 헐뜯어서 욕함. • 誹笑(비소): 비웃음. • 誹觀(×), 悲觀(○).
伍 대오 오 부수 亻 / 총획 9	吾 나 오 五 다섯 오	★사람(亻) 다섯(五) 명씩 줄지어 서있는 대오. 대오 오. • 隊伍(대오): 군대의 항오. • 落伍(낙오): 대오에서 뒤떨어짐. 시대의 진보에서 뒤떨어짐.
나무 목 **梧** 나 오 오동나무 오 부수 木 / 총획 11		★나무(木)에서 나 오(吾) 하는 오동나무. 오동나무 오. • 梧桐(오동): 오동나무. • 梧秋(오추): 음력 7월.
집 면 조각 장 **寤** 나 오 깰 오 부수 宀 / 총획 14		★집(宀: 집 면, 갓머리밑)에 장수가 나 오(吾) 하며 찾아와 잠을 깨었다. 깰 오. • 寤寐(오매): 잠을 깨는 일과 자는 일. • 寤寐不忘(오매불망): 자나 깨나 잊지 못함.
말씀 언 **語** 나 오 말씀 어 부수 言 / 총획 14		★말(言)로써 나(吾)의 의견을 알리고자 왔으니 말씀하여 주세요. 말씀 어. • 語感(어감): 말소리, 말투에 따라 말이 주는 느낌과 맛. • 語彙(어휘): 말을 계통 있게 유별하여 간추려 놓은 발기. 　　　　　　(예)어휘구성.
앞페이지 복습	悲	俳	排	罪	輩

한자	비슷한 한자	설명
悟: 깨달을 오 마음 심 / 나 오 부수 忄 / 총획 10		★마음(忄)속으로 나(吾)의 잘못을 깨달았어! 깨달을 오. • 覺悟(각오): 도리를 깨달음. 미리 알아차리고 마음을 정함. • 悟悔(오회): 깨닫고 뉘우침.
司 맡을 사, 벼슬 사 한 일 / 입 구 / 갈고리 궐 부수 口 / 총획 5		★한(一) 입(口) 즉 한 사람이 갈고리(亅→コ)로 맡은 일을 처리한다. 맡을 사.. • 司書(사서): 적을 맡아보는 직분. 도서관 사서. • 司會者(사회자): 모임이나 예식에서 진행을 맡아보는 사람. • 總司令官(총사령관): 전군(全軍) 또는 일정하게 큰 단위의 군대를 모두 지휘하는 사령관.
祠 사당 사 보일 시 / 맡을 사 부수 示 / 총획 10	伺 엿볼 사	★신주(示: 보일 시, 귀신 기, 제단)를 맡아(司) 돌보는 사당. 사당 사. • 祠堂(사당): 신주를 모셔둔 집. = 가묘, 별묘. • 祠察(사찰): 동정을 살핌.
詞 글 사, 말씀 사 말씀 언 / 맡을 사 부수 言 / 총획 12	訶 꾸지람 가	★말(言)하는 것을 맡아(司) 글로 쓴다. 말씀 사, 글 사. • 名詞(명사): 사물의 이름을 나타내는 품사. • 助詞(조사): 말의 뜻을 더하는 구실을 하는 품사.
飼 기를 사 밥 식 / 맡을 사 부수 飠 / 총획 14		★(짐승은) 밥(飠)을 주어가며 맡아(司) 기른다. 기를 사. • 飼育(사육): 짐승을 기름. • 飼料(사료): 짐승을 기르는 먹이.
앞페이지 복습	誹	伍	梧	寤	語

	비슷한 한자	
仕 사람 인 / 선비 사 선비 사, 벼슬 사 부수 亻　총획 5		★사람(亻)이 선비(士)가 되어 벼슬을 한다. 벼슬 사. • 仕官(사관): 벼슬살이를 함. • 仕道(사도): 벼슬길. • 使道: 사도(또). 고을 원을 일컫는 말.
佩 찰 패 부수 亻　총획 7		★뜻만 기억합시다. • 佩物(패물): 사람들이 몸에 차는 장식품의 총칭.
舍 사람 인 / 천 천 / 입 구 집 사 부수 舌　총획 8		★사(人)람이 천(千←千) 년 식구(口)들과 살기 위해 지은 집. 집 사. • 舍兄(사형): 자기 형을 남에게 말할 때 겸손의 표시로 하는 말. 또는 형이 아우에게 대하여 자기를 말할 때 일컫는 말로써 편지에 씀. • 舍宅(사택): 사업체나 기관에 근무자를 위하여 지은 집.
捨 집 사 / 손 수 버릴 사 부수 扌　총획 11	拾 주울 습 열 십 恰 흡사할 흡	★손수(扌) 지은 집(舍)도 마음에 안 들면 버린다. 버릴 사. • 捨身(사신): 수행, 보은을 위해 속계에서 몸을 버리고 불문에 들어감. • 捨生取義(사생취의): 목숨을 버리더라도 의를 좇음.
保 사람 인 / 입 구 / 나무 목 보호할 보 부수 亻　총획 9		★사람(亻)은 잎(입, 口)으로 나무(木)를 보호할 줄 알아야 해. 보호할 보, 지킬 보. • 保護(보호): 잘 돌보아 지킴. • 保管(보관): 맡아 관리함.
앞페이지 복습	悟　司　伺　詞　飼	

	비슷한 한자	
酉 술 유, 닭 유 부수 酉　총획 7		★뜻만 기억. • 酉方(유방): 24방위의 하나. 서쪽. • 酉時(유시): 12시의 하나 하오 5시~7시까지.
酋 여덟 팔　닭 유 두목 추 부수 酉　총획 9		★여덟(八) 마리 닭(酉)을 먹어치우는 두목. 　두목 추. • 酋長(추장): 미개인들의 우두머리. 도둑들의 두목.
酒 물 수　닭 유 술 주 부수 酉　총획 10		★닭(酉)이 물(氵)을 먹는다. ★물(氵)보다 좋은 술(酉).　술 주. • 酒客(주객), 酒量(주량), 酒席(주석) 등등.
猶 개 견　두목 추 머뭇거릴 유 부수 犭　총획 12		★개(犭, 犬) 같은 두목(酋)이 머뭇거려유. 　머뭇거릴 유. • 猶豫(유예): 우물쭈물하고 결정하지 않음. • 猶父猶子(유부유자): 아버지 같고 자식 같다는 뜻으로 　　　　　　　　숙질간의 사이를 말함.
尊 마디 촌　괴수 추 높을 존 부수 寸　총획 12	酋 두목 추 괴수 추	★괴수(酋)에게는 말 한 마디(寸)라도 높여라. 　높을 존. • 尊敬(존경): 받들어 공경함. • 尊重(존중): 높이고 중하게 여김.
앞페이지 복습	仕	佩	舍	捨	保

	비슷한 한자	
뛸 착 / 높을 준 遵 따를 준, 좇을 준 부수 辶 총획 16	遵 = 遵	★높은(尊) 분이 갈(辶) 때는 따라가야 한다. 따를 준, 좇을 준. • 遵法(준법): 법령을 지킴. • 遵守(준수): 그대로 좇아 지킴.
鬼 귀신 귀 부수 鬼 총획 10	神 귀신 신 신령 신	★뜻만 기억. • 鬼神(귀신): 눈에 보이지 않는 무서운 정령. • (예)귀신 곡한다: 기묘하고 신통해서 귀신이라도 놀라서 울만하다는 말.
흙 토 / 귀신 귀 塊 흙덩어리 괴 부수 土 총획 13		★흙(土) 귀신(鬼)도 있어? 흙덩어리를 말하는 거야. 흙덩어리 괴. • 塊石(괴석): 이상하게 생긴 돌. • 金塊(금괴): 금덩이.
귀신 귀 愧 마음 심 부끄러워할 괴 부수 忄 총획 13		★귀신(鬼)같이 하고 있으니 마음(忄)이 부끄럽다. 부끄러워할 괴. • 愧色(괴색): 부끄러워하는 얼굴 빛. • 慙愧(참괴): 부끄럽게 여김.
이를 운 魂 귀신 귀 넋 혼 부수 鬼 총획 14		★귀신(鬼)이 이르기(云: 어조사 운)를 나는 넋이다 한다. 넋 혼. • 魂靈(혼령): 죽은 사람의 넋.
앞페이지 복습	酉	酋	酒	猶	尊

	비슷한 한자	
풀 초 **蒐** 귀신 모을 수 부수 ++ 총획 14		★풀(++) 밑에 귀신(鬼)이 모여든데. 모을 수. • 蒐集(수집): 여러 가지 재료를 찾아서 모음. • 收集(수집): 거두어 모음.
흰 백 **魄** 귀신 귀 혼백 백 부수 鬼 총획 15		★하얀(白: 흰 백) 귀신(鬼: 귀신 귀)이 혼백이다. 혼백 백. • 魂魄(혼백): 넋. • 氣魄(기백): 씩씩한 기상과 진취적인 정신.
귀신 귀 **魁** 말 두 으뜸 괴 부수 鬼 총획 14		★말(斗) 귀신(鬼)이 귀신의 으뜸이래. 으뜸 괴. • 魁首(괴수): 악당의 두목. 수괴.
닭 유 **醜** 귀신 귀 추할 추 부수 酉 총획 17		★술(酉)이 취했어. 귀신(鬼) 같으니? 추악하니? 추할 추. • 醜聞(추문): 아름답지 못한 소문. • 醜雜(추잡): 말과 행실이 지저분하고 잡스러움.
덮을 아 **要** 계집 녀 중요할 요 부수 襾 총획 9		★여자(女)를 덮고(襾: 덮을 아) 감싸주며 중요히 여겨라. 중요할 요. ★덮어(襾)주는 여자(女)는 중요한 여자. • 要緊(요긴): 중요하고도 긴요함. • 要約(요약): 주요 대목을 추려냄.
앞페이지 복습	遵	鬼	塊	愧	魂

한자	비슷한 한자	설명
腰 허리 요 (고기 육, 중요) 부수 月 총획 13		★몸(月, 肉: 고기 육, 몸)에 중요한(要) 부분이 허리요! 허리 요. • 腰痛(요:통): 허리가 아픈 병. • 腰折(요절): 허리가 꺾일 듯이 몹시 아픔.
馬 말 마 부수 馬 총획 10		★말이 뛰며 달리는 모습을 본뜬 자. 말 마. • 馬車(마차): 말이 끄는 수레. • 馬夫(마부): 말을 부리는 사람.
篤 도타울 독 (대 죽, 말 마) 부수 竹 총획 16		★죽(竹)마(馬)! 대나무 말을 같이 타던 친구는 정이 도탑다. 도타울 독. • 篤志(독지): 뜻이 돈독함. 인정이 두터운 마음씨. • 篤實(독실): 열성 있고 진실함. • 危篤(위독): 병세가 매우 중함.
肋 갈빗대 륵(늑) (고기 육(몸), 힘 력) 부수 月 총획 6		★몸(月: 고기 육, 몸)에 힘(力)을 쓰면 갈빗대가 나와요? 갈빗대 륵. • 肋骨(늑골): 갈빗대.
筋 힘줄 근 (대 죽, 갈빗대 륵) 부수 竹 총획 12		★대나무(竹)같이 갈비(肋)뼈에 힘줄이 생겼다. 힘줄 근. • 筋肉(근육): 힘줄과 살. 힘살.

| 앞페이지 복습 | 蒐 | 魄 | 魁 | 醜 | 要 |

한자	비슷한 한자	설명
祿 복 록, 녹 록 (볼 시 / 녹 받을 록) 부수 示 / 총획 13	彔 새길 록	★신(示: 보일 시, 귀신 기)이 새겨(彔)둔 내려 록(祿)을 받았다. 녹 록. • 祿俸(녹봉): 옛날 나라에서 벼슬아치(공직자)들에게 주던 곡식, 돈 따위의 총칭(월급). *彔(새길 록, 곡식 알갱이 록, 곡식으로 녹받을 록)
剝 벗길 박 (녹 받을 록 / 칼 도) 부수 刀 / 총획 14		★받은 녹(彔)을 칼(刂)로 벗겼다. 벗길 박. • 剝奪(박탈): 벗기고 빼앗음. • 剝製(박제): 새나 짐승의 가죽을 벗겨 살았을 때의 모양과 같이 만드는 일.
綠 푸를 록 (실 사 / 녹 받을 록) 부수 糸 / 총획 14		★실(糸)을 받은 녹(彔)으로 물을 드려 푸르게 하였다. 푸를 록. • 綠化(녹화): 산, 들, 공원 따위에 나무나 화초를 많이 심고 잘 가꾸어 푸르게 만듦. • 綠地(녹지): 초목이 많아 푸른 땅. 공원, 농지 등.
錄 기록 록 (쇠 금 / 녹 받을 록) 부수 金 / 총획 16		★쇠(金)를 받은 녹(彔)으로 글을 새겨 기록하였다. 기록 록. • 錄畵(녹화): 비디오, 테이프, TV 등 기타 영상을 기록하는 일. • 錄音(녹음): 소리를 기록함.
緣 인연, 연유, 까닭 연 (실 사 / 서로 호 / 돼지 시) 부수 糸 / 총획 15	綠 푸를 록	★실(糸)로 서로(互) 묶어 돼지(豕)를 인연을 맺어 주었다. 인연 연. 연유 연, 까닭 연. • 因緣(인연): 내력, 연분. • 緣由(연유): 까닭. • 緣起法(연기법): 만물은 인(因: 직접적 원인)과 연(緣: 간접적 원인)의 상호 작용에 의해 태어나고 사라진다는 법칙. = 인연법, 인과법.
앞페이지 복습	腰	馬	篤	肋	筋

칠 벌 **戊** 성할 무, 천간 무 부수 戈　총획 5	비슷한 한자 戉 도끼 월 伐 칠 벌	★창(戈: 창 과)을 나무(丿) 작대기에 달아놓은 모양. 천간 무. 무성할 무. • 戊辰(무진): 60갑자의 하나(다섯째).
한 일 **戌** 개 술 부수 戈　총획 6	戍 지킬 수 狗 개 구	★성(戊)하게 자란 한(一) 마리의 개. 개 술. • 戌時(술시): 12시의 11번째. 오후 7시부터 오후 9시까지. • 戌樓(수루): 적국의 동정을 살피기 위해 성 위에 세운 방루.
풀 초 **茂** 우거질 무 부수 ++　총획 9		★풀(++)이 아주 무성(戊)하게 우거졌어? 우거질 무. • 茂盛(무성): 초목이 우거짐.
위 상 성할 무 적을 소 **戚** 겨레 척 부수 戈　총획 11		★상(上)하로 적고(小) 큰 사람이 무성(戊)하게 많은 겨레. 겨레 척. • 姻戚(인척): 혼인으로 맺어진 친척. • 親戚(친척): 혈족, 배우자 관계에 있는 척. • 外戚(외척): 외가 쪽 겨레붙이. • 妻族(처족): 아내의 겨레붙이.
민엄호 **厄** 병부 절 재앙 액 부수 厂　총획 4		★굴바위(厂: 굴바위 엄, 민엄호) 밑에서 벼슬아치(卩: 병부 절)가 재앙을 입었다. 재앙 재. • 厄運(액운): 재난을 당할 모진 운수. • 厄月(액월): 액이 많은 달.
앞페이지 복습	祿	剝　綠　錄　緣

한자	비슷한 한자	설명
밤 석 / 재앙 액 **危** 위험할 위 부수 卩 총획 6		★달 없는 밤(⺈: 달 없는 밤 석. 옥편에 없는 자)에는 재앙(厄)을 입기 쉬우니 위험하다. 위험할 위. • 危險(위험): 위태로움. • 危機(위기): 위험한 고비.
손 우 / 밤 석 **急** 급할 급 마음 심 부수 心 총획 9		★달 없는 밤(⺈)에 손(⺕=손 우)을 사용하자니 마음(心)이 급하다. 급할 급. • 危急(위급): 매우 위태롭고 급함. • 急急: 급급하다. / • 急流(급류): 급히 흐름. *크(돼지머리 계) → ⺕ 손을 본떠 만들어진 글자. *크=⺕(고슴도치 머리=튼가로 왈) = 손을 의미.
손 수 / 입 구 **捐** 버릴 연 고기 육 부수 扌 총획 10		★손(扌)과 입(口)으로 고기(月=肉)를 먹고 뼈는 버린다. 버릴 연. • 捐金(연금): 돈을 버림. 자선이나 공익을 위하여 돈을 기부함. (예)義捐金: 의연금. 자선이나 공익을 위하여 기부하는 돈.
실 사 / 벌레 연 **絹** 비단 견 부수 糸 총획 13	肙 요동 연 벌레 연	★누에(肙: 벌레 연)에서 뽑아낸 실(糸)로 비단을 만든다. 비단 견. • 絹絲(견사): 누에고치에서 뽑은 실. • 人造絹(인조견): 인조견사로 짠 비단. *月(육달월 육) = 肉(異體字: 음과 뜻은 같으나 모양이 다른 한자)
손 수 / 입 구 **拐** 유괴할 괴 힘 력 부수 扌 총획 8		★손(扌)으로 입(口)을 막고 힘(力)으로 끌고 간 유괴범. 유괴할 괴. • 誘拐(유괴): 사람을 꾀어냄. (예)誘拐犯: 유괴범.
앞페이지 복습		戊 戌 茂 戚 厄

	비슷한 한자	
물 수 **汽** 기운 기 증기 기 부수 氵 / 총획 7		★물(氵)에 열을 가하여 기운(气=氣)을 내니 증기가 나온다. 증기 기. • 汽車(기차): 증기의 힘으로 궤도 위를 달리는 수레.
쌀 미 **氣** 구걸할 걸 기운 기 부수 气 / 총획 9		★구걸(气: 구걸할 걸, 기운 기)을 하며 힘이 없었는데 쌀(米)밥을 먹고 기운이 생겼다. 기운 기. • 氣運(기운): 힘, 세상이 돌아가는 형편. • 氣絶(기절): 정신을 잃음, 까무러침. 졸도, 실신.
흙 토 **表** 옷 의 거죽 표, 겉 표 부수 衣 / 총획 9		★흙(土)이 옷(衣) 거죽에 묻었다. 거죽 표, 겉 표. • 表紙(표지): 겉장. • 表現(표현): 드러내어 나타냄. 보임. • 表明(표명): 표시하여 명백히 함.
喪 초상날 상 부수 口 / 총획 12	哭 울 곡	★뜻만 기억. • 喪家(상가): 초상난 집. • 喪制(상제): 부모 사후에 조부모의 상중에 있는 사람.
삐침 별 **千** 열 십 일천 천 부수 十 / 총획 3		★십자가(十)에 새(丿: 삐침 별, 새) 앉았어? 일천 천. • 千古(천고): 오래된 옛적. • 千秋(천추): 천추만세의 준말. 천만년이나 장수 빎.
앞페이지 복습	危	急	捐	絹	拐

한자	비슷한 한자	설명
了 마칠 료 부수 亅 총획 2	子 아들 자	★아들(子)이 양팔(一)을 내리고 일을 마쳤다 한다. 마칠 료. • 完了(완료), 終了(종료) 등등.
皿 그릇 명 부수 皿 총획 5	血 피 혈	★그릇에 물건을 가득 담아놓은 모양. • 다른 부수에 붙어야 뜻이 나타남.
瓦 기와 와 부수 瓦 총획 5		★뜻만 기억. • 瓦解(와해): 어떤 원인으로 사물이 급격히 무너짐. • 瓦全(와전): 아무 보람 없이 삶을 이어감.
奧 한 일 / 성 경 / 쌀 미 / 큰 대 깊을 오, 속 오 부수 大 총획 13		★성(冂: 멀 경, 성 경) 안에 한(丿) 되의 쌀(米)이라도 크게(大) 쓰일 때가 있으니 깊이, 속으로 숨겨 두어라. 깊을 오, 속 오. • 深奧(심오): 깊고 오묘함.
旭 아홉 구 / 날 일 빛날 욱 부수 日 총획 6		★9일(九) 간 햇(日)빛을 비추니 더욱 빛이 난다. 빛날 욱. • 旭日(욱일): 아침에 떠오르는 해. 예) 전범 욱일기.
앞페이지 복습	汽	氣	表	喪	千

		비슷한 한자	
赫 성낼 혁, 빛날 혁 부수 赤　총획 14			★얼굴을 붉게(赤: 붉을 적), 붉게 성낸다. 　성낼 혁, 빛날 혁. ・赫怒(혁노): 버럭 성을 냄. ・赫赫(혁혁): 빛나는 모양.
南 열 십　성 성 방패 간　여덟 팔 남녘 남 부수 十　총획 9			★열(十) 명은 성(冂) 둘레를 지키고 방패(干)를 든 여덟 　(八) 명은 남쪽 문을 지킨다. 남녘 남. ・南男北女(남남북녀): 남쪽은 남자, 북쪽은 여자가 아름답다고 　말을 하고 있으나 원뜻은 남자는 남쪽, 여자는 북쪽 즉, 거리가 　서로 먼 곳 사람들이 결혼을 하면 좋다는 뜻이라 함.(고려사에 　나옵니다.)
旗 모 방　사람 인 그 기 깃발 기 부수 方　총획 14			★방방곡곡(方)에서 휘날리며 사람(人)들이 들고 있는 　그 기(其)가 대한민국 태극기다. 깃발 기. ・旗幅(기폭): 깃발. 깃발의 너비.
空 구멍 혈　장인 공 하늘 공, 빌 공 부수 穴　총획 7			★구멍(穴)을 장인(工)이 만들어 속이 텅텅 비었다. 　빌 공, 하늘 공. ・空想(공상): 이루어질 수 없는 헛된 생각. ・空軍(공군): 공중에서 공격과 방비를 맡은 군대.
店 엄 호 점칠 점 가게 점 부수 广　총획 8			★집(广: 바위집 엄. 엄호밑) 지어 놓고 점(占)괘를 보며 　손님을 기다리는 가게. 가게 점. ・店鋪(점포): 가겟집. 상점. ・店員(점원): 남의 상점에서 일을 도와주는 사람.
앞페이지 복습	了	皿	瓦　奧　旭

343

	비슷한 한자	
前 머리 두 / 고기 육 / 칼 도 **앞 전** 부수 刂 / 총획 9		★우두머리(亠 ← 亠: 우두머리, 머리 부분 두)가 몸(月)에 칼(刂, 刀: 칼 도)을 차고 앞장을 선다. 앞 전. • 前方(전방): 중심의 앞쪽. 일선. 전선. • 前後(전후): 앞과 뒤. * 艹: 초두머리(草頭머리) 초 = ++(초)의 속자(俗字)
副 찰 복 / 칼 도 **다음 부, 버금 부** 부수 刂 / 총획 11	畐 찰 복	★가득 찬(畐: 찰 복. 옥편에 없음) 물건을 칼(刂)로 잘라 다음 창고에 넣었다. 버금 부, 다음 부. • 副業(부업): 본업 외에 여가를 이용하여 하는 벌이. • 副食(부식): 주식에 딸려 먹는 음식물. 반찬.
幅 수건 건 / 찰 복 **폭 폭** 부수 巾 / 총획 12		★수건(巾)으로 가득(畐) 덮어 폭을 알 수 없다. 폭 폭. • 幅廣(폭광): 한 폭이 될 만한 너비. • 大幅(대폭): 큰 폭. 썩 많이.
富 갓머리 / 찰 복 **부자 부** 부수 宀 / 총획 12		★집(宀: 집 면. 갓머리)에 물건이 가득 찼으니(畐: 찰 복) 부자다. 부자 부. • 富強(부강): 나라가 부유하고 강함. • 富裕(부유): 재물이 넉넉함. • 富者(부자): 재산이 넉넉함.
福 귀신 기 / 찰 복 **복 복** 부수 示 / 총획 14		★신(示: 보일 시, 귀신 기)이 가득(畐)하게 주었으니 복이다. 복 복. • 福音(복음): 반가운 소식. • 福祉(복지): 행복. • 福相(복상): 복스럽게 생긴 얼굴.
앞페이지 복습	赫	南	旗	空	店

	비슷한 한자	
될 착 **逼** 복 복 가까울 핍 부수 辶 총획 13		★뛰어(辶)오는 복(畐←福)은 가까워진다. 가까울 핍. 또는 복이 뛰어오니 가까워진다. 가까울 핍 • 逼迫(핍박): 바싹 가까이 닥쳐와서 형편이 매우 절박함. 괴롭게 굶.
밭 전 **畏** 찢은 옷 의 꺼릴·두려워할 외 부수 田 총획 9		★밭(田)에 찢어진 옷(𧘇)이 흩어져 있으니 꺼린다. 꺼릴 외. • 畏寒(외한): 추위를 두려워함. • 畏怯(외겁): 두렵게 여기고 겁냄. * 衣(옷 의) : 衤=𧘇(옷의변)
개 견 **猥** 꺼릴 외 망령될 외 부수 犭 총획 12		★개(犭, 犬: 개 견)가 밥을 꺼린다(畏). 망령이 들었나? 망령될 외. • 猥濫(외람): 분수에 넘치는 일을 하여 죄송함.
밭 전 **胃** 고기 육 밥통 위 부수 月 총획 9	冑 투구 주	★몸(月: 고기 육. 몸)에 좋은 것은 밭(田)에 다 있으며 밥통(胃)에 좋다. 밥통 위. • 胃腸(위장): 위와 창자. • 胃痛(위통): 위가 아픈 증세.
말씀 언 **謂** 밥통 위 고할 위, 이를 위 부수 言 총획 16		★밥통(胃)이 튼튼하며 말(言)도 잘하고 고하기도 잘한다. 고할 위, 이를 위. • 所謂(소위): 이른바. 세상에 말하는 바.
앞페이지 복습	前	副	幅	富	福

	비슷한 한자	
범 호 **膚** 밥통 위 살갗 부 부수 月 / 총획 15		★호랑이(虍) 밥통(胃)도 살갗으로 돼 있다. 　살갗 부. • 皮膚(피부): 동물체의 몸 전체를 싸고 있는 겉껍질.
田 밭 전 부수 田 / 총획 5	由 자유 유 曲 굽을 곡	★땅을 똑같이 4등분한 모양. • 田地(전지): 논밭. • 田園(전원): 논밭과 동산. • 동산: 큰 집의 울안에 풍치로 만들어놓은 언덕이나 작은 숲.
물 수 **畓** 밭 전 논 답 부수 田 / 총획 9	沓 거듭 답	★밭(田)에 물(水)이 있으니 논이다. 　논 답. • 畓穀(답곡): 논에서 나는 곡식 벼. • 田畓(전답): 밭과 논.
풀 초 **苗** 밭 전 싹 묘 부수 ++ / 총획 9		★밭(田)에 풀(++) 싹이 올라오네? 　싹 묘. • 苗木(묘목): 모종(옮겨심기 위한 씨앗의 싹.)
싹 묘 **描** 손 수 그림 묘, 묘뜰 묘 부수 扌 / 총획		★손(扌)으로 싹(苗)을 그림으로 그렸다. 　그림 묘. ※手(扌): 손 수. 변으로 가면 扌로 변함. • 描出(묘출): 그려서 드러냄. • 描畫(묘화): 딴 그림을 보고 그대로 그림. 그 그림.

앞페이지 복습	逼	畏	猥	胃	謂

	비슷한 한자	
男 사내 남 힘 력 부수 田　총획 7	밭 전	★밭(田)에서 힘(力)껏 일하는 남자. 　사내 남. ・男便(남편): 아내의 배우자. ・夫君(부군): 남편의 높임말.
累 여러 루, 포갤 루 실 사 부수 糸　총획 11	밭 전 :	★밭(田) 밑에 실(糸)이 포개져 있다. 　포갤 루, 여러 루. ・累卵(누란): 쌓아놓은 알. ・累計(누계): 합계. 처음부터 차례로 몰아 합쳐감. *묶을 루(누)/여러 루(누), 벌거벗을 라(나), 땅 이름 렵(엽). 포갤 루.
細 가늘 세 실 사 부수 糸　총획 11	밭 전 :	★실(糸) 같이 가늘게 이어져 있는 밭(田). 　가늘 세. ・細密(세밀): 자세하고 면밀함. 빈틈없음. ・細部(세부): 자세한 부분.
甥 생질 생 날 생 부수 生　총획 12	사내 남	★태어난(生: 날 생) 놈이 남자(男)인 생질이다. 　생질 생. ・甥姪(생질): 손위 누이의 아들. ・甥姪女(생질녀): 손위 누이의 딸.
冒 무릅쓸 모 눈 목 부수 冂　총획 9	갈 왈 :	★왈(曰), 말하기를 눈(目)으로 위험을 무릅쓰고 하여라. 무릅쓸 모. ・冒險(모험): 위험을 무릅씀. ・冒瀆(모독): 침범하여 욕되게 함. *冂: 멀 경
앞페이지 복습	膚　田　沓　苗　描	

한자	비슷한 한자	설명
帽 모자 모 수건 건 / 무릅쓸 모 부수 巾 / 총획 12		★수건(巾)을 무릅쓰고(冒) 모자를 만들었다. 모자 모. • 帽子(모자): 예의를 갖추거나 더위 추위를 막기 위하여 머리에 쓰는 물건의 총칭.
漫 질편할 만 물 수 / 넓을 만 부수 氵 / 총획 14		★물(氵)이 넓고(曼) 많아 질편하다. 질편할 만. • 漫談(만담): 재미있고 익살스러운 말로 세상과 인정을 풍자하는 이야기. • 漫畵(만화): 붓 가는대로 그린 그림.
慢 거만할 만 마음 심 / 넓을 만 부수 忄 / 총획 14		★마음(忄)은 넓(曼)으나 좀 거만하다. 거만할 만. • 慢性(만성): 병의 경과가 오래 끌어 쉽사리 완쾌되지 않는 성질. • 晩成(만 : 성): 늦게야 이루어짐. 늙어서 성공함.
曼 넓을 만, 길 멀 만 또 우 / 가로왈 그물망 부수 日 / 총획 11		★그물(罒)을 또(又) 가지고 왈(曰), 넓은 바다로 가라는 것이냐? 넓을 만, 길 멀 만. • 曼衍(만연): 끝이 없음. 연속함.
盟 맹세 맹 해 일 / 달 월 / 그릇 명 부수 皿 / 총획 13	明 밝을 명	★옛날 사람들은 일(日)월(月)을 신령이라 하여 그릇(皿)에 물을 떠놓고 빌며 맹세를 하였다. 맹세 맹. • 盟誓(맹서): 맹세의 원말. 신불 앞에서 하는 서약. • 盟約(맹약): 맹세하여 약속함.
앞페이지 복습		男　累　細　甥　冒

	비슷한 한자	
據 손 수 / 범 호 / 돼지 시 웅거할 거, 누를 거 부수 扌 / 총획 16		★호랑이(虍)와 돼지(豖)도 손(扌) 같은 발로 집을 짓고 굴 속에서 웅거한다. 웅거할 거. • 據點(거점): 의지하여 지키는 곳. • 雄據(웅거): 어떤 지역에 자리잡고 굳게 막아 지킴.
攝 손 수 / 귀 이 끌어 잡을 섭 부수 扌 / 총획 21		★손(扌) 하나로 귀(耳) 3개를 끌어 잡을 수 있을까? 끌어 잡을 섭. • 攝取(섭취): 영양분을 빨아들임.
番 분별할 변 / 밭 전 차례 번 부수 田 / 총획 12	采 분별할 변	★분별(釆: 분별할 변)하여 밭(田)에 곡식을 차례로 거두어들인다. 차례 번. • 當番(당번): 차례의 번(당직 근무)이 됨. 그 사람. • 輪番(윤번): 차례로 번을 듦.
播 손 수 / 차례 번 뿌릴 파, 심을 파 부수 扌 / 총획 15		★손(扌)으로 차례(番)로 씨앗을 뿌려 파종한다. 뿌릴 파, 심을 파. • 播種(파종): 논, 밭에 곡식을 뿌림. • 播遷(파천): 임금이 서울을 떠나 난을 피함.
審 집 면 / 차례 번 살필 심 부수 宀 / 총획		★집(宀: 갓머리) 안에 일도 차례차례(番)로 살펴보아야 한다. 살필 심. • 審査(심사): 자세하게 조사함. • 審議(심의): 상세히 의논함.
앞페이지 복습	帽 漫 慢 曼 盟	

한자	비슷한 한자	설명
翻 (차례 번) 깃 우 번역 번, 뒤집을 번 부수 羽 / 총획 18		★새가 차례(番)로 깃(羽)을 뒤집으며 날아가네? 뒤집을 번, 번역 번. • 翻譯(번역): 한 나라의 말로 표현된 문장을 다른 나라 말로 옮김.
心 마음 심 부수 心 / 총획 4	忄 두려워할 심 必 반드시 필	★심장이 숨쉬는 모양을 상상한 자. • 心境(심경): 마음의 상태, 마음 경계. • 心鏡(심경): 마음 거울. ※당신의 마음 경계(心境)는 편안한가요? 그 경계(心境)가 당신의 마음 거울(心鏡)이자, 당신의 진짜 모습. 그런데 '그 심경(心鏡)은 누가 만들었나? 그 심경(心鏡)., 어떻게 만들어졌나?' 하는 질문이 득도의 첫 걸음.
怪 (마음 심) 또 우 / 흙 토 괴이할 괴 부수 忄 / 총획 8		★마음(忄)과 정성을 다하고 또(又) 하여 땅(土)을 파서 금덩이가 안 나오면 괴이하지! 괴이할 괴. ※心(忄): 마음 심. 변으로 가면 忄으로 변함. • 怪常(괴상): 이상야릇함. • 怪談(괴담): 기괴한 이야기. • 怪異(괴이): 이상야릇함.
思 (밭 전) 마음 심 생각할 사 부수 心 / 총획 9	恩 은혜 은	★밭(田)에 무엇을 할까? 마음(心)속으로 생각하고 있다. 생각할 사. • 思慕(사모): 그리워함. • 思考(사고): 생각하고 궁리함. • 事故(사고): 뜻밖에 일어난 일.
恐 (장인 공) 무릇 범 / 마음 심 두려울 공 부수 心 / 총획 10		★장인(工)도 무릇(凡) 마음(心)이 두려울 때가 있을 것이다. 두려울 공. • 恐喝(공갈): 무섭게 으르고 위협함. • 恐怖(공포): 두려워함. 무서워함. • 公布(공포): 일반에게 널리 알림.
앞페이지 복습		據 攝 番 播 審

한자	비슷한 한자	설명
惠 은혜 혜 (차 차, 찍을 주, 마음 심) 부수 心 / 총획 14		★차(車) 사준 사람을 점(丶: 점 주)을 찍고 마음(心) 속으로 은혜 갚을 일을 생각했다. 은혜 혜. • 恩惠(은혜): 베풀어주는 혜택. • 惠澤(혜택): 은혜와 덕택.
懼 두려워할 구 (마음 심, 눈 목, 새 추) 부수 忄 / 총획 21		★새(隹)의 두 눈(目, 目)을 보니 마음(忄)으로 두려워하는 것 같다. 두려워할 구. • 悚懼(송구): 마음에 두렵고 미안함. • 疑懼(의구): 의심하고 두려워함.
必 반드시 필 (마음 심, 삐침 별) 부수 心 / 총획 5	心 마음 심 忄 두려워할 심	★마음(心)이 나쁘면(丿: 삐침 별. 삐뚤면, 나쁘면) 반드시 고쳐야 한다. 반드시 필. • 必須(필수): 꼭 있어야 함. (예)필수과목. • 未必的故意(미필적고의): 그 행위로 사고 발생 가능성을 알면서도 행하는 심리. 예) 통행인을 칠 수 있다는 것을 알면서도 골목길을 차로 질주하는 경우. 불 붙은 담배꽁초 던지기 등등.
密 비밀 밀, 빽빽할 밀 (집 면, 반드시 필, 뫼 산) 부수 宀 / 총획 11		★집(宀)을 반드시(必) 산(山) 속에 지어야 한다면 비밀이 있을 것이다. 비밀 밀. • 秘密(비밀): 남 몰래함. 남 몰래 알리지 않는 일. • 密接(밀접): 사이가 가깝게 맞닿음. • 密集(밀집): 빽빽이 모임.
蜜 꿀 밀 (집 면, 반드시 필, 벌레 충, 벌레 훼) 부수 宀 / 총획 14		★집(宀: 갓머리, 집 면)에 반드시(必) 있는 벌레(虫)는 벌이며 벌집에는 꿀이 있다. 꿀 밀. • 蜜蜂(밀봉): 단단히 봉함. • 蜜月(밀월): 결혼 초 즐겁고 달콤한 동안. • 甜蜜蜜(첨밀밀): 영화명. 꿀처럼 달콤하다. 甛(달 첨), 蜜(꿀 밀).
앞페이지 복습	翻	心	怪	思	恐

한자	비슷한 한자	설명
祕 : 숨길 비, 비밀 비 보일 시 / 반드시 필 부수 示 / 총획 10	祕 비밀 비 (=)	★신(示: 보일 시, 귀신 기)은 반드시(必) 숨겨진 비밀이 있다. 숨길 비, 비밀 비. • 秘訣(비결): 드러나지 않은 썩 좋은 방법. • 秘密(비밀): 숨겨진 일이나 내용.
矛 창 모 나 여 부수 矛 / 총획 5	予 나 여	★내(予)가 창(丿삐침별→창)을 가졌다. 창 모. • 矛盾(모순): 창과 방패. 말의 앞뒤가 서로 맞지 않는 일.
柔 부드러울 유 창 모 / 나무 목 부수 木 / 총획 9		★창(矛)같이 생긴 단단한 나무(木)지만 속은 부드러워유. 부드러울 유. • 柔道(유도): 맨손으로 공격을 방어하는 무술의 하나. • 柔順(유순): 성질이 온순하고 공손함.
務 힘쓸 무 창 모 / 칠 복 / 힘 력 부수 力 / 총획 11		★창(矛)을 들고 적을 치듯이(攵) 힘(力)을 다한다. 힘쓸 무. • 事務(사무): 취급하는 일. • 義務(의무), 業務(업무) 등등.
蹂 밟을 유 발 족 / 부드러울 유 부수 𧾷 / 총획 16		★발(足)로 부드럽게(柔) 밟아유. 밟을 유. • 蹂躪(유린): 짓밟음. 폭력으로 남의 권리를 누름.

| 앞페이지 복습 | 惠 | 懼 | 必 | 密 | 蜜 |

한자	비슷한 한자	풀이
힘쓸 무 **霧** 안개 무 부수 雨 / 총획 19		★비(雨)가 힘차게(務) 쏟아지더니 안개로 변했어? 안개 무. • 霧散(무산): 안개가 개듯이 흩어짐. • 雲霧(운무): 구름과 안개.
장인 공 **式** 법 식 부수 弋 / 총획 6	武 군사 무 굳셀 무	★장인(工)은 화살(弋)을 만드는 법식을 안다. 법식 식. • 式場(식장): 의식을 행하는 장소. • 式辭(식사): 식장에서 하는 그 식에 대한 인사의 말.
말씀 언 **試** 법 식 시험 시 부수 言 / 총획 13	識 알 식	★말(言)솜씨가 법식(式)에 맞는지 시험하여 본다. 시험 시. • 試驗(시험): 실제로 증험하여 봄. • 試圖(시도): 시험적으로 해봄.
조개 패 **賦** 군사 무 세금 부, 부세 부 부수 貝 / 총획 15		★돈(貝)을 힘(武: 굳셀 무)으로 내게 하는 것은 세금이다. 세금 부, 부세 부. • 賦課(부과): 세금을 물리기 위하여 그것을 정함. • 賦稅(부세): 세금액을 매겨서 물림.
둘레 **固** 옛 고 굳을 고 부수 囗 / 총획 8	涸 마를 후 涸 얼 고	★둘레(囗: 에운 담 위, 둘레)가 오래(古) 되어서 단단하게 굳다. 굳을 고. ※囗: 큰 입 구, 에운 담, 둘레, 성의 뜻이 있다. • 堅固(견고): 굳세고 단단함. 확실함. • 固執(고집): 제 의견을 굳게 내세워 우김.
앞페이지 복습	祕	矛	柔	務	蹂

한자	비슷한 한자	설명
個 사람 인 / 굳을 고 낱 개 부수 亻 · 총획 10		★굳은 것(固)을 하나하나 사람(人)이 낱개로 센다. 낱 개. • 個別(개별): 낱낱이 따로 나눔. • 個性(개성): 다른 개체와 구별되는 그 개체의 특성.
倂 사람 인 / 아우를 병 나란할, 아우를 병 부수 亻 · 총획 8	并 속자	★사람이 나란히 서있는 모양. • 倂合(병합): 합병. 합하여 하나로 함 • 倂用(병용): 아울러 같이 씀.
屛 주검 시 / 나란히 병 병풍 병 부수 尸 · 총획 11		★집(尸: 주검시밑, 지붕, 집의 뜻이 있다) 안에 나란히(幷) 쳐놓은 병풍. 병풍 병. • 屛風(병풍): 바람을 막거나 물건을 가리거나 또는 장식을 위하여 방안에 둘러놓은 물건.
與 절구 구 / 받들 공 더불 여, 줄 여 부수 臼 · 총획 14	与 속자 興 흥할 흥	★절구(臼: 절구 구)질하며 함께(共: 함께 공, 받들 공, 하나 공) 더불어 주며 살아간다. 더불 여. • 與件(여건): 추리 또는 연구의 출발점으로써 주어지거나 가정된 사물. • 與黨(여당): 행정부 편을 들어 그 정책을 지지하는 정당. ↔ 야당.
擧 더불 여 / 손 수 들 거 부수 手 · 총획 18	挙 약자	★더불어(與) 손(扌)으로 함께 들어올린다. 들 거. • 擧國(거국): 온 나라, 국민 전체. • 擧止(거지): 행동거지 준말. 몸의 온갖 동작 일체의 활동.

앞페이지 복습	霧	式	試	賦	固

	비슷한 한자	
더불 여 / 말씀 언 **譽** 명예 예 부수 言 / 총획 21		★사람들이 더불어(與) 말(言)로써 명예를 칭찬한다. 　명예 예. ・名譽(명예): 자랑. 이름 높은 평판. ・榮譽(영예): 빛나는 명예.
한가지 동 / 절구 구 **興** 한 일 / 여덟 팔 흥할 흥, 일어날 흥 부수 臼 / 총획 16	與 줄 여	★절구(臼) 하나(一)를 여덟(八) 명이 같이(同) 들어 올리니 흥이 난다. 흥할 흥. ・興亡(흥망): 일어남과 망함. ・興味(흥미): 흥취를 느끼는 재미.
절구 구 / 차 차 **輿** 한 일 / 여덟 팔 수레 여, 많을 여 부수 車 / 총획 17		★절구(臼) 하나(一)를 여덟(八) 명이 차(車)에 올렸다. 　수레 여, 많을 여. ・輿論(여ː론): 사회 대중의 공통된 공론. ・輿望(여망): 세상 사람의 공통된 공론. ※輿: 발음의 장음과 단음은 단어에 따라 다름.
魚 고기 어 부수 漁 / 총획 11		★뜻만 기억. ・魚頭肉尾(어두육미): 생선은 머리, 짐승은 꼬리가 맛이 있다는 말. ・魚東肉西(어동육서): 제사상에 생선은 동쪽, 육찬은 서쪽에 　　　　　　　　　　　차린다는 말.
물 수 **漁** 고기 어 고기 잡을 어 부수 氵/ 총획 14		★물(氵) 속에 고기(魚)는 어부어 몫이다. 　고기 잡을 머, 어부 어. ・漁夫(어부): 고기잡이를 업으로 하는 사람. ・漁父之利(어부지리): 뜻하지 않은 사람이 이익 봄을 비유.
앞페이지 복습	個	倂	屛	與	擧

	비슷한 한자	
고기 어 鮮 양 양 생선 선, 깨끗할 선 부수 魚 · 총획 17		★물고기(魚)와 양고기(羊)는 깨끗한 맛이 있다. 생선 선, 깨끗할 선. • 鮮明(선명): 산뜻하고 맑음. • 鮮魚(선어): 싱싱한 물고기.
풀 초 고기 어 蘇 벼 화 소생할·살아날 소 부수 ++ · 총획 19		★(봄이 되면) 풀(++), 고기(魚), 벼(禾)가 다시 소생한다. 소생할 소, 살아날 소. • 蘇生(소생): 다시 살아남. • 小生(소생): 자기(낮춤 말). • 所生(소 : 생): 자기가 낳은 자식.
가운데 중 貴 한 일 조개 패 귀할 귀 부수 貝 · 총획 12		★가운데(中) 둔 한 개(一)의 돈(貝)주머니가 귀한 것이여. 귀할 귀. • 貴下(귀하): 당신(높임말). 편지 따위를 받는 사람 이름 아래 쓰이며, ○○○께 드림의 뜻을 나타냄.
갈 착 遺 귀할 귀 남길 유 부수 辶 · 총획 16		★귀중한(貴) 것은 (죽을 때) 갈(辶: 갈 착, 책받침변) 때 유산으로 남긴다. 남길 유. • 遺言(유언): 임종 때 가족이나 사회에 부탁하는 말. • 遺腹子(유복자): 낳기 전에 아버지가 죽은 자식.
갈 착 가운데 중 遣 한 일 언덕 부 보낼 견 부수 辶 · 총획 14		★중심(中)이 될 만한 한 명(一)을 언덕(阝, 阜: 언덕 부) 너머로 가서(辶) 적을 탐지하려 보낸다. 보낼 견. • 派遣(파견): 임무를 띠게 하여 사람을 보냄. 파송. ※ 遣 = 辶 + 阜 + 貴(귀할 귀)가 결합한 모습. ※ 遣 = 𠳋(흙덩이 견) + 辶(쉬엄쉬엄 갈 착).
앞페이지 복습	譽	興	輿	魚	漁

한자	비슷한 한자	설명
구슬 옥 / 집 면 / 질그릇 / 조개 패 寶 보배 보 부수 宀 총획 20		★집(宀: 집 면, 갓머리밑)에 구슬(王→玉), 질그릇(缶: 질그릇 부, 장군 부) 같은 패물(貝)을 보배로 여긴다. 보배 보. • 寶物(보물): 보배로운 물건. • 寶貝(보패): 보배의 원말. 귀하고 중한 물건.
물 수 決 터질 쾌 결단할 결, 정할 결 부수 氵 총획 7		★물(氵)길이 터졌으니(夬) 어디로 보낼까 정하여야 한다. 정할 정. • 決定(결정): 결단하여 정함. 일의 매듭을 지음. • 決斷(결단): 결정적인 판단이나 단정을 내림.
마음 심 快 터질 쾌 상쾌할 쾌 부수 忄 총획 7	夬 터질 쾌	★마음(忄)이 밝게 터지니(夬) 상쾌하다. 상쾌할 쾌. • 快樂(쾌락): 기분이 좋고 즐거움. • 快速(쾌속): 매우 빠름.
질그릇 부 缺 터질 쾌 깨어질 결 부수 缶 총획 10		★질그릇(缶: 질그릇 부, 장군 부)이 터졌으니(夬) 깨어진 것이다. 깨어질 결. • 缺席(결석): 출석하지 않음. • 缺損(결손): 재산상의 손실. • 缺員(결원): 정한 인원에서 모자람.
말씀 언 訣 터질 쾌 비결 결, 이별할 결 부수 言 총획 11		★말(言)을 조심하여라. 나쁜 말이 터지면(夬) 이별한다. 이별할 결. • 訣別(결별): 기약 없는 작별. • 秘訣(비결): 세상에 알려져 있지 않은 묘한 방법.
앞페이지 복습	鮮	蘇	貴	遺	遣

한자	비슷한 한자	설명
吉 (입 구) 좋을 길, 길할 길 부수 口　총획 6	士 선비 사	★선비(士)의 입(口)에서 하는 말이니 길한 것이다. 길할 길, 좋을 길. ★선비(士)는 입(口)으로 좋은 말만 한다. • 吉事(길사): 좋은 일, 경사스러운 일. • 吉凶(길흉): 행복과 재앙.
結 (좋을 길) 맺을 결 부수 糸　총획 12		★실(糸)로써 좋은(吉) 사람과 인연을 맺어준다. 맺을 결. • 結婚(결혼): 시집가고 장가가는 일. • 結果(결과): 어떤 행위로 이루어진 결말의 상태. • 結局(결국): 일의 끝장.
志 (마음 심) 뜻 지 부수 心　총획 7		★선비(士)의 마음(心)속에는 항상 굳은 의지와 깊은 뜻이 있다. 뜻 지. • 意志(의지): 마음의 뜻. • 志望(지망): 뜻하여 바람.
誌 (뜻 지) 기록할 지 부수 言　총획 14		★말씀(言)에서 깊은 뜻(志)이 있으면 항상 기록하여야 한다. 기록할 지. • 日誌(일지): 날마다 있던 사실을 적은 기록. 일기. • 雜誌(잡지): 호를 좇아 정기적으로 발행하는 출판물.
邦 (고을 읍) 나라 방 부수 阝　총획 7	那 어찌 나	★무성하게(丰) 자란 고을(阝=邑: 고을 읍)들이 합하여 나라가 된다. 나라 방. • 友邦(우방): 가까이 사귀는 나라. *丰(예쁠 봉) + 邑(고을 읍) = 邦(나라 방) ※丰 : 무성할 봉, 무성할 봉, 풍채 풍.

앞페이지 복습	寶	決	快	缺	訣

한자	비슷한 한자	설명
契 (무성 봉, 칼 도, 큰 대) 계약 계 부수 大 / 총획 9		★무성하게(丰: 무성할 봉, 예쁠 봉) 얽힌 일들을 칼(刀)로 크게(大) 잘라 버리고 계약을 맺는다. 계약 계. • 契約(계약): 사법상의 효과를 목적으로 한 두 사람 이상의 의사 합치에 의해 성립하는 법률상의 행위. *丰: 무성한 풀 형상.
彗 (풀 봉, 손 수) 비 혜 부수 彐 / 총획 11		★풀(丰: 예쁠 봉, 풀 성할 봉)을 손(彐)으로 예쁜 빗자루를 만들었다. 비 혜. • 彗星(혜성): 태양을 공전하는 천체 중 별의 이름. 뛰어나게 빛나고 뚜렷함을 비유. *彗: 살별(혜성), 꼬리별, 빗자루 혜.
慧 (비 혜, 마음 심) 부수 心 / 총획 15		★빗자루(彗)는 사람 마음(心)에 따라 지혜롭게 쓸 수 있다. 지혜 혜. • 智慧(지혜): 슬기. • 慧心(혜심): 영리한 마음. • 慧眼(혜안): 사물을 밝게 바라보는 총명한 눈.
潔 (물 수, 무성 봉, 칼 도, 실 사) 깨끗할 결 부수 氵 / 총획 15		★무성한(丰) 풀을 자르던 칼(刀)과 실(糸)을 물(氵)에 깨끗이 씻었다. 깨끗할 결. • 潔白(결백): 깨끗함. 허물이 없음. • 純潔(순결): 아주 깨끗함.
徑 (물줄기 경, 걸을 척) 지름길 경 부수 彳 / 총획 10	巠 물줄기 경	★물줄기(巠)를 따라 걸어(彳: 걸을 척, 두인변)가니 지름길이다. 지름길 경. • 捷徑(첩경): 지름길.
앞페이지 복습	吉	結	志	誌	邦

	비슷한 한자	
실 사 **經** 물줄기 경 글 경 부수 糸 총획 13	経 약자	★실(糸)처럼 물줄기(巠)처럼 줄줄 나오는 경서와 글. 글 경, 경서 경. • 經歷(경력): 겪어온 일들. 이력 • 經驗(경험): 실제로 보고 듣고 겪음. • 經濟(경제), 經過(경과) 등등.
수레 거 **輕** 물줄기 경 가벼울 경 부수 車 총획 14		★수레(車)가 물줄기(巠) 흐르듯 가볍게 간다. 가벼울 경. • 輕蔑(경멸): 깔보고 업신여김. • 輕率(경솔): 언행이 신중하지 않고 가벼움.
주검 시 **刷** 칼 도 수건 건 인쇄할 쇄 부수 刂 총획 8		★지붕(尸: 지붕 시, 주검 시, 시체 시) 아래서 수건(巾)으로 닦고 칼(刂)로 새기며 인쇄한다. 인쇄할 쇄. • 印刷(인쇄): 활자, 석관, 목판 등을 글자나 그림을 판에 박아내는 일.
지붕 시 보일 시 **尉** 마디 촌 벼슬 위, 편안할 위 부수 寸 총획 11		★지붕(尸) 아래 모셔둔 신(示: 보일 시, 귀신 기)도 촌수(寸: 마디 촌)가 가까운 사람이 벼슬하기를 빈다. 벼슬 위. • 尉官(위관): 군의 장교급. 대위, 중위, 소위를 통 털어 이르는 말.
벼슬 위 **慰** 마음 심 위로할 위 부수 心 총획 15		★벼슬(尉)한 사람의 마음(心)을 위로해준다. 위로할 위. • 慰勞(위로): 육체적, 정신적으로 느끼는 고달픔을 풀도록 따뜻하게 대하여 줌. (예)위자료.
앞페이지 복습		契 彗 慧 潔 徑

한자	비슷한 한자	설명
戶 지게문 호, 문 호 부수 戶 총획 4		• 尸: 주검 시, 지붕 시, 몸 시 • 戶: 문 호, 지게문 호. • 厂: 민엄호, 굴바위 엄. • 广: 엄호, 바위집 엄. • 疒: 병들 녁.
啓 문 호 / 칠 복 / 입 구 여쭐 계, 열 계 부수 口 총획 11		★문(戶)을 똑똑 치며(攵: 칠 복) 입(口)으로 열어 달라고 여쭙는다. 열 계. • 啓蒙(계몽): 우매한 사람을 가르치고 깨우쳐줌. • 啓導(계도): 깨쳐 이끌어줌. • 啓示(계시): 나아갈 길을 보여줌.
癸 필 발 / 하늘 천 헤아릴 계, 북방 계 부수 癶 총획 9		★하늘(天)에 넓게 펼쳐(癶) 있는 헤아릴 수 없는 별들을 의미한다. 북방 계. • 癶: 걸을 발, 필(피다는 뜻) 발. • 癸酉(계유): 육십갑자의 열째.
登 걸을 발 / 콩 두 오를 등 부수 癶 총획 12		★걸어서(癶: 걸을 발, 필 발) 콩밭(豆)으로 올라가네? 오를 등. • 登校(등교): 학교에 출석함. • 登載(등재): 신문, 잡지 등에 올려 실음. • 登記(등기), 登山(등산) 등등.
燈 불 화 / 오를 등 등잔 등 부수 火 총획 16		★나무 대 위에 올라(登) 앉아 있는 불(火)이 등잔이다. 등잔 등. • 燈下不明(등하불명): 등잔 밑이 어둡다. 가까이 있는 것을 모를 때 쓰는 말. • 燈火可親(등화가친): 등불과 친해라, 공부를 하라, 가을밤은 글공부하기에 좋다는 뜻.
앞페이지 복습		經 輕 刷 尉 慰

말씀 언 證 오를 등 증명할 증 부수 言 총획 19	비슷한 한자	★말(言)할 사람이 올라(登)와서 사실을 증명한다. 증명할 증.
		• 證明(증명): 증거를 들어 밝힘. • 證據(증거): 사실을 증명할 만한 근거나 표적.
걸을 발 發 활 궁 창 수 떠날 발, 필 발 부수 癶 총획 12		★걸어서(癶: 갈 발, 걸을 발=발을 펴다, 벌리다) 활(弓)과 창(殳)을 가지러 가는 사이에 떠났다. 떠날 발, 필 발.
		• 發刊(발간): 신문, 잡지, 서적 등의 출판물을 간행함. • 發給(발급): 발행하여 줌. • 出發(출발): 길을 떠남. *殳(몽둥이 수=창 수=나무 지팡이)
물 수 潑 떠날 발 물 뿌릴 발 부수 氵 총획 15		★물(氵)을 떠나(發)가면서 뿌린다. 물 뿌릴 발.
		• 潑水(발수): 물을 뿌림. • 潑剌(발랄): 고기가 물에서 뛰는 모양. 넘칠 듯이 원기가 왕성함.
돌집 엄 廢 떠날 발 폐할 폐 부수 广 총획 15	廃 약자 敗 패할 패	★돌집(广: 돌집 엄, 엄호밑)이 무너져 떠나(發)갔으니 폐허가 됐다. 폐할 폐.
		• 廢刊(폐간): 신문, 잡지 등 간행을 폐지함. • 廢墟(폐허): 건물, 성곽 등이 파괴당하여 황폐하게 된 터.
손 수 搖 달 월 질그릇 도 흔들 요 부수 扌 총획 13	匋 질그릇 도	★손(扌)으로 달(月)밤에 질그릇(缶)을 흔드네? 흔들 요.
		• 搖動(요동): 물체가 흔들려 움직임. • 搖籃(요람): 흔들리도록 만든 물건. 사물의 발생지.
앞페이지 복습	戶	啓	癸	登	燈

		비슷한 한자	
뛸 착 / 달 월 / 질그릇 도 **遙** 멀 요 부수 辶 총획 14		**遼** 멀 료	★달(月)밤에 질그릇(缶)을 들고 뛰어서(辶) 멀리 달아났다. 멀 요. • 遙遠(요원): 멀고도 멂.
말씀 언 / 달 월 / 질그릇 도 **謠** 노래할 요 부수 言 총획 17			★말(言)은 하지 않고 달(月)밤에 질그릇(缶)을 두들기며 노래만 하네? 노래할 요. • 民謠(민요): 한민족의 독특한 노래. • 歌謠(가요): 민요, 동요, 유행가 따위를 통 털어 이르는 말.
달 월 / 고기 육 / 또 우 / 보일 시 **祭** 제사 제 부수 示 총획 11			★제단(示: 보일 시. 땅귀신 귀. 제단)에 또(又: 또, 다시, 오른손) 제물(고기 月=肉) 올려 제를 지낸다. 제사 제. • 祭祀(제사): 신령에게 정성을 드려 하는 의식. • 祭禮(제례): 제사의 절차나 예(례)절.
언덕 부 **際** 사귈 제 / 제사 제 부수 阝 총획 14			★위험한 언덕(阝: 언덕 부, 좌방 부) 위에서 제사(祭)를 지내고 나면 친척들이 더욱 사귀게 된다. 사귈 제. • 交際(교제): 서로 사귐. 敎材(교재)는 수업 재료. • 實際(실제): 실지의 경우나 형편.
집 면 **察** 살필 찰 / 제사 제 부수 宀 총획 14			★집 안(宀: 집 면, 갓머리)에서 제사(祭)를 지낼 때 잘 살펴보아야 한다. 살필 찰. • 視察(시찰): 돌아다니며 실지 사정을 살펴봄. • 考察(고찰): 생각하여 살핌.

앞페이지 복습	證	發	潑	廢	搖

	비슷한 한자	
擦 손수 살필찰 문지를 찰 부수 扌 총획 17		★손(扌)으로 만지고 살펴(察)보고 더러운 것은 잘 문질러 닦아라. 문지를 찰. • 摩擦(마찰): 서로 닿아서 비빔. 뜻이 맞지 않아서 다툼. • 擦傷(찰상): 스치거나 문질러서 벗겨진 상처. 찰과상.
高 높을 고, 성씨 고 부수 高 총획 10	商 장사 상	★옛 고궁의 높은 집 모양을 본뜬 자. • 高價(고가): 값이 비쌈. • 高低(고저): 높음과 낮음. • 高級(고급): 계급이 높음. 정도가 높음.
毫 높을 고 털 모 붓 호 부수 毛 총획 11		★높은(高←高) 품질의 털(毛)로 만든 붓. 붓 호. • 揮毫(휘호): 붓을 휘두름. • 徽號(휘호): 왕비의 사후 시호와 함께 내린 존호. 일반인도 사후에는 성명을 휘자, 시호를 휘호라 함.
稿 벼 화 높을 고 볏짚 고 부수 禾 총획 15		★벼(禾)는 수확하고 높이(高) 볏짚만 쌓아두었네. 볏짚 고. • 原稿(원고): 인쇄물의 본보기로 삼기 위해 쓴 글이나 그림. • 稿料(고료): 저서 또는 쓴 글에 대한 보수. 원고료.
豪 높을 고 돼지 시 호걸 호 부수 豕 총획 14		★돼지(豕)같이 못생긴 사람도 높은(←高) 지위에 있으니 호걸 같다. 호걸 호. • 豪傑(호걸): 자질구레한 일에 구애받지 않고 도량이 넓고 기개가 있는 사람. • 豪奢(호사): 호화롭게 사치함. • 豪放(호방): 걸걸하고 소탈함.
앞페이지 복습		遙　　謠　　祭　　際　　察

한자	비슷한 한자	설명
犯 병부절 개 견 **범할 범, 죄인 범** 부수 犭 총획 5	氾 물 넘칠 범	★개(犭: 개 견) 같은 병부(㔾=卩: 병부절, 벼슬아치)는 죄인보다 나쁘다. 죄인 죄. • 犯罪(범죄): 죄를 지음. • 犯法(범법): 법을 어겨 범함.
氾 병부절 물 수 **물 넘칠 범** 부수 氵 총획 5		★물(氵)이 병부(㔾=卩)의 언덕을 넘어서! 물 넘칠 범. • 氾濫(범람): 물이 넘쳐흐름.
範 대 죽 수레 거 병부절 **모범 범, 틀 범** 부수 竹 총획 15		★대나무(竹)로 만든 수레(車: 수레 거)를 탄 병부(㔾=卩)는 다른 사람에 모범이 된다. 모범 범, 틀 범. • 模範(모범): 본받을 만함. • 範圍(범위): 일정한 한계.
化 사람 인 비수 비 **변화 화** 부수 匕 총획 4		★사람(亻)이 비수(匕)보다 무섭게 변할 때가 있다. 변할 화. • 化合(화합): 두 가지 이상의 물질이 화학 변화로 새로운 물질이 되는 현상.
花 풀 초 변할 화 **꽃 화** 부수 ++ 총획 8		★풀(++)이 변하여(化) 꽃이 된다. 꽃 화. • 花草(화초): 꽃이 피는 풀이나 나무. • 花影(화영): 꽃 그림자.
앞페이지 복습		擦 高 毫 稿 豪

한자	비슷한 한자	풀이
貨 : 화폐 화 조개 패 / 변할 화 부수 貝 / 총획 11		★변화(化)해서 조개(貝)가 화폐가 되었다. 화폐 화. • 貨物(화물): 화차 따위로 옮기는 짐. • 貨主(화주): 화물의 임자. 荷主(하주).
死 : 죽을 사 죽을 사 / 비수 비 부수 歹 / 총획 6		★비수(匕)로 살(歹: 살 바를 알, 죽을 사)을 바르니 죽은 것이다. 죽을 사. • 死守(사수): 목숨을 걸고 지킴. • 九死一生(구사일생): 죽을 고비를 여러 번 겪고 겨우 살아남.
葬 : 장사지낼 장 풀 초 / 죽을 사 / 이십 입 부수 ++ / 총획 12		★풀(++)로 죽은(死) 사람을 이십 번(卄, 廿: 받들 공, 이십 입)씩 받들어 모시고 장사지낸다. 장사지낼 장. • 葬禮(장례): 장사지내는 예절. • 葬地(장지): 장사할 땅.
北 : 북녘 북, 패할 배 부수 匕 / 총획 5	北 북녘 북 패할 배	★칼(匕: 비수)을 등지고 앉아 있는 모양. 북녘 북. • 北堂(북당): 남의 어머니를 가리키는 말. • 敗北(패배): 싸움에서 짐. 지고 도망감. 패북(×).
背 : 등 배 고기 육 / 북녘 북 부수 月 / 총획 9		★북쪽(北)으로 몸(⺼, 月, 肉: 육달월 월, 고기 육)을 돌렸다. 곧 배반하고 등졌다. 등 배. • 背景(배경): 무대 뒤편과 무대 위의 장치. 주위의 상태. • 背光(배광): 후광.(뒤로부터 비치는 광명.)

앞페이지 복습	犯	氾	範	化	花

	비슷한 한자	
者 늙을 로 / 흰 백 / 놈 자 부수 老 총획 9		★늙은(老: 늙을 로) 노인이 흰(白: 흰 백) 수염을 쓰다듬으며 이놈아, 호통 친다. 놈 자. • 筆者(필자): 글 또는 글씨를 쓴 사람. • 著者(저자): 책을 지은 사람.
暑 놈 자 / 해 일 / 더위 서 부수 日 총획 13		★햇빛(日) 아래 있는 자(者)는 더울 것이다. 더위 서. • 避暑(피서): 더위를 피함. • 暑威(서위): 여름의 몹시 더운 기운.
署 놈 자 / 그물 망 / 마을, 서명할 서 부수 罒 총획 14		★법망(罒)을 지키기 위하여 각자(者) 서명을 한다. 서명할 서. • 署名(서명): 서류 따위에 책임을 밝히기 위하여 직접 이름을 적어 넣음. • 署理(서리): 결원 시 직무를 대리함. 또는 그 사람.
堵 흙 토 / 놈 자 / 담 도 부수 土 총획 12		★흙(土)으로 사람(者)이 담을 친다. 담 도. • 堵列(도열): 많은 사람이 죽 늘어섬. 늘어선 열(列). • 安堵(안도): 자기 있는 곳에 평안히 지냄.
著 풀 초 / 놈 자 / 지을 저 부수 艹 총획 11	箸 젓가락 저	★풀집(艹) 밑에 묻혀 사람(者)이 책을 읽고 시와 글을 짓는다. 지을 저. • 著書(저서): 책을 읽음. 또는 그 책. • 著作(저작): 책을 지음.
앞페이지 복습	貨	死	死	北	背

훈음	한자	비슷한 한자	설명
놈 자 **都** 고을 읍 도읍 도 부수 阝 / 총획 12			★고을(邑, 阝: 고을 읍, 우방 부)에 많은 사람(者)이 모여 도읍을 이루었다. 도읍 도. • 都給(도급): 어떠한 공사에 모든 비용을 미리 정하고 그 일을 도맡아 하게 하는 일. • 都邑(도읍): 서울. • 皇都(황도): 황제가 사는 도성. 황성.
칼 도 **那** 고을 읍 두 이 어찌 나 부수 阝 / 총획 7		郡 고을 군 : 奈 어찌 나 (내)	★칼(刀)을 든 도둑 두(二) 명이 고을(阝)에 왔으니 어쩌나. 어찌 나. ※邑(阝): 고을 읍, 우방 부. • 那邊(나변): 어느 근방. 어디.
큰 대 **奢** 놈 자 사치할 사 부수 大 / 총획 12			★크게(大) 될 사람(者)이 비싼 패물을 가지면 사치다. 사치할 사. • 奢侈(사치): 지나치게 향락적인 소비를 함. 필요 이상 치장함. • 豪奢(호사): 대단한 사치.
실 사 **緖** 놈 자 실마리 서 부수 糸 / 총획 15			★실(糸)을 아는 자(者)가 실마리를 풀 수 있다. 실마리 서. • 端緖(단서): 일의 처음. 일의 실마리. • 情緖(정서): 어떤 사물에 부딪쳐서 일어나는 온갖 감정.
말씀 언 **諸** 놈 자 모두 제 부수 言 / 총획 15			★말(言) 잘하는 한국사람(者) 모두 다 모였다. 모두 제. • 諸君(제군): 여러분. 제위. • 諸國(제국): 여러 나라.
앞페이지 복습	者	暑	署	堵	著

한자	비슷한 한자	설명
壤 부드러운 흙 양 흙 토 부수 土 총획 20	壌 약자 襄 도울 양	★흙(土)을 도울(襄) 때 쓰는 곱다란 흙. 부드러운 흙 양. • 壤土(양토): 흙, 토지, 토양. 작물 재배에 가장 좋은 땅.
孃 계집 녀 도울 양 계집 양, 어미 양 부수 女 총획 20		★계집애(女)가 자라서 남자의 도움(襄)을 주는 여자가 된다. 계집 양. • 令孃(영(령)양): 남의 딸에 대한 존칭. 영애. • 貴孃(귀양): 미혼 처녀에 대한 존칭.
讓 말씀 언 도울 양 사양 양, 겸손할 양 부수 言 총획 24	譲 약자	★말(言)로써 남이 도움(襄)을 주려면 겸손해야 한다. 겸손할 양. • 讓渡(양도): 권리나 이익 따위를 남에게 넘겨줌. • 讓步(양보): 사양하여 남에게 미루어 줌.
釀 술 유 도울 양 만들 양 부수 酉 총획 24	西 덮을 아 襾 덮을 아 酉 서녘 서	★술(酉: 닭 유, 술 유)은 누룩의 도움(襄)으로 술을 만든다. 만들 양, 술 빚을 양. • 釀造(양조): 술, 간장을 담가 만드는 일. 주조. (예)양조장.
夭 젊을 요, 예쁠 요 부수 大 총획 4	天 하늘 천	★사람(人) 즉 젊은이가 고개를 기울이고 서있는 모양. ★큰 대(大) 자 위에 새(鳥→ノ) 앉은 자가 무슨 자? 젊을 요, 예쁠 요. • 夭折(요절): 젊어서 죽음. 요사.
앞페이지 복습	都	那	奢	緒	諸

	비슷한 한자	
젊을 요 **吞** 입 구 삼킬 탄 부수 口 / 총획 7		★젊은(夭) 사람의 입(口)이니 무엇이든 다 삼킨다. 삼킬 탄. • 呑吐(탄토): 삼키거나 뱉는 일.
물 수 **沃** 젊을 요 기름질 옥 부수 氵 / 총획 7		★물(氵) 오른 나무 같은 젊은(夭)이라 윤택하고 기름지다. 기름질 옥. • 沃土(옥토): 기름진 땅.
대 죽 **笑** 젊을 요 웃음 소 부수 ⺮ / 총획 10		★대밭(竹)에서 젊은(夭)이 둘이 웃고 있어? 웃음 소. • 可笑(가소): 우습다. 어처구니없다. • 微笑(미소): 소리 내지 않고 가볍게 웃음. • 嘲笑(조소): 조롱하여 비웃는 웃음.
죽을 사 **殀** 젊을 요 일찍 죽을 요 부수 歹 / 총획 8		★죽음(歹←死: 죽을 사)을 예쁘게(夭: 예쁠 요) 생각했나? 일찍 죽을 요. • 殀命(요명): 일찍 죽을 운명. • 殀折(요절): 젊어서 일찍 죽음. 요사.
젊을 요 **忝** 마음 심 욕될 첨 부수 心 / 총획 8		★젊어(夭: 젊을 요, 예쁠 요)서 부모 마음(小←心=忄)을 상하게 하면 욕된 일이다. 욕될 첨. • 忝汚(첨오): 욕되게 하여 더럽힘.

앞페이지 복습	壞	孃	讓	釀	夭

한자	비슷한 한자	설명
물 수 添 욕될 첨 **더할 첨** 부수 氵 총획 11		★깨끗한 물(氵)을 욕되게(忝) 하면 욕됨이 더할 것이다. 더할 첨. • 添酌(첨작): 제사 지낼 때 종헌을 하고 술잔에 다시 잔을 채워 붓는 일. • 添杯(첨배): 술이 들어 있는 잔에 술을 더 따름. 첨잔. • 添附(첨부): 더하여 붙임.
집 면 입 구 向 : **향할 향** 부수 口 총획 6		★집(冂←宀)의 입구(口)를 향해서 가거라. 향할 향. • 向方(향방): 향하는 곳. • 向學(향학): 학문에 뜻을 두고 그 길로 나아감.
성 경 한 일 입 구 同 **한 가지 동** 부수 口 총획 6		★성(冂: 멀 경, 성 경)에 한 개(一)의 입구(口)로 모든 사람이 같이 다닌다. 한 가지 동. • 同等(동등): 같은 등급. • 同席(동석): 같은 자리. 같이 앉음. • 同業(동업): 같은 영업. 같은 사업을 함께 함.
물 수 洞 한 가지 동 : **마을 동, 통달할 통** 부수 氵 총획 9		★한 우물(氵)을 같이(同) 먹고 살아온 마을 사람들. 마을 동. • 洞里(동리): 마을. • 洞察(통찰): 밝혀서 살핌. 꿰뚫어 앎. 동찰(×).
나무 목 桐 한 가지 동 **오동나무 동** 부수 木 총획 10		★나무(木)속이 똑같이(同) 비어 있는 오동나무. 오동나무 동. • 梧桐(오동): 오동나무.

| 앞페이지 복습 | 吞 | 沃 | 笑 | 妖 | 悉 |

	비슷한 한자	
쇠 금 **銅** 한가지 동 구리 동 부수 金 총획 14		★금(金)색과 같은(한가지 동 同) 것이 구리다. 구리 동. • 銅錢(동전): 구리로 만든 돈. • 銅像(동상): 구리로 만든 사람의 형상.
骨 뼈 골 부수 骨 총획 10		★뜻만 기억. • 骨肉(골육): 뼈와 살. 부모 형제 남매. • 骨肉相爭(골육상쟁): 형제나 같은 민족끼리 서로 다툼. (=骨肉相殘: 골육상잔) • 骨子(골자): 일이나 말의 요점.
물 수 **滑** 뼈 골 미끄러울 활 부수 氵 총획 13		★물(氵)이 많은 뼈(骨)라 아직 미끄럽다. 미끄러울 활. • 滑走(활주): 미끄러져 내달음. • 활주로(로): 비행기가 앉거나 뜨거나 할 때 달리는 길.
개 견 **猾** 뼈 골 교활 활 부수 犭 총획 13	狡 교활할 교	★개(犭=犬: 개 견. 狗: 개 구)는 뼈(骨)도 교활하다. 교활 활. • 狡猾(교활): 간사한 꾀가 많음.
해 일 함께 공 **暴** 물 수 사나울 포(드러낼 폭) 부수 日 총획 15		★햇빛(日)이 함께(共) 물(水) 위를 사납게 비춘다. 사나울 포, 드러낼 폭. • 暴惡(포악): 성질이 사납고 악함. • 暴政(폭정): 포악한 정치. 폭동, 폭행 등등.
앞페이지 복습	添	向	同	洞	桐

한자	비슷한 한자	설명
해 일 **曝** 사나울 포 쬘 폭 부수 日 총획 18		★햇빛(日)이 사납게(暴) 내려쬔다. 쬘 폭. --- • 曝炎(폭염): 몹시 심한 더위. 혹서. • 曝陽(폭양): 쨍쨍 내리쬐는 햇볕.
물 수 **瀑** 사나울 포 폭포 폭 부수 氵 총획 18		★물(氵)이 사나우면서(暴) 멋있게 떨어지는 폭포. 폭포 폭. --- • 瀑布(폭포): 폭포수.
불 화 **爆** 사나울 포 터질 폭 부수 火 총획 19		★불길(火)이 사납게(暴) 터진다. 터질 폭. --- • 爆發(폭발): 급격히 과열하는 일. • 爆笑(폭소): 마구 터져 나오는 웃음.
咼 입 삐뚜러질 괘 부수 口 총획 9		★뜻만 기억.

물 수
渦
삐뚤 괘
소용돌이 와
부수 氵 총획 12
		★물(氵)이 삐뚤게(咼) 흘러가며 소용돌이친다.
		  소용돌이 와.
		--- 	
		• 渦中(와중): 소용돌이치며 흐르는 물의 가운데. 분란한
		             사건의 가운데.
		• 渦形(와형): 소용돌이 모양으로 빙빙 도는 현상. 와상.

앞페이지 복습	銅	骨	滑	猾	暴

	비슷한 한자	
뛸 착 **過** 삐뚤 괘 지날 과 부수 辶 총획 13		★뛰어가며(辶: 뛸 착) 삐뚤어(咼) 돌아보니 이미 지나간 것이다. 지날 과. • 過去(과거): 지나간 때. 옛날. • 過度(과도): 정도가 넘침. • 過半(과반): 반이 더 됨.
보일 시 **禍** 삐뚤 괘 재앙 화 부수 示 총획 12		★신(示: 보일 시, 귀신 시)을 삐뚤어(咼)지게 하면 재앙이 따른다. 재앙 화. • 禍根(화근): 화가 되는 근본. • 轉禍爲福(전화위복): 화가 바뀌어 오히려 복이 됨.
멀 경 **央** 큰 대 가운데 앙 부수 大 총획 5		★성(冂: 멀 경, 성) 앞에 크게(大) 막고 서있는 데가 가운데다. 가운데 앙. • 中央(중앙): 사방에서 한가운데가 되는 곳.
죽을 사 **殃** 가운데 앙 재앙 앙 부수 歹 총획 9	災 재앙 재	★죽음(歹←死)의 중앙(央)에 와 있으니 재앙이다. 재앙 앙. • 災殃(재앙): 천재지변으로 말미암은 온갖 불행한 일.
해 일 **映** 가운데 앙 비칠 영 부수 日 총획 9		★해(日)가 가운데서(央) 땅을 비춘다. 비칠 영. • 映畵(영화): 필름을 영상 막에 비추어 실제처럼 재현하는 것.
앞페이지 복습	曝	瀑	爆	咼	渦

한자	비슷한 한자	설명
풀 초 英 가운데 앙 꽃 뿌리 영 부수 ++ / 총획 9	瑛 옥돌 영	★꽃(풀 ++) 가운데(央) 솟아 있는 것이 꽃 뿌리다. 꽃 뿌리 영. • 英才(영재): 뛰어난 재주. • 英譯(영역): 영어로 번역함.
失 잃을 실 부수 大 / 총획 5	矢 화살 시	★화살(矢)이 시위를 떠났으니(丿) 화살을 잃은 것이다. 잃을 실. • 失敗(실패): 일이 목적과는 반대로 헛일이 됨. • 失手(실수): 잘못된 일. 그 짓.
벼 화 秩 잃을 실 차례 질 부수 禾 / 총획 10	秋 가을 추	★벼(禾)를 잃어버렸다(失). 차례를 지켜야지? 차례 질. • 秩序(질서): 사물의 조리 또는 올바른 차례. • 姪壻(질서): 조카딸의 남편.
수건 건 帙 잃을 실 책갑 질, 질 질 부수 巾 / 총획 8	:	★(책을) 잃을까(失) 수건(巾)으로 묶어두었다. 책갑 질, 질 질. • 帙冊(질책): 여러 권으로 된 한 벌의 책. • 叱責(질책): 꾸짖어서 나무람. • 質責(질책): 책망하여 바로 잡음.
발 족 跌 잃을 실 넘어질 질 부수 𧾷 / 총획 12	倒 넘어질 도	★발(足)을 잃어(失)버렸다? 실족하였으니 넘어지지. 넘어질 질. • 蹉跌(차질): 일이 실패함. 발을 헛디뎌 넘어짐. • 跌宕(질탕): 거의 방탕에 가깝도록 놂.
앞페이지 복습	過	禍	央	殃	映

한자	비슷한 한자	설명
然 (그럴 연) 늦은 밤 석 / 개 견 / 불 화 부수 灬 총획 12		★늦은 밤(夕: 늦은 밤 석) 개(犬)를 불(火=灬)(燕火발=제비 발 모양의 불 화)에 구워 그렇게 먹는가. 그럴 연. ・然則(연즉): 그런즉. 그러면. / ・然後(연후): 그러한 후. ・舊態依然(구태의연): 옛 모습 그대로. 변화 발전 없이 과거의 것을 그대로 답습. *月(달 월)변을 저녁 석(夕)으로 풀이하기도 함.
營 (다스릴 영, 일할 영) 불 화 / 덮을 멱 / 등뼈 려 부수 火 총획 17	呂 성 려 등뼈 려	★불길(火火)에 싸여(冖) 등뼈(呂: 등뼈 려)가 휘어지도록 일할 것이다. 일할 영. ・經營(경영): 계획을 세워 일을 다스림. ・營利(영리): 재산의 이익을 도모함.
螢 (반딧불 형) 불 화 / 덮을 멱 / 벌레 충 부수 虫 총획 16		★불(火)을 덮어도(冖) 빛을 내는 벌레(虫)는 반딧불 벌레다. 반딧불 형. ・螢光(형광)등: 형광체가 형광을 내도록 된 방전등의 한 가지. ・螢光(형광): 반딧불.
榮 (영화 영) 불 화 / 덮을 멱 / 나무 목 부수 木 총획 14	栄 약자	★나무(木)를 덮어(冖: 덮을 멱) 놓았는데 불이 활활(火火) 타니 영화가 온다. 영화 영. ・榮華(영화): 몸이 귀하게 되어서 이름이 남. ・榮光(영광): 빛나는 명예. ・榮轉(영전): 높은 지위에 오름.
矢 (화살 시) 새 / 하늘 천 부수 矢 총획 5	失 잃을 실	★하늘(天)에 날아다니는 새(丿: 삐침 별, 새)를 잡는 것은 화살이다. 화살 시. ・弓矢(궁시): 활과 화살.

| 앞페이지 복습 | 英 | 失 | 秩 | 帙 | 跌 |

한자	비슷한 한자	설명
疾 (병 녁 / 화살 시) 빠를 질, 병 질 부수 疒 총획 10	病 (병 병)	★병균(疒)은 화살(矢: 화살 시)처럼 빠르게 번져 병이 생긴다. 병 질, 빠를 질. • 疾病(질병): 모든 병. 질병, 우환. • 疾走(질주): 빨리 달림.
嫉 (계집 녀) 병 질 투기할 질 부수 女 총획 13		★여자(女)에게 병(疾)보다 무서운 것은 시기와 투기하는 것이다. 투기할 질. • 嫉妬(질투). • 嫉視(질시): 시기하여 봄. • 疾視(질시) 밉게 봄.
症 (병 녁 / 바를 정) 병세 증 부수 疒 총획 10		★병(疒)을 바르게(正) 진단해야 병세를 안다. 병세 증. • 症勢(증세): 병으로 앓는 모양. • 渴症(갈증): 목이 말라 물을 마시고 싶은 느낌.
痛 (병 녁 / 솟을 용) 아플 통 부수 疒 총획 12	甬 (솟을 용)	★병(疒)이 솟아(甬)올라 몹시 아픈 통증을 어찌해? 아플 통. • 痛哭(통곡): 소리 내어 슬피 움. • 痛感(통감): 절실히 마음에 느낌.
窒 (구멍 혈 / 이를 지) 막힐 질 부수 穴 총획 11	室 (집 실) 空 (빌 공)	★구멍(穴)에 이르니(至) 숨이 막힐 지경이다. 막힐 질. • 窒息(질식): 공기가 통하지 않아 숨이 막힘. • 窒塞(질색): 무엇이 몹시 싫어서 기가 막힐 지경에 이름.
앞페이지 복습	然	營	螢	榮	矢

한자	비슷한 한자	설명
窓 나 사 구멍 혈 마음 심 창문 창, 공기 창 부수 穴 총획 11		★구멍(穴)이 뚫린 내(厶) 마음(心)은 창문과 같다. 공기 창, 창문 창. • 同期同窓(동기동창): 같은 시기, 같은 학교에서 공부함. • 東窓(동창): 동쪽 창.
支 열 십 또 우 지탱할 지 부수 支 총획 4	攴 (攵) 칠 복	★열 번(十) 넘어져도 또(又: 또 우) 일어서니 지탱하는 것이다. 지탱할 지. • 支拂(지불): 돈을 치러 줌. • 支撑(지탱): 버터나감. • 支店(지점): 본점에서 갈려 나온 가게. • 支線(지선): 본선에서 갈려진 선.
技 손 수 지탱할 지 재주 기 부수 木 총획 7		★손(扌)으로 지탱(支)하니 재주가 있다. 재주 기. • 技能(기능): 기술상의 재능. • 技術(기술): 공예의 재주.
枝 나무 목 지탱할 지 가지 지 부수 木 총획 8		★나무(木)에 지탱(支)하여 뻗어나는 가지. 가지 지. • 枝葉(지엽): 가지와 잎. • 枝幹(지간): 가지와 원줄기.
肢 고기 육 지탱할 지 팔다리 지 부수 月 총획 8		★몸(月, 肉: 고기 육, 몸)을 지탱해(支) 주는 것은 팔과 다리지. 팔 다리 지. • 四肢(사지): 팔과 다리.(사람은 상지, 하지. 짐승은 전지, 후지.) • 肢體(지체): 팔 다리와 몸.
앞페이지 복습	疾	嫉	症	痛	窒

한자	비슷한 한자	설명
豆 콩 두 부수 豆 총획 7		★한글 '묘' 자 위에 한 일(一) 한자가 콩 두 자다. 　콩 두. • 豆腐(두부): 콩으로 만든 음식의 하나. • 豆油(두유): 콩기름.
뫼 산 豈 콩 두 어찌 기 부수 豆 총획 10		★산(山) 밑에 콩(豆) 가마니를 어찌할까? 　어찌 기. • 뜻만 기억.
화살 시 短 콩 두 짧을 단 부수 矢 총획 12	豆 콩 두 : 豈 어찌 기	★화살(矢)과 콩(豆) 중에 짧은 것을 골라라. 　짧을 단. • 短點(단점): 낮고 모자라는 점. • 短期(단기): 짧은 기간.
콩 두 頭 머리 혈 머리 두 부수 頁 총획 16	頁 머리 혈 首 머리 수	★콩(豆)도 머리(頁: 머리 혈)가 있어? 　머리 두. • 頭腦(두뇌): 뇌, 머릿골. • 頭角(두각): 우뚝 뛰어남. 머리끝.
열 십 喜 콩 두 입 구 기쁠 희 부수 口 총획 12	豆 콩 두	★십년(十) 만에 콩(豆)을 입(口)으로 먹으니 기쁘다. 　기쁠 희. • 喜喜樂樂(희희낙락): 매우 기뻐하고 즐거워함. • 喜劇(희극): 익살 부려 웃기는 장면 많은 연극.
앞페이지 복습	窓	支	技	枝	肢

한자	비슷한 한자	풀이
鼓 북 고 (열 십, 콩 두, 지탱할 지) 부수 鼓　총획 13		★십년(十: 열 십) 동안 지탱(支)한 콩(豆)을 보고 북을 쳐서 알린다. 북 고. • 鼓舞(고무): 북을 치고 춤을 춤. 부추겨서 힘이 솟게 함. • 鼓動(고동): 피의 순환으로 가슴이 뜀.
樹 심을 수 (나무 목, 콩 두, 열 십, 마디 촌) 부수 木　총획 16	植 심을 식	★나무(木)는 십년(十) 계획으로 심고 콩(豆)은 마디마다(寸) 달리니 매년 심는다. 심을 수. • 樹木(수목): 나무. • 樹立(수립): 국가, 정부, 제도 등을 이룩하여 세움.
沈 성씨 심, 잠길 침 (물 수, 망설일 유) 부수 氵　총획 7	深 깊을 심 探 찾을 탐	★물(氵)속에 머뭇거리면(冘) 잠긴다. 잠길 침, 성 심. • 沈沒(침몰): 물에 빠져 가라앉음. • 沈默(침묵): 잠잠하게 아무 말도 하지 않음.
枕 베개 침 (나무 목, 머물 유) 부수 木　총획 8		★나무(木)가 사람에게 오래 머물러(冘) 있는 것은 나무 베개뿐이다. 베개 침. • 枕木(침목): 길고 큰 물건으로 밑을 괴어 놓은 목재. 나무베개. • 枕頭(침두): 베갯머리.
知 알 지 (화살 시, 입 구) 부수 矢　총획 8	短 짧을 단	★화살(矢)도 입(口)을 빗겨가니 알아서 가네? 알 지. • 知識(지식): 지혜. 생각하는 작용. 알고 있는 내용. • 知覺(지식): 알아 깨달음. 인식함. • 知己之友(지기지우): 서로 마음이 통하는 친한 벗.
앞페이지 복습	豆	豈	短	頭	喜

한자	비슷한 한자	설명
알 지 **智**_{날 일} 지혜 지, 슬기 지 부수 日　총획 12	慧 지혜 혜	★아는(知) 것이 날(日)마다 더하면 슬기와 지혜가 있다. 지혜 지, 슬기 지. • 知能(지능): 지식과 능력. • 知慧(지혜): 슬기. 사리나 말의 내용을 깨닫는 재주.
엄 호 또 우 **度**_{스물 입} 법 도, 헤아릴 탁 부수 广　총획 9		★굴바위(广: 굴바위 엄, 엄호) 밑에서 이십(廿) 번씩 또(又) 법도를 지키고 헤아려본다. 법 도. • 度數(도수): 온도 따위를 헤아리는 수. • 度地(탁지): 토지를 측량함.
물 수 **渡**_{법 도} 건널 도 부수 氵　총획 12		★물(氵)을 건널 때도 법도(度)를 알아서 건너야 한다. 건널 도. • 渡江(도강): 강을 건넘. • 不渡(부도): 수표에 쓰인 금액을 받을 수 없는 일. 줄 것을 주지 않음.
쇠 금 **鍍**_{법 도} 도금할 도 부수 金　총획 17		★금(金)은 법도(度)에 따라 도금하여야 한다. 도금할 도. • 鍍金(도금): 물체의 표면에 얇은 금속막을 입히는 것.
엄 호 불 화 **庶**_{스물 입} 뭇 서, 여러 서 부수 广　총획 11		★집(广: 바위집 엄, 엄호밑)에 스무(廿: 스물 입) 명이 불(灬: 불 화)을 피워놓고 여러 명이 산다. 여러 서, 뭇 서. • 庶務(서무): 특별한 명목이 없는 일반 사무.

앞페이지 복습	鼓	樹	沈	枕	知

한자	비슷한 한자	설명
遮 뜀 착 / 여러 서 막을 차 부수 辶 총획 15		★여러(庶) 사람이 뛰어(辶: 뜀 착, 갈 착) 오는 것을 막았다. 막을 차. • 遮斷(차단): 막아 끊음. 막아서 그치게 함. • 遮燈(차등): 등불이 새어나지 않게 막음.
席 엄호 / 스물 입 / 수건 건 자리 석 부수 巾 총획 10		★집(广: 바위집 엄, 엄호)에 스무(廿) 명이 앉을 수 있게 수건(巾)을 자리에 깔았다. 자리 석. • 席次(석차): 성적의 순서. • 席卷(석권): 자리를 둘둘 말 듯이 너른 땅을 쳐서 빼앗음.
廁 엄호 / 법 칙 뒷간 치, 기울 측 부수 广 총획 12		★집(广: 바위집 엄)에서도 법칙(則)에 따라 뒷간에 간다. 뒷간 치. •廁間(측간): 화장실, 변소.(옛날 말이지 사투리가 아님.) *칫깐→측간→뒷간(한자에는 시옷 발음이 없어 치간(칫깐)으로도 사용. • 廁鼠(측서): 지위를 얻지 못한 사람을 일컫는 말.
諜 말씀 언 / 인간 세 / 나무 목 간첩 첩 부수 言 총획 16	葉 잎 엽	★(전할)말(言)을 모든 사람(世)에게 나무(木) 밑에서 은밀히 전달하는 것은 간첩이다. 간첩 첩. • 間諜(간첩): 적국의 내용을 몰래 살피는 사람. • 諜者(첩자): 간첩, 간자.
牒 조각 편 / 인간 세 / 나무 목 편지 첩 부수 片 총획 13		★나무 조각(片)이나 나무(木)잎에 모든 사람(世)에게 쓴 편지. 편지 첩. • 請牒(청첩): 경사스러운 일이 있을 때 남을 청함.

앞페이지 복습	智	度	渡	鍍	庶

한자	비슷한 한자	설명
首 머리 수 부수 首 · 총획 9	頁 머리 혈 頭 머리 두	★눈(目) 위에 털(⺌) 난 곳은 머리다. 머리 수. • 首席(수석): 맨 윗자리. • 首肯(수긍): 머리를 끄덕임. 옳음을 인정함. *⺌: 초두머리 초
道 갈 착 / 머리 수 도리 도, 길 도 부수 辶 · 총획 13		★내가 가는(辶: 갈 착, 뛸 착) 길이 으뜸(首: 머리 수)이라 믿고 하는 도리와 길. 도리 도, 길 도. • 道德(도덕): 행위의 선악 정사의 원리. 인간이 걸어 나갈 바른 길. 사회생활에 있어서의 인간의 행동규범.
導 길 도 / 마디 촌 인도할 도 부수 寸 · 총획 16	倒 넘어질 도	★도리와 길을(道) 손으로(寸: 마디 촌) 가르쳐주고 인도하여 준다. 가르칠 도, 인도할 도. • 引導(인도): 지도함. 길 안내 / • 前導(전도): 앞길을 인도함. (※ 傳道師: 전도사) / • 引渡(인도): 물건이나 권리를 넘겨줌. • 半導體(반도체): 전기가 통하는 도체와 부도체의 중간 영역에 속한다.(산업의 쌀이라 불리기도 함)
頁 한 일 / 스스로 자 / 여덟 팔 머리 혈 부수 頁 · 총획 9	首 머리 수	★하나(一)를 가르치면 스스로(自) 여덟(八) 개를 아는 머리 혈. • 뜻만 기억.
頉 그칠 지 / 머리 혈 탈날 탈 부수 頁 · 총획 13		★정지(止: 그칠 지)되어 있는 머리(頁: 머리 혈)니 탈이 난 것이다. 탈날 탈. • 雜頉(잡탈): 여러 가지 잡스러운 폐단. • 頉報(탈보): 상사에게 특별한 사정이 있음을 알려 책임의 면제를 청함.
앞페이지 복습	遮	席	庿	諜	牒

한자	비슷한 한자	설명
黃 (누를 황) 스물 입, 한 일, 말미암을 유, 여덟 팔 부수 黃 / 총획 12		★이십(廿: 스물 입)일(一) 년이 지남으로 말미암아(由) 팔(八)방에서 누런 땅이 보인다. 누를 황. • 黃金(황금): 순금, 금전, 돈. • 黃泉(황천): 죽으면 간다는 저승. 구천.
廣 (넓을 광) 엄호, 누를 황 부수 广 / 총획 15		★집(广: 바위집 엄, 엄호)이 누런 색깔(黃)이라 넓어 보이네? 넓을 광. • 廣告(광고): 세상에 널리 알림. • 廣場(광장): 너른 마당. • 廣壯(광장): 규모가 넓고 큼.
擴 (넓힐 확) 손 수, 넓을 광 부수 扌 / 총획 18		★손(扌)으로 넓은(廣) 것을 더 넓혀 확장한다. 넓힐 확. • 擴大(확대): 확장하여 크게 함. • 擴散(확산): 차차 퍼져 흩어짐.
橫 (가로 횡) 나무 목, 누를 황 부수 木 / 총획 16		★나무(木)에 노란(黃) 칠을 해서 대문에 빗장을 가로질러 놓았다. 가로 횡. • 橫財(횡재): 뜻밖에 재물을 얻음. • 橫領(횡령): 남의 물건을 불법으로 빼앗음.
鑛 (광석 광) 쇠 금, 넓을 광 부수 金 / 총획 23		★쇠(金)가 넓게(廣) 퍼져 있는 광산이 보인다. 광석 광. • 鑛夫(광부): 광산에서 일하는 일꾼.
앞페이지 복습	首	道	導	頁	頌

한자	비슷한 한자	설명
壽 선비 사, 장인 공, 입 구, 한 일, 한 일, 마디 촌 목숨 수 부수 士 / 총획 14	寿 약자	★선비(士)도 한(一) 세상 장인(工)도 한(一) 세상, 입(口)으로 먹고 살기 위해 마디마디(寸) 이어가는 목숨. 목숨 수. • 壽命(수명): 목숨. 물품이 그 사용이 견디는 시간. • 壽宴(수연): 장수를 축하하는 잔치. 보통 환갑을 말함.
濤 물 수, 목숨 수 물결 도 부수 氵 / 총획 17	涛 약자	★물(氵)에는 목숨(壽)과 같은 파도치는 물결이 있다. 물결 도. • 怒濤(노도): 무섭게 밀려오는 큰 파도. • 波濤(파도): 큰 물결.
禱 보일 시, 목숨 수 기도 도, 빌 도 부수 示 / 총획 19		★신(示: 보일 시, 귀신 시) 앞에 목숨(壽)을 보호해 달라며 기도하고 빈다. 빌 도, 기도 도. • 祈禱(기도): 신이나 부처에게 비는 일.
躊 발 족, 목숨 수 머뭇거릴 주 부수 足 / 총획 21		★발(足)도 목숨(壽)을 따라가듯 머뭇거리네. 머뭇거릴 주. • 躊躇(주저): 머뭇거림. 망설임.
鑄 쇠 금, 목숨 수 부어 만들 주 부수 金 / 총획 22		★쇠(金)가 목숨(壽)을 이어가는 좋은 방법은 주화로 만들어지는 것이다. 부어 만들 주, 부을 주. • 鑄化(주화): 쇠붙이를 녹여서 화폐를 만듦. • 鑄造(주조): 쇠를 녹여 부어서 물건을 만듦.
앞페이지 복습	黃	廣	擴	橫	鑛

	비슷한 한자	
사사로울 사 台 입구 기쁠 태, 별 태 부수 口 총획 5		★사사로운(厶: 사사로울 사, 나 사) 이익에도 입(口)으로 기뻐하는 태도. 기쁠 태.
		• 台鑑(태감): 대감을 편지 따위에 적던 말. • 台覽(태람): 지체 높은 사람에게 글 그림 따위를 보낼 때 살펴보라는 존대의 말.
마음 심 怠 기쁠 태 게으를 태 부수 心 총획 9		★기쁜(台) 마음(心)은 게으름을 날려 보낸다. 게으른 태.
		• 怠慢(태만): 게으름. 느림. • 倦怠(권태): 싫증이 나서 게으름을 느낌.
고기 육 胎 기쁠 태 아이 밸 태 부수 月 총획 9		★몸(月: 고기 육, 몸)을 만지며 기뻐(台)하는 것을 보니 아이를 밴 것이다. 아이 밸 태.
		• 胎夢(태몽): 잉태할 징조의 꿈. • 胎生(태생): 어머니 배속에서 태어남. 어떠한 땅에 태어남.
죽을 사 殆 기쁠 태 위태로울 태 부수 歹 총획 9		★죽음(歹←死)을 기쁘게(台) 생각하면 위태로울 텐데? 위태로울 때.
		• 危殆(위태): 형세가 매우 어려움. 마음을 놓을 수 없음.
물 수 治 기쁠 태 다스릴 치 부수 氵 총획 8		★물(氵)을 기쁜(台) 마음으로 먹을 수 있도록 잘 다스려야 한다. 다스릴 치.
		• 治安(치안): 사회의 안녕과 질서를 잘 지키어서 편안하게 다스림. • 治療(치료): 병을 고침.
앞페이지 복습	壽	濤	禱	躊	鑄

한자	비슷한 한자	설명
沐 물수/나무목 목욕 목 부수 氵 총획 7		★나무(木)도 물(氵) 주듯이 몸을 씻고 목욕을 한다. 목욕 목. • 沐浴(목욕): 머리를 감고 몸을 씻는 일. • 浴室(욕실): 목욕통을 설비한 방.
沒 물수/칼도 빠질 몰 부수 氵 총획 7	沿 쫓을 연	★물(氵)가에서 칼(刀)로 다투다 또(又) 빠졌다. 빠질 몰. • 沒落(몰락): 모조리 없어짐. 싸움에서 져서 망함. • 沒頭(몰두): 한 가지 일에 열중함. • 沒入(몰입): 빠져 들어감. 또는 들어옴.
液 물수/밤야 진 액, 즙 액 부수 氵 총획 11	夜 밤 야	★밤(夜)이 되면 (나무에서) 진액의 물(氵)을 뽑아낸다는 뜻에서 유래. 진 액, 즙 액. • 液體(액체): 일정한 부피는 있으나 모양이 없는 유동하는 물질. 물, 기름 등. • 溶液(용액): 어떠한 물질을 녹인 액체.
哉 흙토/창과/입구 비로소·어조사 재 부수 口 총획 9		★흙(土)을 창(戈: 창 과)으로 파서 입(口)으로 먹는 것을 보았기에 내가 비로소 말한다. 비로소 재. • 快哉(쾌재): 뜻대로 잘 되어 매우 만족스럽게 여김.
栽 흙토/창과/나무목 심을 재 부수 木 총획 10		★흙(土)을 창(戈)으로 파서 나무(木)를 심는다. 심을 재. • 栽培(재배): 초목을 심고 북돋워 기르는 일. • 盆栽(분재): 화초 따위를 화분에 심어 가꿈. 또는 그 일.
앞페이지 복습	台	怠	胎	殆	治

	비슷한 한자	
땅 토 / 옷 의 **裁** 창 과 마를 재 부수 衣 / 총획 12		★땅(土)에 있는 옷(衣)을 창(戈)으로 찍어 올려 옷 마름질한다. 마를 재. • 裁斷(재단): 옷감 따위를 본에 맞추어 마름. • 裁量(재량): 짐작하여 헤아림.
땅 토 / 차 차 **載** 창 과 실을 재 부수 車 / 총획 13		★땅(土) 위에서 창(戈)으로 물건을 차(車)에 실어 올린다. 실을 재. • 揭載(게재): 신문 따위에 글이나 그림을 실음.
흙 토 / 다를 이 **戴** 창 과 받들 대 부수 戈 / 총획 18		★쓸모없는 땅(土)은 창(戈: 창 과, 창 괘)으로 잘라버리듯 버리고 다른(異) 사람을 추대하여 받들자. 받들 대. • 推戴(추대): 모셔 올려 받듦.
쇠 금 **鐵** 비로소 재 / 구슬 옥 쇠 철 부수 金 / 총획 21		★쇠(金)가 비로소(哉: 비로소 재) 구슬(王←玉) 같은 빛나는 쇠가 되었다. 쇠 철. • 鐵窓(철창): 쇠창살문. 감옥. • 鐵製(철제): 쇠를 재료로써 만듦. 또는 그 물건.
물 수 **淺** 창 과 / 창 과 얕을 천 부수 氵 / 총획 11		★물(氵)의 깊이가 창(戈) 두 개의 깊이니 얕다. 얕을 천. • 淺薄(천박): 천하여 깊고 두터운 맛이 없음.
앞페이지 복습	沐	沒	液	哉	栽

한자	비슷한 한자	풀이
살 바를 알 / 창 괘 **殘** 잔인할 잔, 남을 잔 부수 歹 / 총획 12	殘 약자	★살 바르고(歹) 창(戈) 두 개로 찌르니 잔인하다. 잔인할 잔, 남을 잔. • 殘忍(잔인): 인정이 없고 몹시 모짊. • 殘高(잔고): 금액이나 물품 따위의 나머지 수량.
발 족 / 창 과 **踐** 밟을 천 부수 足 / 총획 15		★발(足)로 창(戈) 두 개를 밟았다. 밟을 천. • 實踐(실천): 실제로 행함.
조개 패 / 창 과 **賤** 천할 천 부수 貝 / 총획 15		★돈(貝)이라고는 창(戈) 두 개뿐이니 천한 사람이다. 천할 천. • 賤人(천인): 천한 사람. • 賤待(천대): 업신여겨서 푸대접함.
쇠 금 / 창 과 **錢** 돈 전 부수 金 / 총획 16		★쇠(金)로써 창(戈)들을 만들어 판 그 돈. 돈 전. • 錢主(전주): 밑천을 대어 주는 사람. • 銅錢(동전): 구리로 만든 돈.
집 면 **官** 언덕 부 벼슬 관 부수 宀 / 총획 8		★언덕(𠂤, 阜: 언덕 부) 위에 집(宀: 집 면, 갓머리)이라? 관료 둘이 사는 집. 벼슬 관. • 官公署(관공서): 관청과 공공 기관. • 官僚(관료): 정부 관리의 총칭.

앞페이지 복습	裁	載	戴	鐵	淺

한자	비슷한 한자	설명
대 죽 **管** 벼슬 관 관리할 관, 대통 관 부수 竹　총획 14		★대나무(竹) 지휘봉을 들고 관리(官: 벼슬 관)가 관리한다. 관리할 관. • 管理(관리): 아랫사람을 지휘 감독함. 물건을 처리함. • 管轄(관할): 맡아 다스림.
밥 식 **館** 벼슬 관 집 관, 객사 관 부수 食　총획 17	館 =	★밥(皀=食, 食: 밥 식)을 먹고 벼슬(官)한 사람들이 사는 객사. 객사 관, 집 관. • 館舍(관사): 외국 사신을 머물러 묵게 하는 집. • 官舍(관사): 관청에서 지은 관리의 집. • 旅館(여관): 나그네를 묵게 하는 것을 업으로 하는 집.
물 수 **沮** 또 차 막을 저 부수 氵　총획 8	且 또 차	★물(氵)을 막고 또(且) 막아 많이 모이도록 막는다. 막을 저. • 沮止(저지): 막아서 못하게 함.
또 차 **助** 힘 력 도울 조 부수 力　총획 7		★또(且) 힘(力)을 써서 도와준다. 도울 조. • 助力(조력): 힘을 써 도와줌. • 助手(조수): 주장하는 사람의 일을 도와주는 사람.
집 면 **宜** 또 차 마땅할 의 부수 宀　총획 5		★집(宀: 집 면, 갓머리)에서도 또(且)한 예를 지켜야 당연하고 마땅하다. 마땅할 의. • 宜當(의당): 마땅히 그러함. • 便宜(편의): 형편이 좋음. • 便易(편이): 편리하고 쉬움. • 便益(편익): 편리하고 유익함.
앞페이지 복습		殘　踐　賤　錢　官

	비슷한 한 자	
祖 보일 시 또 차 조상 조 부수 示 / 총획 10	社 모일 사 회사 사 祀 제사 사	★신(示: 보일 시, 귀신 시) 앞에 또(且) 찾아가서 절을 하고 받들어 모시는 조상. 조상 조. • 祖孫(조손): 할아버지와 손자. • 祖上(조상): 돌아가신 아버지 위의 대대의 어른. 선조.
租 벼 화 또 차 세금 조 부수 禾 / 총획 10	私 사사 사 稅 세금 세	★벼(禾)를 또(且) 세금으로 거두어가는 가혹한 세금. 세금 조. • 租稅(조세): 국민에게 받아들이는 돈. 공조.
組 실 사 또 차 짤 조 부수 糸 / 총획 11		★실(糸)을 또(且) 모아 삼베를 짠다. 짤 조. • 組織(조직): 얽어서 만듦. 단체 또는 사회를 구성하는 각 요소가 결합하여 유기적 작용을 하는 통일체.
俱 사람 인 갖출 구 함께 구 부수 亻 / 총획 10	具 갖출 구	★사람(亻)들은 다 갖춘(具) 사람들끼리 함께 한다. 함께 구. • 俱慶(구경): 어버이를 다 모시고 있음. • 구 : 경: 어떤 대상을 재미있게 봄.(순수 우리말)
材 나무 목 재주 재 재목 재 부수 木 / 총획 7	林 수풀 림	★나무(木)가 재주(才: 재주 재)를 부리면 재목이 된다. 재목 재. • 材料(재료): 물건을 만드는 감. 일할 거리. • 材木(재목): 가구를 만드는 데 재료.
앞페이지 복습	管	館	沮	助	宜

		비슷한 한자	
나무 목	査 또 차 조사 사, 살필 사 부수 木 / 총획 9		★나무(木)가 자라나는 것을 또(且) 보고 살펴본다. 살필 사. • 探査(탐사): 더듬어 살펴 조사함. • 査察(사찰): 조사하여 살핌. 사상적인 동태와 살핌이 주 임무.
한 일 갈고리 궐	事 입구 손 우 일 사 부수 亅 / 총획 8		★한(一) 입(口)을 살기 위해 손(⺕: 손 우)에 갈고리(亅)를 들고 일한다. 일 사. • 事件(사건): 벌어진 일이나 일거리. 법적으로 다루게 되는 일거리. • 事業(사업): 일. 투기적인 일.
벼 화	秉 손 우 잡을 병 부수 禾 / 총획 8		★벼(禾)를 손(⺕)으로 잡았다. 잡을 병. • 秉權(병권): 정권을 장악함. • 秉軸(병축): 정권을 잡음.
검을 현	畜 밭 전 가축 축 부수 田 / 총획 10		★검정(玄: 검을 현)소도 밭(田)에서 일하는 가축이다. 가축 축. • 畜産(축산): 가축을 길러 이익을 얻는 사업. • 畜生(축생): 온갖 가축.
풀 초	蓄 가축 축 쌓을, 모을 축 부수 ++ / 총획 14		★풀(++: 풀 초)을 가축(畜)을 먹이기 위해 쌓아 두었다. 쌓을 축. • 蓄積(축적): 많이 모아 쌓아둠. • 蓄財(축재): 재물을 모음.

| 앞페이지 복습 | 祖 | 租 | 組 | 俱 | 材 |

		비슷한 한자	
두인 곧을 직 마음 심 **德** 덕 덕, 큰 덕 부수 彳 총획 15			★두 사람(彳: 두 사람인, 걸을 척)이 곧게(㣤 ← 直) 마음(心)을 합쳐 큰 덕을 쌓아간다. 큰 덕, 덕 덕. • 德行(덕행): 어질고 바른 행실. • 德談(덕담): 잘 되기를 비는 말.
귀 이 덕 덕 임금 왕 **聽** 들을 청 부수 耳 총획 22			★임금(王)의 귀(耳)는 덕(德) 있는 소리만 듣는다. 들을 청. • 聽衆(청중): 강연, 연설 따위를 듣는 무리. • 聽聞(청문): 널리 퍼진 소문.
엄호 **廳** 들을 청 관청 청 부수 广 총획 25			★바위 같은 큰 집(广: 바위집 엄, 엄호)에서는 국민의 소리를 들어(聽)야 하는 관청이다. 관청 청. • 官廳(관청): 국가의 사무를 맡아보는 기관. • 廳舍(청사): 관청의 사옥.
물 수 아홉 구 나무 목 **染** 물들일 염 부수 木 총획 9			★물(氵) 속에서 아홉(九) 번씩 나무(木)를 물들인다. 물들일 염. • 染色(염색): 물들임. • 染料(염료): 물감.
흙덩이 언덕 륙 둥글 환 불 화 **熱** 더울 열 부수 灬 총획 15			★흙덩이(坴: 언덕 륙, 흙덩이 의미)를 둥글게(丸) 하여 불(灬, 火)을 때니 더운 열이 난다. 더울 열. • 熱氣(열기): 열이 높은 기체. 뜨거운 기운. 높은 체온. • 熱烈(烈烈. 열렬): 매우 맹렬함.
앞페이지 복습	査	事	秉	畜	蓄

	비슷한 한자	
勢 힘 력 : 세력 세 부수 力 / 총획 13		★ 더운 열(劦←熱)기에 힘(力: 힘 력)을 더하니 더 센 세력이 된다. 세력 세.
		• 勢力(세력): 권세의 힘. 현재 진행되는 힘이나 기세. • 威勢(위세): 위엄이 있는 기세. 　*勢: '형세', '권세', '기세' *執(심을 예→열): 불기운이 세다.
藝 풀 초 / 흙덩이 육 / 이를 운 / 둥글 환 : 예술 예, 재주 예 부수 ++ / 총획 18	芸 속자	★ 풀(++)을 흙덩이(坴: 언덕, 흙덩이 육)에 둥글(丸)게 심으니 이르기(云)를 예술적인 재주란다. 재주 예.
		• 藝術(예술): 학예와 기술. • 藝能(예능): 어떤 기예와 뛰어난 재능.
邪 어금니 아 / 고을 읍 : 간사할 사 부수 阝 / 총획 7	牙 어금니 아	★ 어금니(牙: 어금니, 대장기, 관아 아) 같이 튼튼한 고을(阝: 우방부)에도 간사한 사람은 있다. 간사할 간.
		• 邪惡(사악): 도리에 어긋나고 악독함. • 奸邪(간사): 성품이 간교하고 행실이 바르지 못함. • 奸詐(간사): 간교하게 남을 속임.
芽 풀 초 / 어금니 아 : 싹 아 부수 ++ / 총획 8	牙 어금니 대장기 관아 아	★ 풀(++)이 어금니(牙) 같이 벌어진 새싹. 싹 아.
		• 發芽(발아): 싹이 틈. 　* 牙城(아성): 아주 중요한 근거지를 비유적으로 이르는 말. 　　예)아성이 무너지다.
雅 어금니 아 / 새 추 : 맑을 아 부수 隹 / 총획 12		★ 어금니(牙: 어금니 아)가 있는 새(隹: 새 추)라면 소리가 더 우아하고 맑을 것이다. 맑을 아.
		• 雅淡(아담): 고상하고 담담함. • 雅量(아량).
앞페이지 복습	德	聽	廳	染	熱

한자	비슷한 한자	설명
굴바위 엄 사람 인 **雁** 새 추 기러기 안 부수 隹 총획 12		★굴바위(厂: 굴바위 엄, 민엄호) 밑에서 사람(人)처럼 질서와 정조를 지키는 새(隹: 새 추)가 기러기다. 기러기 안. • 雁書(안서): 안신. 편안한 소식. • 雁行(안행): 남의 형제 높임말.
돼지해밑 **育** 나 사 고기 육 기를 육 부수 月 총획 8		★내(厶: 나 사, 사사 사) 몸(月: 고기 육, 몸)을 우두머리(亠: 우두머리, 머리 부분 두, 돼지해밑)가 되게 기를 것이다. 기를 육. • 育成(육성): 길러서 키움. 길러서 이루어지도록 함. • 育英(육영): 영재를 가르침. 곧 교육.
두인변 **徹** 칠 복 기를 육 통할 철, 뚫을 철 부수 彳 총획 15	澈 물 맑을 철	★사람(彳: 두인변, 갈 척)을 기르고(교육하고, 育) 치고(攵) 다스리면 통할 것이다. 통할 철. • 徹底(철저): 속속들이 꿰뚫어 부족함이나 빈틈이 없음. • 徹頭徹尾(철두철미): 처음부터 끝까지 철저함.
손 수 **撤** 기를 육 칠 복 거둘 철 부수 扌 총획 15		★손(扌)으로 기르고(育) 매(攵: 칠 복)질하면 나쁜 버릇을 거둘 것이다. 거둘 철. • 撤收(철수): 거두어 감. • 撤去(철거): 거두어들임. 거두어 치워버림.
손 우 **帚** 덮을 멱 수건 건 비 추 부수 巾 총획 8		★손(彐)으로 덮고(冖: 덮을 멱) 수건(巾: 수건 건)으로 닦고 비질한다. 비, 빗자루 추. •다른 부수에 붙어야 뜻이 나타남. * 帚 = 帚(빗자루 추)
앞페이지 복습		勢　藝　邪　芽　雅

	비슷한 한자	
손 수 **掃**_{비 추} 쓸 소 부수 扌 / 총획 11		★손(扌)에 빗자루(帚)를 들고 쓸어라. 쓸 소. • 掃滅(소멸): 싹 쓸어 없앰. • 消滅(소멸): 사라져 없어짐. • 燒滅(소멸): 타서 없어짐. 태워 없앰.
계집 녀 **婦**_{비 추} 아내 부, 며느리 부 부수 女 / 총획 11		★여자(女)가 비(帚)를 들고 집청소를 하니 아내지? 아내 부, 며느리 부. • 婦道(부도): 여자가 마땅히 지켜야 할 도리. • 夫婦(부부): 남편과 아내.
언덕부 그칠지 **歸**_{비 추} 돌아올 귀 부수 止 / 총획 18		★언덕(自, 阜) 밑에 머물러(止: 그칠 지) 청소를 하고 빗자루(帚)만 들고 돌아오네? 돌아올 귀. • 歸家(귀가): 집으로 돌아오거나 돌아옴. • 歸省(귀성): 고향에 돌아가 어버이를 뵘.
흰 백 **泉**_{물 수} 샘 천 부수 水 / 총획 9		★희고(白) 맑고 깨끗한 물(水)이 솟아오르는 샘, 샘 천. • 溫泉(온천): 더운 물이 솟나는 샘. • 泉脈(천맥): 샘의 맥.
민엄호 흰 백 **原**_{적을 소} 근본 원 부수 厂 / 총획 10		★굴바위(厂: 굴바위 엄, 민엄호) 밑에 희고(白: 흰 백) 작은(小) 물이 흐르니 그곳이 근본이다. 근본 원. • 原理(원리): 으뜸이 되는 이치. • 原因(원인): 일의 말미암은 까닭. • 原點(원점): 시작되는 점.
앞페이지 복습	雁	育	徹	撤	帚

	비슷한 한자	
물 수 **源** 근본 원 근원 원 부수 氵 총획 13		★물(氵)이 근본(原)이고 근원이다. 　근원 원. • 根源(근원): 물의 줄기가 나오기 시작한 곳. • 源泉(원천): 물이 솟아나는 근원. 사물의 근원
실 사 **線** 샘 천 실 선, 줄 선 부수 糸 총획 15		★실(糸이) 샘물(泉) 따라 이어져 있는 줄. 　줄 선, 실 선. • 線路(선로): 기차 전차의 궤도. • 脫線(탈선): 궤도를 벗어남.
근본 원 **願** 머리 혈 원할 원 부수 頁 총획 19		★근본(原)이 잘 되기를 머리(頁) 속으로 원한다. 　원할 원. • 願人(원인): 원하는 사람. • 遠因(원인): 간접적인 원인. • 願書(원서): 청원하는 뜻을 쓴 글. 또는 서류.
실 사 **綿** 흰 백 수건 건 솜 면 부수 糸 총획 14	線 줄 선 실 선	★실(糸: 실 사)과 흰(白) 수건(巾: 수건 건)은 모두 　면으로 만든다. 솜 면. • 綿密(면밀): 자세하고 빈틈이 없음. • 綿紡(면방): 솜에서 실을 뽑음.
쇠 금 **錦** 흰 백 수건 건 비단 금 부수 金 총획 16	帛 비단 백	★금(金)빛이 나는 흰(白) 수건(巾)이 비단이다. 　비단 금. • 錦衣(금의): 비단옷. (예)금의환향. • 錦上添花(금상첨화): 아름다움 위에 아름다움을 한층 더함.
앞페이지 복습	掃	婦	歸	泉	原

한자	비슷한 한자	풀이
鎬 쇠 금 / 높을 고 빛날 호, 호경 호 부수 金 / 총획 18		★쇠(金)가 높이(高: 높을 고) 쌓이니 빛이 난다. 빛날 호, 호경 호. • 鎬京(호경): 중국의 지명. • 이름자와 지명에 많이 쓰임.
舶 배 주 / 흰 백 큰 배 박 부수 舟 / 총획 11	般 일반 반 船 배 선	★배(舟: 배 주)에 흰(白) 돛을 단 배가 큰 배다. 큰 배 박. • 船舶(선박): 배의 총칭. • 舶來(박래): 외국으로부터 물건을 배에 실어 가져옴.
碧 구슬 옥 / 흰 백 / 돌 석 푸를 벽, 옥돌 벽 부수 石 / 총획 14		★구슬(王, 玉: 구슬 옥)같이 흰(白)빛이 나는 돌(石: 돌 석)이 푸른 옥이다. 옥돌 벽, 푸를 벽. • 碧玉(벽옥): 푸르고 아름다운 옥. • 碧溪(벽계): 물빛이 푸른 깊은 시내.
川 내 천 부수 川 / 총획 3		★물이 흘러가는 모양. • 山川(산천): 산과 내. • 河川(하천): 시내.
州 내 천 고을 주 부수 川 / 총획 6	洲 물가 주	★물 흐르는 내(川) 가운데 점점(丶)처럼 보이는 조그만 고을. 고을 주. • 州郡(주군): 주와 군, 즉 지방을 뜻함. • 州(주): 흙모래가 물속에 쌓여 수면에 나타난 땅.

앞페이지 복습	源	線	願	綿	錦

물 수 洲 고을 주 섬 주, 물가 주 부수 氵 총획 9	비슷한 한자 川 내 천 洲 고을 주	★물(氵) 옆에 있는 고을(洲: 고을 주)이 섬이다. 섬 주, 물가 주. • 三角洲(삼각주): 강물에 떠내려 온 모래, 흙 따위가 강어귀에 쌓여 이룬 충적한 적은 평야.
말씀 언 訓 내 천: 가르칠 훈 부수 言 총획 10		★말씀(言: 말씀 언)을 냇물(川: 내 천) 흘러가듯 잘 가르친다. 가르칠 훈. • 訓示(훈시): 가르쳐 보임. 상관이 직무상 주의사항을 하급관리에게 일러 보임. • 訓戒(훈계): 타일러 경계함.
내 천 巢 과일 과 새집 소 부수 川 총획 11		★물(巛: 내 천)이 흐르는 과수원(果: 과실 과)에 새집이 있소. 새집 소. • 巢窟(소굴): 나쁜 일을 하는 무리들이 모여 있는 곳. *巛←川(물이 흐르는 모양을 본떠 「내」의 뜻을 나타낸 글자.)
갈 착 巡 내 천 돌 순 부수 巛 총획 7		★냇물(巛: 川의 고자)이 시내를 돌아간다(辶). 돌 순. • 巡行(순행): 여러 곳을 돌아다님. • 順行(순행): 차례대로 감. • 巡禮(순례): 여러 성지를 차례로 방문함.
乃 곧 내, 이에 내 부수 丿 총획 2	及 및 급	★뜻만 기억. • 乃至(내지): 얼마에서 얼마까지'의 뜻을 나타내는 말. (예)열 명 내지 스무 명.
앞페이지 복습		鎬 船 碧 川 州

한자	비슷한 한자	풀이
입 구 **吸** 이를 급 마실 흡 부수 口 총획 7	乃 이에 내 及 이를 급	★입(口)에 공기가 이르니(及: 이를 급) 마실 것이다. 마실 흡. • 吸入(흡입): 빨아들임. • 呼吸(호흡): 숨을 쉼. • 吸收(흡수): 빨아들임.
실 사 **級** 이를 급 차례 급, 등급 급 부수 糸 총획 10		★실(糸: 실 사) 쳐놓은 곳까지 이르는(及: 이를 급) 것이다 하니 차례와 등급을 말한다. 차례 급, 등급 급. • 級友(급우): 같은 학급의 벗. • 進級(진급), 昇級(승급) 등등.
血 피 혈 부수 血 총획 6	皿 그릇 명 罒 그물 망	★그릇(皿)에 피를 담아 넘쳐흐르는 모양. 피 혈. • 血氣(혈기): 목숨을 유지하는 체력. 격동하기 쉬운 의기. • 血肉(혈육): 피와 살. 자기가 낳은 자식.
세사람 인 **衆** 피 혈 무리 중 부수 血 총획 12		★피(血)로 사귄 세 사람(乑: 세 사람 인)이니 한 무리다. 무리 중. • 衆智(중지): 여러 사람의 지혜. 중. • 衆評(중평): 많은 사람의 논평이나 비평. • 衆口(중구): 많은 사람의 입에서 나온 말. * 乑은 人을 셋 겹친 㐺(중)의 변형.
한 일 **丑** 소 축 부수 一 총획 4	⺕ 손 우 尹 벼슬 윤 다스릴 윤	★손(⺕: 손 우)으로 소고삐(丿)를 잡고 있는 모양 소 축. • 丑生(축생), 丑時(축시) 등등.
앞페이지 복습	洲	訓	巢	巡	乃

한자	비슷한 한자	설명
양 양 **羞**_{소 축} 부끄러울 수 부수 羊 · 총획 11		★양(羊: 양 양)고기와 소(丑)고기를 먹을 때 부끄러움을 알아야 한다. 부끄러울 수. • 羞恥(수치): 부끄러움. • 珍羞(진수): 썩 맛이 좋은 음식. (예)진수성찬.
갈 착 **逆**_{거꾸로 역} 배반 역, 거슬 역 부수 辶 · 총획 10		★활시위를 거꾸로(屰: 활시위를 거꾸로 당기고 있는 모양) 당기며 간다(辶) 하니 즉 배반한다. 배반 역, 거스를 역. • 逆轉(역전): 형세가 뒤바뀜. • 逆境(역경): 일이 뜻대로 안 되는 불행한 경우. *屰=逆(거스를 역)
거꾸로 역 **朔**_{달 월} 초하루 삭 부수 月 · 총획 10		★해가 뜰 곳에 거꾸로(屰) 달(月)이 떠있으니 초하루다. 초하루 삭. • 朔望(삭망): 초하루와 보름. • 朔日(삭일): 초하룻날.
말씀 왈 **亘**_{하늘 땅} 뻗칠 긍 부수 二 · 총획 6	日 아침 단	★하늘(一)과 땅(一) 사이에 말씀(日)이 뻗친다. 뻗칠 긍. 또는 아침에 하늘(一)을 향해서 팔을 뻗친다. 뻗칠 긍 • 뜻만 기억.
집 면 **宣**_{뻗칠 긍} 펼 선 부수 宀 · 총획 9		★집(宀: 갓머리, 집 면)에서 좋은 말씀을 뻗쳐(亘: 뻗칠 긍) 정을 편다. 펼 선. • 宣明(선명): 명확하게 선언함. • 鮮明(선명): 산뜻하고 분명함.
앞페이지 복습	吸	級	血	衆	丑

	비슷한 한자	
恒 뻗칠 궁 항상 항 부수 忄 총획 9	常 항상 상	★좋은 마음(忄, 心)을 항상 뻗칠(亘)지어다. 항상 항. • 恒常(항상): 늘. • 恒速(항속): 일정한 속도.
惱 마음 심 내 천 정수리 신 괴로워할 뇌 부수 忄 총획 12	囟 정수리 신	★마음(忄: 심방변)은 냇물(巛←川)같이 항상 흘러가지 않으면 정수리(囟: 정수리 신)가 괴로워한다. 괴로워할 뇌. • 惱殺(뇌쇄): 애가 타도록 몹시 괴롭힘. 뇌살(×). 殺: 감할 쇄. • 苦惱(고뇌): 괴로워하고 번뇌함.
腦 고기 육 내 천 정수리 신 머리 골 뇌 부수 月 총획 13		★몸(月←肉. 변 또는 밑으로 가면 月자로 변하며 몸의 뜻이 있고 육달월이라 함)의 피는 냇물(川)같이 흐르고 정수리(囟)가 있는 곳이 뇌다. 머리 골 뇌. • 腦裡(뇌리): 생각하는 머릿속. 의식의 속. • 腦後(뇌후): 뒤통수.
總 실 사 바쁠 총 거느릴 총, 모두 총 부수 糸 총획 17	悤 바쁠 총	★실(糸)을 바쁘게(悤) 모으듯이 모두 모아 거느린다. 거느릴 총, 모두 총. • 總論(총론): 글이나 논설 따위의 문장을 모아놓은 글. • 總括(총괄): 서로 다른 것을 하나로 묶는 일.
聰 귀 이 바쁠 총 밝을 총 부수 耳 총획 17		★귀(耳)로 바쁜(悤) 것도 들으니 귀가 밝은 것이다. 밝을 총. • 聰氣(총기): 총명한 기질. • 聰明(총명): 슬기롭고 도리에 밝음.
앞페이지 복습	羞	逆	朔	亘	宣

한자	비슷한 한자	설명
콩 숙 **叔** 도울 우 아재비 숙 부수 又 / 총획 8	尗 콩 숙	★콩(尗)만큼 도움(又: 또 우, ⇒: 손 우 = 도울 우)을 준다. 하여 아재비(叔)다. 아재비 숙. • 叔父(숙부): 아버지 동생. • 叔姪(숙질): 아저씨와 조카.
물 수 **淑** 아재비 숙 맑을 숙 부수 氵 / 총획 11		★물(氵: 水 물 수. 삼수변이라 함)속에서 아재비(叔)가 맑게 씻는다. 맑을 숙. • 淑女(숙녀): 교양과 덕행이 갖추어 있는 여자. 고상한 품격을 가진 여자.
집 면 **寂** 아재비 숙 고요할 적 부수 宀 / 총획 11		★집(宀)에 아저씨(叔) 혼자 살아가니 고요하다. 고요할 적. • 寂寞(적막): 고요하고 쓸쓸함. • 寂寂(적적하다): 외롭고 쓸쓸하다.
아재비 숙 **督** 눈 목 감독 독 부수 目 / 총획 13		★아저씨(叔)는 눈(目: 눈 목)으로 보고 감독한다. 감독 독. • 督促(독촉): 재촉함. • 督勵(독려): 감독하며 격려함.
하늘 **奏** 땅 예쁠 요 아뢸 주 부수 大 / 총획 9	泰 클 태 奉 받들 봉	★하늘(一)같고 땅(一) 같이 큰(大) 분에게 웃으며 예쁘게(夭: 예쁠 요, 젊을 요) 아뢴다. 아뢸 주. • 奏請(주청): 임금에게 말하여 청원함(아룀). • 奏樂(주악): 음악을 연주함. 그 음악.

앞페이지 복습	恒	惱	腦	總	聰

한자	비슷한 한자	설명
뫼 산 **峰** 끌 봉 산봉우리 봉 부수 山 / 총획 10	夆 끌 봉 奉 받들 봉	★산(山)을 이끌어(夆)오는 것은 산봉우리다. 산봉우리 봉. • 最高峰(최고봉): 가장 높은 봉우리. 정상.
불 화 **烽** 끌 봉 봉화 봉 부수 火 / 총획 11		★불(火)을 높이 끌어올려(夆) 위험과 소식을 알리는 봉화. 봉화 봉. • 烽火(봉화): 변란이 있을 때 변경에서 서울까지 경보를 알리게 만든 불. 주로 높은 산 정상에 있음.
벌레 충 **蜂** 끌 봉 벌 봉 부수 虫 / 총획 11		★벌레(虫)를 끌어당기는(夆) 것은 꿀벌이니까? 벌 봉. • 蜂房(봉방): 벌집의 뚫어진 구멍. • 蜂王(봉왕): 왕벌.
뛸 착 **逢** 끌 봉 만날 봉 부수 辶 / 총획 11		★뛰어가(辶: 갈 착, 뛸 착, 책받침변이라고 함) 끌고(夆) 와서 만났다. 만날 봉. • 相逢(상봉): 서로 만남. • 逢變(봉변): 남에게 모욕을 당함. 뜻밖에 화를 당함. • 逢別(봉별): 만남과 이별.
실 사 **縫** 만날 봉 봉합, 꿰멜 봉 부수 糸 / 총획 17		★만나서(逢) 실(糸)로 봉합하였다. 봉합 봉. • 縫合(봉합): 상처나 갈라진 자리를 꿰매어 합침. (예) 봉합수술.

| 앞페이지 복습 | 叔 | 淑 | 寂 | 督 | 奏 |

한자	비슷한 한자	설명
能 나 사, 비수 비, 고기 육, 비수 비 능할 능, 능력 능 부수 月 / 총획 10		★나(厶: 나 사. 사사로울 사)에 몸(月: 고기 육, 몸)은 비수들(匕, 匕)을 다룰 수 있는 능력이 있다. 능력 능. • 能力(능력): 어떠한 일을 이룰 수 있는 자격. 법률상 일정한 일을 할 수 있는 자격. • 能熟(능숙하다): 솜씨가 익숙하다.
熊 능력 능, 불 화 곰 웅 부수 灬 / 총획 14		★능력(能)이 불(灬, 火)같은 곰. 곰 웅. • 熊掌(웅장): 곰의 발바닥. • 雄壯(웅장): 으리으리하고 크고도 장함.
態 능할 능, 마음 심 모양 태 부수 心 / 총획 14		★능숙(能)한 솜씨로 마음껏(心) 모양을 낸다. 모양 태. • 態度(태도): 몸가짐 모양. • 世態(세태): 세상의 상태나 형편. 세상.
罷 능할 능, 그물 망 파할, 마칠 파 부수 罒 / 총획 15		★그물(罒)로 능력(能)을 덮어두어서 파했다. 파할 파. • 罷業(파업): 일을 하지 않음. • 罷免(파면): 직무를 그만두게 함.
玄 검을 현 부수 玄 / 총획 5	玆 검을 자	★뜻만 기억 • 玄米(현미): 벼의 껍질만 벗기고 찧지 않은 쌀. • 玄妙(현묘): 도리나 기예 따위가 심원하고 미묘함.
앞페이지 복습	峰	烽	蜂	逢	縫

한자	비슷한 한자	설명
활 궁 **弦** 검을 현 활시위 현 부수 弓 · 총획 8		★활(弓)에 검은(玄) 줄이 활시위다. 활시위 현. 초승달, 반달 현. • 上弦(상현달): 음력 매월 8, 9일 무렵 즉, 반달.
실 사 **絃** 검을 현 줄 현 부수 糸 · 총획 11	鉉 솥귀 현	★실(糸)을 검게(玄) 물들여 매어놓은 줄. 줄 현. • 絃樂(현악): 현악기로 탄주하는 음악. • 絃誦(현 : 송): 현악기를 타면서 시를 읊음. 그 일.
눈 목 **眩** 검을 현 현혹할 현 부수 目 · 총획 10		★눈(目)으로 검은(玄: 검을 현) 것을 보더니 현혹하였다. 현혹할 현. • 眩氣(현기): 눈이 아찔하여 어지러운 기운. • 眩亂(현란): 정신이 어수선함. • 眩惑(현혹): 홀림에 빠져 미혹함.
검을 현 **牽** 덮을 멱 소 우 이끌 견 부수 牛 · 총획 11		★검은(玄) 천으로 덮어(冖) 소(牛)를 끌고 가네. 이끌 견. • 牽制(견제): 지나친 자유 행동을 끌어 잡아 제약함. • 牽引(견인): 서로 끌어당김. 끌어감.
검을 현 **慈** 검을 현 마음 심 사랑 자, 어머니 자 부수 心 · 총획 13	玆 검을 자	★검게(玄) 검게(玄) 마음(心)이 타도 자식을 사랑하는 어머니. 사랑할 자, 어미 자. • 慈愛(자애): 어머니가 자식을 사랑하는 깊은 마음. 　　　　　아랫사람에게 베푸는 도타운 사랑. • 慈堂(자당): 남의 어머니의 높임말.
앞페이지 복습		能　　熊　　態　　罷　　玄

한자	비슷한 한자	설명
示 (두 이 / 적을 소) 보일 시 부수 示　총획 5		★두 개(二)는 적어(小) 보이지? 　보일 시. • 示達(시달): 상부에서 하부로 명령 통지 등을 문서로써 전하여 알림.
社 (흙 토 / 보일 시) 모일 사 부수 示　총획 8	祉 복지 지	★보이기(示: 보일 시) 쉽게 흙담(土) 옆에 모여 있네? 　모일 사. • 會社(회사): 영리사업을 목적으로 하여 두 사람 이상이 공동으로 이룬 사단법인. • 社會(사회): 공동생활을 하는 인류의 집단.
祀 (보일 시 / 뱀 사) 제사 사 부수 示　총획 7		★신(示: 보일 시, 귀신기) 앞에 뱀(巳)같이 무릎을 구부리고 정성을 모아 제사를 지낸다. 제사 제. • 祭祀(제사): 신 앞에 정성을 드려 하는 의식. • 時祀(시사): 한 해 네 번씩 철마다 지내는 종묘의 제사.
役 (두인변 / 창 수) 부릴 역 부수 彳　총획 7		★두 사람(彳)이 창(殳)을 들고 일을 부린다(시킨다). 　부릴 역. • 役割(역할): 구실, 소임. • 役軍(역군): 일꾼. 삯일을 하는 사람. 　　　　　　　　　*殳: 몽둥이, 창 수.
投 (손 수 / 창 수) 던질 투 부수 扌　총획 7		★손(扌)으로 창(殳)을 던진다. 　던질 투. • 投票(투표): 어떤 사항을 채결할 때 자기 의사를 표시한 표를 함에 넣는 일. • 投稿(투고): 신문사나 잡지사 등에 원고를 보냄.
앞페이지 복습	弦	絃	眩	牽	慈

한자	비슷한 한자	설명
병 녁 疫 칠 수 염병 역 부수 疒 · 총획 9		★병(疒)이 치고(殳: 창 수, 칠 수, 몽둥) 들어와서 염병에 걸렸다. 염병 역. • 免疫(면역): 몸 안에 병원균이 들어와도 그것을 이겨내 발병하지 않을 정도의 저항력을 갖는 일.
죽일 살 殺 창 수 죽일 살, 감할 쇄 부수 殳 · 총획 11	殺 죽일 살 =	★창(殳)으로 찔러 죽인다(杀: 죽일 살=殺). 죽일 살. • 殺伐(살벌): 거동이 거칠고 무시무시함. • 殺生(살생): 산목숨을 죽임.
段 조각 단, 계단 단 부수 殳 · 총획 9		★나무 조각으로 층층이 쌓아놓은 모양. 계단 단, 조각 단. • 段階(단계): 일의 차례를 따라 나아가는 과정. • 階段(계단): 층층대.
절구 구 毁 창 수 흙 토 헐어질 훼 부수 殳 · 총획 13		★절구(臼)에 흙(土)을 넣고 창(殳)으로 치면 헐어질까? 헐어질 훼. • 毁損(훼손): 체면이나 명예를 손상시킴. • 毁謗(훼방): 남을 헐뜯어 비방함.
주검 시 殿 창 수 함께 공 대궐 전 부수 殳 · 총획 13		★주검(尸)을 무릅쓰고 함께(共) 창(殳)을 들고 지키는 곳은 대궐이다. 대궐 전. • 殿下(전하): 왕, 왕비(높임말). • 殿庭(전정): 궁전의 뜰.
앞페이지 복습	示	社	祀	役	投

한자	비슷한 한자	설명
擊 차 차 / 창 수 / 뫼 산 / 손 수 칠 격 부수 手 · 총획 17		★차(車)가 산(山)길을 갈 때 창(殳)을 손(手)에 들고 친다. 칠 격. • 擊破(격파): 쳐서 부숨. • 目擊(목격): 눈으로 직접 봄. 목견.
穀 선비 사 / 덮을 멱 / 한 일 / 벼 화 / 창 수 곡식 곡 부수 禾 · 총획 15		★선비(士)가 덮여(冖) 있는 한 단(一)의 벼(禾)를 창(殳)으로 때려서 만든 곡식. 곡식 곡. • 穀物(곡물): 사람이 주식으로 하는 곡식. 쌀, 보리, 밀, 조, 콩, 기장 따위의 총칭.
巳 뱀 사 부수 巳 · 총획 3	己 몸 기 巳 이미 이 蛇 뱀 사	★뜻만 기억. • 巳生(사생): 뱀띠. 십이지 가운데 사(巳)년에 난 사람. *사시(巳時: 오전 아홉 시부터 열한 시까지)
巴 뱀 파 부수 巳 · 총획 4	色 빛 색	★뱀(巳) 입 안에 혀를 날름거리는 모양. • 뜻만 기억.
肅 손 우 / 송곳 곤 / 조각 편 / 조각 장 엄숙 숙 부수 聿 · 총획 13		★손(⺕: 손 우)에 송곳(丨)을 들고 조각(一)을 이을(禾) 듯이 엄숙하다. 엄숙할 숙. • 肅然(숙연): 삼가 어려워하는 모양. • 宿緣(숙연): 오랜 인연. • 肅淸(숙청) 엄격히 다스려 불순자를 몰아냄. *丨:뚫을 곤, 송곳 곤 : 송곳으로 뚫는다는 뜻.
앞페이지 복습	疫	殺	段	毁	殿

	비슷한 한자	
실 사 繡 _{엄숙 숙} 비단 수, 수놓을 수 부수 糸　총획 19		★엄숙(肅)하게 앉아 실(糸)로 수를 놓는다. 수놓을 수. • 刺繡(자수): 수를 놓음.
두인 得 _{아침 단} _{마디 촌} 얻을 득 부수 彳　총획 11		★두 사람(彳)이 아침(旦)에 조그마한(寸) 것을 얻었다. 얻을 득. • 得勢(득세): 세력을 얻음. 형편이 유리하게 됨. • 利得(이득): 이익을 얻음.
흙 토 坦 _{아침 단} 평탄할 탄 부수 土　총획 8	旦 아침 단 : 但 다만 단	★땅(土)을 아침(旦: 아침 단)에 편편하게 하여야 한다. 평탄할 탄. • 坦坦大路(탄탄대로): 평탄하고 넓을 큰 길. • 坦然(탄연): 아무 걱정도 없는 모양.
땅 토 均 _{말 물} 고를 균 부수 土　총획 7		★땅(土)이 높은 곳은 아니다(勿: 말다, 아니다)고 평평하게 고른다. 고를 균. • 均等(균등): 차별 없이 고름. • 均衡(균형): 한쪽으로 치우침이 없이 고름.
땅 토 址 _{그칠 지} 터 지 부수 土　총획 7		★땅(土)이 그치지(止) 않고 터져 있으니 터지. 터 지. • 파자(破字) : 땅을 많이 소유하고 부자가 된다. 또 발이 넓고 복지에도 관심이 많다.
앞페이지 복습	擊	穀	巳	巴	肅

한자	비슷한 한자	설명
祥 보일 시 / 양 양 복 상 부수 示 · 총획 11		★신(示: 보일 시, 귀신 시) 앞에 양(羊)을 잡아 올리니 복을 준다. 복 상. • 祥瑞(상서): 복스럽고 길할 징조.
詳 말씀 언 / 양 양 자상할 상 부수 言 · 총획 13		★말(言)은 양(羊)처럼 순하게 하니 자상한 사람이구먼. 자상할 상. • 詳細(상세): 자상하고 세밀함. • 未詳(미상): 상세하지 않음. 잘 알려지지 않음.
纖 실 사 / 사람 인 / 부추 구 / 창 과 가늘 섬 부수 糸 · 총획 23		★실(糸) 같은 부추(韭: 부추 구)를 두 사람(人人)이 창(戈)으로 찌르니 가늘어진다. 가늘 섬. • 纖纖玉手(섬섬옥수): 보드랍고 고운 여자의 손. • 纖細(섬세): 가냘프고 가늚.
籤 사람 인 / 부추 구 / 대 죽 / 창 과 제비 첨 부수 竹 · 총획 23		★대나무(竹)를 두 사람이 부추(韭) 찌르듯이 창(戈)을 찔러 제비를 만든다. 제비 첨. • 當籤(당첨): 제비뽑기에 뽑힘. • 抽籤(추첨): 제비를 뽑음.
呈 입 구 드릴 정, 뵐 정 부수 口 · 총획 7	壬 북방 임	★입(口)으로 말을 하며 북쪽(壬)으로 (향하여 사죄를 드린다). 드릴 정, 뵐 정. • 贈呈(증정): 남에게 물건을 줌.

앞페이지 복습	繡	得	坦	均	址

한자	비슷한 한자	풀이
程 드릴 정 벼 화 법 정, 길 정 부수 禾 총획 12		★벼(禾)를 세금으로 드릴(呈) 때는 법도가 있다. 법 정. • 程度(정도): 알맞은 한도. • 里程(이정): 길의 이수.
聖 귀 이 입 구 책임 임 성스러울 성 부수 耳 총획 13		★귀(耳)로 듣고 입(口)으로 말하지 않고 책임(壬)지는 자가 성스러운 성인이다. 성스러울 성. • 聖人(성인): 지혜와 덕이 뛰어나 오래도록 스승이 될 만한 사람. • 聖神(성신): 성부성자와 함께 삼위일체인 천주.
廷 끌 인 책임 임 조정 정 부수 廴 총획 7	引 끌 인	★국민을 책임(壬: 북방 임, 책임 임)지고 이끌어(廴: 끌 인)나가는 것이 조정이다. 조정 정. • 朝廷(조정): 나라의 정치를 의논하고 집행하는 곳. 임금이 정무를 의논, 집행하는 곳. *廴 : 끌 인, '길게 걷다'나 '당기다'라는 뜻. =引
庭 엄 호 조정 정 뜰 정 부수 广 총획 10		★큰 집(: 엄호, 바위집 엄) 조정(廷)에 만들어 놓은 뜰. 뜰 정. • 家庭(가정): 부부, 어버이, 자녀들이 생활하는 공동체 집안. • 親庭(친정): 시집간 여자의 본 집.
羊 양 양 부수 羊 총획 6	佯 거짓 양 美 아름다울 미	★양의 두 뿔과 얼굴 모양. 양 양. • 羊頭狗肉(양두구육): 양머리를 걸어놓고 개고기를 팜. 즉, 표면에 내세우는 것과 실물이 일치하지 않음.
앞페이지 복습	祥	詳	纖	籤	呈

	비슷한 한자	
물 수 **洋** 양 양 큰 바다 양 부수 氵 　 총획 9		★양(羊)이 물(氵) 먹는 곳이 큰 바다다. 큰 바다 양. 또는 양(羊)이 물(氵) 먹는 글자가? 바다 양. • 洋洋(양양): 바다가 끝없이 넓은 모양. • 洋裝(양장): 여자의 서양식 옷차림.
양 양 **養** : 밥 식 봉양할 양, 기를 양 부수 食 　 총획 15		★양(羊)도 어른 양에게 밥(食)을 먹이고 봉양한다. 봉양할 양, 기를 양. • 養育(양육): 길러서 자라게 함. • 養成(양성): 길러냄. • 奉養(봉양): 부모나 조부모를 받들어 모심.
나무 목　 양 양 **樣** 　　　　길 영 모양 양 부수 木 　 총획 15	態 모양 태	★나무(木) 옆에 양(羊)이 길게(永) 서서 모양을 낸다. 모양 양. • 樣式(양식): 일정한 모양과 방식. • 貌樣(모양): 됨됨이. 생김생김.
날 일 **昌** 말씀 왈 창성할 창, 햇빛 창 부수 日 　 총획 8		★매일(日) 희망찬 말(曰)을 하면 창성할 것이다. 창성할 창. • 昌盛(창성): 일이 잘 되어감. • 繁昌(번창): 잘 되어 성함. • 昌平(창평): 나라가 번창하고 세상이 편안함.
입 구 **唱** 창성 창 노래 창 부수 口 　 총획 11		★입(口)으로 창성(昌)하게 노래를 부르네? 노래 창. • 唱劇(창극): 전통적인 판소리나 또는 그 형식을 빌려 꾸민 가극.
앞페이지 복습	程	聖	廷	庭	羊

한자	비슷한 한자	설명
晶 해 일 수정 정, 맑을 정 부수 日 / 총획 12		★해(日)가 세 개 있으니 밝고 맑고 수정 같다. 맑을 정, 수정 정. • 水晶(수정): 석영이 6각 기둥 꼴로 결정된 것. • 修正(수정): 올바르게 고침.
猖 개 견 / 햇빛 창 미쳐 뛸 창 부수 犭 / 총획 11		★개(犭, 犬: 개 견)가 햇빛(昌)을 보더니 미쳐 날뛴다. 미쳐 뛸 창 • 猖披(창피): 모양이 사나워지거나 아니꼬움에 대한 부끄러움. 챙피(×).
夏 머리 혈 걸을 쇠 여름 하 부수 夊 / 총획 11	夊 뒤쳐져 올 치	★머리(頁)가 서서히(夊: 서서히 걸을 쇠) 더워지는 여름. 여름 하. • 夏爐冬扇(하로동선): 여름 화로, 겨울 부채. 격이나 철에 맞지 아니함. / • 夏至(하지): 태양이 하지점을 통과하는 때. 6월 22일경. ※ 모양자는 頁(머리 수) + 夊(뒤쳐져 올 치). 부수는 夊(천천히 걸을 쇠). / 참고: 攵(칠 복)
順 내 천 / 머리 혈 순할 순 부수 川 / 총획 12	須 수염 수 필수 수 項 항목 항	★냇물(川: 내 천)이 머리(頁: 머리 혈)부터 순조롭게 흐르니 순하다. 순할 순. • 順理(순리): 도리에 순종하거나 순조로운 이치. • 順序(순서): 정해져 있는 순서. • 順從(순종): 순순히 복종함.
項 장인 공 / 머리 혈 항목 항, 목 항 부수 頁 / 총획 12		★장인(工)의 머리(頁)속에는 만드는 항목만 있단다. 항목 항. • 項目(항목): 일을 세분한 가닥. • 事項(사항), 條項(조항) 등등.
앞페이지 복습	洋	養	樣	昌	唱

		비슷한 한자	
고무래 정 **頂** 머리 혈 꼭대기 정 부수 頁 / 총획 11			★고무래(丁)의 머리(頁)면 꼭대기지? 꼭대기 정. ・頂上(정상): 산의 꼭대기. ・頂수리: 머리 위에 숫구멍이 있는 자리. ・頂門一鍼(정문일침): 정수리에 침을 놓는다는 말로 남의 약점을 찔러 비판 훈계한다는 뜻.
털 삼 **須** 머리 혈 수염 수 부수 彡 / 총획 12		順 순할 순	★털(彡)은 머리(頁)에 필요한 수염과 같다. 수염 수. ・必須(필수): 꼭 필요함. ・須臾(수유): 잠시.
불 화 **煩** 머리 혈 번거로울 번 부수 火 / 총획 13			★불(火)에 탄 머리니 번거롭다. 번거로울 번. ・煩悶(번민): 마음이 번거롭고 답답함. ・煩惱(번뇌): 마음이 시달려서 괴로움.
쌀 미 **類** 머리 혈 개 견 비슷할 류 부수 頁 / 총획 19		數 셈 수	★쌀(米)이 길쭉하듯이 개(犬)머리(頁)도 비슷하다. 비슷할 류. ・類似(유사): 서로 비슷함. ・類例(유례): 같거나 비슷한 사례. ・類推(유추): 미루어 짐작함.
양 양 입 구 **善** 풀 초 착할 선 부수 口 / 총획 12			★양(羊)은 풀(丷←++)만 먹은 입(口)을 가졌으니 착한 짐승이다. 착할 선. ・善導(선도): 올바른 길로 인도함. ・善良(선량): 착하고 어짐.

앞페이지 복습	晶	猖	夏	順	項

415

	비슷한 한자	
膳 고기 육 : 선물 선 착할 선 부수 月 / 총획 16		★좋은 고기(月←肉)니 부모님에게 착한(善) 마음으로 선물해야지. 선물 선. • 膳物(선물): 선사하는 물건. • 膳賜(선사): 정표로 물건을 줌.
達 될 착 / 흙 토 / 양 양 이를 달, 통할 달 부수 辶 / 총획 13		★땅(土)바닥에 있던 양(羊)이 뛰어 가서(辶) 풀밭에 이르렀다. 이를 달, 통할 달. • 達辯(달변): 썩 능란한 변설. • 通達(통달): 숙달하여 막힘이 없이 환히 통함.
撻 손 수 / 이를 달 매질할 달 부수 扌 / 총획 16		★손(扌)으로 이르도록(達) 매질을 하여라. 매질할 달. • 鞭撻(편달): 채찍으로 때림. • 撻楚(달초): 회초리로 볼기나 종아리를 때림.
龍 용 룡 부수 龍 / 총획 16	竜 약자	★용이 몸을 꼬며 하늘로 승천하는 모습. • 龍頭蛇尾(용두사미): 용머리와 뱀 꼬리 즉 시작은 아주 크며 좋으나 점점 나빠짐을 이르는 말.
襲 용 룡 / 옷 의 엄습할 습 부수 衣 / 총획 22		★용(龍)의 옷(衣)이니 아주 엄습하다. 엄습할 습 (엄습: 뜻밖에 침). • 襲擊(습격): 갑자기 적을 엄습하여 침. • 急襲(급습): 갑자기 습격함.

앞페이지 복습	頂	須	煩	類	善

한자	비슷한 한자	설명
용 룡 聾 귀 이 귀머거리 롱 부수 耳 총획 22		★승천하는 용(龍)트림 소리도 귀(耳)로 들을 수 없는 귀머거리다. 귀머거리 롱. • 聾啞(농아): 귀머거리와 벙어리. • 聾盲(농맹): 귀머거리와 소경.
집 면 寵 용 룡 사랑할 총 부수 宀 총획 19		★집(宀: 집 면, 갓머리)에서 용(龍)같이 대단한 사람이라 사랑한다. 사랑할 총. • 寵兒(총아): 귀여움을 받는 사람. • 寵愛(총애): 귀엽게 여겨 사랑함.
대 죽 籠 용 룡 바구니 롱 부수 ⺮ 총획 22		★대나무(⺮ = 竹)를 용(龍) 모양 같이 비틀어서 만든 바구니. 바구니 롱. • 籠絡(농락): 남을 교묘한 꾀로 속여 제 마음대로 놀림. • 籠球(농구): 구기의 한 가지. • 球技(구기): 공놀이.
龜 거북 귀 부수 龜 총획 17	亀 약자	★龜: 거북 귀, 지명 인명에는 구, 손 얼어터질 균. • 龜鑑(귀감): 사물의 거울. • 龜裂(균열): 갈라져 터짐. 귀열(×). • 龜船(귀선): 거북선.
長 길 장 부수 長 총획 8	镸 약자	★뜻만 기억. • 長短(장단): 길고 짧음. • 成長(성장): 생물이 자라서 점점 커짐. • 長點(장점): 좋은 점.
앞페이지 복습	膳	達	撻	龍	襲

		비슷한 한자	
수건 건	**帳** 길 장 장부 장, 장막 장 부수 巾 / 총획 11		★수건(巾)을 길게(長) 늘어트려 장막을 쳤다. 　장막 장, 장부 장. • 長幕(장막): 천막 또는 둘러치는 휘장. • 帳簿(장부): 금품의 주입 지출을 기록하는 책.
활 궁	**張** 길 장 베풀 장, 당길 장 부수 弓 / 총획 11		★활(弓)을 길게(長) 잡아당긴다. 　당길 장, 베풀 장. • 主張(주장): 자기의 주의나 의견을 굳이 내세움. • 張本人(장본인): 일의 근본이 되는 사람. 악인의 괴수.
갓머리 입 구	**害** 무성할 봉 해칠 해, 손해 해 부수 宀 / 총획 10		★집안(宀: 갓머리, 집 면)에서 무성한(丰: 무성할 봉, 예쁠 봉) 입(口)다툼을 하면 해치고 손해 볼 것이다. 손해 해. • 妨害(방해): 해를 끼침. • 損害(손해): 이익을 잃어버림.
손해 해	**割** 칼 도 벨 할, 나눌 할 부수 刂 / 총획 12		★손해(害)가 되는 것은 칼(刂, 刀: 칼 도)로 베어 버린다. • 割愛(할애): 선뜻 내줌. 아깝게 여기는 것을 나누어 줌. 활애(×). • 割當(할당): 분배함. 몫을 정함. 활당(×).
갓머리 마음 심	**憲** 무성할 봉 / 그물 망 법 헌 부수 心 / 총획 16		★(나라)집안(宀: 집 면)를 무성하게(丰: 무성한 봉, 어지럽게) 하는 것은 법망(罒: 그물 망, 법 망)으로 다스려 마음(心)을 바로잡은 법. 법 헌. • 憲法(헌법): 국가의 조직과 작용에 관한 근본적인 법규.
앞페이지 복습	聾	寵	籠	龜	長

한자	비슷한 한자	풀이
구멍 혈 究 아홉 구 연구할 구 부수 穴 총획 7		★한 구멍(穴: 구멍 혈)을 아홉(九) 번이나 파며 연구하였다. 연구할 구. • 研究(연구): 조사하고 생각함. • 永久(영구): 길고 오램. • 究問(구문): 따져서 물음.
갓머리 寅 한 일 / 자유 유 여덟 팔 범 인 부수 宀 총획		★집(宀: 집 면, 갓머리) 하나(一) 없이 자유롭게(由: 말미암을 유) 팔방(八)으로 다니는 범. 범 인. • 丙寅洋擾(병인양요): 대원군의 가톨릭 탄압으로 고종 3년(1866)에 프랑스 함대가 강화도를 침범한 사건.
물 수 演 범 인 : 설명할 연 부수 氵 총획 14		★물(氵)에 빠진 범(寅)이 사유를 설명한다. 설명할 연. • 演技(연기): 배우가 무대에서 보이는 말이나 동작. • 演題(연제): 연설, 강연 등의 제목.
구멍 혈 窮 몸 궁 궁할 궁, 끝 궁 부수 穴 총획 15	躬 몸 궁	★구멍(穴: 구멍 혈)에 있는 몸(躬 몸 궁)이니 궁할 것이다. 궁할 궁, 끝 궁. • 窮理(궁리): 사물의 이치를 연구함. • 窮地(궁지): 살아갈 길이 없어 어려운 지경.
구멍 혈 窟 굽을 굴 굴 굴 부수 穴 총획 13	屈 굽을 굴	★구멍이(穴: 구멍 혈) 굽어(屈: 굽을 굴)서 굴 같다. 굴 굴. • 巢窟(소굴): 나쁜 짓을 하는 무리들이 모여 있는 곳.
앞페이지 복습	帳	張	害	割	憲

한자	비슷한 한자	설명
머리 두 / 벼 화 稟 여쭐 품 부수 禾 / 총획 13	돌 회	★두목(亠: 머리부분 두, 돼지해밑)이 돌아(回)오면 벼(禾)를 어떻게 할 것인가 여쭈어본다. 여쭐 품. • 天稟(천품): 나면서부터 타고난 기품. • 天性(천성): 본래부터 타고난 성질. 　　　*亠: 돼지머리와 관계된 글자는 아님. 위의 의미.
양 양 美 아름다울 미 부수 羊 / 총획 9	큰 대	★양(羊)이 크게(大) 자라면 털이 아름답다. 아름다울 미. • 美德(미덕): 아름다운 덕. 훌륭한 행위. • 美談(미담): 갸륵한 이야기. • 美童(미동): 잘생긴 사내아이.
양 양 差 어긋날 차, 다를 차 부수 工 / 총획 10	着 붙을 착 장인 공	★양(羊) 털로 만든(工) 물건이라도 질이 다르다. 다를 차. • 差別(차별): 등급이 지게 나누어 가짐. • 差度(차도): 병이 나아가는 일.
발 족 蹉 넘어질 차 부수 ⻊ / 총획 17	다를 차	★두 발(⻊=足)을 다르게(差) 움직이면 넘어진다. 넘어질 차. • 蹉跌(차질): 일이 실패함. 발을 헛디뎌 넘어짐.
양 양 着 붙을 착 부수 羊 / 총획 12	스스로 자	★양(羊)떼들은 스스로(自) 붙어 다닌다. 붙을 착. • 着手(착수): 일을 시작함. • 着眼(착안): 어떤 일을 눈여겨보거나 그 일에 기틀을 깨달아 잡음.

| 앞페이지 복습 | 究 | 寅 | 演 | 窮 | 窟 |

한자	비슷한 한자	풀이
采 나무 목 : 풍채 채, 캘 채 부수 采 총획 8	采 손톱 조 분별 변 米 쌀 미	★손톱(爫)으로 나무(木)를 캘 수 있을까? 　캘 채. • 采緞(채단): 혼인 때에 신랑 집에서 신부 집으로 보내는 청색, 　홍색 두 가지 비단(치마저고리 감). 　　　　　　*나무 싹이나 열매 따위를 「따다」의 뜻.
菜 풀 초 : 캘 채 나물 채 부수 ++ 총획 11		★풀(++)인줄 알고 캐었더니(采) 먹는 나물이다. 　나물 채. • 菜根(채근): 채소 뿌리. • 菜蔬(채소): 나물.
採 캘 채 : 손 수 가려낼 채 부수 扌 총획 11		★손(扌)으로 캐낸(采) 것을 가려둔다. 　가려낼 채. • 採掘(채굴): 땅을 파서 광석 따위를 캐냄. • 採光(채광): 건축물에 창 따위를 내어 빛을 받아들임.
彩 캘 채 : 털 삼 빛날 채, 채색 채 부수 彡 총획 11		★캐어(采: 캘 채)낸 털(彡: 털 삼)이 빛이 난다. 　빛날 채, 채색 채. • 彩色(채색): 여러 가지 고운 빛깔. 또는 그 원료. • 光彩(광채): 눈부신 빛. *彩: 캔다는 의미+彡(터럭 삼) 변은 햇살 비치는 곳 의미 포함.
次 이 수 : 하품 흠 버금 차, 다음 차 부수 欠 총획 6	且 또 차 此 이 차	★두 번(二)이나 하품(欠)하면서 다음을 기다린다. 　다음 차, 버금 차. • 次期(차기): 다음 시기. • 次例(차례): 나아가는 순서. • 差等(차등): 다음 가는 등급.
앞페이지 복습	稟	美	差	蹉	着

	비슷한 한자	
버금 차 **姿** 계집 녀 모양, 맵시 자 부수 女　총획 9		★자(女)에게 가장 중요한 것은 마음이고 버금(次)가는 것이 맵시다. 맵시 자. • 姿勢(자세): 몸을 가지는 모양과 그 태도. • 姿質(자질): 타고난 성품과 바탕.
마음 심 **恣** 다음 차 방자할 자 부수 心　총획 10		★다음(次)부터는 마음(心)에서 방자한 것을 버려라. 방자할 자. • 放恣(방자): 삼가지 않고 제멋대로 놂. • 恣行(자행): 제멋대로 행함. • 自行(자행): 스스로 행함.
조개 패 **資** 다음 차 재물 자 부수 貝　총획 13		★(인격, 명예, 권력) 다음(次)이 재물이다. 재물 자. • 資格(자격): 신분과 지위. • 資金(자금): 밑천. • 資産(자산): 금전으로 계산 할 수 있는 유무형의 물건.
조개 패 **財** 재주 재 재물 재 부수 貝　총획 10		★돈(貝) 버는 재주(才)가 있으면 늘어나는 것은 재물뿐. 재물 재. • 財産(재산): 개인, 단체가 소유하는 재물. • 財物(재물): 돈 또는 값이 나가는 물건, 재화.
침 연 **盜** 그릇 명 도둑 도 부수 皿　총획 12	涎 침 연 次 다음 차	★침을(次: 침 연) 그릇(皿)에 흘리며 바보짓하다 도둑으로 변했다. 도둑 도. • 盜癖(도벽): 남의 물건을 훔치는 버릇. • 盜伐(도벌): 남의 산림의 나무를 몰래 벰. *次(버금=둘째 차): 이 역시 입 벌려 침 튀기는 모습을 그린 것.
앞페이지 복습	采　菜　採　彩　次	

한자	비슷한 한자	설명
未 나무 목 아닐 미 부수 木 / 총획 5	末 끝 말 非 아닐 비	★십(十)일밖에 안 된 나무(木)니 큰 나무가 아니다. 아닐 미. • 未熟(미숙): 다익지 않음. • 未來(미래): 아직 오지 않은 때. • 未達(미달): 아직 목표점에 이르지 못함.
味 입 구 아닐 미 맛 미 부수 口 / 총획 8		★입(口)으로 아니(未)면 맛이 아니다. 맛 미. • 味覺(미각): 맛을 느끼는 감각. • 珍味(진미): 참맛 • 妙味(묘미): 미묘한 맛. 미묘한 취미.
昧 해 일 아닐 미 어두울 매 부수 日 / 총획 9	眛 눈 어두울 매	★낮(日)이 아니(未)면 밤이지! 밤이면 어둡다. 어두울 매. • 愚昧(우매): 어리석고 몽매함. • 蒙昧(몽매): 사리에 어리석고 어두움. • 夢寐(몽매): 잠을 자며 꿈을 꿈.
魅 귀신 귀 아닐 미 매혹할, 도깨비 매 부수 鬼 / 총획 15	槐 회화나무 괴 魂 혼 혼	★귀신(鬼)이 아닌(未) 도깨비다. 도깨비 매. • 魅力(매력): 남의 마음을 끌어 홀리는 이상한 힘. • 魅惑(매혹): 남의 마음을 끌어 홀리게 함.
寐 집 면 조각 편 아닐 미 잠잘 매 부수 宀 / 총획 12		★집(宀: 집 면, 갓머리)에 조각(片)으로 만든 침상에서 아니(未) 일어나니 잠자는 것이다. 잠잘 매. • 夢寐(몽매): 잠을 자며 꿈을 꿈. • 寤寐(오매): 자나 깨나.

앞페이지 복습 | 姿 | 恣 | 資 | 財 | 盜

한자	비슷한 한자	설명
麻 (바위 엄 / 수풀 림) 삼 마 부수 麻 / 총획 11		★바위집(厂: 엄호, 바위집 엄) 안에 수풀(林)처럼 있는 삼. 삼 마. • 大麻(대마): 삼. • 麻藥(마약): 마취약. • 麻皮(마피): 삼 껍질.
磨 (삼 마 / 돌 석) 맷돌 마, 갈 마 부수 石 / 총획 16		★삼(麻)을 돌(石)에 가는 맷돌. 맷돌 마, 갈 마. • 磨滅(마멸): 갈아서 닳아서 없어짐. • 磨練(마련): 일이나 물건을 이리저리 말아서 만들거나 꾸밈.
魔 (삼 마 / 귀신 귀) 마귀 마 부수 鬼 / 총획 21		★정신을 혼란하게 만드는 삼(麻)은 귀신(鬼) 같은 마귀다. 마귀 마. • 魔力(마력): 상상하기 어려운 이상한 힘. • 魔術(마술): 사람을 호리는 기괴한 술법. 요술.
摩 (삼 마 / 손 수) 만질 마, 마찰 마 부수 手 / 총획 15		★삼(麻)을 손(手)으로 만진다. 만질 마, 마찰 마. • 摩擦(마찰): 서로 닿아서 비빔. 뜻이 맞지 않아서 옥신각신 함.
爭 (손톱 조 / 손 우 / 고리 궐) 다툴 쟁 부수 爫 / 총획 8		★손(爫)과 손(⇒)에 갈고리(亅: 갈고리 궐)를 들고 다툰다. 다툴 쟁. • 爭取(쟁취): 투쟁하여 얻음. • 爭奪(쟁탈): 다투어서 빼앗음.
앞페이지 복습	未 味 昧 魅 寐	

한자	비슷한 한자	설명
淨 (물 수 / 다툴 쟁) 깨끗할 정 부수 氵 / 총획 11		★물(氵)은 다투어(爭) 흘러가야 깨끗해진다. 깨끗할 정. • 淨化(정화): 깨끗하게 함. • 淨潔(정결): 말쑥하고 깨끗함.
諍 (말씀 언 / 다툴 쟁) 송사 쟁, 간할 쟁 부수 言 / 총획 15		★말(言)로써 다툼(爭)이 끝이 없어 송사하였다. 송사 쟁, 간할 쟁. • 諍友(쟁우): 친구의 잘못을 충고하는 벗.
靜 (푸를 청 / 다툴 쟁) 고요 정 부수 靑 / 총획 16		★푸른(靑) 하늘은 다툼(爭)이 없고 고요하다. 고요할 정. • 靜肅(정숙): 고요하고 엄숙함. • 靜思(정사): 고요히 생각함. • 靜寂(정적): 쓸쓸할 정도로 고요함.
欠 부족할 흠, 하품 흠 부수 欠 / 총획 4		★뜻만 기억 • 欠(흠): 흉. 물건이 성하지 아니한 부분. • 欠身(흠신): 존경하는 뜻을 나타내느라고 몸을 굽힘.
吹 (입 구 / 하품 흠) 불 취 부수 口 / 총획 7		★입(口)으로 하품(欠)하듯 크게 분다. 불 취. • 鼓吹(고취): 북을 치며 피리를 붊. 사기를 북돋워 줌.
앞페이지 복습	麻	磨	魔	摩	爭

한자	비슷한 한자	설명
炊 불 땔 취 부수 火 / 총획 8		★불(火)을 하품(欠)을 하면서 때면 어쩌나. 불 땔 취 • 炊事(취사): 부엌일. • 自炊(자취): 손수 밥을 지어 먹음.
欣 기뻐할 흔 도끼 근 / 하품 흠 부수 欠 / 총획 8		★(잃어버린) 도끼(斤)를 보고는 입을 벌리며(欠: 하품 흠) 기뻐하네? 기뻐할 흔. • 欣然(흔연): 기뻐하는 모양. • 欣快(흔쾌): 마음이 기쁘고 시원함.
軟 부드러울 연 차 차 / 하품 흠 부수 車 / 총획 11		★차(車) 굴러가는 소리가 하품(欠: 하품 흠)하듯 연하다. 연할 연, 부드러울 연. • 軟弱(연약): 부드럽고 약함. • 軟禁(연금): 정도가 너그러운 감금(신체 자유는 구속치 않음).
款 정성 관 선비 사 / 보일 시 / 하품 흠 부수 欠 / 총획 12		★선비(士)는 부족한(欠: 부족할 흠, 하품 흠) 점이 보이(示)면 정성을 다한다. 정성 관. • 款待(관대): 정성껏 다룸. 대접함. • 定款(정관): 법인 따위의 업무 집행에 대한 규칙.
欽 공경할 흠 쇠 금 / 하품 흠 부수 欠 / 총획 12		★금(金)덩이를 보고 하품(欠)하듯 좋아서 공경하네? 공경할 흠. • 欽慕(흠모): 기쁜 마음으로 사모함. • 欽服(흠복): 마음으로부터 진심으로 존경하고 사모함.

앞페이지 복습	淨	諍	靜	欠	吹

한자	비슷한 한자	설명
머리 두 末 나무 목 끝 말 부수 木 / 총획 5	未 아닐 미	★우두머리(亠: 머리 부분 두, 우두머리 두, 탕건 두, 돼지해밑)가 된 나무(木)니 자라지 않고 끝이다. 끝 말. • 末端(말단): 맨 끝. • 末席(말석): 일터나 모임에서 지위의 맨 끝.
물 수 沫 끝 말 침 말, 거품 말 부수 氵 / 총획 8		★물(氵)가 끝(末)에 생겨나는 물거품. 거품 말, 침 말. • 噴沫(분말): 거품을 내뿜음. • 泡沫(포말): 물거품.
손 수 抹 끝 말 지울 말 부수 扌 / 총획 8		★손(扌) 끝(末)으로 글씨를 지운다. 지울 말. • 抹殺(말살): 있는 것을 아주 없애버림. • 抹消(말소): 지워 버림.
삐침 별 朱 아닐 미 붉을 주 부수 木 / 총획 6		★아니라고(未: 아닐 미) 삐쳐(丿)버렸더니 붉은색이었다. 붉을 주. • 朱紅(주홍): 붉은색. • 朱丹(주단): 곱고 붉은색. 또는 칠.
나무 목 株 붉을 주 그루, 뿌리 주 부수 木 / 총획 10		★나무(木)에 붉은(朱) 빛이 나는 곳은 뿌리다. 뿌리 주. • 株式(주식): 주식회사의 총자본을 주의 수에 따라 나눈 자본의 단위.

| 앞페이지 복습 | 炊 | 欣 | 軟 | 款 | 欽 |

한자	비슷한 한자	설명
珠 구슬 주, 진주 주 부수 玉 / 총획 10		★구슬(玉: 구슬 옥)에 붉은(朱)빛을 내면 진주다. 진주 주. 구슬 주. • 珠玉(주옥): 구슬과 옥. 잘된 글의 표현. • 眞珠(진주).
殊 뛰어날 수, 다를 수 부수 歹 / 총획 10	붉을 주 :	★뼈(歹: 뼈 알, 죽을 사)는 흰색이지 붉은(朱)색과 다르다. 다를 수. • 殊常(수상): 보통과 다르게 이상함. 예) 수상하다. • 受賞(수상): 상을 받음. • 特殊(특수): 특별히 다름.
殞 죽을 운 부수 歹 / 총획 14	관원 원 :	★뼈(歹)만 남은 관원(員)이니 죽을 운이군. 죽을 운. • 殞命(운명): 목숨이 끊어져 죽음. 사람에게 닥쳐오는 모든 화복과 길흉.
殉 따라죽을 순 부수 歹 / 총획 10	旬 열흘 순	★남편이 죽고(歹) 열흘(旬) 만에 따라 죽은 부인. 따라죽을 순. • 殉國(순국): 나라를 위해 목숨을 바침. • 殉職(순직): 직무를 다 하다가 목숨을 잃음.
擔 맡을 담, 멜 담 부수 扌 / 총획 16	詹 볼 첨	★손(扌)으로 만지고 살펴 보면서(詹) 책임지고 맡는다. 맡을 담, 멜 담. • 擔當(담당): 어떤 일을 맡음. • 擔保(담보): 맡아서 보관함. • 擔任(담임): 책임을 지고 임무를 맡아 봄.
앞페이지 복습		末　沫　抹　朱　株

한자	비슷한 한자	풀이
고기 육 膽 : 쓸개 담 부수 月 총획 17		★몸(月, 月, 肉: 고기 육, 몸)을 살펴보면(詹) 쓸개를 안다. 쓸개 담. • 膽力(담력): 사물을 두려워하지 않은 기력. • 膽汁(담즙): 간자에서 분비되는 소화액.
물 수 潭 못 담 부수 氵 총획 15	覃 길 담 澤 못 택	★물(氵)이 길게(覃: 길 담) 흘러 이르는 곳은 못이다. 못 담. • 潭水(담수): 못물. • 潭心(담심): 깊은 못의 중심이나 바닥.
두 사람 인 徒 걸을 도, 무리 도 부수 彳 총획 10	달아날 주	★두 사람(彳)이 달아나서(走) 저쪽 무리로 갔다. 무리 도. • 徒步(도보): 걸어서 감. • 徒手(도수): 맨손. • 度數(도수): 온도 따위를 헤아리는 수.
수풀 림 楚 초나라 초, 고을 초 부수 木 총획 13	발 소	★숲(林)의 (뿌리) 발(疋)이 고을을 지켰다. 고을 초, 초나라 초. • 楚撻(초달): 회초리로 종아리를 때리는 일.
돌 석 礎 주춧돌 초 부수 石 총획 18	고을 초	★돌(石)이 고을(楚)을 세우는 주춧돌이다. 주춧돌 초. • 礎石(초석): 주춧돌. • 基礎(기초): 사물의 밑자리.
앞페이지 복습		珠 殊 殞 殉 擔

	비슷한 한자	
두 인 **從** 좇을 종 사람 인 그칠 지 따를 종, 좇을 종 부수 彳 / 총획 11		★두 사람(彳: 두인변)이 여러 사람(人人)을 그치지(止) 않고 좇아(从) 간다. 따를 종. • 從來(종래): 이제까지. 지금까지 내려온 그대로. • 從事(종사): 일에 마음과 힘을 다하여 행함.
실 사 **縱** 따를 종 세로 종, 바쁠 총 부수 糸 / 총획 17		★실(糸)처럼 뒷사람을 바삐 따라(從) 가네? 세로 종. • 縱橫(종횡): 세로와 가로, 구불구불 굽은 모양. • 縱隊(종대): 세로로 줄지어서 선 대형.
비수 비 **疑** 너 네 화살 시 발 소 의심할 의 부수 疋 / 총획 14		★비수(匕)와 화살(矢)을 가지고 달아나는(疋: 발 소←走: 달아날 주) 너는(マ: 너 네←厶: 나 사 자의 반대로 쓰인 자) 누구인지 의심스럽다. 의심할 의. • 疑心(의심): 마음에 미심쩍게 여기는 생각. • 懷疑(회의): 의심을 품음. 인식을 부정하며 진리를 믿지 않음. * 疑: 匕(비수 비)+矢(화살 시)+疋(발 소) 결합 모습.
손 수 **擬** 의심할 의 헤아릴, 비교할 의 부수 扌 / 총획 17		★손(扌)을 의심(疑)할 정도로 흉내내어 본떠 만들었네. 헤아릴, 비교하다 흉내내다 의. • 擬聲(의성): 소리를 흉내 냄. 소리시늉. • 模擬考査(모의고사)
鳥 새 조 부수 鳥 / 총획 11	隹 새 추	★새의 부리와 꽁지의 모양을 본뜬 자. • 鳥類(조류): 척추동물로써 온혈이고 난생이며 깃털로 몸을 덮고 입은 부리며 날아다닌다. • 鳥足之血(조족지혈): 새 발의 피. 분량이 아주 적음.
앞페이지 복습	膽	潭	徒	楚	礎

	비슷한 한자	
새 조 **島** 뫼 산 섬 도 부수 山 / 총획 10		★ 바다에서는 새(鳥: 바다새 조)가 쉬어가는 산(山)이 섬이요. 섬 도. • 島嶼(도서): 크고 작은 여러 섬. • 半島(반도): 한쪽만 대륙에 연결되고 삼면이 바다에 둘러싸인 육지.
烏 까마귀 오 부수 灬 / 총획 10		★까마귀는 검은색이라 눈 부분이 잘 보이지 않아 새(鳥)에서 눈 하나(一) 빠진 자가 까마귀다. 까마귀 오. • 烏鵲(오작): 까마귀와 까치. • 烏飛梨落(오비이락): 까마귀 날자 배 떨어진다는 뜻으로 남의 혐의를 받기 쉬움을 가리키는 말.
입 구 **鳴** 새 조 울 명 부수 鳥 / 총획 14		★입(口)으로 말하는 것이 아니라 새는(鳥) 운다. 울 명. • 悲鳴(비명): 몹시 놀라거나 괴롭거나 다급할 때. • 鳴動(명동): 울리어 진동함.
입 구 **嗚** 까마귀 오 탄식할 오 부수 口 / 총획 13		★입(口)으로 눈이 하나 없고 검다고 까마귀(烏)는 탄식한다. 탄식할 오. • 嗚咽(오열): 목이 메어 욺. • 嗚呼(오호): 슬픔을 나타낼 때 탄식하는 소리.
뭇 범 **鳳** 새 조 봉황새 봉 부수 鳥 / 총획 14		★새는 새되 뭇(凡: 뭇 범) 새(鳥) 중에 으뜸가는 봉황새. 봉황새 봉. • 鳳凰(봉황): 상상속의 신령스러운 새.
앞페이지 복습	從	縱	疑	擬	鳥

	비슷한 한자	
물 강 **鴻** 새 조 기러기, 크다 홍 부수 鳥 / 총획 17		★강(江) 물 위에 사는 새(鳥)가 무슨 새냐? 기러기. 기러기 홍. • 鴻恩(홍은): 넓고 큰 은혜.
바를 정 **焉** 새 조 어찌 언, 어조사 언 부수 灬(火) / 총획 11		★바로(正) 앉아서 새(⿱一鳥 ←鳥 새 조)는 어찌 잠을 잘까? 어찌 언, 어조사 언. • 焉敢히(언감히): 어찌 감히. • 焉敢生心(언감생심): 어찌 감히 그런 마음을 먹을 수 있을까라는 뜻.
▶ 한 일 **屯** 왼손 좌 싹날 철 진을 칠, 모일 둔 부수 屮 / 총획 4		★싹(屮: 싹 날 철)이 올라 와서 한(一) 곳으로 모인다. 모일 둔. • 駐屯(주둔): 군대가 어떤 지역에 머물러 있음. *屮: 왼손을 그린 글자. *又(또 우) 오른손을 그린 글자. *屮: 艹(풀 초)자와 같은 글자로 보기도 한다.
실 사 **純** 모일 둔 순수할 순 부수 糸 / 총획 10		★실(糸)들이 모이니(屯) 비단처럼 희고 반짝이며 순수하다. 순수할 순. • 純朴(순박): 순진하고 솔직함. • 純粹(순수): 잡것이 조금도 섞이지 아니함.
쇠 금 **鈍** 모일 둔 둔할 둔 부수 金 / 총획 12		★쇠(金)를 모아(屯)두었더니 녹이 슬고 둔하다. 둔할 둔. • 鈍感(둔감): 감각이 무딤. • 鈍器(둔기): 잘 들지 않는 연장. • 鈍才(둔재): 재주가 둔함. 둔한 사람.
앞페이지 복습	島	烏	鳴	嗚	鳳

한자	비슷한 한자	설명
銓 온전 전 저울질할 전 부수 金 총획 14		★금(金)이 온전(全)한지 저울질하여 본다. 　저울질할 전. ・銓衡(전형): 사람의 됨됨이나 재능을 시험하여 뽑음.
鎖 쇠 금 / 작을 소 / 조개 패 쇠사슬, 자물쇠 쇄 부수 金 총획 18		★쇠(金)을 작게(小) 잘라 금고(貝)를 잠그는 자물쇠. 　자물쇠 쇄. ・封鎖(봉쇄): 봉하여 잠금. ・閉鎖(폐쇄): 기능을 정지함.
負 칼 도 / 조개 패 짐질 부, 질 부 부수 貝 총획 9		★칼(⺈) 들고 재물(貝)을 모으려고 짐을 지게 한다. 　짐질 부. ・負擔(부담): 짐을 짐. 어떠한 의무나 책임을 짐. ・負債(부채): 빚. 빚을 짐.
賴 묶을 속 / 칼 도 / 조개 패 힘입을 뢰, 믿을 뢰 부수 貝 총획 16		★묶어둔(束) 칼(刀)과 돈(貝)은 믿을 수 있다. 　믿을 뢰. 힘입을 뢰. ・信賴(신뢰): 남을 믿고 의지함. ・依賴(의뢰): 남에게 부탁하거나 의지함.
匹 상자 방 / 여덟 팔 짝 필 부수 匚 총획 4	四 넉 사 疋 짝 필	★상자(匚: 상자 방) 속에 여덟 개(八)씩 짝을 지어 　두었네? 짝 필. ・匹夫(필부): 한 사람의 남자. 하찮은 남자. ・匹夫之勇(필부지용): 소인의 혈기에서 나오는 용기. ※匹: 匚(감출 혜) 자와 儿(부수: 어진사람인발, 뜻은 어진 사람 　인)이 결합한 모습.
앞페이지 복습	鴻	焉	屯	純	鈍

한자	비슷한 한자	설명
짝 필 **甚** 심할 심 부수 甘 　총획 9	달 감	★달콤(甘: 달 감)한 이야기를 짝(匹: 짝 필)끼리 하고 있으나 너무 심하다. 심할 심. • 甚難(심난): 매우 어려움. / • 甚大(심대): 몹시 큼. • 甚至於(심지어): 심하게는. • 심심(甚深)한 사과(謝過): 사과하는데 왜 심심하냐? 아니죠!! / 매우 깊이 사과드린다는 뜻.
西 서녘 서 부수 西 　총획 6	西 덮을 아 酉 닭 유	★둥지 안에 있는 닭 모습. (닭은 해가지면 둥지에 들어간다.) 서녘 서. • 西歐(서구): 서부 유럽의 여러 나라. • 西方(서방): 서쪽, 서쪽 지방.
서녘 서 **栗** 나무 목 밤 률 부수 木 　총획 10	粟 조 속	★서쪽(西)에 있는 나무(木)가 밤나무다. 밤 률. • 棗栗梨柹(조률리시): 대추, 밤, 배, 감을 말함. 제사 때나 시제 때 제상 앞줄 왼쪽에서부터 차례로 차린(진설)다.
서녘 서 **票** 보일 시 표 표, 쪽지 표 부수 示 　총획 11		★서쪽〈西로 오라는 뜻으로 보이게(示 보일 시)〉 표를 하고 쪽지도 두었네? 표 표. • 票決(표결): 투표로 가부를 결정함. • 開票(개표): 투표함을 열어 표를 점검, 검사함. • 改票(개표): 투표함 결과를 다시 고치고 조사함.
물 수 **漂** 표 표 뜰 표, 떠다닐 표 부수 氵　총획 14		★물(氵)에 쪽지(票)가 떠 있네? 뜰 표. • 漂流(표류): 물위에 둥둥 떠내려감. • 漂白(표백): 빨거나 바래게 해서 희게 함.
앞페이지 복습	銓	鎖	負	賴	匹

한자	비슷한 한자	설명
나무 목 標 쪽지 표 표할 표 부수 木 총획 15		★나무(木)에 쪽지(票)를 달아 표시해 두었다. 표할 표. • 標的(표적): 목표로 삼는 물건. • 標本(표본): 하나를 가지고 다른 한 종류의 표준을 삼는 물건.
입 구 喚 클 환 부를 환 부수 口 총획 12	奐 클 환	★입(口)으로 크게(奐: 클 환) 부른다. 부를 환. • 召喚(소환): 관청에서 특별한 일로 부름. 호출.. • 喚呼(환호): 소리높이 부름. • 歡呼(환호): 기뻐서 큰 소리로 부르짖음.
손 수 換 클 환 바꿀 환 부수 扌 총획 13		★손 수(扌) 크게(奐) 바꾸네? 바꿀 환. • 換節(환절): 계절이 바뀜. • 換算(환산): 단위가 다른 단위로 계산하여 고침.
불 화 煥 클 환 빛날 환, 불꽃 환 부수 火 총획 13		★불(火) 꽃이 크니(奐) 빛이 난다. 빛날 환, 불꽃 환. * 뜻만 기억. 이름자에 많이 쓰임.
물 수 派 물갈래 파 부수 氵 총획 9	波 물결 파	★물(氵)이 여러 갈래로 퍼져 있는 모양. 물갈래 파. • 派遣(파견): 임무를 띠게 하여 사람을 보냄. • 派生(파생): 근원에서 갈라져 나옴. 분파하여 발생함.
앞페이지 복습	甚	西	栗	票	漂

	비슷한 한자	
고기 육 **脈** 물갈래 파 줄기, 맥, 힘줄 맥 부수 月 / 총획 10		★몸(月, 肉) 안에 물갈래(波)처럼 퍼져 있는 힘줄. 힘줄 맥, 맥 맥. • 脈搏(맥박): 염통이 오므라졌다 퍼졌다 하는 데에 따라 뛰는 맥. • 脈理(맥리): 문맥의 이치.
비수 비 숨을 은 **眞** 눈 목 여덟 팔 진실 진, 참 진 부수 目 / 총획 10	直 곧을 직	★비수(匕)를 눈(目)앞에 들이대면서 숨김없이(ㄴ: 숨을 은)말을 하라고 여덟(八) 번이나 말하여도 진실은 진실인 것. 참 진, 진실 진. • 眞情(진정): 애틋하고 거짓 없는 마음. • 眞心(진심): 참된 마음. • 眞짜(진짜): 참된 것.　　※匸(감출 혜), ㄴ: 숨을 은
입 구 **嗔** 참 진 성낼 진 부수 口 / 총획 13		★입(口)으로 참되게(眞) 살라며 성낸다. 성낼 진. • 嗔心(진심): 성을 왈칵 내는 마음. • 嗔責(진책): 꾸짖어 나무람.
망할 망 **盲** 눈 목 소경 맹 부수 目 / 총획 8		★죽은(亡) 눈(目)이니까 소경이지? 소경 맹. • 盲兒(맹아), 盲人(맹인), 文盲(문맹) 등등.
마음 심 **愼** 참 진 삼갈 신 부수 忄 / 총획 13		★마음(忄, 心)을 진실(眞)되게 하기 위해 말과 행동을 삼가 할지어다. 삼갈 신. • 愼重(신중): 삼가 하여 경솔하지 않음. • 謹愼(근신): 삼가서 조심함.
앞페이지 복습	標	喚	換	煥	派

한자	비슷한 한자	설명
쇠 금 鎭 : 진정할 진, 누를 진 참 진 부수 金 총획 18		★쇠(金)을 곧게(眞: 바를 진) 하기 위해 누른다. 누를 진. • 鎭壓(진압): 눌러 진정시킴. • 進化(진화): 난 불이 꺼짐. • 鎭痛(진통): 아픈 것을 누름.
걸음 보 頻 머리 혈 자주 빈 부수 頁 총획 16		★걸어가다(步) 머리(頁)를 자주 만진다. 자주 빈. • 頻度(빈도): 잦은 도수. • 頻繁(빈번): 잦음. • 頻發(빈발): 자주 생겨남.
顚 머리 혈 참 진 넘어질 전 부수 頁 총획 19		★참(眞) 되지 못한 생각을 하면 머리(頁)도 아프고 넘어진다. 넘어질 전. • 顚倒(전도): 엎어져서 넘어짐. 거꾸로 됨. • 顚末(전말): 일의 처음부터 끝까지의 사정(경과).
又 또 우 부수 又 총획 2	且 또 차	★뜻만 기억. • 又(⇒): 또라는 뜻과 오른손 우.(손이라는 뜻으로 쓰임.) *ㅋ = ⇒ ← 又(또 우) 자가 변형된 글자.
또 우 叉 점 주 두 갈래 차, 깍지 낄 차 부수 又 총획 3	又 또 우	★또(又: 또 우)에 점을(·)찍고. 깍지를 낀다. 깍지 낄 차. • 交叉(교차): 서로 엇가림. • 交叉路(교차로): 도로와 도로가 서로 엇갈린 길.
앞페이지 복습	脈	眞	嗔	盲	愼

	비슷한 한자	
또 우 **桑** 나무 목 뽕나무 상 부수 木 / 총획 10		★나무(木) 위에서 또(又) 따고 또(又) 따고 하는 뽕잎. 뽕나무 상. • 桑田碧海(상전벽해): 뽕나무 밭이 변하여 푸른 바다가 된다는 뜻으로, 세상일이 몰라볼 정도로 바뀜에 비유한 말.
손톱 조 **受** 덮을 멱 또 우 받을 수 부수 又 / 총획 8		★손(爪→手: 손톱 손)으로 덮(冖: 덮을 멱)어서 또(又) 주니 받을 수밖에! 받을 수. • 受諾(수락): 요구를 받아들여 승낙함. • 領受(영수): 돈이나 물품을 받음.
손 수 **授** 받을 수 줄 수 手 = 扌 / 총획 11		★손(手)으로 받(受)으라면서 준다. • 授受(수수): 주고받음. • 授業(수업): 학문, 기술을 가르침. • 授與(수여): 증서, 상품, 상장 훈장 따위를 줌.
손 수 **挿** 천 천 펼 신 꽂을 삽 부수 手 / 총획 10	插 꽂을 삽	★손(扌)으로 천번(千)씩 펴서(甲) 꽂았다. 꽂을 삽. • 挿入(삽입): 사이에 끼워 넣음. 꽂아 넣음. • 挿匙(삽시): 제사 때 숟가락을 밥그릇에 꽂는 일.
절구 구 **叟** 또 우 늙은이 수 부수 又 / 총획 10		★절구질(臼: 절구 구)하는 대서 회초리(丨: 뚫을 곤, 송곳 곤)를 들고 또(又) 잔소리를 하는 늙은이(시어머니) 늙은이 수. •뜻만 기억. 부수가 붙어야 뜻이 나타남. (예)찾을 수: 搜.

앞페이지 복습	鎭	頻	顚	又	叉

한자	비슷한 한자	풀이
손 수 **搜** 찾을 수 부수 手 / 총획 12	叟=傁 늙은이 수	★손(手)으로 늙은이(叟)가 더듬더듬 찾는다. 찾을 수. • 搜査(수사): 잡기 위하여 찾아서 조사함. • 搜索(수색): 더듬어 찾음. 범죄와 관련된 증거물을 찾기 위하여 신체, 물건, 가옥 등을 뒤져서 찾음.
손 수 **把** 뱀 파 잡을 파 부수 扌 / 총획	巴 뱀 파	★손(扌)으로 뱀(巴)을 잡았다. 잡을 파. • 把握(파악): 꽉 잡아 쥠. 어떠한 일을 잘 이해하여 확실하게 바로 아는 일. • 把守(파수): 경계하여 지킴. • 把筆(파필): 붓을 잡음, 곧 글씨를 씀.
손 수 **抛** 힘 력 아홉 구 던질 포 부수 手 / 총획 7		★손(扌)으로 아홉 번(九)이나 힘(力)써 던졌다. 던질 포. • 抛物體(포물체): 중심을 가지지 않은 이차 곡면체. • 抛物線(포물선): 곡선의 한 가지.
문득 엄 **掩** 손 수 가리다, 숨길 엄 부수 扌 / 총획 11		★손(扌)에서 문득(奄: 문득 엄) 없어졌다. (숨겼다) 숨김 엄. • 掩護(엄호): 위에서 덮어 보호함. • 掩蔽(엄폐): 보이지 않도록 가리어 숨김. • 掩襲(엄습): 뜻밖에 습격함.
손 수 **括** 혀 설 헤아릴 괄 부수 手 / 총획 9		★손(手)으로 악수하고 말(舌)로 헤아렸다. 헤아릴 괄. • 總括(총괄): 서로 다른 것을 하나로 묶는 일. 각종 개념 또는 사물을 추상, 연합하여 포괄하는 일. • 包括(포괄): 하나로 휩싸서 묶음.
앞페이지 복습	桑	受	授	插	叟

		비슷한 한자	
손수 挾 큰 대 / 사람 인 낄 협 부수 扌 총획 10		狹 좁을 협 夾 가질 협	★위대한(大) 사람도 사람과 사람(人人) 사이에 끼어 손수(扌) 스스로 살아가야 한다. 낄 협. • 挾攻(협공): 양쪽에서 끼고 침. • 挾雜(협잡): 옳지 않은 짓으로 남을 속임.
손수 撑 손바닥 장 버틸 탱 부수 扌 총획 15			★손(扌)으로 손바닥(掌)으로 댕기고 밀며 버틴다. 버틸 탱. • 支撑(지탱): 버티어나감. 오래 배겨나감.
나무 목 相 눈 목 서로 상 부수 目 총획 9			★나무(木) 옆에서 눈(目)으로 서로 윙크하는 서로. 서로 상. • 相對(상대): 대립. 서로 관계함. • 相逢(상봉): 서로 만남. • 相互(상호): 서로. • 相面(상면): 서로 만나서 알게 됨.
마음 심 想 서로 상 : 생각할 상 부수 心 총획 13			★서로(相) 마음(心) 속으로 생각을 한다. 생각할 상. • 想思(상사): 서로 그리워 생각함. • 想念(상념): 마음에 떠오른 생각. • 想起(상기): 지난 일을 다시 생각 해 냄.
대 죽 箱 서로 상 상자 상 부수 竹 총획 15			★대나무(竹)를 서로(相) 얽어 만든 상자. 상자 상. • 箱子(상자): 물건 등을 넣어두기 위해 만든 손그릇.

| 앞페이지 복습 | 搜 | 把 | 抛 | 掩 | 括 |

	비슷한 한자	
비 우 霜 서로 상 서리 상 부수 雨 / 총획 17		★비(雨)가 서로서로(相) 얼어서 내리는 것이 서리다. 서리 상. • 霜降(상강): 서리가 내림. 24절기 중 하나. • 星霜(성상): 세월. 햇수를 뜻하는 말.
볼 시 禁 수풀 림 금할 금 부수 示 / 총획 12	林 수풀 림	★수풀(林)에 신(示: 보일 시, 귀신 기)이 있으니 출입을 금한다. 금할 금. • 禁止(금지): 금하여 못하게 함. • 禁煙(금연): 담배를 못 피우게 함. 담배를 끊음.
나무 목 極 빠를 극 극진할, 끝, 다할 극 부수 木 / 총획 13		★나무(木) 옆에서 빠르게(亟) 힘을 다하여 끝까지 갔다. 끝 극, 다할 극. • 極度(극도): 더할 수 없는 정도. 궁극의 정도. • 極盡(극진): 힘이나 마음을 다함.
입 구 員 조개 패 관원 원 부수 口 / 총획 10		★(관청)입구(口)에서 재물(貝)을 지키는 관원. 관원 원. • 官員(관원): 벼슬아치. • 定員(정원): 일정규정에 의하여 정한 인원. • 人員(인원): 사람 수, 단체를 만든 여러 사람.
손 수 損 관원 원 덜 손 부수 手 / 총획 13		★손(扌)으로 관원(員)을 줄여 손해를 덜어준다. 덜 손. • 損害(손해): 이익을 잃어버림. • 損傷(손상): 털어지고 상하여 손해가 됨.
앞페이지 복습	挾	撐	相	想	箱

한자	비슷한 한자	설명
韻 (소리 음: 관원 원) 운치 운 부수 音 / 총획 19		★소리(音)를 관원(員)들이 합창하니 운치가 있네? 운치 운. • 韻致(운치): 고아한 품격을 갖춘 벗. • 韻文(운문): 운자를 달아서 지은 글.
隕 (언덕 부: 관원 원) 떨어질 운 부수 阝 / 총획 13		★언덕(阝: 언덕 부, 좌방 부)에서 관원(員)이 떨어졌다. 떨어질 운. ※阜(阝): 언덕 부, 좌부변, 좌방부. • 隕石(운석): 큰 유성이 공중에서 다 타지 못하고 지구 위로 떨어진 물체.
圓 (에운담 위, 나라 국: 인원 원) 둥글 원 부수 囗 / 총획 13		★담(囗: 에운 담 위, 둘레) 안에 많은 인원(員)이 둥글게 모여 있다. 둥글 원. • 圓滿(원만): 인품이나 성격이 너그럽고 결함이 없음. • 圓滑(원활): 규격이 없고 원만함. 일이 아무거침이 없음.
墮 (언덕 부: 왼 좌, 몸, 흙 토) 떨어질 타 부수 阝 / 총획 15		★언덕(阝) 왼쪽(左)에 의지하여 있던 몸(月: 고기 육)이 땅(土) 바닥에 떨어졌다. 떨어질 타. • 墮落(타락): 품행이 좋지 못하여 구렁에 빠짐.
惰 (마음 심: 왼 좌, 몸) 게으를 타 부수 心 / 총획		★마음(忄=心)으로 왼쪽(左) 편에 몸(月: 고기육, 고기, 몸의 뜻이 있다)이 있으니 게으르다. 게으를 타. • 惰性(타성): 굳어진 버릇. • 他姓(타성): 다른 성.

| 앞페이지 복습 | 霜 | 禁 | 極 | 員 | 損 |

	비슷한 한자	
천 천 풀 초 흙 토 **垂** 드리울 수, 거의 수 부수 土 / 총획 8		★천(千)개의 풀잎(艹: 풀 초)이 땅(土)바닥에 거의 드리워져 있다. 드리울 수, 거의 수. • 垂直(수직): 반듯하게 드리우는 일. • 垂範(수범): 착한 일로서 남의 모범이 되게 함. (예)솔선수범.
눈 목 **睡** 거의 수 졸 수 부수 目 / 총획 13		★눈(目)을 거의(垂) 감고 졸고 있다. 졸 수. • 睡眠(수면): 잠. 잠을 잠. • 昏睡(혼수): 정신없이 깊이 잠이 듦.
거의 수 **郵** 우방 부 우편 우 부수 阝 / 총획 11		★거의(垂) 고을(阝: 우방 부, 고을 읍)마다 우편물을 배달한다. 우편 우. • 郵送(우송): 물건이나 편지를 우편으로 보냄. • 郵便(우편): 편지, 소포 따위를 의뢰받아 운송하는 국영사업.
언덕 부 **隣** 쌀 미 일그러질 천 이웃 린 부수 阝 / 총획 15		★언덕(阝, 阜: 언덕 부, 좌방 부)을 지나 쌀(米)을 일그러지게(舛) 먹다가 이웃을 만났다. 이웃 린. • 相隣(상린): 이웃. • 隣近(인근): 이웃. • 隣接(인접): 이웃함. • 隣村(인촌): 이웃 마을.
마음 심 **憐** 쌀 미 일그러질 천 불쌍할 련 부수 心 / 총획 15		★어수선(舛)할 때 쌀(米)을 주었으나 마음(忄, 心) 속으로 불쌍히 여겼다. 불쌍할 련. • 憐憫(연민): 불쌍히 여김. • 可憐(가련): 불쌍함. • 愛憐(애련): 어리거나 약한 사람을 도탑게 사랑함.
앞페이지 복습	韻	隕	圓	墮	惰

한자	비슷한 한자	설명
用 : 쓸 용 부수 用 / 총획 5		★거북등 모양. 단단한 거북 등껍질을 도구로 사용하였다. 도구 또는 쓰다의 뜻이 됨. • 用度(용도): 필요로 하는 비용. 씀씀이. • 用途(용도): 쓰이는 곳. • 用務(용무): 볼일. 필요한 임무.
甩 쓸 용 솟을 용 부수 用 / 총획 7	너 네	★너(マ: 너 네)는 쓸(用)만한 사람이라 곧 솟아오를 것이다. 솟을 용. • 뜻만 기억.
勇 힘 력 용감할 용, 날랠 용 부수 力 / 총획 9	솟을 용	★솟아(甬)오르는 데에 또 힘(力)을 주니 날래고 용감하다. 날랠 용, 용감할 용 • 勇敢(용감): 씩씩하고 기운참. • 勇猛(용맹): 날래고 사나움.
通 솟을 용 통할 통 부수 辶 / 총획 11	갈 착	★우뚝 솟은(甬) 사람이 가면(辶: 갈 착, 뛸 착) 다 통한다. 통할 통. • 通達(통달): 알려주는 일. 그 도에 숙달하여 막힘없이 훤히 통함. • 通用(통용): 세상. 일반에 쓰임.
踊 솟을 용 뛸 용 부수 足 / 총획 14	발 족	★발(足)로 솟아(甬) 오르며 춤을 추며 뛴다. 뛸 용. • 舞踊(무용): 춤. 음악에 맞추어 몸을 움직이며 감정과 의지를 나타내는 예술의 일종.

앞페이지 복습	垂	睡	郵	隣	憐

한자	비슷한 한자	설명 및 예
誦 : 욀 송 (말씀 언, 솟을 용) 부수 言 / 총획 14		★말(言)이 솟아(甬)오르듯 나오게 왼다. 욀 송. • 暗誦(암송): 쓰인 것을 보지 않고도 욈. • 朗誦(낭송): 소리를 높여 욈.
庸 : 떳떳할 용 (돌집 엄, 손 우, 송곳, 쓸 용) 부수 广 / 총획 11		★내 집(广: 엄호, 돌집 엄, 집 엄) 송곳(l : 뚫을 곤)도 내 손(⇒: 손 우)으로 들고 쓰니(用) 떳떳하다. 떳떳할 용. • 中庸(중용): 어느 쪽이나 치우침이 없고 중정(中正)함.
碎 : 부술 쇄 (돌 석, 군사 졸) 부수 石 / 총획 13	卒 군사 졸 마칠 졸	★돌(石)로 만든 적의 성을 군사(卒)들이 부수었다. 부술 쇄. • 碎身(쇄신): 죽을힘을 다하여 애씀. • 粉骨碎身(분골쇄신).
醉 : 술 취할 취 (술 유, 군사 졸) 부수 酉 / 총획 15	卒 군사 졸	★술(酉)을 마시고 군사(卒)들이 술에 취했다. 술 취할 취. • 陶醉(도취): 무엇에 열중함. • 醉中(취중): 술에 취한 동안.
猝 : 창졸 졸, 갑자기 졸 (개 견, 군사 졸) 부수 犬 / 총획 11	卒 군사 졸	★(빠른) 개(犬)같이 군사(卒)들이 갑자기 공격했다. 창졸 졸. • 猝地(졸지): 갑작스러운 판. • 猝地風波(졸지풍파): 뜻밖에 일어나는 풍파.
앞페이지 복습	用	甬	勇	通	踊

	비슷한 한자	
머리 두 두 이 率 작을 요 열 십 **거느릴 솔, 비율 률** 부수 玄 　 총획 11	幺 작을 요 玄 검을 현	★우두머리(亠: 머리 부분 두, 우두머리, 탕건 두, 돼지해밑)가 양쪽에 작은(幺: 작을 요) 사람 두 명과 열(十)명을 거느리고 있다. 거느릴 솔. • 統率(통솔): 온통 몰아서 거느림. • 能率(능률): 일정한 시간에 이루어지는 일의 비율.
뱀 사 包 쌀 포 : **꾸릴 포, 쌀 포** 부수 勹 　 총획 5	句 글귀 구	★흉한 뱀(巳)을 싸(包) 두었다. 쌀 포 • 包攝(포섭): 받아들임. 감싸줌. • 包容(포용): 용서함. 마음씨가 너그러워 남의 잘못을 감싸줌. • 包圍(포위): 언저리를 둘러쌈.
손 수 抱 쌀 포 : **안을 포** 부수 扌 　 총획 8	拘 잡을 구	★손(扌)으로 잘 싸서(包) 안아준다. 안을 포. • 抱負(포부): 가슴속에 품고 있는 생각. 또는 그 계획. • 抱擁(포옹): 품에 껴안음.
물 수 泡 쌀 포 **거품 포** 부수 氵 　 총획 8		★물(水)을 싸고(包) 있는 것은 거품이다. 물거품 포. • 水泡(수포): 물거품. 헛된 결과. • 泡花(포화): 물거품.
돌 석 砲 쌀 포 **대포 포** 부수 石 　 총획 10		★돌(石)을 싸서(包) 쏘는 대포다. 대포 포. • 大砲(대포): 화약의 힘으로 포탄을 멀리 쏘는 큰 화기.
앞페이지 복습	誦	庸	碎	醉	猝

	비슷한 한자	
고기 육 **胞** 쌀 포 세포 포, 태보 포 부수 肉　총획 9		★태아의 몸(月)을 싸고(包) 있는 태보. 　태보 포. --- • 同胞(동포): 같은 겨레 • 細胞(세포): 물체를 조직하는 기본적인 단위. • 胞胎(모태): 아이를 뱀.
밥 식 **飽** 쌀 포 배부를 포 부수 食　총획 14	幺 작을 요 : 玄 검을 현	★밥(食)을 먹고 뱃속에서 싸고(包) 있으니 배가 　부르다. 배부를 포. / 飽 = 飽,　食=食=𠆢 --- • 飽和(포화): 함유하고 있는 최대한도까지 채우고 있는 일. • 飽滿(포만): 배가 불러서 꽉 참. 그릇에 가득 참.
집 면 **宗** 보일 시 높을 종, 마루 종 부수 宀　총획 8		★집(宀: 집 면)에 신(示: 귀신, 보일 시)을 모셔두는 　곳은 높은 곳이다. 높을 종, 마루 종. --- • 宗敎(종교): 무한, 절대의 초인간적인 신불을 숭배 신앙하여 　이로 인하여 선악을 권계하여 행복을 얻고자 하는 일.
실 사 **綜** 높을 종 모을 종 부수 糸　총획 14		★실(糸)을 높은(宗) 곳에 모아 두어라. 　모을 종. --- • 綜合(종합): 여러 갈래로 나누어진 부분을 한 곳으로 합침.
뫼 산 **崇** 높을 종 높을 숭 부수 山　총획 11		★산(山)은 높고(宗)도 높더라. 　높을 숭. --- • 崇尙(숭상): 높이어 소중하게 여김. • 崇拜(숭배): 높이어 우러러 존경함.
앞페이지 복습		率　　包　　抱　　泡　　砲

한자	비슷한 한자	설명
値 사람 인 / 곧을 치 값 치 부수 亻 · 총획 10	直 곧을 직	★사람(亻)은 곧게(直) 살아야 인간으로서 가치 있게 사는 것이다. 값 치. • 價値(가치): 값어치. 보람. 물건의 값. 효용. • 數値(수치): 어떤 문자를 대표하는 수. 계산하여 얻은 수.
植 나무 목 / 곧을 직 심을 식 부수 木 · 총획 12		★나무(木)는 곧게(直) 심어야 잘산다. 심을 식. • 植木(식목): 나무를 심음. • 植樹(식수): 식목.
殖 죽을 사 / 곧을 직 번식할 식 부수 歹 · 총획 12		★죽지(歹←死) 않으려면 곧게(直) 살아야 번식한다. 번식할 식. • 繁殖(번식): 불어나고 늘어서 퍼짐. • 殖産(식산): 생산물을 불리어 늘임.
置 곧을 치 / 그물 망 둘 치 부수 罒 · 총획 13		★그물(网)을 곧게(直) 쳐 두었다. 둘 치. • 置重(치중): 어떤 일에 중점을 둠. • 備置(비치): 갖추어 둠.
▶ 是 날 일 / 바를 정 옳을 시, 이 시 부수 日 · 총획 9		★해(日)가 바로 비치듯이 바르게(正) 살아야 이것이 옳은 일이다. 이 시, 옳을 시. • 是非(시비): 잘잘못. 옳으니 그르니 다투는 일. • 是是非非(시시비비): 여러 가지 잘잘못.

| 앞페이지 복습 | 胞 | 飽 | 宗 | 綜 | 崇 |

한자	비슷한 한자	설명
堤 흙 토 / 옳을 시 막을 제, 둑 제 부수 土　총획 12		★흙(土)을 옳게(是) 쌓아 둑을 막았다. 　둑 제, 막을 제. • 堤防(제방): 둑, 홍수를 막기 위해 쌓은 둑.
提 손 수 / 옳을 시 끌 제, 들 제 부수 扌　총획 12		★손(扌)을 옳은(是) 방향으로 들어야 한다. 　들 제, 드러날 제. • 提示(제시): 어떠한 뜻을 글로나 말로 나타내어 보임. • 提携(제휴): 서로 붙들어 도움. *끌다, 들다, 높이다는 뜻 포함.
題 옳을 시 / 머리 혈 제목 제 부수 頁　총획 18		★첫 머리(頁) 부분이 옳아(是)야 제목이 좋다. 　제목 제. • 題目(제목): 책 겉에 쓰는 책의 이름. • 問題(문제): 대답을 얻기 위한 물음.
酌 술 유 / 잔 작 술 작, 따를 작 부수 酉　총획 10	包 쌀 포 勺 잔 작	★술(酉)은 작은 잔(勺)에 따르다. 　술 작, 따를 작. • 酌定(작정): 일을 그러리라 짐작하여 결정함. • 酌婦(작부): 술집에서 술을 따라 주는 여자. 　　• 雜夫(잡부): 여러 가지 잡일을 맡아 하는 노무자.
的 흰 백 / 잔 작 과녁 적 부수 白　총획 8		★흰(白) 천에 작은 잔(勺)같이 생긴 부분이 과녁이다. 　과녁 적. • 的中(적중): 목표에 꼭 들어맞음. 　　(예)예측이 적중했다.
앞페이지 복습	値	植	殖	置	是

	비슷한 한자	
실 사 **約** 잔 작 약속 약, 묶을 약 부수 糸 ・ 총획 9		★실(糸)로 잔(勺)을 묶듯이 약속하며 묶는다. 약속 약, 묶을 약. • 約束(약속): 장래의 일에 대하여 상대자와 서로 결정 하여둠. • 約婚(약혼): 결혼을 약속함.
물 수 **濕** 해 일 실 사 젖을 습 부수 氵 ・ 총획 17		★해(日) 빛을 받던 실(絲: 비단실 사)은 물(氵)에 가면 젖는다. 젖을 습. • 濕氣(습기): 축축한 기운. • 濕度(습도): 대기 중의 공기의 건습한 도수. • 濕地(습지): 습기가 많은 땅.
해 일 **顯** 머리 혈 실 사 나타날 현 부수 頁 ・ 총획 23		★해(日) 빛을 받던 실(絲)이 머리(頁)를 나타내기 시작했다. 나타날 현. • 顯著(현저): 뚜렷이 드러남. • 顯考(현고), 顯妣(현비): 신주의 첫머리에 쓰는 말로, 돌아가신 아버지(현고), 어머니(현비)를 일컬음.
한 일 **正** 그칠 지 바를 정 부수 止 ・ 총획 5	定 정할 정	★하나(一)같이 그치지(止: 그칠 지) 않고 행동하니 바르다. 바를 정. • 正直(정직): 거짓이 없고 마음이 바르고 곧음. • 正確(정확): 바르고 확실함.
두 인 **征** 바를 정 갈 정, 칠 정 부수 彳 ・ 총획 8		★두 사람(彳)이 (나쁜 사람을) 바로(正) 잡기 위해서 친다. 칠 정. • 征伐(정벌): 군사로써 적군이나 반역도를 치는 일. • 征服(정복): 정벌하여 복종시킴. 어려운 일을 이겨냄. *彳 (두인변): 조금 걸을 척
앞페이지 복습	堤	提	題	酌	的

한자	비슷한 한자	설명
바를 정 **政** 칠 복 정치 정 부수 攵 / 총획 9		★(정부가) 바르게(正) 살도록 하기 위해서 다스리고 치고(攵)하는 것이 정치다. 정치 정. • 政見(정견): 정치에 관한 이견이나 식견. • 政界(정계): 정치 활동에 관계되는 사회.
묶을 속 **整** 칠 복 바를 정 가지런할 정 부수 攵 / 총획 16		★묶고(束) 치고(攵) 바르게(正) 하였더니 가지런해졌다. 가지런할 정. • 整理(정리): 정돈하여 가지런하게 함. • 整頓(정돈): 가지런히 바로 잡음. *攵(칠 복) / *夂(뒤쳐져 올 치)
길게 걸을 인 **延** 바를 정 늘일 연 부수 廴 / 총획 8		★바르게(正) 살려고 시간을 끌다(廴: 끌 인, 민책받침). 끌 연. • 延長(연장): 길게 늘임. • 遲延(지연): 끌어서 늘임. ※引(인)과 동자(同字)
언덕 부 **隱** 손톱 조 장인 공 손 유 마음 심 숨길 은, 숨을 은 부수 阝 / 총획 17		★언덕(阝) 밑에서 손톱(爪)을 다친 장인(工)이 오른손(⇒: 오른손 우)으로 감추고 싶은 마음(心)에 숨어서 산다. 숨을 은. • 隱密(은밀): 남몰래 하는 일. • 隱忍(은인): 마음속에 감추고 오래 견디어 참음. •隱忍自重(은인자중): 괴로움을 참고 몸가짐을 조심함.
벼 화 **穩** 숨을 은 편안할 온 부수 禾 / 총획 19		★벼(禾)를 숨겨(隱) 놓았으니 마음이 편안하다. 편안할 온. • 平穩(평온): 고요하고 안온함. • 穩當(온당): 사리에 어그러지지 않고 알맞음. • 穩健(온건): 온당하고 건전함.
앞페이지 복습	約	濕	顯	正	征

한자	비슷한 한자	설명
小 : 작을 소 부수 小 / 총획 3		★뜻만 기억. • 小生(소생): 자기 낮춤말. • 所生(소생): 자기가 낳은 자식. (예)그 아이는 내 소생이다. • 小人(소인): 웃어른에 대한 자칭.
작을 소 **少** 삐침 젊을 소, 작을 소 부수 小 / 총획 4		★작은 것(小)을 삐치고(丿: 삐침 별) 쳤더니 더 적어졌다. 적을 소, 젊을 소. • 少女(소녀), 少量(소량), 少數(소수) 수효 등등.
작을 소 **尖** 큰 대 뾰족할 첨 부수 小 / 총획 6		★밑은 크고(大) 위는 작으면(小) 자연히 뾰족하고 날카롭다. 뾰족할 첨. • 尖端(첨단): 시대사조 유행 같은 것의 맨 앞장. • 尖銳(첨예): 뾰족하고 날카로움.
적을 소 **劣** : 힘 력 용렬할 렬, 못할 렬 부수 力 / 총획 6		★적은(少) 힘(力)으로 못할 것이다. 못할 렬. 용렬할 렬. • 庸劣(용렬): 어리석고 변변치 못함. • 劣等(열등): 등급이 낮음. (예)열등생.
손 수 **抄** 적을 소 베낄 초 부수 扌 / 총획 7		★적은(小) 분량이라 손(扌)으로 베꼈다. 베낄 초. • 抄本(초본): 내용의 필요한 일부만을 뽑아서 베낀 문서. • 抄出(초출): 가려서 뽑아냄. • 抄集(초집): 어떤 글을 간략하게 뽑아 베껴 모음. *扌=손수(手) 부수(部首)의 이체자(異體字)
앞페이지 복습	政	整	延	隱	穩

	비슷한 한자	
적을 소 **省** 눈 목 **살필 성, 덜 생** 부수 目 총획 9		★적게(少) 보라(目)? 적은 것은 생략할 수도 있으니 잘 살펴보라는 뜻이다. 살필 성, 생략 생. • 省墓(성묘): 조상의 산소를 찾아가서 살펴 돌봄. • 省略(생략): 간단하게 줄이거나 뺌.
물 수 **沙** 적을 소 **모래 사** 부수 氵 총획 7		★물(水)가에는 작은(少) 모래가 많이 있다. 모래 사. • 沙漠(사막): 넓은 모래벌판이 이루어지고 암석이 노출하여 있는 불모의 땅.
돌 석 **砂** 적을 소 **모래 사** 부수 石 총획 9		★돌(石)이 작아(少)져서 모래가 되었다. 모래 사. • 砂金(사금): 강바닥의 모래나 자갈에 섞이어 나오는 금.
뛸 착 **送** 여덟 팔 하늘 천 **보낼 송** 부수 辶 총획 10		★팔방(八) 하늘(天)로 뛰어(辶)가라고 보냈다. 보낼 송. • 送金(송금): 돈을 부쳐 보냄. • 送別(송별): 떠나는 사람을 이별하며 보냄. * 辶 : 쉬엄쉬엄 가다, 달리다, 뛰어넘다
뛸 착 쉬엄쉬엄 갈 착 **邁** 풀 초 사시 우 **멀리 갈, 매진할 매** 부수 辶 총획16	禺 사시 우	★뛰어서(辶: 갈 착, 달리다, 뛰어넘다 뜻 있음) 풀(草, ⺿) 밭으로 원숭이(禺: 원숭이 우)가 매진한다. 매진할 매. • 邁進(매진): 씩씩하게 나아감. 　　　　　*禺 : 어리석을 옹, 긴꼬리원숭이 우, 어리석을 우
앞페이지 복습	小	少	尖	劣	抄

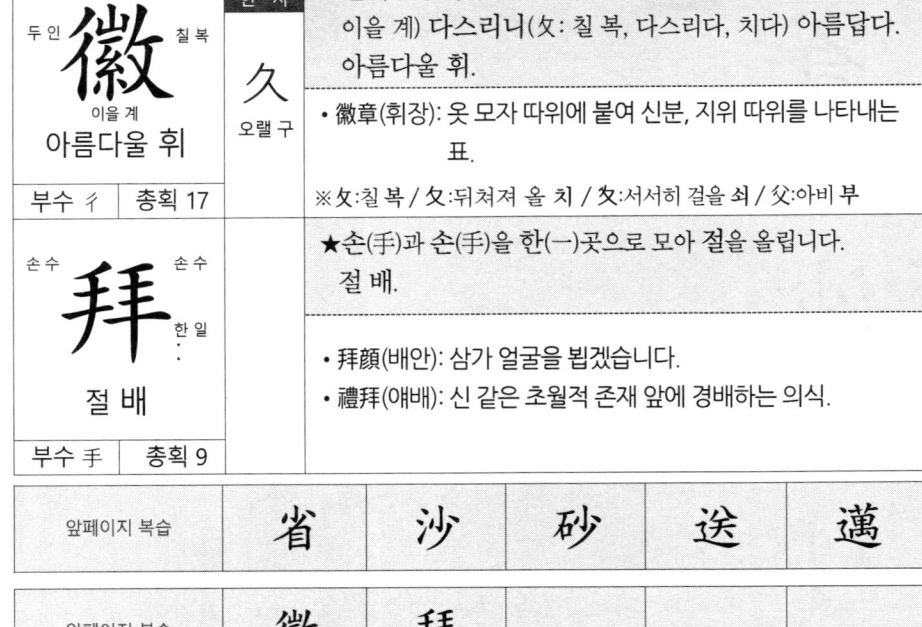

索引 ★ 색인

ㄱ

가
- 可 57
- 苛 58
- 佳 67
- 街 67
- 假 88
- 暇 89
- 價 109
- 歌 163
- 家 164
- 稼 164
- 稼 164
- 嫁 165
- 加 166
- 架 167
- 嘉 167
- 駕 216

각
- 刻 28
- 各 64
- 角 105
- 却 168
- 脚 168
- 覺 168
- 閣 185

간
- 艱 97
- 干 152
- 刊 152
- 肝 152
- 奸 153
- 束 160
- 諫 161
- 艮 173
- 墾 175
- 懇 175
- 幹 179
- 看 181
- 間 184
- 簡 186
- 姦 187

갈
- 曷 194
- 渴 195
- 竭 195
- 葛 195
- 褐 196

감
- 甘 131
- 監 197
- 鑑 198
- 敢 244
- 瞰 245
- 減 213
- 感 213

갑
- 甲 241

강
- 講 137
- 康 144
- 岡 234
- 綱 234
- 鋼 235
- 剛 235
- 江 246
- 強 247
- 降 284

개
- 皆 86
- 蓋 169
- 開 185
- 介 232
- 改 255
- 慨 282
- 概 282
- 個 354

객
- 客 182

갱
- 更 73

거
- 去 24
- 巨 196

- 拒 196
- 距 196
- 車 242
- 居 284
- 據 349
- 擧 354

건
- 件 38
- 建 93
- 健 93
- 乾 179
- 巾 305

걸
- 乞 21
- 桀 94
- 傑 95

검
- 劍 102
- 檢 102
- 儉 102

겁
- 怯 167

게
- 憩 172
- 揭 195

격
- 格 182
- 激 217
- 隔 285
- 擊 409

견
- 見 170
- 堅 199
- 肩 229
- 犬 261
- 絹 340
- 遣 356
- 牽 406

결
- 決 357

- 缺 357
- 訣 357
- 結 358
- 潔 359

겸
- 兼 135
- 謙 135

경
- 耕 24
- 京 32
- 景 33
- 更 73
- 梗 73
- 硬 73
- 頃 101
- 傾 101
- 庚 144
- 敬 219
- 警 219
- 驚 220
- 慶 220
- 競 221
- 竟 221
- 境 221
- 鏡 221
- 卿 268
- 徑 359
- 經 360
- 輕 360

계
- 系 70
- 係 71
- 桂 67
- 階 87
- 戒 156
- 械 157
- 溪 207
- 鷄 207
- 界 232
- 繼 252
- 季 260
- 計 322
- 契 359
- 啓 361
- 癸 361

고
- 告 41
- 姑 189
- 考 202
- 孤 207
- 古 283
- 苦 283
- 故 283
- 枯 283
- 雇 319
- 顧 319
- 固 353
- 高 364
- 稿 364
- 鼓 380

곡
- 谷 80
- 曲 256
- 哭 262
- 穀 409

곤
- 坤 56
- 困 204

골
- 骨 372

공
- 共 61
- 供 61
- 拱 61
- 恭 62
- 公 130
- 工 208
- 貢 245
- 攻 255
- 孔 275
- 空 343
- 恐 350

과
- 寡 150
- 瓜 207
- 果 235
- 菓 235

- 課 235
- 科 278
- 誇 311
- 過 374

곽
- 郭 31

관
- 冠 110
- 貫 114
- 慣 114
- 寬 171
- 關 186
- 觀 318
- 官 389
- 管 390
- 館 390
- 款 426

괄
- 括 439

광
- 狂 51
- 光 124
- 廣 384
- 鑛 384

괘
- 卦 68
- 掛 69
- 挂 69
- 咼 373

괴
- 壞 327
- 塊 335
- 愧 335
- 魁 336
- 拐 340
- 怪 350

교
- 交 28
- 郊 29
- 校 29
- 絞 29

455

較	29	궁		念	36			泥	217	大	291
喬	103	弓	246	僉	36	ㄴ				帶	306
僑	103	宮	274	琴	37					戴	388
嬌	103	窮	419	禽	273	나		ㄷ		덕	
橋	104	권		錦	397	奈	293			德	393
矯	104	关	158	禁	441	那	368	다		도	
驕	104	券	158	급		난		多	63	到	76
敎	202	卷	158	給	229	亂	22	茶	233	倒	76
狡	276	倦	159	急	340	難	97	단		桃	126
巧	311	拳	159	級	400	暖	206	旦	6	挑	127
구		圈	314	긍		남		但	7	逃	127
具	8	權	317	肯	46	南	343	亶	34	跳	127
求	10	勸	318	競	123	男	347	檀	34	刀	151
球	10	궐		亘	401	납		壇	34	悼	179
丘	16	闕	186	기		納	136	斷	34	圖	204
久	19	귀		其	13	낭		團	98	途	231
冓	136	鬼	335	企	46	娘	176	端	111	塗	259
構	137	貴	356	基	134	내		單	241	稻	285
購	137	歸	396	期	134	內	136	短	379	陶	367
救	139	龜	417	欺	135	奈	293	段	408	堵	368
口	214	규		奇	163	耐	324	달		都	381
歐	215	圭	12	寄	163	乃	399	達	416	度	381
毆	215	奎	13	畸	164	녀		撻	416	鍍	381
軀	216	閨	68	騎	164	女	187	담		導	383
鷗	216	規	170	飢	177	년		淡	9	道	383
驅	216	叫	209	妓	190	年	42	談	323	濤	385
區	214	균		幾	251	녕		擔	428	禱	385
嘔	215	菌	204	機	251	寧	165	膽	429	盜	422
句	218	均	410	幾	252	노		潭	429	徒	429
拘	219	극		己	253	奴	188	답		島	431
狗	219	克	123	忌	254	努	188	踏	183	독	
苟	219	劇	222	記	254	怒	189	答	229	瀆	108
舊	301	極	441	起	254	농		畓	346	讀	109
懼	351	근		器	262	農	271	당		毒	194
俱	391	僅	96	旣	267	濃	271	唐	143	獨	320
究	419	勤	96	祈	281	뇌		撞	143	篤	337
국		謹	96	汽	294	惱	402	堂	239	督	403
菊	169	根	97	氣	341	腦	402	當	288	돈	
國	201	斤	174	旗	341			黨	288	敦	31
局	274	近	293	技	343	대		糖	289	豚	165
군		筋	293	豈	378	代	38			遁	181
君	14		337		379	坐	39	대		돌	
郡	14	금		긴		待	65			突	262
群	14	金		緊	199	臺	77			동	
軍	242	今	35	길		隊	166			冬	137
굴				吉	358	貸	245			童	239
屈	148					對	266			憧	239
掘	149										
窟	419										

瞳	239	랍		憐	443	료		리		망	
動	249	拉	50	렬		僚	104	吏	64	望	25
東	257	랑		列	139	遼	104	履	173	亡	26
凍	258	廊	177	烈	140	瞭	265	利	259	忘	26
同	371	狼	178	裂	140	療	265	梨	259	妄	26
洞	371	朗	178	劣	452	料	278	痢	259	忙	26
桐	371	浪	176	렴		了	342	李	260	茫	26
銅	372	郎	176	殮	103	룡		里	271	罔	234
두		래		廉	135	龍	416	理	271	網	234
斗	278	來	63	령		루		離	272	매	
豆	379	랭		令	35	淚	262	裏	273	買	108
頭	379	冷	43	領	44	漏	262	羅	315	賣	108
둔		략		嶺	44	屢	326	린		煤	131
遁	181	掠	32	鈴	44	樓	326	隣	443	媒	132
屯	432	洛	181	齡	44	褸	326	림		妹	190
鈍	432	落	181	零	183	屢	326	林	11	每	193
득		絡	182	靈	270	累	347	臨	197	梅	194
得	410	略	182	례		류		립		埋	271
등		량		例	140	流	250	立	265	昧	423
等	66	諒	32	禮	270	柳	268			魅	423
謄	159	凉	33	로		留	268	ㅁ		寐	423
騰	159	兩	111	路	182	類	415			邁	453
登	361	梁	152	露	183	륙		마		맥	
燈	361	良	176	老	201	陸	145	馬	337	麥	63
		量	240	勞	225	륜		麻	424	脈	436
ㄹ		糧	240	虜	321	侖	69	磨	424	맹	
		려		盧	321	倫	70	魔	424	孟	276
라		麗	222	爐	322	淪	70	摩	424	猛	276
裸	236	旅	302	록		輪	70	막		盟	348
羅	320	慮	321	鹿	222	률		莫	132	盲	436
락		력		祿	338	律	93	幕	132	면	
樂	253	力	225	綠	338	慄	116	漠	132	面	109
諾	328	歷	257	錄	338	栗	434	寞	132	免	127
란		曆	257	론		率	446	만		眠	173
欄	162	련		論	70	륭		万	13	勉	128
爛	162	聯	126	롱		隆	146	滿	111	綿	397
蘭	162	煉	161	弄	155	륵		晚	128	멸	
卵	267	練	161	聾	417	肋	337	蠻	253	蔑	202
람		鍊	162	籠	417	릉		灣	253	滅	203
濫	197	連	244	뢰		菱	145	漫	348	명	
藍	197	蓮	244	雷	112	凌	145	慢	348	明	8
襤	198	戀	252	賂	183	陵	146	曼	348	命	44
籃	198	勵	252	賴	433	凌	217	말		名	64
覽	198	侶	272					末	427	冥	119
			274					沫	427	瞑	119
								抹	427	銘	214
										皿	342

457

鳴	431	茂	339	**반**		伯	49	補	210	膚	346
		務	352	般	18	柏	49	普	266	賦	353
모		霧	353	盤	18	帛	306	譜	266	婦	396
某	131			搬	18	魄	336	保	333	負	433
謀	131	**묵**		半	56			寶	357		
模	133	墨	224	伴	56	**번**				**북**	
摸	133	默	224	叛	57	繁	194	**복**		北	366
募	133			班	110	煩	415	伏	40		
慕	133	**문**		頒	150			腹	172	**분**	
暮	134	文	184	反	290	**벌**		複	173	糞	118
模	134	門	184	返	291	伐	39	服	250	分	149
貌	175	問	185			罰	315	卜	280	忿	149
母	192	聞	185	**발**				福	344	粉	149
侮	193	文	309	拔	263	**범**				忿	149
哺	210	紋	310	髮	263	凡	146	**본**		奔	233
冒	347	紊	310	發	362	汎	146	本	11	墳	233
帽	348			潑	362	帆	147			憤	233
毛	156	**물**				犯	365	**봉**		噴	234
矛	352	勿	142	**방**		氾	365	封	68	奮	317
		物	142	方	13	範	365	奉	154		
목				防	13			峰	404	**불**	
目	7	**미**		放	82	**법**		烽	404	弗	60
木	10	眉	180	倣	82	法	167	蜂	404	佛	60
牧	43	尾	275	坊	82			逢	404	不	327
睦	146	米	279	妨	82	**벽**		縫	404		
沐	387	迷	279	肪	83	辟	286	鳳	431	**붕**	
		微	329	紡	83	壁	286			朋	8
몰		美	420	訪	83	璧	287	**부**		崩	9
沒	387	未	423	房	83	碧	398	釜	11		
		味	423	芳	83			芙	22	**비**	
몽				旁	91	**변**		付	38	費	61
夢	120	**민**		傍	91	便	73	拂	61	比	86
夢	120	悶	185	謗	91	邊	96	音	74	批	86
		憫	185	邦	358	辯	286	剖	75	備	95
묘		民	173			辨	286	部	75	飛	156
墓	133	敏	194	**배**		變	252	復	172	鼻	172
妙	189			倍	75			專	211	妃	189
廟	180	**밀**		培	75	**별**		傳	211	妣	190
卯	267	密	351	賠	75	別	158	賻	212	肥	249
苗	346	蜜	351	胚	250			簿	212	臂	287
描	346			配	254	**병**		父	275	卑	289
		ㅂ		陪	284	丙	15	附	276	婢	289
무				杯	328	病	15	府	276	碑	289
武	47	**박**		俳	330	兵	16	符	277	否	328
無	115	拍	49	排	330	竝	266	腐	281	非	329
蕪	115	泊	49	輩	330	併	354	赴	292	悲	330
撫	116	迫	49	北	366	屛	354	夫	292	誹	331
舞	116	博	211	背	366	秉	392	扶	292	祕	352
母	193	搏	211	拜	454			趺	292		
貿	268	縛	212			**보**		訃	322	**빈**	
巫	269	薄	212	**백**		步	46	否	328	貧	150
誣	270	朴	280	白	7	報	84	副	344	賓	150
戊	339	剝	338	百	7	甫	209	富	344	殯	150

458

頻	437	酸	72	서		섭		速	160	授	438
빙		山	148	序	23	涉	46	**손**		受	438
氷	10	算	155	書	116	攝	118	孫	71	搜	439
聘	309	散	255	恕	187	摺	349	損	441	垂	443
		産	311	婿	192					睡	443
人		**살**		徐	230	**성**		**솔**		**숙**	
		撒	256	敍	230	性	42	率	446	孰	31
사		殺	408	逝	295	星	42			熟	31
士	12			誓	295	姓	191	**송**		宿	50
乍	20	**삼**		暑	367	成	200	松	130	叔	403
詐	21	森	11	署	367	城	200	頌	130	淑	403
辭	22	参	232	緖	368	誠	200	訟	131	肅	409
赦	30	慘	232	庶	381	盛	200	悚	160		
似	39	蔘	232	西	434	聲	309	誦	445	**순**	
史	64					聖	412	送	453	淳	32
使	65	**삽**		**석**		省	453			脣	113
寺	65	霎	113	石	59			**쇄**		舜	121
賜	101	插	438	碩	60	**세**		刷	360	瞬	121
寫	165			夕	63	世	14	鎖	433	盾	180
斜	231	**상**		昔	78	貰	15	碎	445	循	181
師	241	傷	100	惜	78	稅	123			巡	399
私	260	床	105	釋	85	洗	125	**쇠**		順	414
斯	296	象	105	錫	101	歲	203	衰	312	殉	428
蛇	313	像	105	析	294	誓	295			純	432
射	324	尙	287	晳	294	細	347	**수**			
謝	324	常	287	席	382	勢	394	水	10	**술**	
司	332	裳	288					秀	19	述	258
伺	332	賞	288	**선**		**소**		需	111	術	258
詞	332	償	288	船	18	騷	69	輸	129	戌	339
飼	332	商	305	仙	39	燒	130	手	155		
仕	333	喪	341	先	125	素	154	愁	163	**숭**	
舍	333	祥	411	扇	229	定	251	遂	166	宗	447
捨	333	詳	411	禪	242	疏	251	修	169	綜	447
思	350	桑	438	選	280	蔬	251	囚	203	崇	447
死	366	相	440	旋	301	所	296	粹	240		
奢	368	想	440	魚	355	訴	297	帥	240	**습**	
査	392	箱	440	漁	355	召	297	收	255	習	118
事	392	霜	441	鮮	356	沼	297	獸	263	摺	118
邪	394			線	397	昭	297	誰	300	拾	228
社	407	**새**		船	398	紹	298	雖	300	襲	416
祀	407	塞	157	宣	401	消	313	守	323	濕	450
巳	409			善	415	蘇	356	狩	324		
沙	453	**색**		膳	416	笑	370	數	327	**승**	
砂	453	塞	157			掃	396	首	336	丞	16
		色	249	**설**		巢	399	羞	380	承	16
삭		索	325	舌	40	小	452	壽	383	乘	21
數	327			雪	112	少	452	繡	401	升	156
削	314	**생**		說	124			須	410	昇	156
朔	401	生	41			**속**		殊	415	勝	159
		省	453	**섬**		俗	80	繡	428	僧	227
산		甥	347	纖	411	續	109	受	438		
						屬	321				
						束	160				

시		십		애		엄		영		완	
施	45	拾	228	厓	68	嚴	245	影	33	頑	122
侍	65			涯	68	掩	439	迎	48	緩	206
時	66	쌍		愛	110			永	138		
詩	66	雙	315	隘	238	업		泳	139	와	
猜	142			哀	312	業	266	詠	139	臥	197
視	170	씨						瑛	139	訛	323
始	191	氏	54	액		여		英	374	瓦	342
市	305			額	183	予	22	營	375	渦	373
試	353			厄	339	汝	192	榮	376		
矢	376	○		液	387	如	187		376	왈	
示	407					余	230			曰	6
是	448	아		야		餘	230	예			
		亞	25	野	23	與	354	預	23	왕	
식		啞	25	夜	65	興	355	豫	105	王	50
識	108	我	47	耶	308			銳	124	旺	51
息	171	餓	48			역		譽	355	枉	51
食	176	阿	58	약		亦	30	藝	394	往	52
蝕	177	兒	124	弱	247	譯	85			尢	264
飾	177	芽	394	藥	253	驛	86	오			
式	353	雅	394	若	328	易	101	午	41	외	
植	448			約	450	域	201	傲	84	外	280
殖	448	악				逆	401	娛	191		
		岳	16	양		役	407	汚	311	요	
신		惡	25	易	99	疫	408	誤	329	曜	117
信	35	握	77	陽	99			伍	331	堯	129
申	55	樂	253	楊	99	연		梧	331	饒	130
伸	55			壤	369	研	90	寤	331	妖	192
神	56	안		孃	369	燕	168	悟	332	樂	253
紳	56	岸	153	讓	369	硯	171	吳	328	燎	265
晨	113	眼	174	釀	369	宴	188	奧	342	要	336
娠	114	安	188	羊	412	鉛	214	烏	431	腰	337
身	172	案	188	洋	413	沿	217	嗚	431	搖	362
臣	196	顔	310	養	413	煙	226			遙	363
辛	285	雁	395	樣	413	緣	338	옥		謠	363
新	295					捐	340	玉	51	夭	369
訊	323	알		어		然	376	屋	77	殀	370
愼	436	謁	195	御	138	演	419	獄	261		
				於	301	軟	426	沃	370	욕	
실		암		語	331	延	451			浴	80
室	76	暗	107					온		欲	81
失	375	諳	107	억		열		溫	204	慾	81
實	114	巖	245	抑	48	悅	123	穩	451	辱	113
				億	106	閱	186				
심		압		憶	106	熱	393	올		용	
沈	380	壓	263	臆	106			兀	264	容	80
尋	325					염				用	444
深	325	앙		언		炎	9	옹		甬	444
審	349	仰	48	彦	310	鹽	199	翁	238	勇	444
心	350	央	374	諺	310	厭	263			踊	444
甚	434	殃	374	言	322	染	393	완		庸	445
				焉	432			完	121		
		애				엽		玩	122	우	
				엄		葉	15			于	23

牛	41	偉	90	聿	117	翼	62	爵	325	저		低	54
右	60	違	90			翌	118	酌	449			抵	54
禹	87	圍	91	은		匿	215			잔		底	54
偶	87	衛	91	銀	175	溺	238	잠		殘	389	沮	390
愚	88	委	190	恩	204		247	潛	282			貯	82
遇	88	威	202	隱	451			蠶	282			詛	322
寓	88	爲	208			인						著	367
雨	111	偽	208	을		人	34	잡					
憂	119	諱	323	乙	21	仁	35	雜	301			적	
優	119	危	340			刃	151					赤	30
宇	153	畏	345	음		忍	151	장				跡	30
友	206	猥	345	吟	36	認	152	丈	43			積	95
尤	264	胃	345	音	107	因	203	杖	43			績	96
又	437	謂	345	飮	177	姻	203	場	99			賊	157
郵	443	尉	360	淫	218	引	246	腸	100			籍	248
		慰	360	陰	285	印	267	章	220			笛	257
욱						寅	419	障	220			商	304
旭	342	유		읍				狀	236			滴	304
		誘	19	邑	249	일		壯	236			適	304
운		乳	22	音	249	日	6	莊	236			嫡	304
云	24	裕	81	泣	265	逸	128	裝	236			摘	304
雲	112	儒	112			溢	238	將	237			敵	305
運	243	幼	125	응		壹	272	獎	237			寂	403
殞	428	幽	126	應	319			臧	237			的	449
韻	442	兪	128			임		藏	237				
隕	442	愉	128	의		壬	37	臟	237			전	
		愈	129	義	47	任	37	腸	237			全	12
웅		諭	129	儀	47	賃	37	臟	238			典	69
雄	316	攸	169	議	48	妊	37	粧	279			專	98
熊	405	悠	170	衣	67			掌	289			傳	98
		有	205	依	67	잉		牆	327			轉	98
원		由	256	意	106	剩	21	葬	366			電	112
元	121	油	256	醫	109			長	417			展	242
院	121	唯	299	椅	163	**ㅈ**		帳	418			前	275
怨	138	惟	299	宜	390			張	418			田	344
鴛	138	維	299	疑	430	자						錢	346
爰	206	遊	302	擬	430	刺	160	재				錢	372
援	206	酉	334			自	171	災	9			殿	389
袁	314	猶	334	이		姉	190	在	59			銓	408
遠	314	柔	352	貳	24	字	274	再	136			顚	433
園	314	蹂	352	以	39	子	275	宰	285				437
原	396	遺	356	異	62	紫	298	哉	387				
源	397			移	64	雌	298	栽	387			절	
願	397	육		易	101	者	367	裁	388			窃	151
員	441	肉	286	而	110	慈	406	載	388			切	151
圓	442	育	395	夷	293	姿	422	材	391			絶	250
				姨	293	恣	422	財	422			節	282
월		윤		耳	307	資	422					折	294
月	8	尹	14	痢	259			쟁					
越	281	閏	53	李	260	작		爭	424			점	
		潤	53			作	20	諍	425			點	224
위		允	119	익		昨	20					暫	296
位	50												

461

漸	296	兆	126	晝	117	止	45	징		債	95					
店	343	彫	145	周	144	祉	47	徵	329	采	421					
접		調	145	週	144	紙	55	懲	329	菜	421					
蝶	15	條	169	呪	209	持	66	**大**		採	421					
接	191	朝	179	宙	256	至	76			彩	421					
정		潮	180	走	281	識	108	**차**		叉	437					
丁	13	操	218	酒	334	旨	205	且	7	**책**						
井	24	燥	218	躊	385	指	205	借	78	責	95					
亭	33	弔	246	鑄	385	脂	205	茶	233	策	161					
停	33	照	298	州	398	只	208	車	242	**처**						
訂	57	鳥	430	洲	399	遲	244	遮	382	妻	143					
定	74	助	390	奏	403	志	358	差	420	悽	144					
貞	81	祖	391	朱	427	誌	358	蹉	420	處	221					
偵	81	租	391	株	427	支	378	叉	437	**척**						
情	141	組	391	珠	428	枝	378	次	421	陟	46					
精	141	**족**		**죽**		肢	378	**착**		拓	60					
呈	411	足	74	竹	247	知	380	捉	74	尺	274					
程	412	族	302	**준**		址	381	錯	78	斥	296					
廷	412	**존**		俊	71	咫	410	着	420	隻	300					
庭	412	存	59	竣	72	**직**		**찬**		戚	339					
晶	414	尊	334	峻	72	職	107	贊	268	**천**						
頂	415	**졸**		唆	72	織	108	讚	269	仟	40					
淨	425	拙	148	駿	73	**진**		饌	280	遷	69					
靜	425	猝	445	浚	217	眞	436	**찰**		薦	222					
正	450	**종**		準	319	嗔	436	刹	260	天	292					
征	450	終	137	遵	335	鎭	437	察	363	千	341					
政	451	鐘	239	**중**		振	113	擦	364	淺	388					
整	451	鍾	240	中	17	津	117	**참**		踐	389					
제		種	248	仲	17	盡	117	叅	232	賤	389					
齊	114	從	430	重	248	珍	231	慘	232	泉	396					
濟	115	縱	430	衆	400	診	231	斬	295	川	398					
擠	115	**좌**		**즉**		陣	243	慙	295	**철**						
劑	115	左	59	卽	281	陳	258	**창**		哲	294					
制	157	佐	59	則	92	進	300	倉	89	鐵	388					
製	158	坐	269	**증**		**질**		滄	89	徹	395					
除	230	挫	269	蒸	17	姪	77	創	90	撤	395					
弟	248	座	269	曾	227	室	77	蒼	90	**첨**						
第	248	**죄**		增	227	質	92	暢	100	僉	102					
帝	306	罪	330	憎	227	秩	375	娼	192	黍	370					
祭	363	**주**		贈	228	疾	377	彰	220	添	371					
際	363	舟	18	證	362	嫉	377	窓	378	籤	411					
諸	368	主	51	症	377	室	377	昌	413	尖	452					
堤	449	住	52	**지**		帙	375	唱	413	**첩**						
提	449	注	52	之	19	跌	375	猖	414	諜	382					
題	449	柱	52	地	45	**집**		**채**		牒	382					
조		駐	52	池	45	執	84			妾	191					
早	6							集	300							
造	43															
措	78															

청		抽	257	熾	107	托	277	통		평	
靑	140	佳	299	豕	175	濁	320	統	120	平	272
淸	140	推	299	恥	308	度	381	痛	377	坪	272
晴	141	酋	334	稚	316			通	444	評	272
請	141	醜	336	雉	316	탄					
聽	393	帚	395	廁	382	嘆	97	퇴		폐	
廳	393			治	386	歎	97	退	174	閉	184
		축		値	448	炭	226			吠	261
체		縮	50	置	448	憚	241	투		肺	305
替	292	祝	122			彈	242	透	19	敝	307
體	270	築	147	칙		吞	370	鬪	186	弊	307
締	306	逐	165	則	92	坦	410	投	407	幣	307
諦	306	蹴	264							蔽	307
		畜	392	친		탈		특		廢	362
초		蓄	392	親	171	脫	124	特	66		
楚	429	丑	400			奪	317			포	
礎	429			칠		頉	383	ㅍ		布	53
草	179	춘		漆	218					怖	53
招	297	春	154	七	326	탐		파		捕	210
超	298					貪	36	波	303	浦	210
初	312	출		침		探	325	破	303	逋	210
肖	313	出	148	針	12			播	349	鋪	211
抄	452			侵	79	탑		罷	405	暴	372
		충		浸	79	塔	229	巴	409	抛	439
촉		忠	17	寢	79			派	435	包	446
促	74	充	120	鍼	213	탕		把	439	抱	446
蜀	320	衝	249	沈	380	湯	100			泡	446
燭	320	衷	312	枕	380	蕩	100	판		砲	446
觸	321							判	57	胞	447
			312	칭		태		辦	286	飽	447
촌		취		稱	261	兌	123	板	290		
寸	38	脆	250			泰	154	版	290	폭	
村	38	臭	261	ㅋ		太	291	販	291	幅	344
		就	264			台	386			暴	372
총		取	308	쾌		怠	386	패		曝	373
銃	120	趣	308	快	357	胎	386	貝	8	瀑	373
忽	142	娶	309			殆	386	敗	255	爆	373
叢	267	聚	309	ㅌ		態	405	牌	290		
總	402	吹	425					佩	333	표	
聰	402	炊	426	타		택				表	341
寵	417	醉	445	他	45	擇	85	팽		票	434
				打	57	澤	85	烹	88	漂	434
최		측		妥	189	宅	277			標	435
崔	316	側	92	墮	442			편			
催	316	測	92	惰	442	탱		便	73	품	
最	308	惻	92			撑	440	扁	93	品	214
				탁				偏	94	稟	420
추		층		濯	118	토		篇	94		
秋	162	層	228	琢	166	土	12	編	94	풍	
墜	166			卓	178	兎	127	遍	94	豊	270
追	241	치		託	277	吐	209	片	290	風	313
樞	215	侈	63			討	324			楓	313
		致	76								

피		咸	212	軒	153	呼	209	丸	32	薰	224
皮	302	喊	213	憲	418	虎	223	幻	126	勳	225
彼	302	緘	213	獻	273	號	223	還	315	訓	399
疲	303	函	216			好	187	環	315		
被	303	陷	284	험		胡	283	歡	318	훼	
披	303			險	102	護	284	喚	435	卉	233
避	287	합		驗	103	戶	318	換	435	毁	408
		合	228			毫	361	煥	435		
필				혁		豪	364			휘	
筆	93	항		革	85	鎬	364	활		揮	243
畢	143	亢	27	赫	343		398	活	40	輝	244
正	251	抗	27					滑	372	徽	454
必	351	航	27	현		혹		猾	372		
匹	433	降	284	縣	71	酷	42			휴	
		巷	279	懸	71	或	201	황		休	35
핍		港	279	現	170	惑	201	荒	25	携	301
乏	20	恒	402	賢	199			況	122		
逼	345	項	414	獻	273	혼		皇	147	흉	
				玄	405	混	87	徨	147	凶	125
ㅎ		해		弦	406	昏	55	惶	147	兇	125
		日	6	絃	406	婚	55	凰	148	胸	273
하		亥	27	眩	406	渾	243	黃	384		
何	58	該	28	顯	450	魂	335			흑	
河	58	咳	28					회		黑	223
荷	58	偕	86	혈		홀		悔	193		
瑕	89	楷	87	頁	383	忽	142	回	205	흔	
遐	89	海	193	血	400			灰	226	欠	425
賀	167	奚	207			홍		會	226	欽	426
夏	414	解	278	혐		洪	62	膾	227	欣	426
		懈	278	嫌	135	哄	62	懷	327		
학		害	418			紅	246			흡	
學	168			협		弘	247	획		恰	228
虐	222	핵		協	225	鴻	432	劃	117	吸	400
鶴	317	劾	27	脅	225			獲	319		
		核	28	挾	440	화				흥	
한						火	9	횡		興	355
旱	6	행		형		話	40	橫	384		
漢	98	幸	84	亨	30	畫	117			희	
汗	153	倖	84	兄	122	華	143	효		希	53
寒	157	行	110	刑	154	禾	258	效	29	稀	54
恨	174			型	155	和	260	曉	129	噫	106
限	174	향		形	155	花	365	孝	202	熙	199
韓	180	享	31	螢	376	貨	365			姬	200
閑	184	鄕	178			禍	366	후		戲	223
		響	178	혜			374	侯	79	喜	379
할		香	259	惠	351			候	79		
轄	243	向	371	彗	359	확		喉	80		
割	418			慧	359	確	317	後	138		
		허				穫	318	厚	226		
함		許	41	호		擴	384	朽	311		
含	36	虛	223	乎	20						
艦	198			互	23	환		훈			
		헌		浩	42	患	17	熏	224		